A Frequency Dictionary
of Czech

A Frequency Dictionary of Czech is an invaluable tool for all learners of Czech, providing a list of the 5,000 most frequently used words in the language.

Based on data from a 100-million-word corpus and evenly balanced between spoken, fiction, non-fiction and newspaper texts, the dictionary provides the user with a detailed frequency-based list, as well as alphabetical and part-of-speech indexes.

All entries in the rank frequency list feature the English equivalent, a sample sentence with English translation and an indication of register variation. The dictionary also contains 20 thematically organized and frequency-ranked lists of words on a variety of topics, such as family, food and drink and transport.

A Frequency Dictionary of Czech enables students of all levels to get the most out of their study of vocabulary in an engaging and efficient way. It is also a rich resource for language teaching, research, curriculum design and materials development.

František Čermák is Professor of Czech Language and Director of the Institute of the Czech National Corpus, Charles University, Prague. **Michal Křen** is Head of the Computation Technology Department at the Institute of the Czech National Corpus, Charles University, Prague.

Routledge Frequency Dictionaries

General Editors

Paul Rayson, *Lancaster University, UK*
Mark Davies, *Brigham Young University, USA*

Editorial Board

Michael Barlow, *University of Auckland, New Zealand*
Geoffrey Leech, *Lancaster University, UK*
Barbara Lewandowska-Tomaszczyk, *University of Lodz, Poland*
Josef Schmied, *Chemnitz University of Technology, Germany*
Andrew Wilson, *Lancaster University, UK*
Adam Kilgarriff, *Lexicography MasterClass Ltd and University of Sussex, UK*
Hongying Tao, *University of California at Los Angeles, USA*
Chris Tribble, *King's College London, UK*

Other books in the series

A Frequency Dictionary of Spanish
A Frequency Dictionary of German
A Frequency Dictionary of Portuguese
A Frequency Dictionary of French
A Frequency Dictionary of Mandarin Chinese
A Frequency Dictionary of Contemporary American English
A Frequency Dictionary of Arabic (forthcoming)

A Frequency Dictionary of Czech

Core vocabulary for learners

František Čermák and Michal Křen

Contributors
Lucie Chlumská
Dominika Kováříková
Renata Novotná

Routledge
Taylor & Francis Group

LONDON AND NEW YORK

First edition published 2011
by Routledge
2 Park Square, Milton Park, Abingdon, Oxon OX14 4RN

Simultaneously published in the USA and Canada
by Routledge
270 Madison Ave, New York, NY 10016

Routledge is an imprint of the Taylor & Francis Group, an informa business

Typeset in Parisine by Graphicraft Limited, Hong Kong
Printed and bound in Great Britain
by TJ International Ltd, Padstow, Cornwall

British Library Cataloguing in Publication Data
A catalogue record for this book is available from the British Library

Library of Congress Cataloging in Publication Data
Čermák, František.
   A frequency dictionary of Czech : core vocabulary for
learners / František Čermák and Michal Křen.—1st ed.
      p. cm.—(Routledge frequency dictionaries)
   Includes bibliographical references and index.
   1. Czech language—Dictionaries—English.   2. English language—
Dictionaries—Czech.   3. Czech language—Conversation and
phrase books—English.   I. Křen, Michal.   II. Title.
   PG4640.C39 2011
   491.8′6321—dc22
                                                            2010020526

ISBN 13: 978-0-415-57661-1 (hbk)
ISBN 13: 978-0-415-57662-8 (pbk)
ISBN 13: 978-0-415-57663-5 (data CD)

Contents

Thematic vocabulary lists

Series preface

Frequency information has a central role to play in learning a language. Nation (1990) showed that the 4,000–5,000 most frequent words account for up to 95 per cent of a written text and the 1,000 most frequent words account for 85 per cent of speech. Although Nation's results were only for English, they do provide clear evidence that, when employing frequency as a general guide for vocabulary learning, it is possible to acquire a lexicon which will serve a learner well most of the time. There are two caveats to bear in mind here. First, counting words is not as straightforward as it might seem. Gardner (2007) highlights the problems that multiple word meanings, the presence of multiword items, and grouping words into families or lemmas have on counting and analysing words. Second, frequency data contained in frequency dictionaries should never act as the only information source to guide a learner. Frequency information is nonetheless a very good starting point, and one which may produce rapid benefits. It therefore seems rational to prioritize learning the words that you are likely to hear and read most often. That is the philosophy behind this series of dictionaries.

Lists of words and their frequencies have long been available for teachers and learners of language. For example, Thorndike (1921, 1932) and Thorndike and Lorge (1944) produced word frequency books with counts of word occurrences in texts used in the education of American children. Michael West's *General Service List of English Words* (1953) was primarily aimed at foreign learners of English. More recently, with the aid of efficient computer software and very large bodies of language data (called corpora), researchers have been able to provide more sophisticated frequency counts from both written text and transcribed speech. One important feature of the resulting frequencies presented in this series is that they are derived from recently collected language data. The earlier lists for English included samples from, for example, Austen's *Pride and Prejudice* and Defoe's *Robinson Crusoe*; thus they could no longer represent present-day language in any sense.

Frequency data derived from a large representative corpus of a language brings students closer to language as it is used in real life as opposed to textbook language (which often distorts the frequencies of features in a language, see Ljung, 1990). The information in these dictionaries is presented in a number of formats to allow users to access the data in different ways. So, for example, if you would prefer not simply to drill down through the word frequency list, but would rather focus on verbs, the part-of-speech index will allow you to focus on just the most frequent verbs. Given that verbs typically account for 20 per cent of all words in a language, this may be a good strategy. A focus on function words may be equally rewarding – 60 per cent of speech in English is composed of a mere 50 function words. The series also provides information of use to the language teacher. The idea that frequency information may have a role to play in syllabus design is not new (see, for example, Sinclair and Renouf, 1988). However, to date, it has been difficult for those teaching languages other than English to use frequency information in syllabus design because of a lack of data.

Frequency information should not be studied to the exclusion of other contextual and situational knowledge about language use and we may even doubt the validity of frequency information derived from large corpora. It is interesting to note that Alderson (2007) found that corpus frequencies may not match a native speaker's intuition about estimates of word frequency and that a set of estimates of word frequencies collected from language experts varied widely. Thus corpus-derived frequencies are still the best current estimate of a word's importance that a learner will come across. Around the time of the construction of the first machine-readable corpora, Halliday (1971: 344) stated that "a rough indication of frequencies is often just what is needed". Our aim in this series is to provide as accurate as possible estimates of word frequencies.

Paul Rayson and Mark Davies
Lancaster and Provo, 2008

References

Alderson, J.C. (2007) Judging the frequency of English words. *Applied Linguistics* 28 (3): 383–409.

Gardner, D. (2007) Validating the construct of Word in applied corpus-based vocabulary research: a critical survey. *Applied Linguistics* 28 (2): 241–65.

Halliday, M.A.K. (1971) Linguistic functions and literary style. In S. Chatman (ed.) *Style: A Symposium*. Oxford: Oxford University Press, pp. 330–65.

Ljung, M. (1990) *A Study of TEFL Vocabulary*. Stockholm: Almqvist & Wiksell International.

Nation, I.S.P. (1990) *Teaching and Learning Vocabulary*. Boston: Heinle & Heinle.

Sinclair, J.M. and Renouf, A. (1988) "A Lexical Syllabus for Language Learning". In R. Carter and M. McCarthy (eds) *Vocabulary and Language Teaching*. London: Longman, pp. 140–58.

Thorndike, E. (1921) *Teacher's Word Book*. New York: Columbia Teachers College.

—— **(1932)** *A Teacher's Word Book of 20,000 Words*. New York: Columbia University Press.

Thorndike, E. and Lorge, I. (1944) *The Teacher's Word Book of 30,000 Words*. New York: Columbia University Press.

West, M. (1953) *A General Service List of English Words*. London: Longman.

Acknowledgements

The authors would like to acknowledge the valuable contribution of the following colleagues: Petra Key for translation of a considerable portion of sample sentences into English, Clea McDonald and Robert Russell for corrections to all the translations, and Milena Hnátková for numerous additions to the morphological analysis module. Data preparation work was carried out within the framework of grant no. MSM0021620823.

Abbreviations

adj	adjective
adv	adverb
anim	masculine animate noun
biasp	bi-aspectual verb
conj	conjunction
fem	feminine noun
impf	imperfective verb
inan	masculine inanimate noun
interj	interjection
neut	neuter noun
num	numeral
part	particle
pf	perfective verb
pl	plural
prep	preposition
pron	pronoun
F	fiction register
N	newspapers register
P	non-fiction register (professional literature)
S	spoken register

Introduction

Frequency dictionaries

In contrast with traditional dictionaries, frequency dictionaries do not aim at describing word meanings and usage in a detailed and exhaustive way. Instead, they aim to quantify which words are common and basic in a language. This can be very useful for language learners, giving them a possibility to find out easily what words they are likely to encounter in real speech and writing, and are thus worth learning with priority. Frequency information can be also appreciated by teachers of Czech as a foreign language, linguists, lexicographers, computer scientists and other scholars, as well as the general public interested in the Czech language.

This dictionary presents the 5,000 most frequent Czech words. The range of its users being rather wide, their needs may vary. Therefore, every headword in this dictionary is supplemented with additional morphological information, basic English translation equivalents, a sample Czech sentence and its English translation. Although a frequency dictionary cannot adequately substitute for a conventional one, linguists will find it easy to get information about parts of speech, noun gender or verb aspect, while students can use the book when decoding a Czech text in a basic way, trying to get some idea about the meaning of its words. Of course, both the decoding and the coding processes will eventually call for using a grammar to get through the maze of the rich inventory of Czech word endings. However, the sample sentence gives a typical real-world usage of the headword in its usual context and thus helps in the understanding of its meaning and use.

Those who are interested in comparing languages are here offered a rather substantial insight into what part of the vocabulary really is basic. The high frequency of headwords in the dictionary guarantees that the user will find the most important words of the Czech language reflecting the real world in which they are used. The vocabulary listed here is a reliable checklist of words for any language teacher and textbook author too.

Frequency dictionaries of Czech and the specific Czech language situation

Several frequency dictionaries of Czech have been published so far. The first of these, *Frequency of Words, Parts of Speech and Forms in the Czech Language* (Jelínek et al., 1961) is based on *c.*1.6 million words of text mainly from the 1930s to the 1940s and is thus rather outdated. Further specialized frequency dictionaries were compiled in the early 1980s at the Institute of the Czech Language of the Academy of Sciences, but only as almost inaccessible internal prints. The amount of data on which they were based was very small, while the style of language used was typically ridden with the propaganda parlance of the time.

After 1989, the *Frequency Dictionary of Czech* (Čermák, Křen et al., 2004) was published. It was based on the 100-million-word balanced corpus SYN2000 which aimed to cover the contemporary written Czech language of the 1990s by reflecting language reception in its composition. The dictionary presents the most frequent 50,000 Czech words and is the product of large-scale manual correction of the original automatic lemmatization of the base corpus. However, there are no spoken data in the base corpus and the dictionary also lacks part-of-speech information.

The most recent *Frequency Dictionary of Spoken Czech* (Čermák et al., 2007) is based on the exclusively manually lemmatized and morphologically annotated Prague Spoken Corpus. The data come from 1988–96, and although the selection of speakers is representative, only the Prague region is covered. The corpus is also relatively small (*c.*675,000 running words), the bulk of the data being based on questions eliciting answers, which leads to a certain thematic imbalance in the frequency lists.

The present *Frequency Dictionary of Czech* follows the lines established by the Routledge Frequency Dictionaries series, and deals with a less frequently covered and typologically different Slavic language. It is the first Czech frequency dictionary based on a selection of both written and authentic spoken language. Its modern and comprehensible concept, together with well-founded data and their accurate processing, provide a reliable core vocabulary for learners and all other students of the Czech language.

The Czech language situation is sometimes described as being close to diglossia. It is based on the competition between the (mostly written) literary standard and the (mostly spoken) colloquial language which is much simpler and very different from the rather stiff and officious written standard. Apart from typical words unique to one version, e.g. **furt** "all the time, still" (colloquial Czech only), most of the differences between the two are to be found in the phonology and morphology of words. For instance, the typically colloquial expression **ňákejma voknama** "through some windows" is rarely found in written text, where it is usually replaced with different forms of the same words, **nějakými okny**, which have the same meaning but are considered more proper from the prescriptive point of view. The present dictionary represents a confluence of both versions, registering the phonological and morphological variability of Czech, and is thus a rare handbook that might be of particular interest to any user. This also underlines the importance of the register codes used in the dictionary, which inform the user about the appropriateness of usage of the individual words in particular registers.

Base corpora

Modern corpora are large collections of machine-readable texts used mainly for linguistic research. They usually contain several layers of additional markup that describes pertinent language features of the individual word forms and relations between them. The corpora can be balanced in their composition and thus designed as a representation of a particular language, or rather a language variety or register. Corpora are a highly reliable source of almost all sorts of information about language and are also used as starting bases for the compilation of dictionaries.

The *Institute of the Czech National Corpus* (http://www.korpus.cz) has been conducting continuous mapping of the Czech language since 1994 and this effort has resulted in the compilation of many language corpora. This dictionary is based

on the following three corpora, which were selected as the most appropriate:

- SYN2005 (the newest available balanced corpus of written language, 100 million running words)
- ORAL2006 and ORAL2008 (corpora of authentic spoken language, sized at one million running words each)

SYN2005 is a balanced 100-million-word corpus of contemporary written Czech selected from a large variety of text types and genres. Each is subdivided into many subcategories, including small portions of texts as scarce as leaflets or handwritten letters. Emphasis was put on using a great number of different sources within these fine-grained categories to ensure variability of the language covered. The corpus was designed as a representation of the written Czech of the time, and its composition corresponds to recent language reception research studies (Králík and Šulc, 2005). Three top-level text type categories are distinguished in the corpus and also adopted as the main text registers in this dictionary: fiction (40 per cent), non-fiction (mostly professional literature, 27 per cent), and newspapers and magazines (33 per cent). All the newspapers and magazines are from 2000–2004, while most of the other texts are from 1990–2004, with the exception of influential older works.

ORAL2006 and ORAL2008 are one-million-word corpora of manually recorded and transcribed authentic spoken Czech. The recordings were made throughout Bohemia in 2002–2007 in strictly informal situations, i.e. mostly family conversation or talk among friends. Typical features of the recorded situations thus include dialogical character, private environment, physical presence of speakers, unscripted speech and topics not given beforehand. There are no formal situations recorded here at all, nor any radio broadcasts or TV shows, which are abundantly found in other corpora. ORAL2008 is also balanced in the main sociolinguistic categories of its participating speakers: gender, age group, education and region of childhood residence (Waclawičová et al., 2009). Both corpora are inevitably small compared to the written one, because spoken data are difficult and expensive to obtain. However, spoken language is the main medium of communication and inclusion of authentic spoken material into the base data is essential to keeping the dictionary close to real life, especially when considering the specificity of the Czech language situation.

Data processing

All the base corpora were processed with tools that automatically assign lemma and morphological tags to every word form in the corpus. The lemma is the base form of a word, i.e. **jít** "to go" for **jde** "goes", and it is particularly important in highly inflected languages such as Czech. The morphological tag is a string describing a set of related morphological features, i.e. **jde** is the form of an imperfective verb in the 3rd person singular indicative, present tense, active voice. The tools used for the lemmatization and morphological tagging of Czech as well as their general principles are described in a number of works, especially Hajič (2004), Petkevič (2006), Spoustová et al. (2007) and Jelínek (2008).

The process has two stages: during the first stage, called morphological analysis, each token (the individual occurrence of every word form in the corpus) is assigned all possible morphological interpretations, i.e. a set of pairs each consisting of a morphological tag with a corresponding lemma. This is done regardless of context, so the same word forms always get the same set of pairs. The morphological analysis is based on a large morphological dictionary that contains *c.*250,000 lemma types. Although the morphological dictionary is comprehensive with respect to processing the written language, it does not include all colloquial variants of corresponding literary word forms. Since the problem is basically one of coverage of the variety of colloquial forms, it was tackled by numerous additions of frequent unrecognized colloquial word forms into the morphological dictionary. These included word forms **támle** (literary **tamhle** "over there"), **mysim** (literary **myslím** "I think") or **takovejdle** (literary **takovýhle** "such, like this"). Apart from these, other interpretations had to be added for word forms commonly present in the literary language but which have an additional meaning in the colloquial one. For instance, the word form **pudem** can be the instrumental singular form of the noun **pud** "instinct", but also the colloquial form of **půjdeme** "we shall go"; it is the

latter interpretation that entirely prevails in the spoken data.

During the second stage, the homonymy described above is resolved using a combination of stochastic and rule-based methods. It should be pointed out that Czech is a language with relatively free word order, rich inflection and a high degree of homonymy, so the problems concerning tagging are of a different nature than those of English. Namely, part of speech is typically an inherent feature of a lemma that does not need to be determined from the context. On the other hand, individual lemmata often have as many as tens of different word forms that can be homonymous, both within the given inflectional paradigm and between the paradigms of different lemmata. For instance, one of the most frequent Czech word forms **se** can be interpreted (depending on the context) as either the reflexive pronoun **se** (corresponding to the English "self") or the vocalized form of preposition **s** "with". To mention a more complicated example, the word form **stav** can be either the nominative or accusative singular form of the noun **stav** "condition, state", or the 2nd person singular imperative of the verb **stavit se** "to drop in" or **stavět** "to build, construct", or, rather theoretically, the past transgressive of the verb **stát se** "to happen, become".

Technically speaking, the disambiguation can be described as a selection of the most probable tag–lemma pair assigned by the morphological analysis in the previous step. Disambiguation is carried out for every token depending on its context. The methods used are reported to have about 95 per cent accuracy using a very rich tagset. However, most of the tagging errors occur in the determination of gender, number and case (i.e. within the paradigm of a given lemma) and thus do not affect the lemmatization and part-of-speech identification that are relevant to this dictionary. This means that the morphological richness of Czech helps in part-of-speech identification, the error rate being only about 0.5 per cent for this task.

Word frequency and dispersion measures

Given the lemmatized and morphologically tagged base corpora, it would have been possible simply to print out the frequency list in descending frequency order. However, any corpus is a set of text samples taken from registers of different sizes and their proportion may significantly influence the final ranking. It means that only word lists based on balanced data sources can reflect the typicality of words in the language as a whole. In other words, the more newspapers there are in the base data, the more "newspaper words" there will be in the output. Furthermore, it is necessary to take into account the well-known fact that words are not evenly spread within the individual registers. For instance, specialized terms may be very frequent in the given register, but their occurrence may be limited to only a few particular texts.

This has two major consequences for the compilation of a frequency dictionary. First, the dispersion of individual words should be taken into account in addition to their frequency, which merely counts the number of occurrences (tokens) of a given word in the corpus. There are various dispersion measures that can be employed for this purpose. The average reduced frequency (ARF, Savický and Hlaváčová, 2002) is used in this dictionary instead of the frequency. ARF is given by the following formula:

$$ARF = 1/v \sum_{i=1}^{f} \min\{d_i, v\}$$

where f denotes frequency of the given word in the corpus, d_i distances between individual occurrences of this word (tokens) in the corpus and $v = N/f$. Since N is the corpus size, v is the average distance between the individual occurrences. ARF can be viewed as a dispersion-based correction of the frequency: the more even the dispersion, the closer ARF approaches to the frequency and vice versa. For words that occur only in one small cluster it is close to 1 regardless of their frequency. In practice, the ARF of common function words is typically around a half of their frequency, but it is considerably smaller for domain-specific words that occur only in a few documents.

Second, the proportion of the individual registers matters. The 100-million-word written base corpus SYN2005 was thus divided into three subcorpora that correspond to the main text registers: fiction (F, 40 million), non-fiction (P, 27 million) and newspapers (N, 33 million). The two ORAL-series spoken corpora were joined together and formed

another subcorpus that represents authentic spoken language (S, 2 million). Given the different sizes of the four subcorpora, adding up word frequencies – be it simple frequency or ARF – from the individual subcorpora would mean that words typical of spoken language would be outweighed by those from the much larger written subcorpora. Therefore, the partial ARF of every word was computed for each subcorpus separately and normalized to the number of instances per one million tokens. Finally, the four partial normalized ARFs were averaged. The influence of the individual registers was thus equalized, so that each of them has 25 per cent weight on the final figure, the overall normalized ARF (ONARF), that is given in the dictionary. Please note that all the normalized ARF values are directly comparable, and their comparison makes more sense than the comparison of normalized frequencies, as the dispersion has already been accounted for.

Lemmatization principles

The fundamental criterion for distinguishing a word as a unit is the space character. It was not possible to go for multiword units, however useful they are.

Proper names and abbreviations are not included in the dictionary. The criterion for distinguishing proper names from common nouns is the uppercase letter in writing. This means that while the adjective **německý** "German" is included, the nouns **Německo** "Germany" or **Němec** "German" are not.

As a rule, the headwords are listed in their literary form if it exists. The headword always subsumes all the phonological, word-formative and other variants, e.g. the headword **čtyři** "four" is a literary label grouping together its variants **čtyry**, **štyry** and **štyři** with all their inflectional forms. The variants are not given explicitly because of their large number, especially in colloquial spoken language, e.g. **ted'ko**, **ted'kon** and **ted'konc** are all subsumed under the headword **ted'ka** "now". Similarly, **zase/zas** "again", **láhev/lahev** "bottle", **myslet/myslit** "to think", **upéct/upíct/upéci** "to bake" or **kdykoli/kdykoliv** "any time" are all grouped under the first variant. On the other hand, **tedy/teda** or **zvláště/zvlášt'** are listed separately as different headwords because of their usage in different contexts and meanings.

The lemmatization and related part-of-speech classification is primarily formal, not functional. The motivation is first of all practical, e.g. the word form **víš** "you know" is always considered a form of the verb **vědět** "to know" rather than the functional particle or interjection. However, if the expression is fixed and its meaning shifted to such an extent that its morphological lemma is not felt as such, the functional lemma is chosen. For instance, the very frequent and highly informal interjection **vole** "man" is not considered a vocative of the noun **vůl** "ox". Morphological adjectives like **taneční** "dance, dancing" are classified as adjectives despite their possibly very frequent usage as nouns. The exception is words no longer used as adjectives and therefore classified as nouns, e.g. **radní** "councillor". Possible noun meaning is given if it is different from the adjectival one, e.g. **cestující** *adj/noun* "travelling" (*adj*), "passenger" (*noun*).

Homonymous lemmata are distinguished only if they belong to different parts of speech. The exception to this rule is the numerous cases where part-of-speech distinction would reflect only different functional roles of an identical word. This refers especially to particles or the common relation between preposition and adverb. Such cases are classified with the prevailing part-of-speech label, e.g. **zdaleka** "by far, from afar" as a particle or **okolo** "about, around" as a preposition, although both often occur as adverbs.

Suppletive and other irregular forms are subsumed under the base form, i.e. the headword **člověk** "man" also includes its plural form **lidé** "people"; the headword **dobrý** "good" also includes its comparative form **lepší** "better" etc.

Negative nouns are always listed separately from their positive forms, i.e. **závislost** "addiction, dependence" and **nezávislost** "independence". Negated forms of other parts of speech are subsumed under their positive forms, unless there is a significant semantic shift, e.g. **mocný** "powerful, mighty" and **nemocný** "ill, sick" are two separate headwords.

Due to the inclusion of authentic spoken data, the dictionary lists not only common vulgarisms, but also a number of other expressions typical of the spoken language. Some are rarely described in handbooks and are not easily classifiable either. For instance, **neto** is classified as a verb in the dictionary, although it is not conjugated and has no real English equivalent.

Contents of the dictionary

The main *frequency index* lists the 5,000 most frequently used Czech words in descending order ranked by the ONARF value. The ordering was done before rounding the values. The following fields are shown for each entry:

- rank order
- headword
- part of speech
- English equivalent(s)
- sample sentence
- English translation of the sample sentence
- ONARF value
- register code

To illustrate the described features, let us take the word **bavit (se)** as an example:

> **535 bavit (se)** *impf* to amuse, (se) talk, enjoy oneself
> - O tomhle jsme se nebavili. – *We didn't talk about that.*
> 84 –P

The entry is ranked as the 535th word in the dictionary. It is an imperfective verb that can also be used as a reflexive verb with the pronoun **se** and this possibility is marked by the parentheses. Its reflexive and non-reflexive meanings differ, the English equivalent of **bavit** is "to amuse", while **bavit se** can be translated as "to talk" or "to enjoy oneself". Since the sample sentence illustrates the reflexive usage, its English translation uses the equivalent "to talk". The overall normalized ARF of **bavit (se)** is 84, which means that there are 84 instances of this word in an average one-million-word slice of the base corpora as counted by the ARF. As explained above, the ARF is always smaller than the frequency as it also takes into account dispersion of the individual occurrences. Finally, the –P register code indicates uneven distribution of **bavit (se)** across the main registers, namely that its usage is not typical for non-fiction.

The *alphabetical index* also lists the most frequent 5,000 Czech words, but in alphabetical order and with a reduced number of fields.

In addition to the alphabetical overview and reference function, this part of the book can also help readers to locate individual words in the main frequency index easily. The following fields are shown for each entry:

- headword
- part of speech
- English equivalent(s)
- rank order

The *part-of-speech index* contains separate lists for every part-of-speech category. Within each, individual words are listed in descending order, ranked by the ONARF value which enables simple comparison of frequencies of related words. This index provides the users with interesting and useful insight into the individual parts of speech. The following fields are shown for each entry:

- rank order
- headword
- English equivalent(s)

Explanatory notes

The part-of-speech description for every headword also comprises three main linguistic features: verb aspect, noun gender and plural forms. Similarly, the headword itself includes reflexivity information. These features are discussed here in more detail, together with other fields given in the individual indexes.

Reflexivity applies mostly to verbs. It is given as a part of the headword by means of the reflexive markers **se** or **si**. If the headword is always reflexive (reflexiva tantum), the reflexive markers are used without parentheses: **všimnout si** "to notice". If the reflexivity is optional, the reflexive markers are given in parentheses, e.g. **mýt (se)** "to wash" (oneself). Should the reflexivity change the meaning of the word, the reflexive marker is also given in the English equivalents dividing the non-reflexive and reflexive meanings respectively: **prát (se)** "to do the laundry", **(se)** "fight".

Verb aspect is given for all verbs as a part of the part-of-speech information. The verbs are specified as perfective, imperfective or bi-aspectual (i.e. they can be both perfective and imperfective). In contradistinction to simple bi-aspectual verbs,

there are also a few cases where a headword comprises both perfective and imperfective verbs with the same form of the infinitive, e.g. **hodit (se)** *pf/impf*, where **hodit** is perfective, while **hodit se** is imperfective.

Noun gender is marked as one of: masculine animate, masculine inanimate, feminine or neuter. In some cases, there are two genders marked in the dictionary, e.g. **mluvčí** *anim/fem* "spokesperson, speaker", which means that the noun **mluvčí** can be used and declined either as a masculine or a feminine noun. There are cases connected with polysemy where the gender markers are also given in the English equivalents indicating which meaning is related to the relevant gender: **předek** *anim/inan* "ancestor" (*anim*), "front part" (*inan*).

Nouns that have only *plural forms* are marked by the abbreviation "pl" next to the noun gender, e.g. **kalhoty** fem pl "trousers" or **dveře** fem pl "door".

English equivalent(s). Due to the overall orientation of the dictionary and in order to save space, only very basic English equivalents are given for every Czech headword. They were chosen in an effort to facilitate the users' orientation in the semantic range of each word, while keeping the set of English equivalents small and easily understandable at the same time. This is why most headwords have only one or two equivalents and peripheral meanings are generally omitted. The English equivalents are also the only way of expressing polysemy, as polysemous headwords are not split semantically. Wherever possible, the part of speech of the English equivalent corresponds to that of the Czech headword.

The *sample sentence* is limited to a single one for each entry and represents typical usage of the headword. The sample sentence is drawn from the corpus texts, although it often had to be shortened or otherwise modified. It is thus rather short, using basic vocabulary, but it remains fully comprehensible and natural at the same time. Sample sentences for headwords typical of a particular register were drawn from that register. Metaphorical or idiomatic use of the headword was avoided as much as possible.

The *English translation of the sample sentence* contains one of the English equivalents, retaining its part of speech if possible. The English translation should correspond to the sample Czech sentence also stylistically.

The *register code* is a symbol that indicates whether a given headword is significantly more or less (+ / – symbols) common in some of the four main text registers: spoken (S), fiction (F), non-fiction (P) and/or newspapers (N). Almost half of the headwords are marked with a register code, which means that their distribution across the main registers is not even. For a given headword, the markup is based on the ratio of the partial normalized ARF for every single register and the sum of the partial normalized ARFs for all the registers. If it is less than 5 per cent, the word is marked with the minus sign (–) for the corresponding register; please note that there can be more than one such register. If it is more than 90 per cent, the word is marked with the plus sign (+) for the corresponding register. Obviously, there can be one register marked with the plus sign at most, and if this is the case, all possible minus signs are omitted.

For instance, the word **rámec** "framework, scope" is marked with register codes –S –F. This means that it is used much less in spoken language (S) and fiction (F) than in the remaining two registers, non-fiction and newspapers. Similarly, the word **čau** "hi, bye" is marked as +S which means that it is typical for the spoken language and only rarely occurs elsewhere. These findings might have been expected, but the register codes also nicely illustrate a typical Czech feature of very common words that exist in parallel in the literary and colloquial language. For instance, there are three words that mean "now" in Czech: **nyní**, **ted'** and **ted'ka**. All of them are very frequent, ranked as the 316th, 78th and 241st most frequent word respectively. While **nyní** is marked –S, revealing that it is a literary word not used in the spoken language, **ted'ka** is a typical spoken equivalent marked +S, and **ted'** is something in between. Although it is marked as –P, it is rather neutral, as there is also an interference with the lower frequency of the notion of "now" in the non-fiction than in the other registers. As usage of such words in a non-typical register is often marked and should be avoided, the register codes give extremely useful

hints, especially for language learners who are often not aware of a word's typical register.

Thematic vocabulary lists can be found throughout the dictionary. They group together semantically related headwords (e.g. colours, animals, days of the week, personal pronouns or modal verbs) and thus constitute a valuable fresh viewpoint on the words listed in the dictionary.

References

Čermák, F. et al. (2007) *Frekvenční slovník mluvené češtiny*. Prague: Karolinum. [Frequency Dictionary of Spoken Czech]

Čermák, F. and Křen, M. et al. (2004), *Frekvenční slovník češtiny*. Prague: NLN. [Frequency Dictionary of Czech]

Czech National Corpus – SYN2005, Institute of the Czech National Corpus, Prague 2005. Available online from http://www.korpus.cz.

Czech National Corpus – ORAL2006, Institute of the Czech National Corpus, Prague 2006. Available online from http://www.korpus.cz.

Czech National Corpus – ORAL2008, Institute of the Czech National Corpus, Prague 2008. Available online from http://www.korpus.cz.

Hajič, J. (2004) *Disambiguation of Rich Inflection (Computational Morphology of Czech)*. Prague: Karolinum.

Jelínek, T. (2008) Nové značkování v Českém národním korpusu. *Naše řeč* 91 (1): 13–20. [New Tagging in the Czech National Corpus]

Jelínek, J., Bečka, J.V. and Těšitelová, M. (1961) *Frekvence slov, slovních druhů a tvarů v českém jazyce*. Praha: SPN. [Frequency of Words, Parts of Speech and Forms in the Czech Language]

Králík, J. and Šulc, M. (2005) The representativeness of Czech corpora. *International Journal of Corpus Linguistics* 10 (3): 357–66.

Petkevič, V. (2006) "Reliable Morphological Disambiguation of Czech: Rule-Based Approach is Necessary". In M. Šimková (ed.) *Insight into Slovak and Czech Corpus Linguistics*, Bratislava: Veda, pp. 26–44.

Savický, P. and Hlaváčová, J. (2002) Measures of word commonness. *Journal of Quantitative Linguistics* 9 (3): 215–31.

Spoustová, D., Hajič, J., Votrubec, J., Krbec, P. and Květoň, P. (2007) "The Best of Two Worlds: Cooperation of Statistical and Rule-Based Taggers for Czech". In *Proceedings of the Workshop on Balto-Slavonic Natural Language Processing ACL 2007*, Prague, pp. 67–74.

Waclawičová, M., Křen, M. and Válková, L. (2009) "Balanced Corpus of Informal Spoken Czech: Compilation, Design and Findings". In *Proceedings of the 10th Annual Conference of the International Speech Communication Association INTERSPEECH 2009*. Brighton: ISCA, pp. 1819–22.

Frequency index

1 být *impf* to be
• Důvody jsou prosté. – *The reasons are simple.*
28850

2 a *conj* and
• Měl hlad a žízeň. – *He was hungry and thirsty.*
21326

3 ten *pron* the, that
• Ukaž mi ten dopis. – *Show me the letter.*
20828

4 se *pron* self, each other
• Znají se už dlouho. – *They have known each other for a long time.*
17648

5 v *prep* in, at
• Studovala filozofii v Paříži. – *She studied philosophy in Paris.*
12660

6 na *prep* on, at, for
• Dej to na stůl, prosím tě. – *Put it on the table, please.*
10298

7 že *conj* that
• Je zajímavé, že to říkáte vy. – *It's interesting that you should say it.*
6771

8 on *pron* he
• Já mu nevěřím. – *I don't believe him.*
5453

9 mít *impf* to have (got), ought to
• Mají nového psa. – *They've got a new dog.*
5271

10 s *prep* with
• Pojď se mnou. – *Come with me.*
4969

11 já *pron* I
• Já opravdu nevím, proč to dělají. – *I really don't know why they're doing this.*
4823 –P –N

12 tak *adv* so, like that
• Tak to nebylo! – *It wasn't like that!*
4743

13 z *prep* from, out of
• Jeho žena pochází z Itálie. – *His wife comes from Italy.*
4545

14 no *part* well
• No, to je skvělej nápad. – *Well, that's a great idea.*
4378 +S

15 ale *conj* but
• Měl nějaké nápady, ale všechny byly špatné. – *He had some ideas but they were all wrong.*
3879

16 který *pron* that, which, who
• Existují lidé, kteří to dokážou. – *There are people who can do it.*
3811

17 jako *conj* like, as
• Vypadá přesně jako já. – *She looks exactly like me.*
3755

18 do *prep* to, in
• Pojedeme na dovolenou do Švédska. – *We are going on holiday to Sweden.*
3668

19 o *prep* about
• Dozvěděl jsem se o tom z novin. – *I learnt about it in the newspaper.*
2881

20 k *prep* to, for
• Co si dáš k večeři? – *What do you want for dinner?*
2850

21 i *conj* and, as well, too
• Byl to básník i prozaik. – *He was a poet and a novelist.*
2669

22 jo *interj* yeah
• Chceš ještě trochu? Jo, chci. – *Do you want some more? Yeah, I do.*
2643 +S

23 tam *adv* there
• Už tam nebydlí. – *They don't live there any more.*
2300 –P –N

24 co *pron* what
• Co se jí stalo? – *What happened to her?*
2271

25 moct *impf* to be able to, can
• Situace se může dramaticky změnit. – *The situation can change dramatically.*
2149

26 za *prep* in, behind, for
• Výsledky budou zveřejněny za měsíc. – *The results will be published in a month.*
2085

27 když *conj* when
• Nesnáší, když s ní lidé nesouhlasí. – *She hates it when people disagree with her.*
2016

28 oni *pron* they
- Oni jsou otroci. – *They are slaves.*
1996

29 jak *adv* how
- Jak se máš? – *How are you?*
1934

30 už *adv* already, any more
- Už si to nepamatuju. – *I don't remember it any more.*
1917

31 svůj *pron* one's
- Máme pro to své důvody. – *We have our reasons for it.*
1818 –S

32 pro *prep* for
- Byla to pro něj těžká situace. – *It was a tough situation for him.*
1774

33 vědět *impf* to know
- Nevíš, kolik to stálo? – *Do you know how much it cost?*
1691 –P

34 nebo *conj* or
- Nechceš čaj nebo něco? – *Do you want some tea or something?*
1688

35 po *prep* after
- Rozešli se po roce. – *They broke up after a year.*
1627

36 hm *interj* uh-huh, hem
- Hm, už to chápu. – *Uh-huh, now I get it.*
1598 +S

37 jeho *pron* his
- Chápal jsem jeho pocity. – *I understood his feelings.*
1598 –S

38 všechen *pron* all, everything
- Všechno je v pořádku. – *Everything is all right.*
1574

39 tento *pron* this
- Tento recept je velice rychlý. – *This recipe is very quick.*
1554 –S

40 ne *interj* no
- Ne, děkuju. – *No, thank you.*
1466 –P

41 rok *inan* year
- Strávil v Oxfordu tři roky. – *He spent three years in Oxford.*
1354

42 ještě *adv* still, more, yet
- Dáš si ještě? – *Will you have some more?*
1330

43 aby *conj* (in order) to
- Řekli mu, aby to nechal být. – *They told him to forget it.*
1327

44 od *prep* from, since
- Je ženatý od roku 1995. – *He has been married since 1995.*
1323

45 jeden *num* one
- Je jednou z nejlepších mezzosopranistek. – *She is one of the best mezzo-sopranos.*
1260

46 muset *impf* to have to, must
- Musíte přijít zítra. – *You have to come tomorrow.*
1229

47 jít *impf* to go, walk
- Nikam nepůjdeš! – *You're not going anywhere!*
1175

48 říct *pf* to say, tell
- Neřekl nic. – *He didn't say anything.*
1158 –P

49 chtít *impf* to want
- Chce si koupit nové auto. – *He wants to buy a new car.*
1120

50 takový *pron* such, so
- Venku není takový horko. – *It's not so hot outside.*
1107

51 říkat *impf* to say, tell
- Cos to říkala? – *What were you saying?*
1091 –P

52 ty *pron* you
- Co je s tebou? – *What's wrong with you?*
1085 –P –N

53 u *prep* at, near
- Stál u dveří a čekal. – *He was standing at the door and waiting.*
1058

54 pak *adv* then
- A pak se to stalo. – *And then it happened.*
1056

55 my *pron* we
- My už nepijeme. – *We don't drink anymore.*
1017

56 člověk *anim* man
- Většina lidí o tom neví. – *Most people don't know about it.*
971

57 jen *adv* only, just
- Byli tam jen oni dva. – *There were only the two of them.*
955

58 nějaký *pron* a, some, any
- Měl nějaký problémy. – *He had some troubles.*
951 –P

59 až *part* until, only, to
- Přijeli až včera. – *They arrived only yesterday.*
924

60 dát *pf* to give, put
- Co jsi jí dala k Vánocům? – *What did you give her for Christmas?*
911

61 dva *num* two
- Jejímu synovi jsou dva roky. – *Her son is two years old.*
890

62 velký *adj* big, great, large
- Měl na nás velký vliv. – *He had a great influence on us.*
884

63 protože *conj* because
- Nemůžu pít, protože řídím. – *I can't drink, because I'm driving.*
877

64 než *conj* than
- Je o osm let mladší než já. – *He's eight years younger than me.*
868

65 jenž *pron* that, which, who
- Autor trpěl chorobou, jež skončila sebevraždou. – *The author suffered from a disease which ended with his suicide.*
860 –S

66 taky *part* too, also, as well
- Já jsem dřív byla taky taková. – *I used to be like that too.*
788 –P –N

67 asi *part* about, approximately
- Měl jsem asi šest piv. – *I had about six beers.*
783

68 ani *part* not even, neither
- Někteří z nás o tom ani nevěděli. – *Some of us didn't even know about it.*
773

69 při *prep* by, at
- Stůj při mně. – *Stand by me.*
730 –S

70 dobrý *adj* good
- Ježiši, to je dobrý. – *God, this is good.*
729

71 prostě *part* simply, just
- Prostě to nemám rád. – *I just don't like it.*
721 –P –N

72 celý *adj* whole, complete
- Čekala na něj celý den. – *She waited for him the whole day.*
719

73 něco *pron* something, anything
- Máš už něco koupenýho? – *Have you bought anything yet?*
716

74 před *prep* ago, before, in front of
- Stalo se to asi před rokem. – *It happened about a year ago.*
714

75 stát (se) *impf/pf* to stand, cost, **(se)** happen, become
- Co se stalo? – *What happened?*
709

76 jiný *adj* other, else, different
- Nikdo jiný nám nepomůže. – *Nobody else will help us.*
695

77 tady *adv* here
- Co se tady děje? – *What's going on here?*
682 –P

78 teď' *adv* now
- Teď' už je to lepší. – *It's better now.*
649 –P

79 další *adj* next, further, another
- Další informace na požádání. – *Further information on request.*
642

80 vidět *impf* to see
- Viděl jsem ho tam. – *I saw him there.*
624

81 však *part* however
- Názory lidí se však mění. – *However, people's opinions change.*
623 –S

82 podle *prep* according to
- Podle policie řídil opilý. – *According to police, he'd been driving while drunk.*
619

83 myslet (si) *impf* to think
- A proč si to myslíš? – *And why do you think so?*
617 –P

84 dělat *impf* to do, make
- Co budeš dělat? – *What are you going to do?*
606 –P

85 nový *adj* new
- Šťastný nový rok! – *Happy New Year!*
600

86 také *part* too, also
- Také cesta do Ruska byla důležitá. – *The journey to Russia was also important.*
599 –S

87 třeba *part* perhaps, maybe
- Třeba to stihnem. – *Perhaps we'll make it.*
598

88 kde *adv* where
- Kde budeme bydlet? – *Where are we going to live?*
598

89 sem *adv* here
- Patří sem. – *She belongs here.*
597 –P –N

90 nic *pron* nothing
- Nemáme nic společného. – *We have nothing in common.*
590

91 druhý *num* second, the other
- Byl druhý den týdne. – *It was the second day of the week.*
579

92 jejich *pron* their(s)
- Souhlasíme s jejich návrhem. – *We agree with their proposal.*
572 –S

93 první *num* first
- Bylo to jejich první vystoupení. – *It was their first public appearance.*
566

94 každý *pron* every, everyone
- To ví každý. – *Everyone knows that.*
552

95 mezi *prep* among, between
- Mezi námi, myslím, že lže. – *Between you and me, I think she's lying.*
549

96 den *inan* day
- Myslel na to celý den. – *He thought about it the whole day.*
545

97 zase *adv* again
- Už zase spí. – *He is sleeping again.*
537 –P

98 doba *fem* time, period, age
- Dlouhou dobu jsem tomu věřila. – *I have believed it for a long time.*
529

99 přijít *pf* to come
- Zase přišel pozdě v noci. – *He came late at night again.*
522

100 takže *conj* so
- Je to připravený, takže můžeš jít s náma. – *It's ready, so you can come with us.*
511

101 právě *part* just, right
- Právě to jsem chtěl říct! – *That's just what I wanted to say!*
491

102 teda *part* wow, well
- No teda, ty seš náročná. – *Wow, you're one demanding girl.*
488 +S

103 tři *num* three
- Budu tam ve tři hodiny. – *I will be there at three o'clock.*
484

104 moc *adv* much, a lot
- Moc vám děkuji. – *Thank you very much.*
483 –P

105 vy *pron* you
- Mohl bych vám zaplatit rovnou? – *Can I pay you straight away?*
479

106 začít *pf* to start, begin
- Začali se chránit. – *They started protecting themselves.*
467

107 malý *adj* small, little
- Byl příliš malý. – *He was too small.*
455

108 dobře *adv* well
- Taky hraje dobře na klarinet. – *She plays the clarinet well, too.*
450

109 náš *pron* our(s)
- Stála před naším domem. – *She was standing in front of our house.*
440

110 sám *pron* alone, (by) oneself
- Ráda bych teď byla sama. – *I would like to be alone now.*
434

111 dostat *pf* to get, receive
- Konečně dostali šanci. – *They finally got their chance.*
431

112 takhle *adv* like this, this way
- Udělej to takhle. – *Do it like this.*
427 –P –N

113 jenom *adv* only, merely
- Byla jsem tam jenom chvíli. – *I was only there for a while.*
425 –P

114 bez *prep* without, less
- Zeptal se bez okolků. – *He asked without ceremony.*
425

115 tenhle *pron* this
- Tenhle je lepší. – *This one is better.*
423 –P

116 mnoho *adv* many, much
- Mnoho lidí sem přichází za prací. – *Many people come here to work.*
423 –S

117 můj *pron* my, mine
- Je to moje povinnost. – *It is my duty.*
412

118 kdy *adv* when
- Kdy jste ji viděl naposledy? – *When was the last time you saw her?*
410

119 jestli *conj* if, whether
- Nevím, jestli je vdaná. – *I don't know if she's married.*
402 –P

120 vůbec *part* at all
- To neni vůbec žádnej problém. – *That's no problem at all.*
401

121 tu *adv* here
- Neví, že tu jsme. – *She doesn't know we're here.*
399

122 kdo *pron* who
- Kdo to byl? – *Who was that?*
393

123 kdyby *conj* if
- Nebylo by lepší, kdyby to zkusil on? – *Wouldn't it be better if he tried to do it?*
391

124 udělat *pf* to do, make
- Já to udělám. – *I'll do it.*
391

125 proto *conj* therefore
- Proto jsem se rozhodl firmu zažalovat. – *I therefore decided to sue the company.*
390

126 místo *neut* place, space
- Skončila na čtvrtém místě. – *She finished in fourth place.*
384

127 žádný *pron* no, none
- Nemá žádné bratry. – *He has no brothers.*
378

128 pod *prep* under
- Byl pod vlivem. – *He was under the influence.*
371

129 život *inan* life
- Její život skončil. – *Her life ended.*
363

130 práce *fem* job, work
- Nemají práci. – *They do not have a job.*
360

131 jaký *pron* what
- Jaký to má smysl? – *What's the point?*
349

132 starý *adj* old
- Byla pro něho příliš stará. – *She was too old for him.*
348

133 některý *pron* some, one
- Někteří lidé to neví. – *Some people do not know it.*
338

134 vzít *pf* to take
- Vem si kousek. – *Take a bit.*
337

135 úplně *adv* completely, entirely
- Úplně jsem na to zapomněla. – *I completely forgot about it.*
334 –P

136 vysoký *adj* tall, high
- Byla velmi vysoká. – *She was very tall.*
333

137 hodně *adv* much, many, a lot
- Peníze pro něj znamenají hodně. – *Money means a lot to him.*
329

138 ruka *fem* hand
- Zvedla ruku. – *She raised her hand.*
329

139 či *conj* or
- Ano, či ne? – *Yes or no?*
327 –S

140 strana *fem* side, page, party
- Není členem této politické strany. – *He is not a member of this political party.*
324

141 nad *prep* over, above
- Nemám nad ní žádnou moc. – *I have no power over her.*
322

142 věc *fem* thing, stuff
- Na takové věci nevěřím. – *I do not believe in such things.*
321

143 přes *prep* over, across
- Město mělo přes tisíc obyvatel. – *The town had over a thousand inhabitants.*
320

144 země *fem* country, land
- Je to nejchudší země na světě. – *It is the poorest country in the world.*
318

145 několik *num* a few, several
- Byl tam několik dní. – *He was there for a few days.*
317 –S

146 poslední *adj* last, final
- Četl jsem jeho poslední knihu. – *I read his last book.*
310

147 čas *inan* time
- Už nemáme čas. – *We have no more time left.*
308

148 někdo *pron* someone, anyone
- Třeba potkáme někoho jinýho. – *Maybe we'll meet someone else.*
308

149 případ *inan* case
- Tohle není ten případ. – *That is not the case.*
305 –S

150 stejně *part* equally, anyway
- Stejně by to nevěděli. – *They would not know anyway.*
302

151 pokud *conj* if, as long as
- A pokud by k tomu došlo? – *And if it did happen?*
298

152 tedy *part* (and) so, therefore
- Rodiče odjedou, bude tedy doma sama. – *Her parents are leaving and so she will be at home by herself.*
296 –S

153 již *adv* already, before
- Již to vím. – *I already know.*
295 –S

154 svět *inan* world
- Postoupili do finále mistrovství světa. – *They qualified for the world championship final.*
294 –S

155 vždycky *adv* always
- Vždycky to stihneme. – *We always make it in time.*
289 –P

156 jet *impf* to go, drive
- Zejtra musíme jet do Prahy. – *We've got to go to Prague tomorrow.*
287 –P

157 hodina *fem* hour
- Trvalo mi to hodinu. – *It took me an hour.*
287

158 nechat *impf* to let, allow
- Nech to plavat. – *Let it be.*
285

159 proč *adv* why
- Proč to chceš vědět? – *Why do you want to know?*
285

160 nějak *adv* somehow
- Budeš se na tom nějak podílet? – *Will you be involved somehow?*
284 –P –N

161 cesta *fem* way, journey, road
- Cestu znali dobře. – *They knew the way well.*
283

162 málo *adv* little, few
- To je moc málo. – *That's too little.*
282

163 dítě *neut* child, kid
- Mám pět dětí. – *I have five children.*
280

164 vlastně *part* actually, as a matter of fact
- Já vlastně nevim. – *As a matter of fact I don't know.*
275

165 hlava *fem* head
- Potřásl hlavou. – *He shook his head.*
274

166 velmi *adv* very
- Je velmi klidná. – *She is very calm.*
269 –S

167 proti *prep* against
- Všichni byli proti tomu. – *They were all against it.*
267

168 možná *part* maybe, perhaps
- Možná fakt neví. – *Maybe he really doesn't know.*
266

169 vlastní *adj* own, actual
- Mluví vlastním jazykem. – *They speak their own language.*
263 –S

170 oba *num* both
- Oba to víme. – *We both know it.*
260

171 nikdo *pron* nobody, no one
- Nikdo nepřišel. – *Nobody turned up.*
257

172 vždyť' *part* after all
- Vždyť' tam byla. – *After all, she was there.*
257 –P

173 nikdy *adv* never
- Nikdy jsem tam nebyl. – *I have never been there.*
253

174 část *fem* part, piece
- Film má dvě části. – *The movie has two parts.*
252 –S

175 potom *adv* then, afterwards
- Potom jí zavolal. – *Then he called her.*
250

176 problém *inan* issue, problem, trouble
- To nebude problém. – *That won't be a problem.*
249

177 oko *neut* eye
- Otevřela oči. – *She opened her eyes.*
248

178 totiž *part* that is, namely
- My, totiž já a David, přijdeme. – *We, that is David and I, will come.*
246

179 konec *inan* end, ending
- To je konec představení. – *This is the end of the performance.*
245

180 lze *impf* to be possible
- Lze to použít? – *Is it possible to use it?*
244 –S

181 český *adj* Czech
- Budou propagovat české výrobky. – *They will promote Czech products.*
244 –S –F

182 čtyři *num* four
- Je o čtyři roky mladší. – *He is four years younger.*
243

183 rád *adj* glad, pleased
- To jsem opravdu rád. – *I'm really glad.*
242

184 jednou *num* once
- Už jsem tu jednou byl. – *I have been here once before.*
239

185 najít *pf* to find
- Tělo nikdy nenašli. – *They never found the body.*
239

1 Pronouns

Personal pronouns
já 11 I
ty 52 you
on/ona 8 he/she
my 55 we
vy 105 you
oni 28 they

Possessive pronouns
můj 117 my, mine
tvůj 491 your(s)
jeho/její 37 his/her(s)
náš 109 our(s)
váš 377 your(s)
jejich 92 their(s)
svůj 31 one's

---

186 pět *num* five
• Přišel v pět hodin. – *He arrived at five o'clock.*
237

187 kolem *prep* around, about
• Byly všude kolem něho. – *They were all around him.*
237

188 což *pron* which
• Jsem sobecký, což ona nesnáší. – *I am selfish, which she hates.*
237

189 chvíle *fem* while, moment
• Tohle chvíli potrvá. – *This will take a while.*
236

190 dříve *adv* sooner, earlier
• Dříve či později na to přijdou. – *Sooner or later they will figure it out.*
236

191 chodit *impf* to go, walk, attend
• Chodí tam hodně lidí. – *A lot of people go there.*
235 –P

192 dnes *adv* today
• Dnes je středa. – *Today is Wednesday.*
234 –S

193 snad *part* perhaps
• Snad má pravdu. – *Perhaps he is right.*
232

194 pouze *adv* only, solely
• Spatřil jsem pouze tvář. – *I only saw his face.*
232 –S

195 město *neut* town, city
• Miluju tohle město. – *I love this city.*
230

196 muž *anim* man, gentleman, husband
• Ten muž byl zločinec. – *The man was a criminal.*
229 –S

197 možný *adj* possible
• To není možné. – *That's not possible.*
228

198 mluvit *impf* to speak, talk
• Mluví anglicky. – *She speaks English.*
228

199 pan *anim* sir, Mr, (gentle)man
• Ano, pane. – *Yes, sir.*
226

200 způsob *inan* way, method
• Je to nejrychlejší způsob. – *It is the fastest way.*
222

201 znát (se) *impf* to know, be familiar
• Známe se dlouho. – *We have known each other for a long time.*
220

202 slovo *neut* word
• Neřekl ani slovo. – *He did not say a word.*
219

203 často *adv* often
• Stává se to často. – *It often happens.*
218

204 žena *fem* woman, wife
• Ženy jsou náladové. – *Women are moody.*
217 –S

205 různý *adj* different, various
• Přemýšlel jsem o různých věcech. – *I have been thinking about various things.*
217

206 jediný *adj* (the) only, single
• Je to jediný důkaz, co máme. – *It is the only evidence we have.*
217

207 společnost *fem* company, society
• Co vaše společnost nabízí? – *What does your company offer?*
217 –S

208 dlouho *adv* long, for a long time
• Jak dlouho tu čekáš? – *How long have you been waiting here?*
213

209 stále *adv* all the time, permanently, still
• Stále na to myslím. – *I think about it all the time.*
210 –S

210 řada *fem* turn, row, line
- Jsi na řadě. – *It's your turn.*
209 –S

211 stejný *adj* the same
- Nejde o stejnou taktiku. – *They are not the same tactics.*
209

212 dále *adv* further, next
- ¨Dále se nevyptávala. – *She did not ask any further.*
208

213 dlouhý *adj* long
- Zavládlo dlouhé ticho. – *A long silence fell.*
207

214 mladý *adj* young
- Měl mladou ženu. – *He had a young wife.*
206

215 čekat *impf* to wait
- Čekáš na někoho? – *Are you waiting for someone?*
206

216 týden *inan* week
- Za týden to bude hotové. – *It will be done in a week.*
205

217 tisíc *num* thousand
- Stálo to tisíc liber. – *It cost a thousand pounds.*
205

218 voda *fem* water
- Voda vřela. – *The water was boiling.*
205

219 někdy *adv* sometimes
- Přijeli někdy v lednu. – *They came sometimes in January.*
205

220 spíš *part* rather
- Já bych se spíš vrátil domů. – *I would rather go home.*
205

221 hlavní *adj* main, title
- Johnny Depp hraje hlavní roli. – *Johnny Depp plays the title role.*
203

222 jinak *part* otherwise, differently
- Jinak se mám dobře. – *Otherwise I'm fine.*
203

223 zůstat *pf* to stay, remain
- Ten chlap tam zůstal. – *That man stayed there.*
202

224 vrátit (se) *pf* to return, **(se)** come back
- Vrať se domů. – *Come back home.*
201

225 vypadat *impf* to look, seem
- Vypadáš jinak. – *You look different.*
201

226 hele *interj* hey, look
- Hele, už zase prší. – *Look, it's raining again.*
200 +S

227 dávat *impf* to give, put
- Nemáme to kam dávat. – *We have nowhere to put it.*
200

228 přece *part* surely, yet
- A přece řekl pravdu. – *And yet he told the truth.*
199

229 vid' *part* right
- Bylo to v pořádku, vid'? – *It was OK, right?*
197 +S

230 známý *adj* well-known, popular
- Jsou to známé problémy. – *These are well-known problems.*
196

231 vést *impf* to lead, guide
- To vede k třetí hypotéze. – *This leads to a third hypothesis.*
196

232 potřebovat *impf* to need
- Ani je nebudem potřebovat. – *We won't even need them.*
195

233 dokonce *part* even
- Dokonce i rackové zmizeli. – *Even the seagulls were gone.*
194

234 patřit *impf* to belong
- Komu to patří? – *Who does it belong to?*
194 –S

235 například *part* for example, for instance
- Například to ovlivní politiku. – *For example, it will influence politics.*
193 –S

236 hrát (si) *impf* to play
- Postoj společnosti hraje velkou roli. – *Social attitudes play a big part.*
192

237 dost *adv* enough, quite
- Čekal jsem dost dlouho. – *I have waited long enough.*
191

238 koruna *fem* crown
- Stojí to třicet korun. – *It costs thirty crowns.*
187 –F –P

239 dojít *pf* to arrive, happen
- Nikdy k tomu nedošlo. – *It never happened.*
186

240 hned *adv* right now, immediately
- Řekni nám to hned. – *Tell us right now.*
186

241 teďka *adv* now, these days
- Fialová se teďka hodně nosí. – *Purple is quite fashionable these days.*
185 +S

242 ostatní *adj* (the) other(s), remaining
• Ostatní mrzli. – *The others were freezing.*
185

243 měsíc *inan* month, moon
• Už je to měsíc. – *It has been a month now.*
184

244 fakt *part* really
• Je to fakt divný. – *It's really weird.*
184 +S

245 podívat se *pf* to look
• Podívala se z okna. – *She looked out of the window.*
183 –P

246 znamenat *impf* to mean, stand for
• Co to vlastně znamená? – *What does it actually mean?*
182

247 pozdě *adv* late
• Už bylo příliš pozdě. – *It was too late.*
180

248 -li *conj* if
• Je-li to možné, použijte jinou metodu. – *If possible, use a different method.*
180 –S

249 deset *num* ten
• Týká se to deseti osob. – *It concerns ten people.*
180

250 dům *inan* house
• Dům se zdál čistý. – *The house seemed clean.*
179

251 daleko *adv* far (away)
• Je daleko od domova. – *He is far from home.*
179

252 peníze *inan pl* money
• O peníze nejde. – *It is not about money.*
178

253 ať *conj* let
• Ať si myslí, co chce. – *Let her think what she wants.*
178

254 možnost *fem* possibility, chance, option
• To je jedna z možností. – *This is one of the options.*
177

255 především *part* first of all
• Především musí být zajištěna bezpečnost. – *First of all, security must be ensured.*
176 –S

256 nakonec *adv* finally, in the end
• Nakonec nám uvěřil. – *In the end he believed us.*
174

257 dokázat *pf* to manage, prove, can
• Nedokážu to udělat. – *I cannot do it.*
174

258 někde *adv* somewhere
• Někde to tu bude. – *It will be here somewhere.*
174 –P

259 škola *fem* school
• Celá škola je v šoku. – *The whole school is shocked.*
173

260 stát *inan* state, country
• Každý členský stát má komisaře. – *Every member state has a commissioner.*
173 –S

261 otázka *fem* question
• Odpovězte na otázku. – *Answer the question.*
172

262 slyšet *impf* to hear
• Nikdy jsem o něm neslyšel. – *I have never heard of him.*
170 –P

263 skupina *fem* group, band
• Tato skupina neexistuje. – *This group does not exist.*
169 –S

264 důležitý *adj* important
• Tento aspekt je velice důležitý. – *This aspect is very important.*
169

265 opravdu *part* really, genuinely
• Je to opravdu důležité. – *It is really important.*
169

266 pravda *fem* truth
• Pravda bolí. – *The truth hurts.*
168

267 snažit se *impf* to try, make an effort
• Snažila se neplakat. – *She tried not to cry.*
168

268 získat *pf* to gain, obtain
• Chcete získat moc? – *Do you want to gain power?*
167 –S

269 cena *fem* price, prize
• Cena je příliš vysoká. – *The price is too high.*
167

270 sto *num* hundred
• Prodávaj ho za dvě stě liber. – *They're selling it for two hundred pounds.*
166

271 špatný *adj* bad, wrong
• To bylo fakt špatný. – *It was really bad.*
166

272 ano *interj* yes
• Ano, přijdu. – *Yes, I'll come.*
166 –P

273 docela *part* quite
• Byla docela sympatická. – *She was quite nice.*
166 –P

274 systém *inan* system
- Tento systém se osvědčil. – *This system proved useful.*
165 –S –F

275 koupit (si) *pf* to buy
- Kdes to koupil? – *Where did you buy it?*
164 –P

276 oblast *fem* area, field
- Vybrali si tuto oblast. – *They chose this area.*
163 –S

277 zatím *adv* so far, for now, yet
- Zatím nebyl nalezen. – *He has not been found yet.*
163

278 sice *adv* admittedly, true
- Sice jsou drahé, ale sedí. – *True, they are expensive, but they fit.*
161

279 situace *fem* situation
- Situace se zlepšila. – *The situation has improved.*
161 –S

280 žít *impf* to live
- Kde teď žije? – *Where does she live now?*
161

281 půl *fem* half
- Dceři je tři a půl roku. – *My daughter is three and a half.*
161 –P

282 kvůli *prep* due to, because of
- Stěhovat se kvůli tomu nebudu. – *I'm not moving out because of that.*
161

283 sedět *impf* to sit
- Seděl na posteli. – *He was sitting on the bed.*
160 –P

284 určitě *part* definitely, certainly
- Určitě to je pravda. – *It's definitely true.*
160 –P

285 ovšem *part* of course, nevertheless
- Pokles se ovšem očekával. – *The decrease was nevertheless expected.*
160 –S

286 hlavně *part* most of all, especially
- Má rád hlavně maso. – *Most of all, he likes meat.*
158

287 většina *fem* majority
- Drtivá většina je stále ve vězení. – *An overwhelming majority is still in prison.*
158 –S

288 kolik *num* how, how much
- Kolik mu je? – *How old is he?*
157

289 trochu *adv* a little, a bit
- Trochu jsem se bála. – *I was a little scared.*
156

290 přitom *part* yet, at the same time
- A přitom to není pravda. – *And yet it is not true.*
155

291 prý *part* supposedly, allegedly
- Prý to udělal. – *He supposedly did it.*
154 –P

292 uvést *pf* to say, state, introduce
- Uvedl, že se bojí o svůj život. – *He stated that he was afraid for his life.*
152 –S

293 pořád *adv* all the time, still
- Pořád to funguje? – *Does it still work?*
151 –P

294 stačit *impf* to do, suffice
- To stačí. – *That will do.*
151

295 rychle *adv* fast, quick(ly)
- Psala velmi rychle. – *She was typing very fast.*
150

296 znovu *adv* again
- Znovu se usmála. – *She smiled again.*
150 –S

297 firma *fem* firm, business
- Opustil firmu. – *He left the firm.*
150 –F

298 pracovat *impf* to work
- Pracovala jako tanečnice. – *She worked as a dancer.*
149

299 rozhodnout (se) *pf* to decide
- Rozhodli jsme se to změnit. – *We decided to change it.*
149

300 přesně *adv* exactly
- To je přesně ono. – *That's exactly it.*
148

301 příliš *adv* too
- Byla příliš mladá. – *She was too young.*
148 –S

302 jméno *neut* name
- Smím znát vaše jméno? – *May I ask your name?*
148

303 důvod *inan* reason
- Jaký jsi měl důvod? – *What reason did you have?*
147

304 zdát se *impf* to seem, dream
- Nezdálo se být poškozené. – *It did not seem to be damaged.*
147

305 změna *fem* change
- To je jediná příjemná změna. – *That is the only pleasant change.*
146 –S

306 síla *fem* force, strength
- Je to zdroj životní síly. – *It is the source of the life force.*
146

307 téměř *adv* almost
- Snědl jsem téměř všechno. – *I have eaten almost everything.*
146 –S

308 brát *impf* to take
- Bereš si s sebou telefon? – *Are you taking your phone with you?*
146

309 ukázat (se) *pf* to show (up), point
- Neukázal se. – *He did not show up.*
145

310 noc *fem* night
- Dobrou noc. – *Good night.*
145

311 přímo *part* right, directly
- Stál přímo před nimi. – *He was standing right in front of them.*
145

312 platit *impf* to pay
- Občané musí platit daně. – *Citizens must pay taxes.*
144

313 navíc *part* extra, besides
- Navíc tvrdí, že je příliš brzy. – *Besides, he says it is too soon.*
144

314 doma *adv* (at) home
- Konečně jsme doma. – *We're home at last.*
144 –P

315 včera *adv* yesterday
- Včera bylo horko. – *It was hot yesterday.*
143 –P

316 nyní *adv* now, at present
- Vědci nyní objevili důkazy. – *Scientists have now found the evidence.*
143 –S

317 výsledek *inan* result, outcome
- Tento výsledek je nejhorší. – *This is the worst outcome.*
142 –S

318 zcela *adv* completely, absolutely, fully
- Je to zcela nemožné. – *It is absolutely impossible.*
141 –S

319 milion *num* million
- Slíbil mi milion dolarů. – *He promised me a million dollars.*
140

320 objevit (se) *pf* to discover, **(se)** appear
- Objevila sebe samu. – *She discovered herself.*
140

321 základní *adj* elementary, basic
- Nedokončil základní školu. – *He did not finish elementary school.*
140 –S

322 spolu *adv* together
- Nikdo nás spolu neviděl. – *Nobody saw us together.*
139

323 šest *num* six
- Odešel v šest ráno. – *He left at six in the morning.*
139

324 psát *impf* to write
- Pořád píšu dopisy. – *I still write letters.*
139

325 pohled *inan* look, view, postcard
- Jeden pohled stačil. – *One look was enough.*
139

326 zde *adv* here
- Zde se to nekoná. – *It's not taking place here.*
139 –S

327 podobný *adj* similar, alike
- Je to podobný případ. – *It is a similar case.*
138

328 plný *adj* full
- Dům byl plný. – *The house was full.*
138

329 samozřejmě *part* of course
- Samozřejmě že ji znám. – *Of course I know her.*
138

330 určitý *adj* certain, given
- Objevily se určité nesnáze. – *Certain difficulties arose.*
137

331 tenhleten *pron* this (one)
- Tuhletu zkratku zatím nikdo nezná. – *Nobody knows this abbreviation.*
137 +S

332 jasný *adj* clear, bright
- Je to jasné? – *Is that clear?*
137

333 během *prep* during, within
- Během devadesátých let se všechno změnilo. – *Everything changed during the nineties.*
136

334 vedle *prep* beside, next to
- Stál vedle ní. – *He stood beside her.*
136

335 zájem *inan* interest
- Ztratil jsem o to zájem. – *I lost interest in it.*
136 –S

336 napsat *pf* to write
- Napsal o tom článek. – *He wrote an article about it.*
135

337 přijet *pf* to come, arrive
- Přijeli autem. – *They came by car.*
135 –P

338 dneska *adv* today
- Já jsem dneska tak unavená. – *I'm so tired today.*
133 –P –N

339 vztah *inan* relation, relationship
- Jaký je mezi nimi vztah? – *What is the relationship between them?*
133 –S

340 existovat *impf* to be, exist
- Existuje jich spoustu. – *There are a lot of them.*
133

341 furt *adv* all the time, still
- Furt prší. – *It's still raining.*
132 +S

342 zjistit *pf* to find out, learn
- Nakonec to zjistili. – *They finally found out.*
132

343 dveře *fem pl* door
- Zavřela dveře. – *She closed the door.*
132

344 kromě *prep* apart from, but
- Kromě toho je pohledný. – *Apart from that he is good-looking.*
132

345 kam *adv* where (to)
- Kam půjdem? – *Where will we go?*
130

346 jistý *adj* certain, safe
- Bude to jistá smrt. – *It will be certain death.*
130

347 počkat *pf* to wait
- Počkej do středy. – *Wait till Wednesday.*
130 –P

348 auto *neut* car
- Neumím řídit auto. – *I can't drive a car.*
129

349 jasně *part* sure, clearly
- Jasně, budu tam. – *Sure, I'll be there.*
128

350 cítit (se) *impf* to feel, smell
- Cítila se osamělá. – *She felt lonely.*
128

351 informace *fem* information
- Vaše informace mohou být zkreslené. – *Your information may be distorted.*
127 –S

352 nejen *adv* not only
- Je nejen hezká, ale i chytrá. – *Not only is she pretty, she is also clever.*
127 –S

353 zeptat se *pf* to ask
- Já se jí zeptám. – *I'll ask her.*
127 –P

354 onen *pron* that
- Od onoho odpoledne uplynuly čtyři dlouhé roky. – *Four long years have passed since that afternoon.*
127

355 noha *fem* leg, foot
- Zkřížila nohy. – *She crossed her legs.*
126

356 vždy *adv* always
- Vždy existuje lepší způsob. – *There is always a better way.*
125 –S

357 prosit *impf* please, to ask, beg
- Můžeš mi to, prosím, vysvětlit? – *Can you please explain this to me?*
125 –P –N

358 stav *inan* condition, state
- Jeho stav je velmi vážný. – *His condition is very serious.*
123 –S

359 třetí *num* third
- Bydlí ve třetím patře. – *He lives on the third floor.*
123

360 základ *inan* foundation, base
- Byly položeny základy stavby. – *The foundations of the building have been laid.*
123

361 podmínka *fem* condition, circumstance
- Tento projekt nesplňuje podmínky. – *This project does not fulfil the conditions.*
122 –S

362 rodina *fem* family
- Rodina je to nejdůležitější. – *The family is the most important thing.*
122

363 silný *adj* strong, powerful
- Jaké jsou vaše silné stránky? – *What are your strong points?*
122

364 věřit *impf* to believe
- Věřím na osud. – *I believe in fate.*
121

365 služba *fem* service
- Pracoval pro tajné služby. – *He worked for the secret services.*
121 –S

366 začínat *impf* to start, begin
- V kolik to začíná? – *What time does it start?*
121

367 otevřít (se) *pf* to open
- Otevřel dveře. – *He opened the door.*
121

368 normálně *adv* normally, usually
- Nedá se s ním normálně mluvit. – *You can't talk with him normally.*
120 +S

369 zákon *inan* law, act
- Musíme dodržovat zákony. – *We must respect the law.*
120 –S

370 těžký *adj* heavy, hard, difficult
- Tomu je těžké uvěřit. – *It is hard to believe.*
120

371 zejména *part* particularly
- Zajímavé jsou zejména jeho básně. – *His poems particularly are interesting.*
120 –S

372 tehdy *adv* then
- Co se tehdy stalo? – *What happened then?*
118

373 jednotlivý *adj* individual, single
- V knize jsou popsány jednotlivé kroky. – *The individual steps are described in the book.*
118 –S

374 vyjít *pf* to go out, come out
- Vyšla na balkón. – *She went out onto the balcony.*
118

375 považovat *impf* to consider
- Co tedy považujete za důležité? – *What do you consider important then?*
118 –S

376 umět *impf* to be able to, can
- Neumí česky. – *She can't speak Czech.*
117

377 váš *pron* your(s)
- Tenhle váš večírek je velmi nudný. – *This party of yours is very boring.*
117

378 opět *adv* again
- Ta chvíle opět nastala. – *It's that time again.*
117 –S

379 tolik *num* so many/much
- Tolik jsi mi chyběla! – *I missed you so much!*
116

380 počet *inan* number, quantity
- Počet obětí není znám. – *The number of victims is unknown.*
116 –S

381 současný *adj* current, contemporary
- V čem je příčina současné krize? – *What is the cause of the current crisis?*
116 –S

382 pomoct *pf* to help
- Nemůžu si pomoct. – *I can't help myself.*
115

383 bílý *adj* white
- Měl na sobě bílou košili. – *He was wearing a white shirt.*
115

384 líbit se *impf* to like
- Mně se to nelíbí. – *I don't like it.*
114 –P

385 tvář *fem* face
- Setkali se poprvé tváří v tvář. – *They met face to face for the first time.*
114 –S

386 aha *interj* I see
- Aha, a kolik to stojí? – *I see, and how much is it?*
114 +S

387 právo *neut* right, law
- Máme právo veta. – *We have a right of veto.*
113 –S

388 pár *num* pair, couple
- Je o pár let mladší. – *She is a couple of years younger.*
113

389 začátek *inan* beginning
- Kniha má překvapivý začátek. – *The book has a surprising beginning.*
113

390 hledat *impf* to look for
- Co hledáš? – *What are you looking for?*
113

391 skončit *pf* to end
- Jednání ještě neskončila. – *The negotiations have not ended yet.*
113

392 dvacet *num* twenty
- Je jí dvacet. – *She is twenty.*
112

393 držet (se) *impf* to hold, keep
- Gentlemani mají držet slovo. – *Gentlemen should keep their word.*
112

394 pocit *inan* feeling
- Jejich pocity byly vzájemné. – *Their feelings were mutual.*
112

395 skutečnost *fem* reality
- Skutečnost je bohužel jiná. – *Unfortunately, the reality is different.*
112 –S

396 evropský *adj* European
- Jsme členem Evropské unie. – *We are a member of the European Union.*
112 –S –F

397 typ *inan* type
- Máme k dispozici několik typů vakcín. – *Several types of vaccine are available.*
111

398 černý *adj* black
- Má doma černou kočku. – *She has a black cat at home.*
111

399 zda *conj* if, whether
- Zeptal se, zda o tom vím. – *He asked me if I knew about it.*
111 –S

400 domů *adv* home
- Kdy jste přišli domů? – *When did you get home?*
111 –P

401 směr *inan* direction, specialization
- Taxík jel v opačném směru. – *The cab was going in the opposite direction.*
111

2 Modal verbs

Please note the very frequent non-modal meaning of the verb **mít**.

mít 9 **to have (got), ought to**
moct 25 **to be able to, can**

muset 46 **to have to, must**
chtít 49 **to want**

lze 180 **to be possible**
smět 456 **to be allowed**

---

402 teprve *part* only
- Je mu teprve šestnáct. – *He is only sixteen.*
111

403 hlas *inan* voice
- Náhle ztišila hlas. – *She suddenly lowered her voice.*
110 –S

404 raději *adv* rather, better, preferably
- Raději jsem měla zůstat doma. – *I should rather have stayed at home.*
109

405 aspoň *part* at least
- Aspoň to není tak nudný. – *At least it's not that boring.*
109 –P

406 změnit *pf* to change
- Je možné změnit svět? – *Is it possible to change the world?*
109

407 strašně *adv* terribly, awfully
- On strašně žárlí. – *He is terribly jealous.*
109 –P

408 zatímco *conj* while
- Některé děti jsou komunikativní, zatímco jiné jsou plaché. – *Some children are communicative, while others are shy.*
109 –S

409 druh *inan* kind, sort
- Existuje několik druhů testů. – *There are several kinds of test.*
108

410 tvrdit *impf* to claim, assert
- Řada kolegů tvrdí opak. – *Many colleagues claim the opposite.*
108

411 krásný *adj* beautiful
- Byl to krásný pocit. – *It was a beautiful feeling.*
108

412 vláda *fem* government
- Co je prioritou nové vlády? – *What is the new government's priority?*
108 –S

413 minuta *fem* minute
- Zbývá jen pár minut do konce. – *Just a few minutes to go.*
108

414 naopak *adv* on the contrary, instead
- Měli byste méně solit a naopak přidat vitamíny. – *You should use less salt and add vitamins instead.*
108

415 zřejmě *part* probably, obviously
- Byla zřejmě opilá. – *She was probably drunk.*
108

416 zrovna *adv* just now
- Zrovna tam jedeme. – *We are driving there just now.*
108 –P

417 podařit se *pf* to manage, succeed
- Nepodařilo se mu sehnat peníze. – *He did not manage to raise the money.*
107 –S

418 americký *adj* American
- Americký prezident navštíví Rusko. – *The American president is going to visit Russia.*
107 –S

419 cíl *inan* goal, aim
- Naším cílem je vyhrát. – *Our goal is to win.*
107 –S

420 jmenovat (se) *biasp* to name, appoint, **(se)** be called
- Jak se to tu jmenuje? – *What's this place called?*
107

421 jezdit *impf* to go, drive, commute
- Jezdí denně do Prahy. – *She commutes to Prague every day.*
106 –P

422 tělo *neut* body
- O své tělo se musíme starat. – *We must take care of our bodies.*
106

423 představovat (se, si) *impf* to introduce, **(si)** imagine
- Jak si to představujete? – *How do you imagine it?*
106

424 smysl *inan* sense
- To nedává smysl. – *It doesn't make sense.*
105

425 koukat (se) *impf* to look, watch
- Taťka bude koukat na fotbal. – *Dad's going to watch the football.*
105 –P –N

426 přinést *pf* to bring, fetch
- Loňský rok přinesl velké změny. – *Last year brought big changes.*
105

427 používat *impf* to use
- K vaření používejte olivový nebo slunečnicový olej. – *Use olive or sunflower oil for cooking.*
105

428 pokračovat *impf* to continue, go on
- Smím pokračovat? – *May I continue?*
105

429 rozdíl *inan* difference
- Jaký je rozdíl mezi MP3 a MP4? – *What is the difference between MP3 and MP4?*
104

430 trvat *impf* to last, take, insist
- Celý proces potrvá dvacet čtyři hodin. – *The whole process takes twenty-four hours.*
104

431 program *inan* programme, plan, agenda
- Jeho nejoblíbenějším programem je reality show. – *His favourite programme is a reality show.*
104

432 většinou *adv* mostly
- Staré písně mají většinou milostné téma. – *Old songs are mostly about love.*
104

433 ulice *fem* street
- Naši ulici přejmenovali. – *Our street has been renamed.*
103

434 ráno *adv* in the morning
- V kolik ráno vstáváš? – *What time do you get up in the morning?*
103 –P

435 státní *adj* state, national
- Státní dluh se zdvojnásobil. – *The national debt has doubled.*
103 –S

436 připravit (se) *pf* to prepare, get ready
- Neměla čas se připravit. – *She didn't have time to get ready.*
103

437 člen *anim* member
- Má být Turecko členem EU? – *Should Turkey become a member of the EU?*
103 –S

438 prostor *inan* space, room, area
- Nová Honda má velký zavazadlový prostor. – *The new Honda has ample luggage space.*
102

439 forma *fem* form
- Haiku je japonská básnická forma. – *Haiku is a Japanese verse form.*
102 –S

440 činnost *fem* activity
- Jedná se v tomto případě o trestnou činnost? – *Is it criminal activity in this case?*
102 –S

441 skoro *adv* almost
- Láhev byla skoro prázdná. – *The bottle was almost empty.*
102

442 hodnota *fem* value, cost
- Víno má vysokou nutriční hodnotu. – *Wine has a high nutritional value.*
102 –S

443 osm *num* eight
- Přibral jsem osm kilo. – *I have put on eight kilos.*
102

444 přesto *adv* in spite of, yet
- Nedostávají platy, a přesto pracují. – *They do not receive wages and yet they work.*
102 –S

445 ležet *impf* to lie
- Ležel na posteli. – *He was lying on his bed.*
102

446 smrt *fem* death
- Smrt je sestra života. – *Death is the sister of life.*
101 –S

447 paní *fem* Mrs, lady
- Paní Warrenová nás pozvala dál. – *Mrs Warren invited us in.*
101 –P

448 bývat *impf* to be
- Nevěsty bývaly výrazně mladší. – *Brides used to be considerably younger.*
100

449 zvláštní *adj* special, strange
- Věnujeme tomu zvláštní pozornost. – *We pay special attention to it.*
100

450 polovina *fem* half
- Nejméně polovina e-mailů jsou nevyžádané zprávy. – *At least half of all emails are spam.*
100

451 republika *fem* republic
- Již deset let žije v České republice. – *He has been living in the Czech Republic for ten years.*
100 –F

452 názor *inan* opinion, view
- Jaký je váš osobní názor? – *What is your personal opinion?*
100

453 dívat se *impf* to look, watch
- Dívali se na sebe. – *They looked at each other.*
100

454 prostředí *neut* environment, surroundings
- Investice do životního prostředí se vyplácejí. – *Investing in the environment pays off.*
100 –S

455 lidský *adj* human
- Lidské tělo je jako chemická továrna. – *The human body is like a chemical factory.*
99 –S

456 smět *impf* to be allowed
- Zde se nesmí kouřit. – *Smoking is not allowed here.*
99

457 jednat *impf* to negotiate, act
- Jednáme se zástupci Ministerstva financí. – *We are negotiating with representatives of the Ministry of Finance.*
98 –S

458 zároveň *adv* at the same time
- Neumím dělat dvě věci zároveň. – *I cannot do two things at the same time.*
98 –S

459 sedm *num* seven
- Je to nejlepší výsledek za posledních sedm let. – *It is the best result in the last seven years.*
98

460 ptát se *impf* to ask
- Nechtěl jsem se ptát. – *I didn't want to ask.*
98

461 schopný *adj* able, capable
- Nebyl schopen rozpoznávat tvary. – *He was not able to recognize shapes.*
98

462 postavit (se) *pf* to put up, build, **(se)** stand up
- Postavíme si na zahradě stan. – *Let's put up a tent in the garden.*
97

463 léto *neut* summer
- Léto začíná. – *Summer is beginning.*
97

464 hrozně *adv* terribly, awfully
- Ona je hrozně pomalá. – *She's terribly slow.*
97 –P –N

465 zpráva *fem* news, information, message
- Na tuto zprávu jsme dlouho čekali. – *We have been waiting for this news for a long time.*
97

466 najednou *adv* suddenly
- Poirot se najednou rozesmál. – *Poirot suddenly started laughing.*
97

467 odejít *pf* to leave, go
- Kam všichni odešli? – *Where did everybody go?*
97

468 osoba *fem* person
- Je zakázáno prodávat alkohol osobám mladším 18 let. – *Selling alcohol to persons under 18 is forbidden.*
96 –S

469 mimo *prep* but, except for, besides
- Byli tam všichni mimo něj. – *Everyone was there but him.*
96

470 století *neut* century
- Kostel pochází z 15. století. – *The church dates from the 15th century.*
96 –S

471 otec *anim* father
- Jeho otec je alkoholik. – *His father is an alcoholic.*
96

472 nízký *adj* low
- Můžeme nabízet nízké ceny. – *We can offer low prices.*
96

473 válka *fem* war
- Bojoval v první světové válce. – *He fought in the First World War.*
95 –S

474 jistě *part* certainly, surely
- Jistě na něj čeká. – *She is certainly waiting for him.*
95

475 kniha *fem* book
- Z knih se dozvíte všechno. – *You can learn everything from books.*
95

476 působit *impf* to affect, work, look
- Literatura působí na život víc než život na literaturu. – *Literature affects life more than life affects literature.*
95

477 minulý *adj* last
- Minulé úterý navštívil dětskou nemocnici. – *He visited a children's hospital last Tuesday.*
95

478 okno *neut* window
- Mohu otevřít okno? – *May I open the window?*
93

479 dosáhnout *pf* to reach, achieve
- Jak tohoto cíle dosáhneme? – *How can we achieve this goal?*
93 –S

480 dosud *adv* so far, up to now
- Požár dosud zničil 15 hektarů lesa. – *The fire has destroyed 15 hectares of forest so far.*
93 –S

481 vytvořit *pf* to create, make
- Musíte vytvořit vhodné podmínky. – *You must create suitable conditions.*
93 –S

482 jenže *conj* but, except
- Chtěli jsme jít na koncert, jenže je vyprodáno. – *We wanted to go to a concert, but it's sold out.*
92 –P

483 samý *pron* the same
- To je ten samej dům. – *This is the same house.*
92

484 společný *adj* common, collective
- Mají mnoho společných zájmů. – *They share a lot of common interests.*
92

485 období *neut* period, season
- Blíží se zkouškové období. – *The exam period is coming up.*
92 –S

486 hra *fem* game, play
- Píše divadelní hry. – *He writes theatre plays.*
92

487 díky *prep* thanks to, due to
- Díky první pomoci pacient přežil. – *The patient survived thanks to first aid.*
92 –S

488 neboť *conj* for, since, as
- Neexistuje zázračný recept, neboť každý případ je jiný. – *There is no magic formula, since every case is different.*
91 –S

489 procento *neut* per cent, portion
- To je o sto procent lepší. – *This is one hundred per cent better.*
91 –F

490 večer *adv* in the evening
- Večer se dívá na televizi. – *He watches TV in the evening.*
91 –P

491 tvůj *pron* your(s)
- Tak co ten tvůj přítel? – *So what about your boyfriend?*
91 –P –N

492 číst *impf* to read
- Denně četl noviny. – *He read the newspaper every day.*
91

493 zapomenout *pf* to forget
- Zapomněl jsem si rukavice. – *I have forgotten my gloves.*
91

494 poznat *pf* to (get to) know, find out
- Jak jsi to poznala? – *How did you know that?*
91

495 akorát *part* only, just right
- Akorát že tam není voda. – *Only there's no water.*
90 +S

496 bát se *impf* to be afraid
- Bojí se psů. – *She is afraid of dogs.*
90 –P

497 číslo *neut* number, size
- Vytočil špatné číslo. – *He dialled the wrong number.*
90

498 stůl *inan* table, desk
- Na stole ležely časopisy. – *There were some magazines lying on the table.*
90

499 poprvé *num* for the first time
- Židovskou hudbu jsem poprvé slyšel před dvěma lety. – *I heard Jewish music for the first time two years ago.*
90

500 dodat *pf* to add, supply
- Nemám co dodat. – *I have nothing to add.*
90 –S

501 bývalý *adj* former, ex
- Byl to dárek od bývalého manžela. – *It was a gift from my ex-husband.*
90

502 příští *adj* next, following
- Klíčový význam budou mít příští měsíce. – *The next months will be of particular importance.*
90

503 skutečně *part* really, indeed, actually
- Je to skutečně pravda? – *Is it really true?*
89

504 zajímavý *adj* interesting
- V Paříži najdete spoustu zajímavých míst. – *You'll find a lot of interesting places in Paris.*
89

505 trh *inan* market
- Finanční trhy se globalizují. – *The financial markets become more global.*
89 –S

506 chápat *impf* to understand
- Ty mě vůbec nechápeš. – *You don't understand me at all.*
89

507 významný *adj* outstanding, important
- Setkávali se zde významní malíři a sochaři. – *Outstanding painters and sculptors met here.*
89 –S

508 úřad *inan* authority
- Potřebujete povolení od okresního úřadu. – *You need a permit from the district authority.*
88 –S

509 představit (se, si) *pf* to introduce, (si) imagine
- Nedovedl si to představit. – *He could not imagine it.*
88

510 hezký *adj* nice, pretty
- To jsou moc hezký fotky. – *These are very nice photos.*
88 –P

511 zastavit (se) *pf* to stop
- Jako by se zastavil čas. – *As if time had stopped.*
88

512 uvidět *pf* to see
- Uvidíme se zítra. – *See you tomorrow.*
88 –P

513 pamatovat si *impf* to remember
- Já si na ni nepamatuju. – *I don't remember her.*
87 –P

514 konečně *part* finally
- Konečně dorazili na místo. – *They finally reached the place.*
87

515 světový *adj* world
- Je držitelkou světového rekordu. – *She is the holder of the world record.*
87 –S

516 vývoj *inan* development, progress
- Výsledek voleb může ovlivnit politický vývoj. – *The result of the elections may influence political development.*
87 –S

517 proces *inan* process
- Prodej je složitý proces. – *Selling is a complex process.*
87 –S

518 prostředek *inan* means, device, resource
- Tramvaj je tradičním městským dopravním prostředkem. – *Trams are a traditional means of transport in cities.*
87 –S

519 krátký *adj* short
- Má krátké nohy a dlouhé tělo. – *It has short legs and a long body.*
87

520 rozumět *impf* to understand
- Nikdo tomu nerozumí. – *Nobody understands it.*
87

521 úroveň *fem* level, standard
- Životní úroveň v Hong Kongu je poměrně vysoká. – *The standard of living in Hong Kong is relatively high.*
87

522 místo *prep* instead of
- Šla nakoupit místo mě. – *She went shopping instead of me.*
86

523 vydat (se) *pf* to publish, **(se)** set out
- Právě jí vydali další román. – *They have just published another novel of hers.*
86 –S

524 role *fem* role
- Hlavní roli ztvárnil Jim Carrey. – *Jim Carrey played the main role.*
86 –S

525 vliv *inan* influence
- Řídil pod vlivem alkoholu. – *He was driving under the influence of alcohol.*
86 –S

526 akce *fem* action, event
- Naše společnost sponzoruje různé akce. – *Our company sponsors various events.*
. 86

527 věnovat (se) *impf* to give, devote, **(se)** go in
- Věnoval jí dlouhý, upřený pohled. – *He gave her a long, fixed look.*
86

528 vhodný *adj* suitable, appropriate
- Tato metoda není vhodná pro všechny pacienty. – *This method is not suitable for all patients.*
85 –S

529 hrozný *adj* horrible
- Mně to přijde hrozný. – *I find that horrible.*
85 –P –N

530 poslat *pf* to send
- Poslal jí několik e-mailů. – *He sent her several emails.*
85

531 míra *fem* rate, extent, measure
- Míra nezaměstnanosti kolísá. – *The unemployment rate fluctuates.*
85 –S

532 tvořit *impf* to create, make, be
- Kolik tónů tvoří oktávu? – *How many notes are there in an octave?*
85 –S

533 rovněž *part* as well, likewise
- Ovlivňuje to rovněž zdraví. – *It affects your health as well.*
84 –S

534 pomoc *fem* help
- Kde hledat pomoc? – *Where to seek help?*
84 –S

535 bavit (se) *impf* to amuse, **(se)** talk, enjoy oneself
- O tomhle jsme se nebavili. – *We didn't talk about that.*
84 –P

536 vzniknout *pf* to emerge, originate
- Kdy toto náboženství vzniklo? – *When did this religion originate?*
84 –S

537 krok *inan* footstep, step, phase
- Slyšela kroky na schodech. – *She heard footsteps on the stairs.*
84 –S

538 vybrat *pf* to choose, select, collect
- Porota vybere tři nejlepší práce. – *The jury will choose the three best works.*
84

539 světlo *neut* light
- Probudil se až za denního světla. – *When he woke up it was already light.*
84

540 sledovat *impf* to watch, follow
- Fascinovaně ji sledoval. – *He watched her with fascination.*
84

541 národní *adj* national
- Sejdeme se u Národního divadla. – *Let's meet at the National Theatre.*
83 –S

542 funkce *fem* function, post
- Rezignoval na funkci ředitele. – *He has resigned from the director's post.*
83 –S

543 spát *impf* to sleep
- Nechce se ti spát? – *Don't you want to sleep?*
83 –P

544 mnohem *adv* much
- Skutečnost je mnohem složitější. – *The reality is much more complex.*
83

545 ředitel *anim* director, manager, headmaster
- Ředitel školy byl s výukou spokojen. – *The headmaster was satisfied with the lessons.*
83

546 zkušenost *fem* experience
- Každá zkušenost dobrá. – *Every experience counts.*
83

547 odpovědět *pf* to answer
- Neodpověděl na otázku. – *He did not answer the question.*
82 –S

548 přítel *anim* friend, boyfriend
- Pes je nejlepší přítel člověka. – *A dog is a man's best friend.*
82

549 představa *fem* idea, vision
- To je naprosto mylná představa. – *That is quite the wrong idea.*
82

550 pokoj *inan* room, peace
- Popíjeli jsme kávu v obývacím pokoji. – *We were drinking coffee in the living room.*
82 –P

551 předtím *adv* before
- Nikdy předtím jsem netančil. – *I had never danced before.*
82

552 počítat *impf* to count, reckon, expect
- Měli byste počítat se zdržením. – *You should expect a delay.*
82

553 široký *adj* wide, broad
- Nabízíme široké spektrum služeb. – *We offer a wide range of services.*
81

554 včetně *prep* including
- Poskytujeme záruku na vozy včetně pneumatik. – *We provide a guarantee on vehicles including tyres.*
81 –S

555 kluk *anim* boy, lad, boyfriend
- Chováš se jak malej kluk. – *You're behaving like a little boy.*
81 –P

556 potřeba *fem* need
- Není potřeba o tom dál mluvit. – *There is no need to talk about it again.*
81

557 matka *fem* mother
- Matka si o tebe dělala starosti. – *Mother was worried about you.*
81

558 pustit *pf* to turn on, drop, release
- Pustila jsem si televizi. – *I turned on the TV.*
81 –P

559 poté *adv* after, later
- Rok poté se mu splnil sen. – *A year later his dream came true.*
81 –S

560 buď *conj* either
- Buď se vdala, nebo odstěhovala. – *She has either got married, or moved away.*
80

561 volat *impf* to call
- Nevolala mamka? – *Has mum called?*
80 –P

562 rámec *inan* framework, scope
- Studoval v zahraničí v rámci programu Erasmus. – *He studied abroad within the framework of the Erasmus programme.*
80 –S –F

563 obraz *inan* picture, painting, image
- Jeho obrazy jsou velmi expresionistické. – *His paintings are very expressionistic.*
80

564 zdroj *inan* source
- Šípky jsou nejbohatším zdrojem vitamínu C. – *Rosehips are the richest source of vitamin C.*
80 –S

565 součást *fem* part, component
- Smrt je přirozenou součástí života. – *Death is a natural part of life.*
79 –S

566 pravý *adj* right, true, real
- Uměla psát pravou i levou rukou. – *She could write with both her right and left hands.*
79

567 německý *adj* German
- Zajímám se o německou literaturu. – *I am interested in German literature.*
79

568 řešení *neut* solution
- Existuje jen jedno řešení. – *There is only one solution.*
79 –S

569 postup *inan* procedure, progress
- Zvolili společný postup. – *They have chosen a joint procedure.*
78 –S

570 politický *adj* political
- Všichni kritizují vládu a politické strany. – *Everybody criticizes the government and political parties.*
78 –S

571 ztratit (se) *pf* to lose, **(se)** get lost
- Všechno ostatní ztratilo význam. – *Everything else lost its meaning.*
78

572 pěkný *adj* pretty, nice
- Díky za pěkný večer. – *Thanks for a nice evening.*
78 –P

573 blízký *adj* near, close
- Máte k němu blízký vztah? – *Do you have a close relationship with him?*
78 –S

574 životní *adj* life, living
- Životní styl mladých lidí se změnil. – *The life style of young people has changed.*
78 –S

575 film *inan* film
- Natočil jsem spoustu filmů. – *I have shot a lot of films.*
78

576 hodit (se) *pf/impf* to throw, **(se)** suit
- Hodí se ti čtvrtek? – *Does Thursday suit you?*
78

577 alespoň *part* at least
- Jmenujte alespoň tři další knihy tohoto autora. – *Name at least three other books by this author.*
78 –S

578 napadnout *pf* to attack, occur
- To by mě nikdy nenapadlo. – *It would never occur to me.*
78

579 hranice *fem* border, borderline, limit
- Kde je hranice mezi šílenstvím a zdravým rozumem? – *Where is the borderline between madness and sanity?*
78

580 použít *pf* to use
- Na smažení použijte řepkový olej. – *Use rapeseed oil for frying.*
77

581 špatně *adv* sick, wrong, incorrectly
- Je mi špatně. – *I feel sick.*
77

582 zajímat (se) *impf* to interest, **(se)** be interested
- Zajímá se o zahraniční politiku. – *He is interested in foreign policy.*
77

583 jakoby *part* kind of
- Má takový jakoby vlnitý vlasy. – *She has kind of wavy hair.*
77

584 osobní *adj* personal, subjective
- Potýká se s osobními problémy. – *She is facing some personal problems.*
77 –S

585 ukazovat (se) *impf* to show
- Následující graf ukazuje růst cen. – *The following chart shows the rise in prices.*
77

586 chybět *pf* to be absent, lack, miss
- V balíku chybělo osm bankovek. – *Eight banknotes were missing from the packet.*
76

587 dílo *neut* work, piece
- Bylo to jeho mistrovské dílo. – *It was his masterpiece.*
76 –S

588 nabízet *impf* to offer
- Nabízíme nižší ceny a lepší služby. – *We offer lower prices and better services.*
76

589 povídat (si) *impf* to chat, talk
- Povídat si budeme později. – *We will chat later.*
76 –P

590 kolo *neut* round, bike, wheel
- Náš tenista nepostoupil do druhého kola. – *Our tennis player did not get through to the second round.*
76

591 takovýhle *pron* such, like this
- V takovýmhle počasí ven nepůjdu. – *I won't go out in such weather.*
76 +S

592 rada *fem* advice, council
- K čemu je dobrá Rada bezpečnosti? – *What is the Security Council good for?*
76 –S

593 jakýkoli *pron* any, whatever
- V případě jakýchkoli problémů se na nás obraťte. – *Please ask if you have any problems.*
76

594 letos *adv* this year
- Stavba má začít letos. – *Construction is to begin this year.*
75 –F –P

595 jednoduchý *adj* simple, easy
- Nebylo jednoduché to najít. – *It wasn't easy to find.*
75

596 množství *neut* amount
- Okny uniká velké množství tepelné energie. – *A large amount of thermal energy escapes through windows.*
75 –S

597 připadat (si) *impf* to seem, appear, **(si)** feel
- Připadala si hrozně opuštěná. – *She felt terribly lonely.*
74

3 Register differences

formal (–S)	neutral	informal (–P)	spoken (+S)	POS	translation
zde (–S)	tu	tady (–P)	tadyhle (+S)	adv	here
pouze (–S)	jen	jenom (–P)		adv	only
jenž (–S)	který			pron	that, which, who
již (–S)	už			adv	already
nejen (–S)	nejenom			adv	not only
téměř (–S)	skoro			adv	almost
nyní (–S)		teď (–P)	teďka (+S)	adv	now
stále (–S)		pořád (–P)	furt (+S)	adv	all the time, still
tento (–S)		tenhle (–P)	tenhleten (+S)	pron	this (one)
alespoň (–S)		aspoň (–P)		part	at least
brzy (–S)		brzo (–P)		adv	soon, early
dívka (–S)		holka (–P)		fem	girl
dnes (–S)		dneska (–P –N)		adv	today
lékař (–S)		doktor (–P)		anim	doctor
muž (–S)		chlap (–P)		anim	man
také (–S)		taky (–P –N)		part	also, as well
takto (–S)		takhle (–P –N)		adv	this way
vždy (–S)		vždycky (–P)		adv	always
zcela (–S)		úplně (–P)		adv	completely
znovu (–S)		znova (–P –N)		adv	again
zpět (–S)		zpátky (–P)		adv	back
žena (–S)		ženská (–P)		fem	woman
	matka	maminka (–P)	mamka (+S)	fem	mother
	otec	tatínek (–P)	taťka (+S)	anim	father
	bratr	brácha (–P)		anim	brother
	chlapec	kluk (–P)		anim	boy
	káva	kafe (–P)		fem/neut	coffee
	láhev	flaška (–P –N)		fem	bottle
	strýc	strejda (–P –N)		anim	uncle
	hned		hnedka (+S)	adv	immediately
	sestra		ségra (+S)	fem	sister

The table provides some examples of words that have very similar meanings, but are typically used in parallel in different registers. This phenomenon is also described in the Explanatory notes section of the Introduction. The first column of the table (–S) lists words that are significantly less common in the spoken register than in the written ones. This means that they are only rarely used in informal spoken communication. The second column lists words common in all the registers and thus considered neutral. The words in the third column (–P) are significantly less common in the (rather formal) non-fiction register, and in some cases also in the newspaper register. They can often be characterized as informal counterparts of the formal words from the first column. Finally, the fourth column (+S) lists words typical for the spoken register that only rarely occur in written texts.

598 podoba *fem* form, appearance
- Uchovávání informací v digitální podobě je běžné. – *Storing data in digital form is common.*
74 –S

599 byt *inan* flat, apartment
- Najal si byt na okraji Prahy. – *He rented a flat on the edge of Prague.*
74

600 zpátky *adv* back
- Udělal jsem krok zpátky. – *I took a step back.*
74 –P

601 normální *adj* normal
- Připadá mi to zcela normální. – *I find it absolutely normal.*
74

602 stránka *fem* side, page, aspect
- Berme to z té lepší stránky. – *Let's look on the bright side.*
74

603 bydlet *impf* to live
- Kde oni vlastně bydlí? – *Where do they actually live?*
74 –P

604 centrum *neut* centre
- Naše obchodní centrum je otevřeno nonstop. – *Our shopping centre is open non-stop.*
74

605 pražský *adj* Prague
- Knihu vydalo jedno pražské nakladatelství. – *The book was published by a Prague publishing house.*
73 –S –F

606 okamžik *inan* moment
- Počkej okamžik. – *Wait a moment.*
73 –S

607 domácí *adj* domestic, home
- Jsme největší pojišťovnou na domácím trhu. – *We are the biggest insurance company on the domestic market.*
73

608 trošku *adv* a little, a bit
- Vpustil do pokoje trošku světla. – *He let a bit of light into the room.*
73 –P

609 pracovní *adj* working
- Můj pracovní den začíná v sedm. – *My working day starts at seven.*
73

610 vycházet *impf* to go out, get on
- Vycházel se svým synem dobře? – *Did he get on well with his son?*
73

611 metr *inan* metre
- Cheopsova pyramida je vysoká 145 metrů. – *The Cheops pyramid is 145 metres high.*
73

612 odpovídat *impf* to answer, be responsible, correspond
- Kdo za to odpovídá? – *Who is responsible for it?*
73

613 sociální *adj* social
- Sociální demokraté jsou proti reformě. – *The social democrats are against the reform.*
73 –F

614 holka *fem* girl, girlfriend
- Co ta tvoje holka? – *How's your girlfriend?*
73 –P

615 třicet *num* thirty
- Je mu něco přes třicet. – *He's a thirty-something guy.*
73

616 střední *adj* central, middle
- Střední Evropa stále láká investory. – *Central Europe still attracts investors.*
73

617 padesát *num* fifty
- Je to padesát na padesát. – *It's fifty-fifty.*
73 –P

618 zůstávat *impf* to stay, remain
- Děti by neměly zůstávat samy doma. – *Children should not stay at home alone.*
72 –S

619 nutný *adj* necessary
- Není to úplně nutné. – *It is not absolutely necessary.*
72 –S

620 vadit *impf* to mind, bother
- Mně by to vůbec nevadilo. – *I wouldn't mind at all.*
72 –P

621 veřejný *adj* public
- Svoboda názoru je nezbytná pro veřejný dialog. – *Freedom of expression is essential for public debate.*
72 –S

622 srdce *neut* heart
- Málem se jí zastavilo srdce. – *Her heart almost stopped.*
72

623 spojený *adj* connected, united, joined
- Navštívili jsme Spojené státy. – *We have been to the United States.*
72 –S

624 měnit (se) *impf* to change
- Tady se věci mění tak pomalu! – *Things change so slowly here!*
72

625 velice *adv* very
- Tehdy to bylo velice levné. – *At the time it was very cheap.*
72

626 občas *adv* sometimes, occasionally
- Občas jsme se zasmáli. – *We occasionally laughed.*
72

627 mnohý *adj* many, numerous
- Mnohé jeho romány byly zfilmovány. – *Many of his novels have been filmed.*
72 –S

628 Bůh *anim* God
- Bůh miluje všechny stejně. – *God loves everybody the same.*
72

629 spousta *fem* plenty
- Do kasina chodí spousta lidí. – *Plenty of people go to casinos.*
72

630 všude *adv* everywhere
- Všude jen samý reklamy. – *Just ads everywhere.*
71

631 bod *inan* point, item
- Získali bod za remízu. – *They got one point for the draw.*
71

632 zaplatit *pf* to pay
- U nás zaplatíte méně. – *You pay less with us.*
71

633 televize *fem* television, TV
- Viděla jsem to v televizi. – *I saw it on TV.*
71

634 myšlenka *fem* thought, idea
- Ty mi snad čteš myšlenky. – *You must be reading my thoughts.*
71 –S

635 celkový *adj* total, overall
- Celková kapacita parkoviště se zvýšila. – *The total capacity of the car park has increased.*
71 –S –F

636 vedení *neut* management, leadership
- Za to může evidentně vedení strany. – *The party leadership is clearly to blame.*
71 –S

637 místní *adj* local
- Ochutnejte speciality místní kuchyně. – *Try some specialties of the local cuisine.*
71 –S

638 správný *adj* right, correct
- Jdeme správným směrem? – *Are we going in the right direction?*
71

639 policie *fem* police
- Případ prošetřuje policie. – *Police are investigating the incident.*
70 –S –P

640 materiál *inan* material
- Polystyren je osvědčený stavební materiál. – *Styrofoam is a time-tested building material.*
70

641 vysvětlit *pf* to explain
- Pokusím se vám to vysvětlit. – *I'll try to explain it to you.*
70

642 podnik *inan* enterprise, business
- Byla by to záchranná síť pro malé podniky. – *It would be a safety net for small enterprises.*
70 –S

643 úspěch *inan* success
- Muzikál Dracula měl obrovský úspěch. – *The Dracula musical was a great success.*
70 –S

644 pochopit *pf* to understand, grasp
- Konečně jsem to celé pochopil. – *I finally understood it all.*
70

645 přestat *pf* to stop, end
- Přestal brát léky na bolest. – *He stopped taking painkillers.*
70

646 přijmout *pf* to accept
- Tento názor přijala většina antropologů. – *This opinion was accepted by the majority of anthropologists.*
70 –S

647 soud *inan* court
- Soud jej zbavil svéprávnosti. – *The court has put him under restraint.*
70 –S

648 podobně *adv* similarly, likewise
- Kojoti žijí ve smečkách podobně jako vlci. – *Coyotes live in packs, similarly to wolves.*
69

649 podstata *fem* essence, foundation, root
- V tom spočívá podstata problému. – *That's the root of the problem.*
69

650 skutečný *adj* real, actual
- Stala se skutečnou operní hvězdou. – *She became a real opera star.*
69 –S

651 autor *anim* author
- Autor textu není znám. – *The author of the text is unknown.*
69 –S

652 někam *adv* somewhere, anywhere
- Jdete někam na Silvestra? – *Are you going anywhere on New Year's Eve?*
69 –P

653 význam *inan* importance, meaning
- Jde o událost mezinárodního významu. – *It is an event of international importance.*
69 –S

654 syn *anim* son
- Jeho syn zemřel při autonehodě. – *His son died in a car crash.*
69

655 obchod *inan* business, trade, shop
- Vlastní několik obchodů a restaurací. – *He owns several shops and restaurants.*
69

656 volný *adj* free, vacant
- K tomuto tarifu dostanete volné minuty. – *You'll get free minutes with this tariff.*
69

657 jakýsi *pron* a, a sort of
- Chytání ryb pro mě vždy bylo jakousi meditací. – *Fishing has always been a sort of meditation for me.*
68 –S

658 škoda *fem* damage, pity
- Škoda na vozidle činí 100 000 korun. – *The damage to the vehicle is 100,000 Czech crowns.*
68

659 mezinárodní *adj* international
- Absolvoval mezinárodní jazykovou zkoušku. – *He took an international language exam.*
68 –S –F

660 využít *pf* to use, make use
- Využila svých zkušeností. – *She made use of her experience.*
68

661 úkol *inan* task, mission
- Co je teď' naším úkolem? – *What is our task now?*
68

662 obrovský *adj* huge, giant
- Byl to obrovský ledovec. – *It was a huge iceberg.*
67

663 věk *inan* age
- Zemřel ve věku 90 let. – *He died at the age of 90.*
67

664 počátek *inan* beginning, threshold
- Jsme na počátku nového tisíciletí. – *We are on the threshold of a new millennium.*
67 –S

665 finanční *adj* financial
- Gruzie se nachází ve finanční krizi. – *Georgia is in a financial crisis.*
67 –S

666 rychlý *adj* fast, quick
- Účinek léku je rychlý a dlouhodobý. – *The effect of the drug is quick and long-lasting.*
67

667 moderní *adj* modern
- Co znamená moderní umění? – *What does modern art mean?*
67

668 organizace *fem* organization
- Sehnat peníze je pro neziskovou organizaci obtížné. – *It is hard for a non-profit organization to get money.*
67 –S

669 postupně *adv* gradually, step by step
- Umění se postupně sekularizovalo. – *Art has gradually become secularized.*
67

670 příjemný *adj* pleasant
- Je to moc příjemný pocit. – *It is a very pleasant feeling.*
67

671 táta *anim* dad
- Táta přijde každou chvíli. – *Dad will be here any moment.*
67 –P

672 devět *num* nine
- Heleně bylo teprve devět let. – *Helena was only nine years old.*
67

673 projít (se) *pf* to go through, pass, **(se)** go for a walk
- Prošla testem. – *She has passed the test.*
67

674 kus *inan* piece, part
- Našel další chybějící kus skládačky. – *He found another missing piece of the puzzle.*
67

675 otevřený *adj* open
- Napsal mu otevřený dopis. – *He wrote him an open letter.*
67

676 pomalu *adv* slowly
- Jeď' raději pomalu. – *You'd better drive slowly.*
67

677 barva *fem* colour
- Jaké jsou vaše barvy? – *What colours suit you?*
66

678 příklad *inan* example
- Uvedl jsem to jen jako příklad. – *I said it just as an example.*
66

679 jednání *neut* negotiation, behaviour
- Jednání bylo přerušena. – *Negotiations have been suspended.*
66 –S

680 smlouva *fem* contract, agreement
- Jaké jsou všeobecné podmínky smlouvy? – *What are the general conditions of the contract?*
66

681 prohlásit *pf* to declare, allege
- Volby byly prohlášeny za neplatné. – *The election was declared invalid.*
66 –S

682 plán *inan* plan
- Původní plán se změnil. – *The original plan has changed.*
66

683 pohyb *inan* movement, motion
- Děti potřebují pohyb. – *Children need movement.*
66 –S

684 večer *inan* evening, night
- Dobrý večer! – *Good evening!*
66 –P

685 fakt *inan* fact
- Nás zajímají fakta. – *We are interested in facts.*
66

686 rozhodnutí *neut* decision
- Své rozhodnutí můžete kdykoliv změnit. – *You can change your decision any time.*
65 –S

687 červený *adj* red
- Vypili láhev červeného vína. – *They drank a bottle of red wine.*
65

688 vracet (se) *impf* to return, **(se)** come back
- Rodiče se právě vracejí z New Yorku. – *My parents are just coming back from New York.*
65

689 původní *adj* original, authentic
- Původní verze opery trvala čtyři hodiny. – *The original version of the opera lasted four hours.*
65

690 kousek *inan* bit, piece
- Napsal své jméno na kousek papíru. – *He wrote his name on a bit of paper.*
65

691 rodič *anim* parent
- Cos dostala od rodičů? – *What did you get from your parents?*
65

692 láska *fem* love
- Jsi láska mého života. – *You are the love of my life.*
65

693 doufat *impf* to hope
- Doufám, že to vyjde. – *I hope it will come out right.*
65

694 neděle *fem* Sunday
- Přijedeme v neděli v osm. – *We are arriving at eight on Sunday.*
65 –P

695 zhruba *adv* approximately, roughly
- Jel zhruba 70 kilometrů za hodinu. – *He was doing approximately 70 km per hour.*
65 –F

696 projekt *inan* project
- Proč tento projekt vznikl? – *How did this project come into being?*
65 –S –F

697 učit (se) *impf* to teach, **(se)** learn
- A co vůbec učí? – *What does he teach anyway?*
65

698 jazyk *inan* language, tongue
- Je dobrá na jazyky. – *She is good at languages.*
64

699 běžný *adj* common, ordinary
- To je běžná situace. – *This is a common situation.*
64 –S

700 přístup *inan* approach, access
- Jak se jejich přístupy liší? – *How do their approaches differ?*
64

701 duch *anim/inan* ghost (*anim*), spirit (*inan*)
- Genius loci znamená duch místa. – *Genius loci means the spirit of the place.*
64 –S

702 dvakrát *num* twice
- Jím maso jen dvakrát týdně. – *I eat meat only twice a week.*
64

703 návrh *inan* proposal, motion
- Česká republika předložila návrh rezoluce. – *The Czech Republic tabled a motion for a resolution.*
64 –S

704 náklad *inan* expense, cost, load
- Provozní náklady jsou nízké. – *The operating costs are low.*
64 –S

705 veliký *adj* big, great, large
- Mezi námi je veliký rozdíl. – *There is a great difference between us.*
64

706 přát (si) *impf* to wish
- Přeji si studovat medicínu. – *I wish to study medicine.*
63

707 čistý *adj* clear, clean
- Svědomí mám čisté. – *My conscience is clear.*
63

708 výkon *inan* performance, output
- Tento herec podal skvělý výkon. – *This actor gave a great performance.*
63 –S

709 vlas *inan* hair
- Uchopila ho za vlasy. – *She grabbed him by the hair.*
63

710 vnitřní *adj* inner, internal
- Mluvil o žlázách s vnitřních sekrecí. – *He talked about glands of internal secretion.*
63 –S

711 nést *impf* to carry, bear
- Nesl tašku. – *He carried a bag.*
63

712 strach *inan* fear
- Styděl se za svůj strach. – *He was ashamed of his fear.*
63

713 papír *inan* paper
- Došel ti dopisní papír? – *Have you run out of writing paper?*
63

714 závěr *inan* conclusion, end
- Dělal ukvapené závěry. – *He jumped to conclusions.*
63 –S

715 průběh *inan* course, run
- Vyšlo to najevo v průběhu vyšetřování. – *It came to light in the course of the investigation.*
63 –S

716 volba *fem* election, choice
- Volba prezidenta se blíží. – *The presidential election is approaching.*
63 –S

717 radost *fem* joy, delight
- Chtělo se mu křičet radostí. – *He felt like shouting for joy.*
62

718 řízení *neut* proceeding, control
- Zahájili správní řízení. – *They initiated administrative proceedings.*
62 –S –F

719 podpora *fem* support
- Měl podporu úřadů. – *He had the support of the authorities.*
62 –S

720 zítra *adv* tomorrow
- Zítra je Štědrý den! – *Tomorrow is Christmas Eve!*
62 –P

721 klub *inan* club
- Kluby mají vlastní webové stránky. – *The clubs have their own websites.*
62

722 let *inan* flight, flying
- Zpáteční let proběhl bez problémů. – *The return flight went without problems.*
62 –S

723 řešit *impf* to solve
- Začali řešit naše problémy. – *They started solving our problems.*
62 –F

724 stávat (se) *impf* to stand, cost, **(se)** happen, become
- Tohle se prostě stává. – *Things like that just happen.*
62

725 zařízení *neut* facility
- Zodpovědnost přebírá zdravotnické zařízení. – *The health-care facility takes the responsibility.*
62 –S

726 schopnost *fem* ability, capacity
- Nemají schopnost milovat. – *They do not have the capacity to love.*
62 –S

727 stovka *fem* hundred, 100-crown note
- Unesli více než stovku lidí. – *They kidnapped over a hundred people.*
62

728 samotný *adj* oneself, very, alone
- Námitka samotná není důležitá. – *The objection itself is not important.*
62

729 kraj *inan* region, edge
- Kraj na to nemá peníze. – *The region does not have money for it.*
62

730 drahý *adj* expensive, dear
- Je to neskutečně drahý. – *It's terribly expensive.*
62

731 bezpečný *adj* safe
- Tohle auto je bezpečné. – *This car is safe.*
61 –S

732 obchodní *adj* business, trade, commercial
- Je naším obchodním partnerem. – *He is our business partner.*
61 –S

733 brzy *adv* soon, early
- Vrať se brzy. – *Come back soon.*
61 –S

734 dostávat *impf* to get, obtain
- Po zranění dostával injekce. – *After the injury he was getting injections.*
61

735 název *inan* title, name, term
- Ten název zní šíleně. – *The title sounds crazy.*
61

736 sloužit *impf* to serve
- Jazyk slouží jako model kultury. – *Language serves as a model of culture.*
61 –S

737 máma *fem* mum
- Máma má pravdu. – *Mum's right.*
61 –P –N

738 šéf *anim* boss, head
- Šéf si mě konečně všiml. – *The boss finally noticed me.*
61 –P

739 jídlo *neut* food, meal, dish
- Mé oblíbené jídlo je kuře. – *My favourite dish is chicken.*
61

740 celkem *part* quite, on the whole
- Celkem snadno zvítězili. – *They won quite easily.*
61

741 jíst *impf* to eat
- Jedli jenom chleba a pili vodu. – *They only ate bread and drank water.*
61

742 pozornost *fem* attention, favour
- Věnovala mu zvláštní pozornost. – *She paid special attention to him.*
61 –S

743 anebo *conj* or
- Chechtám se, anebo se jen usmívám. – *I laugh, or I just smile.*
61

744 odpověď *fem* answer, reply
- Tohle je moje odpověď. – *This is my answer.*
61 –S

745 zima *fem* winter, cold
- Letos byla zima zvlášť tuhá. – *The winter was exceptionally hard this year.*
61

746 týkat se *impf* to concern, relate
- To se týká hlavně dětí. – *This concerns mainly children.*
60

747 dnešní *adj* today's
- Dnešní zápas rozhodne. – *Today's match will decide.*
60 –S

748 klidně *part* safely, calmly
- Můžeme klidně říct, že je ta věc uzavřená. – *We can safely say that the matter is closed.*
60 –P

749 prezident *anim* president
- Byl zvolen prezidentem. – *He was elected president.*
60 –S

750 politika *fem* politics
- Proč je v politice méně žen? – *Why are there fewer women in politics?*
60 –S

751 sobota *fem* Saturday
- Můžete to oslavit v sobotu. – *You can celebrate it on Saturday.*
60 –P

752 souvislost *fem* connection, link, relation
- Nechápal souvislost. – *He did not understand the connection.*
60 –S

753 dít se *impf* to happen, occur
- Co se děje? – *What is happening?*
60

754 následující *adj* following
- V následujícím roce zpívala v New Yorku. – *The following year she sang in New York.*
60 –S

755 důsledek *inan* consequence, result
- Bude to mít vážné důsledky. – *There will be serious consequences.*
60 –S

756 zbytek *inan* rest
- Strávil jsem tam zbytek noci. – *I spent the rest of the night there.*
60

757 šťastný *adj* happy
- Byl jsem samozřejmě šťastný. – *I was happy, of course.*
60

758 příležitost *fem* opportunity, chance
- Vytvářejí se tu nové pracovní příležitosti. – *New job opportunities are being created here.*
60 –S

759 zavolat *pf* to call
- Zavolejte na toto číslo. – *Call this number.*
59 –P

760 předmět *inan* subject, object
- To bude předmětem našeho zkoumání. – *This will be the subject of our research.*
59

761 obvykle *adv* usually
- Obvykle to trvá tři roky. – *It usually takes three years.*
59 –S

762 přesvědčit *pf* to convince, persuade
- Přesvědčila jsi mě. – *You've convinced me.*
59 –S

763 blízko *adv* close, near
- Stojíte příliš blízko. – *You are standing too close.*
59

764 pes *anim* dog
- Psi vyli. – *Dogs were howling.*
59

765 pomáhat *impf* to help
- Pomáhej nám Bůh! – *God help us!*
59

766 fungovat *impf* to work, function
- Obráceně to nefunguje. – *It does not work the other way round.*
59

767 řeč *fem* speech, talk
- Přišel jsem pronést řeč. – *I came to make a speech.*
59

768 veškerý *pron* whole, entire, every
- Musíte do toho dát veškeré úsilí. – *You have to put every effort into it.*
59

769 boj *inan* fight, struggle
- Prohrál svůj boj s rakovinou. – *He lost his fight against cancer.*
59 –S

770 dozvědět se *pf* to learn, find out
- Nikdo se o tom nesmí dozvědět. – *Nobody must find out about this.*
58

771 přicházet *impf* to come
- Přicházejí každý týden. – *They come every week.*
58 –S

772 dovolit *pf* to let, allow
- Dovolte, abych se představil. – *Let me introduce myself.*
58

773 vzhledem *prep* considering, regarding
- Vzhledem k vaší práci se to hodí. – *This is just what you need, considering your job.*
58

774 mrtvý *adj* dead
- Našli ho mrtvého. – *They found him dead.*
58

775 úspěšný *adj* successful
- Byl to úspěšný večer. – *It was a successful evening.*
58 –S

776 požadavek *inan* demand, requirement
- Splňují všechny požadavky. – *They meet all the requirements.*
58 –S

777 rozhodně *part* definitely, resolutely
- Hospodu rozhodně nezavřeme. – *We will definitely not close the pub.*
58

778 výroba *fem* production
- Výroba klesá. – *Production is declining.*
58 –S

779 všimnout si *pf* to notice
- Matka si všimla jejího strachu. – *Mother noticed she was afraid.*
58

780 blbý *adj* bad, stupid
- To je pěkně blbý. – *That's pretty bad.*
58 +S

781 poslouchat *impf* to listen to, obey
- Nemůžu to poslouchat. – *I can't listen to it.*
57 –P

782 ministr *anim* minister, secretary
- Pozvali ministra financí. – *They invited the finance minister.*
57 –S

783 vydržet *pf* to stand, last, hold on
- Už jsem to nevydržel. – *I could not stand it any more.*
57

784 nikoli *part* not, no
- Chceme dialog, nikoli monolog. – *We want a dialogue, not a monologue.*
57 –S

785 živý *adj* alive, living, lively
- Z trosek stále vytahují živé lidi. – *People are still being pulled out of the rubble alive.*
57

786 hledisko *neut* position, viewpoint
- Z tohoto hlediska je to překvapivé. – *From this viewpoint, it is surprising.*
57 –S

787 téma *neut* theme, topic
- Tématem tohoto týdne jsou knihy. – *This week's topic is books.*
57

788 vedoucí *adj/noun* leading (*adj*), head, chief (*noun*)
- Informovala vedoucího oddělení. – *She informed the head of the department.*
57

789 zvednout (se) *pf* to raise, pick up, **(se)** rise
- Zvedla jsem ruku. – *I raised my hand.*
57 –P

790 stavba *fem* construction, building
- Stavba začne v lednu. – *Construction begins in January.*
57

791 zkusit *pf* to try
- No, můžu to zkusit. – *Well, I can try it.*
57

792 očekávat *impf* to await, expect
- Očekávají od tebe víc. – *They expect more of you.*
57 –S

793 hora *fem* mountain
- Bydlela v horách. – *She lived in the mountains.*
57

794 provést *pf* to carry out, do, guide
- Co jsi s ní provedl? – *What did you do with her?*
56

795 vzduch *inan* air
- Vzduch byl chladnější. – *The air was colder.*
56

796 přemýšlet *impf* to think, meditate
- Dlouho jen seděla a přemýšlela. – *She just sat and thought for a long time.*
56 –P

797 přímý *adj* straight, direct
- Musíme mu položit přímou otázku. – *We must ask him a direct question.*
56 –S

798 zelený *adj* green
- Měla krásné zelené oči. – *She had beautiful green eyes.*
56

799 obyvatel *anim* inhabitant
- Většina obyvatel žije v chudobě. – *Most of the inhabitants live in poverty.*
56 –S

4 Verbs of movement

Please note the aspectual pairs **přijít/přicházet, odejít/odcházet, přijet/přijíždět** and **odjet/odjíždět**. There is also an important difference in the means of transport, the former two pairs describe movement on foot, the latter two driving or riding.

jít impf 47 **to go, walk**	**běžet** impf 925 **to run**
přijít pf 99 **to come**	**odjet** pf 1147 **to leave, depart**
jet impf 156 **to go, drive**	**odcházet** impf 1406 **to leave, go**
chodit impf 191 **to go, walk**	**utíkat** impf 2277 **to run**
přijet pf 337 **to come, arrive**	**běhat** impf 2418 **to run, jog**
jezdit impf 421 **to go, drive**	**odjíždět** impf 2686 **to leave, depart**
odejít pf 467 **to leave, go**	**kráčet** impf 2879 **to walk, stride**
přicházet impf 771 **to come**	**přijíždět** impf 4004 **to come, arrive**

800 vytvářet *impf* to create, make
- Vytvářejí novou strategickou vizi. – *They are creating a new strategic vision.*
56 –S

801 zlatý *adj* golden
- To byl zlatý věk. – *That was a golden age.*
56

802 rameno *neut* shoulder
- Koukal jí přes rameno. – *He was looking over her shoulder.*
56

803 snaha *fem* effort
- Jeho snaha byla zbytečná. – *His effort was in vain.*
56 –S

804 prst *inan* finger, toe
- Ani nehnul prstem. – *He didn't lift a finger.*
56

805 technický *adj* technical
- Odpovídá to technickým požadavkům. – *It meets the technical requirements.*
56

806 předpokládat *impf* to assume, suppose
- Předpokládejme, že to udělal. – *Let us assume he did it.*
56

807 využívat *impf* to use, make use
- Systém využívá moderní technologie. – *The system uses modern technology.*
56 –S

808 pátek *inan* Friday
- Jezdila tam každý pátek. – *She used to go there every Friday.*
56 –P

809 řídit *impf* to drive, direct, operate
- Umíš řídit traktor? – *Can you drive a tractor?*
56

810 potvrdit *pf* to confirm
- Potvrdili náš předpoklad. – *They confirmed our assumption.*
56 –S

811 třída *fem* class, classroom, boulevard
- Nebyla z jeho společenské třídy. – *She was not from his social class.*
56

812 vysoko *adv* high
- Držel je vysoko nad hlavou. – *He held them high above his head.*
56

813 ven *adv* out
- Vůbec nechodí ven. – *He does not go out at all.*
56

814 uvědomit si *pf* to realize
- Neuvědomila si to. – *She didn't realize it.*
56

815 dolů *adv* down(wards)
- Šel na terasu a podíval se dolů. – *He went out to the terrace and looked down.*
56

816 pole *neut* field
- Magnetická pole Slunce nejsou neviditelná. – *The Sun's magnetic fields are not invisible.*
55

817 jestliže *conj* if
- A jestliže mi neuvěří? – *And what if they don't believe me?*
55 –S

818 hovořit *impf* to speak, talk, discuss
- Anglicky hovoří plynule. – *She speaks English fluently.*
55 –S

819 kvalita *fem* quality
- Naše zboží má dobrou kvalitu. – *Our goods are of good quality.*
55 –S

820 kdysi *adv* once, sometime
- Také ona byla kdysi nevinná. – *She was once innocent, too.*
55

821 pořádek *inan* order
- Chceme zpátky starý pořádek! – *We want the old order back!*
55

822 zajistit *pf* to ensure, provide
- Další existence knihovny byla zajištěna. – *The continued existence of the library was ensured.*
55 –S

823 znít *impf* to sound, say
- Zní to smutně. – *It sounds sad.*
55

824 obrátit (se) *pf* to turn
- Na koho se mám obrátit? – *Who should I turn to?*
55 –S

825 podat *pf* to hand, pass, hold out
- Přišel k ní a podal jí ruku. – *He came up to her and held out his hand.*
55

826 ministerstvo *neut* ministry
- Ministerstvo kultury bylo o problému informováno. – *The Ministry of Culture was notified of the issue.*
55 –S

827 okamžitě *adv* immediately
- Musela jsem se okamžitě dostat ven. – *I had to get out immediately.*
55

828 daný *adj* given
- V daném kontextu to je přijatelné. – *It is acceptable in the given context.*
55

829 událost *fem* event
- Je to událost roku. – *It is the event of the year.*
54 –S

830 naučit (se) *pf* to teach, **(se)** learn
- Naučil se to nazpaměť. – *He learnt it by heart.*
54

831 divadlo *neut* theatre
- Odešel z divadla. – *He left the theatre.*
54

832 les *inan* forest, wood
- Miluji vůni lesa. – *I love the smell of the forest.*
54

833 vůz *inan* vehicle
- Nasedla do vozidla. – *She got into the vehicle.*
54 –S

834 návštěva *fem* visit
- Přišli k němu na návštěvu. – *They paid him a visit.*
54

835 vůči *prep* towards, to
- Cítil vůči sobě odpor. – *He felt disgust towards himself.*
54 –S

836 zmizet *pf* to disappear, vanish
- Krátce poté zmizeli. – *They disappeared soon afterwards.*
54

837 okolí *neut* surroundings, neighbourhood
- Stockholm má krásné okolí. – *Stockholm has beautiful surroundings.*
54

838 uvádět *impf* to say, state, present
- Uvádějí to někteří experti. – *Some experts say so.*
54 –S

839 pryč *adv* away, off, gone
- A byla pryč. – *And she was gone.*
54 –P

840 docházet *impf* to attend, occur
- Kdy k tomu obvykle dochází? – *When does it usually occur?*
54 –S

841 strom *inan* tree
- Opíral se o strom. – *He was leaning against a tree.*
54

842 vyprávět *impf* to tell, narrate
- A začala vyprávět příběh. – *And she started telling a story.*
54

843 naprosto *part* totally
- Naprosto mě ignorovaly. – *They totally ignored me.*
54

844 zahraniční *adj* foreign
- Zahraniční obchod stoupá. – *Foreign trade is on the rise.*
54 –S –F

845 vzpomenout (si) *pf* to remember, recall
- Nemohl jsem si vzpomenout. – *I could not remember.*
54 –P

846 končit *impf* to end
- Zima končí. – *Winter is ending.*
54

847 telefon *inan* phone, telephone
- Naši nemaj telefon. – *My folks don't have a phone.*
54

848 síť *fem* network, web
- Chybí nám distribuční síť. – *We lack a distribution network.*
54

849 nosit *impf* to carry, wear
- Tohle nenoste. – *Don't wear that.*
54

850 budova *fem* building
- Vstupte do budovy. – *Enter the building.*
54

851 způsobit *pf* to cause
- Pachatel způsobil škodu za 40 000 korun. – *The offender caused damage amounting to 40,000 crowns.*
54 –S

852 nabídnout *pf* to offer
- Nabídneme mu večeři. – *We will offer him dinner.*
54

853 klid *inan* calm, peace
- Je po bouři klid? – *Is there calm after the storm?*
53

854 hluboký *adj* deep
- Měl velmi hluboký hlas. – *He had a very deep voice.*
53

855 list *inan* leaf, sheet
- Listy žloutly a usychaly. – *The leaves turned yellow and withered.*
53

856 těšit (se) *impf* to please, comfort, **(se)** look forward to
- Opravdu se na to těším. – *I am really looking forward to it.*
53

857 loni *adv* last year
- Seznámili se teprve loni. – *They only met last year.*
53 –F –P

858 historie *fem* history
- Zeď oživuje historii Německa. – *The wall recalls the history of Germany.*
53

859 zabývat se *impf* to deal with, work at
- Čím se nyní zabýváte? – *What are you currently working at?*
53 –S

860 ježiš *interj* gee, geez, jeez
- Ježiš, mě bolí hlava. – *Gee, my head's killing me.*
53 +S

861 dávno *adv* long time ago/since
- Už je to dávno, co se to stalo. – *It's a long time since it happened.*
53

862 chyba *fem* mistake, fault
- To není chyba technologie. – *It's not the fault of technology.*
53

863 připomínat (si) *impf* to remind, **(si)** commemorate
- Dnes si připomínáme 50. výročí. – *Today we commemorate the fiftieth anniversary.*
53

864 dokud *conj* as long as, while, until
- Člověk má cestovat, dokud je mladý. – *One should travel while still young.*
53

865 chovat (se) *impf* to keep, **(se)** behave
- Chovejte se slušně! – *Behave yourselves!*
53

866 obsahovat *impf* to include, contain
- Jedna porce obsahuje 18 g bílkovin. – *One portion contains 18 g of protein.*
53 –S

867 patnáct *num* fifteen
- Byl o patnáct let starší než ona. – *He was fifteen years older than her.*
53

868 lékař *anim* doctor
- Lékař nezjistil příčinu smrti. – *The doctor did not find out the cause of death.*
53 –S

869 dovést *pf* to guide to, can
- Dovedete si to představit? – *Can you imagine that?*
53

870 uvedený *adj* stated, mentioned
- Splňuje všechny výše uvedené parametry. – *It meets all the above-mentioned parameters.*
53 –S –F

871 pohybovat (se) *impf* to move, **(se)** range, oscillate
- Ceny se pohybují mezi 80 a 100 korunami. – *Prices range between 80 and 100 crowns.*
53

872 městský *adj* city, urban
- Městský ples se koná v lednu. – *The city ball takes place in January.*
53

873 ochrana *fem* protection
- Ochrana životního prostředí je dnes aktuální téma. – *These days environmental protection is a major issue.*
53 –S

874 noviny *fem pl* newspaper
- Upustila noviny na podlahu. – *She dropped the newspaper on the floor.*
53

875 určit *pf* to determine, intend
- Text je určen především studentům. – *The text is intended especially for students.*
53 –S

876 záda *neut pl* back
- Neobracej se k nim zády. – *Don't turn your back on them.*
52

877 umožňovat *impf* to enable, allow
- To zákon neumožňuje. – *The law does not allow it.*
52 –S –F

878 nemocnice *fem* hospital
- Musela být ošetřena v nemocnici. – *She had to be treated in hospital.*
52

879 soutěž *fem* contest, competition
- Vyhrál dvakrát literární soutěž. – *He has won two literary competitions.*
52 –F

880 položit *pf* to put, lay, place
- Položila mi hlavu na rameno. – *She laid her head on my shoulder.*
52

881 pouhý *adj* mere
- Při pouhém pomyšlení na to je mi zle. – *The mere thought of it makes me sick.*
52 –S

882 šance *fem* chance
- Tento krok znamená velkou šanci do budoucna. – *This step means a great chance for the future.*
52

883 avšak *conj* but, however
- Avšak umělec odmítl. – *But the artist refused.*
52 –S

884 bránit (se) *impf* to defend
- Máme právo se bránit. – *We have a right to defend ourselves.*
52

885 čelo *neut* forehead
- Na čele má vrásky. – *She has wrinkles on her forehead.*
52 –S

886 zemřít *pf* to die
- Zemřela v roce 1922. – *She died in 1922.*
52

887 pokus *inan* attempt, experiment
- Jeho pokus byl neúspěšný. – *His attempt was unsuccessful.*
52

888 zástupce *anim* deputy, representative
• Je naším zákonným zástupcem. – *He is our legal representative.*
52 –S

889 tým *inan* team
• Náš tým vyhrál čtyřikrát v řadě. – *Our team has won four times in a row.*
52 –S –F

890 stupeň *inan* level, stage, degree
• Existují tři stupně vývoje lidské sexuality. – *There are three stages of development of human sexuality.*
52

891 metoda *fem* method
• Tato metoda je technicky náročná. – *This method is technically demanding.*
52 –S

892 mluvčí *anim/fem* spokesperson, speaker
• Stala se mluvčí jedné pražské nemocnice. – *She has become a spokesperson for a Prague hospital.*
52 +N

893 příprava *fem* preparation, training
• Soustředíme se nyní na zimní přípravu. – *We are now focusing on winter training.*
52 –S

894 majitel *anim* owner
• Ta restaurace má nového majitele. – *The restaurant has a new owner.*
52

895 cizí *adj* foreign, strange
• Ocitl se sám v cizí zemi. – *He found himself alone in a foreign country.*
52

896 pravidlo *neut* rule
• Pravidla znáte. – *You know the rules.*
52

897 krev *fem* blood
• Ztuhla mi krev v žilách. – *It made my blood run cold.*
52

898 desítka *fem* ten
• Při nehodě zahynuly desítky lidí. – *Tens of people died in the accident.*
52

899 postel *fem* bed
• Lehl si do postele a usnul. – *He lay down on his bed and fell asleep.*
52 –P

900 poměrně *adv* rather, relatively
• Sam je poměrně časté jméno. – *Sam is a rather common name.*
52

901 založit *pf* to establish, found
• Kdo založil olympijské hry? – *Who founded the Olympic games?*
52 –S

902 nabídka *fem* offer
• Budu o vaší nabídce přemýšlet. – *I will think about your offer.*
52

903 zavřít *pf* to close, shut
• Zavři za sebou dveře. – *Close the door behind you.*
51 –P

904 září *neut* September
• V září ještě bývá teplo. – *It's usually still warm in September.*
51

905 vysvětlovat *impf* to explain
• Jak si to vysvětlujete? – *How do you explain this?*
51

906 konkrétní *adj* specific, particular
• V tomto konkrétním případě bych postupovala stejně. – *In this particular case, I would proceed in the same way.*
51 –S

907 místnost *fem* room
• V místnosti byla tma. – *It was dark in the room.*
51

908 přidat (se) *pf* to add, speed up, (se) join
• Do omáčky přidáme česnek, sůl a pepř. – *Add garlic, salt and pepper to the sauce.*
51

909 konečný *adj* final, end
• Jaká bude konečná cena výrobku? – *What will be the final price of the product?*
51 –S

910 slunce *neut* sun
• Celý den svítilo slunce. – *The sun was shining all day.*
51

911 pokusit se *pf* to try, attempt
• Dnes se někdo pokusil mne otrávit. – *Someone tried to poison me today.*
51 –S

912 zahrada *fem* garden
• Bydleli v domě se zahradou. – *They lived in a house with a garden.*
51

913 bratr *anim* brother
• Měla jsem tři starší bratry a mladší sestru. – *I had three older brothers and a younger sister.*
51

914 takto *adv* like this, this way
• Jednou řekl, že už takto žít nemůže, a odešel. – *He once said he couldn't live like this any more and left.*
51 –S

915 ztráta *fem* loss, casualties
• Rány do hlavy můžou způsobit ztrátu paměti. – *Blows to the head may cause memory loss.*
51 –S

916 umění *neut* art, skill
• Navštívili Muzeum moderního umění v New Yorku. – *They visited the Museum of Modern Art in New York.*
51

917 záležitost *fem* concern, matter, business
- Měl sklony strkat nos do cizích záležitostí. – *He tended to poke his nose into other people's business.*
51

918 snadno *adv* easily
- Člověk tady může snadno zabloudit. – *A person can easily get lost here.*
51 –S

919 rozvoj *inan* development, progress
- Stavebnice podporují u dítěte rozvoj představivosti. – *Construction sets foster the development of imagination in children.*
51 –S –F

920 bohatý *adj* rich, wealthy
- Je skvělé být mladá, bohatá a krásná. – *It's great to be young, rich and beautiful.*
51

921 současně *adv* simultaneously, at the same time
- Často myslí současně na dvě věci. – *He often thinks about two things at the same time.*
51 –S

922 tvrdý *adj* hard, tough
- Máte štěstí, že máte tak tvrdou lebku. – *You are lucky to have such a hard skull.*
51

923 babička *fem* grandmother, old woman
- Bydlela jsem s babičkou, která mě vychovala. – *I lived with my grandmother who brought me up.*
51 –P

924 štěstí *neut* happiness, (good) luck
- Přeju ti hodně štěstí. – *I wish you much happiness.*
50

925 běžet *impf* to run
- Newyorský maraton běžely mnohé slavné osobnosti. – *Many famous personalities ran the New York Marathon.*
50

926 kontrola *fem* control, inspection, examination
- Měli situaci pod kontrolou. – *They had the situation under control.*
50

927 modrý *adj* blue
- Moje sestra má světlé vlasy a modré oči. – *My sister has fair hair and blue eyes.*
50

928 tenkrát *adv* in those days, (back) then
- Tenkrát před válkou se žilo dobře. – *Back then, before the war, life was good.*
50 –P

929 předseda *anim* chairman
- Hnali stížnost až k předsedovi. – *They took their complaint to the chairman himself.*
50 –S

930 vstoupit *pf* to enter
- Oba muži vstoupili do kanceláře najednou. – *Both men entered the office at the same time.*
50 –S

931 strašný *adj* terrible, dreadful
- Poslední měsíce žil ve strašném stresu. – *The last months he lived under terrible stress.*
50 –P

932 letošní *adj* this year's
- Letošní Vánoce budou velmi bohaté. – *This year's Christmas will be very rich.*
50 –S –F

933 pěkně *adv* nicely, fairly
- Rána se mu pěkně zahojila. – *The wound healed nicely.*
50 –P

934 opustit *pf* to leave, abandon
- Rozhodla se opustit rodinu. – *She decided to leave the family.*
50 –S

935 růst *impf* to grow, increase
- Hřiby rostou jen vysoko v horách. – *Boletus mushrooms only grow high in the mountains.*
50

936 těžko *adv* heavily, with difficulty
- To si těžko budu moct dovolit. – *I will only be able to afford it with difficulty.*
50

937 odmítnout *pf* to refuse, decline
- Odmítl si peníze vzít. – *He refused to take the money.*
50 –S

938 uvažovat *impf* to think, consider
- Uvažoval jsem, že bych si vzal taxíka. – *I considered taking a taxi.*
50

939 text *inan* text, lyrics, script
- V redakci jeho text velmi zkrátili. – *His text was considerably shortened by the editorial department.*
50

940 chvilka *fem* a (little) while, moment
- Trvalo mi jen chvilku, než mi to došlo. – *It only took a little while before I got it.*
50 –P

941 obec *fem* village, community
- Do rodné obce se víckrát nevrátila. – *She never returned to her home village.*
50 –S

942 záležet *impf* to depend, care
- Jediný, na čem lidem záleží, jsou auta. – *The only thing people care about are cars.*
50

943 sednout (si) *pf* to sit down
- Sedla jsem si do pohodlného křesla. – *I sat down in a comfortable armchair.*
50 –P

944 dívka *fem* girl
- Obě mladé dívky chodily na střední školu. – *Both young girls attended high school.*
50 –S

945 obličej *inan* face
- Opláchla si obličej studenou vodou. – *She rinsed her face with cold water.*
50

946 vyžadovat *impf* to demand, require
- Náš projekt vyžaduje větší finanční prostředky. – *Our project requires more funds.*
50 –S

947 francouzský *adj* French
- Z dovolené si přivezli francouzské víno. – *They brought French wine back from their holiday.*
50

948 studium *neut* studies, research
- Za dva měsíce ukončí studium na střední škole. – *In two months he will finish his secondary school studies.*
49

949 minulost *fem* past, history
- Návrh už v minulosti několikrát odmítli. – *The proposal had been turned down several times in the past.*
49 –S

950 přiznat (se) *pf* to admit, **(se)** confess
- Musím se přiznat, že jsem měl strach. – *I have to admit I was afraid.*
49

951 aniž *conj* without
- Řekla mu to, aniž se na něj podívala. – *She said it to him without looking at him.*
49

952 vytáhnout *pf* to pull out, pull up
- Vytáhl z tašky malý zápisník a tužku. – *He pulled a small notebook and a pencil out of the bag.*
49 –P

953 připravovat (se) *impf* to prepare, get ready
- Připravovala k snídani šunku s vejcem. – *She prepared ham and eggs for breakfast.*
49

954 vyhrát *pf* to win, gain
- Mým snem je vyhrát mistrovství světa. – *Winning the world championship is my dream.*
49

955 ohled *inan* respect, regard, consideration
- Musíme brát ohledy jeden na druhého. – *We have to show consideration for one another.*
49 –S

956 občan *anim* citizen
- Zastupitelstvo nediskutovalo dostatečně s občany. – *The community council failed to maintain sufficient dialogue with the citizens.*
49 –S

957 chuť *fem* flavour, appetite, desire
- Oblíbil jsem si hořkou chuť kávy. – *I developed a taste for coffee's bitter flavour.*
49

958 společně *adv* together
- Šli jsme společně na večeři. – *We went for dinner together.*
49 –S

959 ekonomický *adj* economic, economical
- Krize má obrovské ekonomické následky. – *The crisis has had immense economic consequences.*
49 –F

960 tentokrát *adv* this time
- Telefon zazvonil potřetí a tentokrát jsem ho zvedl. – *The phone rang for the third time and this time I answered it.*
49

961 technika *fem* technology, method
- Ve výpočetní technice je pokrok nejrychlejší. – *Progress in the information technology field is fastest.*
49

962 rozhovor *inan* conversation, interview
- Slyšela jsem s ním rozhovor v rádiu. – *I heard an interview with him on the radio.*
49

963 dvanáct *num* twelve
- Od dvanácti hodin mám volno. – *I am free from twelve o'clock.*
49

964 pít *impf* to drink
- Sedíme v kuchyni a pijeme kávu. – *We are sitting in the kitchen and drinking coffee.*
49

965 veřejnost *fem* public
- Na veřejnosti se chovala vždy slušně a korektně. – *She would always behave politely and properly in public.*
49 –S

966 příčina *fem* cause, reason
- Policie nezjistila příčinu smrti. – *The police did not establish the cause of death.*
49 –S

967 manžel *anim* husband
- Byl dobrým manželem a milujícím otcem. – *He was a good husband and a loving father.*
49

968 nahoru *adv* up(wards)
- Vyrazili jsme nahoru do kopců. – *We set out up to the hills.*
49

969 vzpomínat (si) *impf* to remember, recall
- Na ten zážitek budu vzpomínat až do smrti. – *I will remember that experience until I die.*
49

970 dopis *inan* letter
- Lidé v našem městě dostávají anonymní dopisy. – *People in our town receive anonymous letters.*
48

971 závislý *adj* dependent, addicted
- Byl na ní závislý a nedokázal ji opustit. – *He was addicted to her and could not leave her.*
48 –S

972 postava *fem* figure, character
- Jeho tvář i postavu znali diváci po celém světě. – *His face and figure was known to viewers around the world.*
48

973 čtyřicet *num* forty
- Nechci ve čtyřiceti jenom sedět doma. – *I don't want to just sit at home at the age of forty.*
48

974 soukromý *adj* private, personal
- Nepleťte se do mých soukromých záležitostí. – *Do not interfere with my personal matters.*
48

975 vážně *adv* seriously, truly
- Mladý barman vážně debatoval s hosty. – *A young barman was talking seriously with guests.*
48

976 praxe *fem* practice, training
- Ve své praxi se setkal s řadou vážných případů. – *In his practice he encountered a number of serious cases.*
48

977 spojit (se) *pf* to connect, link, **(se)** merge
- Láva spojila ostrov s pevninou. – *Lava linked the island to the mainland.*
48

978 prodávat *impf* to sell
- Bavilo by mě prodávat oblečení. – *I would enjoy selling clothes.*
48

979 souhlasit *impf* to agree, correspond
- Majitel souhlasil se stavebními úpravami. – *The owner agreed to the construction changes.*
48

980 zaměstnanec *anim* employee
- Drasticky snížili počet zaměstnanců. – *They drastically reduced the number of employees.*
48 –S

981 vstup *inan* entrance, entering
- Měli jsme se potkat u východního vstupu do metra. – *We were supposed to meet by the eastern entrance to the underground.*
48 –S

982 kultura *fem* culture, civilization
- V kultuře má vždy důležité postavení hudba. – *Music always has an important status in culture.*
48

983 pomocí *prep* by means of, using
- Pomocí provázku zavřel zástrčku z druhé strany. – *Using a string, he closed the latch from the other side.*
48 –S

984 dojem *inan* impression
- Mám dojem, že tě to nebavilo. – *I have the impression you didn't enjoy it.*
48

985 aktivita *fem* activity
- Podporujeme zejména aktivity ve vzdělávací oblasti. – *We mainly support activities in education.*
48 –S –F

986 spolupráce *fem* cooperation
- Naše spolupráce je teprve na začátku. – *Our cooperation is at its very beginning.*
48 –S

987 přestože *conj* even though
- Zeptal se, přestože znal odpověď'. – *He asked even though he knew the answer.*
48 –S

988 výrazně *adv* markedly, considerably
- Byly tím výrazně narušeny vzájemné vztahy. – *Our mutual relationships were considerably disrupted by that.*
48 –S –F

989 hudba *fem* music
- Miluje hudbu a často chodí na koncerty. – *She loves music and often goes to concerts.*
48

990 banka *fem* bank
- Všechny svoje peníze uložila do banky. – *She deposited all her money in the bank.*
48

991 provoz *inan* operation, traffic
- Tělocvična zůstává i v době prázdnin v provozu. – *The gym even stays in operation during the holidays.*
48

992 dopadnout *pf* to turn out, work out
- Doufám, že to dopadne dobře. – *I hope it'll turn out well.*
47

993 odborník *anim* expert, professional
- Názory odborníků se různí. – *Experts' opinions vary.*
47

994 tlak *inan* pressure, stress
- Pravidelné cvičení pomáhá snižovat krevní tlak. – *Regular exercise helps lower blood pressure.*
47

995 dcera *fem* daughter
- Máme s manželem tři krásné dcery. – *My husband and I have three beautiful daughters.*
47

996 stěna *fem* wall
- Na stěnách visely rodinné fotografie. – *Family photographs were hanging on the walls.*
47

5 Verbs of communication

The most frequent aspectual pairs are **říct/říkat** and **zeptat se/ptát se** with very close ranks. To some extent, aspectual pairs usually differ also in meaning, cf. the additional meanings of **odpovídat** not shared with **odpovědět**.

říct pf 48 **to say, tell**

říkat impf 51 **to say, tell**

mluvit impf 198 **to speak, talk**

zeptat se pf 353 **to ask**

ptát se impf 460 **to ask**

bavit se impf 535 **to talk**

odpovědět pf 547 **to answer**

povídat (si) impf 589 **to chat, talk**

odpovídat impf 612 **to answer, be responsible, correspond**

hovořit impf 818 **to speak, talk, discuss**

vyprávět impf 842 **to tell, narrate**

sdělit pf 1277 **to tell, inform**

promluvit pf 1641 **to speak, talk**

povědět pf 1910 **to tell**

pravit pf 2076 **to say**

kecat impf 2709 **to chat, talk rubbish**

sdělovat impf 4863 **to tell, inform**

---

997 potkat (se) *pf* to meet, run into
- Potkal jsem ji při večerní procházce. – *I ran into her during my evening walk.*
47 –P

998 pracovník *anim* worker, staff member
- Byl vyhlášen nejlepším pracovníkem měsíce. – *He won the award for the best worker of the month.*
47 –S

999 zeď *fem* wall
- Velká čínská zeď je viditelná i z vesmíru. – *The Great Wall of China is even visible from space.*
47

1000 silnice *fem* road
- Odbočili z hlavní silnice do lesa. – *They turned off the main road to the wood.*
47

1001 chystat (se) *impf* to prepare, (se) be going to
- Chystá se přednést projev hned ráno. – *He is going to give his speech first thing in the morning.*
47

1002 obsah *inan* content, summary
- Otevřela tašku a vysypala její obsah na stůl. – *She opened her bag and poured its contents onto the table.*
47 –S

1003 jakmile *conj* as soon as
- Jakmile se dveře otevřely, vrazil dovnitř. – *As soon as the door opened, he stormed in.*
47

1004 děkovat *impf* to thank
- Za všechno vám mockrát děkuju. – *Thank you very much for everything.*
47 –P

1005 hrozit *impf* to threaten, be in danger
- Hrozí nám smrtelné nebezpečí. – *We are in mortal danger.*
47

1006 značný *adj* significant, substantial
- Mezi přáteli byly značné rozdíly. – *There were significant differences between the friends.*
47 –S

1007 hotový *adj* finished, ready
- Jídlo bude hotové za několik minut. – *The food will be ready in a few minutes.*
47

1008 hvězda *fem* star
- Večer se spolu dívali na hvězdy. – *In the evening they looked at the stars together.*
47

1009 kamarád *anim* friend, mate
- Po mnoha letech jsem se setkal se starým kamarádem. – *I met an old friend after many years.*
47 –P

1010 naděje *fem* hope, chance
- To je tvoje jediná naděje. – *That's your only hope.*
47 –S

1011 přejít *pf* to cross, go over
- Kudy se dá přejít na druhou stranu? – *Where can I cross to get to the other side?*
47

1012 chlap *anim* man, guy, bloke
- Chlapi v práci se baví jen o politice. – *The guys at work only talk politics.*
47 –P

1013 zvíře *neut* animal, beast
- Medvědi jsou nebezpečná zvířata. – *Bears are dangerous animals.*
47

1014 chování *neut* behaviour, manner
- Její chování ho pokaždé rozčílilo. –
  *Her behaviour made him angry every
  time.*
  47 –S

1015 zabít *pf* to kill
- Křičel, že mě zabije. – *He shouted that he
  would kill me.*
  47

1016 výrazný *adj* noticeable, considerable
- Monsignor mluvil s výrazným italským
  přízvukem. – *The monsignore spoke with a
  noticeable Italian accent.*
  46

1017 kupovat (si) *impf* to buy
- Každý měsíc si kupovala nové hezké šaty. –
  *Every month she would buy a new pretty
  dress.*
  46

1018 vznikat *impf* to arise, originate, be formed
- Planety vznikají z rotujícího oblaku plynu a
  prachu. – *Planets are formed from a rotating
  cloud of gas and dust.*
  46 –S

1019 manželka *fem* wife
- Byla vždycky věrnou manželkou. – *She was
  always a faithful wife.*
  46

1020 činit (se) *impf* to do, make, **(se)** try hard
- Činí tak zejména totalitní státy. – *It is mainly
  totalitarian countries which do that.*
  46 –S

1021 struktura *fem* structure
- Nová organizační struktura byla přijata
  pozitivně. – *The new organizational structure
  was well received.*
  46 –S –F

1022 ačkoli *conj* although
- Rozepnul si kabát, ačkoli venku byla zima. –
  *He unbuttoned his coat although it was cold
  outside.*
  46 –S

1023 maminka *fem* mum
- Zítra má přijet na návštěvu jeho maminka. –
  *His mum is supposed to come for a visit
  tomorrow.*
  46 –P

1024 bohužel *part* unfortunately
- Obávala se neštěstí a bohužel měla pravdu.
  – *She was afraid of misfortune and,
  unfortunately, she was right.*
  46

1025 vznik *inan* origin, rise
- Zabývá se vznikem planetárních systémů. –
  *He is interested in the origin of planetary
  systems.*
  46 –S –F

1026 slavný *adj* famous
- Je to nejslavnější divadlo v Itálii. – *It is the
  most famous theatre in Italy.*
  46 –S

1027 potřebný *adj* necessary, needed
- Chtěl opravit auto, ale nesehnal potřebné
  díly. – *He wanted to repair the car, but did
  not get the necessary parts.*
  46 –S

1028 článek *inan* article, segment, component
- Vydělával si psaním článků do odborných
  časopisů. – *He made money writing articles
  for professional journals.*
  46

1029 pondělí *neut* Monday
- Otevřeno je denně kromě pondělí. – *It is
  open daily except for Monday.*
  46 –P

1030 klasický *adj* classical, classic
- Poslouchal převážně klasickou hudbu. –
  He mostly listened to classical music.
  45

1031 opakovat (se) *impf* to repeat, revise,
  (se) happen again
- Dokola opakoval známé historky. – *He kept
  repeating the same old stories.*
  45

1032 drobný *adj* tiny, petty
- Objevila se drobná stařenka, ne větší než
  děti. – *A tiny old lady, no bigger than the
  children, appeared.*
  45

1033 povinnost *fem* duty, obligation
- Mou povinností bylo chránit rodinu. –
  It was my duty to protect the family.
  45 –S

1034 svoboda *fem* freedom
- Národ dlouho bojoval za svoji svobodu.
  – *The nation fought long for its freedom.*
  45 –S

1035 následovat *impf* to follow, ensue
- Po přestávce následovala další skladba. –
  *Another composition followed the
  intermission.*
  45 –S

1036 vážný *adj* serious, grave
- Nedošlo k žádnému vážnému zranění. –
  There was no serious injury.
  45 –S

1037 probíhat *impf* to be in progress, be
  underway
- Nahlédla do třídy, kde právě probíhala výuka.
  – *She looked into a classroom, in which a
  class was underway.*
  45

1038 energie *fem* energy
- Lze očekávat pokles výroby energie. –
  *We can expect a drop in energy
  production.*
  45

1039 starost *fem* worry, responsibility
- Jedinou starost mu dělalo, že se to dozví
  manželka. – *His only worry was that his wife
  would find out.*
  45

1040 moře *neut* sea
- Vlny odnesly člun na moře. – *The waves carried the boat out to sea.*
45

1041 nahoře *adv* up, upstairs, on top
- Bratr je nahoře ve svém pokoji. – *My brother is upstairs in his room.*
45

1042 uzavřít (se) *pf* to close, conclude
- Vláda uzavřela hranice. – *The government closed the borders.*
45 –S

1043 sen *inan* dream, ambition
- Pokoušela se vybavit si ten sen. – *She tried to remember the dream.*
45 –S

1044 výše *fem* height, level
- Police byla ve výši očí. – *The shelf was at eye level.*
45 –S

1045 složitý *adj* complex, complicated
- Právě se zabýváme těžkým a složitým případem. – *We are just dealing with a difficult and complex case.*
45

1046 tradiční *adj* traditional, conventional
- Tradiční vánoční jídlo je kapr se salátem. – *Carp and potato salad is a traditional Christmas meal.*
45 –S

1047 zvýšit (se) *pf* to increase, (se) rise
- Při chemické reakci se prudce zvýší teplota. – *During the chemical reaction, the temperature increases sharply.*
45 –S

1048 úvaha *fem* consideration, contemplation
- Je třeba vzít v úvahu také venkovní teplotu. – *We also have to take into consideration the outside temperature.*
45

1049 smát se *impf* to laugh
- Všichni se začali smát ještě hlasitěji. – *Everybody started laughing even louder.*
44 –P

1050 vole *interj* man, (you) idiot
- Seš blbej, ty vole! – *You're stupid, you idiot!*
44 +S

1051 čtvrtý *num* fourth
- Bydlíme ve čtvrtém patře. – *We live on the fourth floor.*
44

1052 provádět *impf* to carry out, guide
- Profesor mě naučil, jak provádět vlastní experimenty. – *My professor taught me how to carry out my own experiments.*
44 –S

1053 území *neut* area, territory
- Vraždy byly spáchané na území Spojených států. – *The murders were committed in United States territory.*
44 –S

1054 prodat *pf* to sell
- Svůj dům nikdy neprodám. – *I will never sell my house.*
44

1055 výraz *inan* expression
- Na její tváři se objevil ostražitý výraz. – *An alert expression appeared on her face.*
44

1056 náhodou *adv* by chance, possibly
- Neviděl jste náhodou ten film? – *Have you by chance seen the film?*
44

1057 poměr *inan* ratio, relationship
- Líh zředili vodou v poměru jedna ku čtyřem. – *They diluted the alcohol by a one to four ratio.*
44 –S

1058 milovat (se) *impf* to love, (se) make love
- Tohle město zároveň miloval i nenáviděl. – *At the same time, he loved and hated this city.*
44

1059 požádat *pf* to ask, apply, request
- Požádal jsem o azyl v Kanadě. – *I applied for asylum in Canada.*
44 –S

1060 pevný *adj* firm, solid, sturdy
- Na nohou měla pevné kožené boty. – *She was wearing sturdy leather boots.*
44

1061 vejít (se) *pf* to enter, walk in, (se) fit
- Vešli jsme dovnitř a zavřeli dveře. – *We walked in and closed the door.*
44

1062 příběh *inan* story, tale
- Do poslední chvíle nevěděli, jak příběh dopadne. – *They didn't know until the last moment how the story would end.*
44 –S

1063 maso *neut* meat, flesh
- Maso osmažíme na rozpáleném oleji. – *Fry the meat in hot oil.*
44

1064 kancelář *fem* office, agency
- V kanceláři na tebe čeká návštěva. – *A visitor is waiting for you in the office.*
44

1065 víno *neut* wine, grape
- Dal jsem vychladit víno do lednice. – *I put the wine into the fridge to chill.*
44

1066 výhoda *fem* advantage, privilege
- Musel využít každou nepatrnou výhodu. – *He had to use every possible advantage.*
44

1067 lehký *adj* light, easy
- Rodiče to v životě vůbec neměli lehké. – *My parents did not have an easy life.*
44

1068 osud *inan* fate, destiny
- Zasloužil si lepší osud. – *He deserved a better fate.*
44 –S

1069 nacházet (se) *impf* to find, **(se)** be situated
- Synagoga se nacházela v Kolské ulici. – *The synagogue was situated in Kolská Street.*
44 –S

1070 otočit (se) *pf* to turn, turn round, reverse
- Otočil se zády ke zdi. – *He turned his back to the wall.*
44 –P

1071 spojení *neut* conjunction, connection, link
- Z Londýna tam bylo skvělé spojení vlakem. – *The train connection from London was excellent.*
44 –S

1072 setkat se *pf* to meet, come together
- Domluvili se, že se setkají už ten večer. – *They agreed to meet the very same evening.*
44

1073 kolega *anim* colleague
- Od kolegů dostal na rozloučenou dárek. – *He got a good-bye present from his colleagues.*
44

1074 prvek *inan* element, component
- Článek je o poločasu rozpadu radioaktivních prvků. – *The article covers the half-life of radioactive elements.*
44 –S

1075 princip *inan* principle
- Pracuje na jednoduchém principu. – *It works on a simple principle.*
44

1076 pivo *neut* beer
- Mávl na číšníka, aby mu přinesl pivo. – *He gestured to the waiter to bring him a beer.*
43 –P

1077 speciální *adj* special, particular
- Nakoupili speciální laboratorní přístroje. – *They bought special laboratory instruments.*
43

1078 doktor *anim* doctor
- Doktor si toho všiml. – *The doctor noticed it.*
43 –P

1079 nijak *adv* in no way, not in the least
- Všimla si ho, ale nijak to nedala najevo. – *She noticed him, but did not reveal it in the least.*
43

1080 nedostatek *inan* lack, deficiency, fault
- Všichni bojujeme s nedostatkem času. – *We all struggle with a lack of time.*
43 –S

1081 počítač *inan* computer
- Učebna byla vybavena novými počítači. – *The classroom was equipped with new computers.*
43

1082 útok *inan* attack
- Ozbrojený útok plánovali několik týdnů. – *They planned the armed attack for several weeks.*
43 –S

1083 denně *adv* daily, every day
- Padesát liber denně dělá tisíc liber měsíčně. – *Fifty pounds daily makes a thousand pounds monthly.*
43

1084 výjimka *fem* exception
- Nemohla byste tentokrát udělat výjimku? – *Could you make an exception this time?*
43 –S

1085 zkouška *fem* test, exam
- Katedra vyhlásila výsledky přijímacích zkoušek. – *The university department announced the entry test results.*
43

1086 host *anim* guest
- Hosté odcházeli jako vždy spokojeni. – *The guests were leaving, satisfied as always.*
43 –S

1087 pozorovat *impf* to watch, observe
- Cítila, že ji zase někdo pozoruje. – *She felt that someone had been watching her.*
43

1088 uprostřed *prep* in the middle
- Odmlčela se uprostřed věty. – *She broke off in the middle of the sentence.*
43

1089 umožnit *pf* to enable, allow
- Exil jim nakonec umožnil objevit ostatní svět. – *Exile eventually enabled them to discover the rest of the world.*
43 –S

1090 látka *fem* fabric, substance
- Sehnat látku na svatební šaty nebylo jednoduché. – *It was not easy to find fabric for a wedding dress.*
43

1091 pohoda *fem* contentment, ease
- Místnost vždycky dýchala pohodou a klidem. – *The room has always had an atmosphere of contentment and quiet.*
43 –P

1092 venku *adv* outside, outdoors
- Jaké je venku počasí? – *What's the weather like outside?*
43 –P

1093 padnout *pf* to fall, fit
- Padla císaři k nohám a žádala o milost. – *She fell at the emperor's feet and begged for mercy.*
43

1094 ústa *neut pl* mouth
- Zakryla si ústa rukama, aby nevykřikla. – *She put her hands over her mouth so as not to scream.*
43 –S

1095 budoucnost *fem* future
- Bojím se o budoucnost naší rodiny. – *I am worried about our family's future.*
42 –S

1096 prakticky *part* practically, virtually
- Kniha se mi prakticky rozpadla v rukách. – *The book virtually fell apart in my hands.*
42

1097 velikost *fem* size, extent
- Vybral si dýni o velikosti lidské hlavy. – *He chose a pumpkin the size of a human head.*
42

1098 poskytovat *impf* to provide
- Naše firma poskytuje služby v oblasti účetnictví. – *Our company provides accounting services.*
42 –S

1099 leden *inan* January
- Prvního ledna začíná Nový rok. – *The New Year starts on the first of January.*
42

1100 historický *adj* historical
- Procházeli se historickou částí města. – *They strolled through the historical part of the city.*
42 –S

1101 čtrnáct *num* fourteen
- Nemluvily jsme spolu nějakých čtrnáct let. – *We haven't talked for some fourteen years.*
42 –P

1102 nástroj *inan* tool, instrument
- Neumím hrát na žádný hudební nástroj. – *I cannot play any musical instruments.*
42 –S

1103 nedávno *adv* recently, lately
- Teprve nedávno jsem se přistěhoval do Prahy. – *I have only recently moved to Prague.*
42

1104 slabý *adj* weak, thin
- Pořád se cítím strašně slabá. – *I still feel terribly weak.*
42

1105 dole *adv* down, below, downstairs
- Sníh dole ve vsi už roztál. – *The snow has melted down in the village.*
42

1106 obor *inan* profession, field
- Ve svém oboru byl uznávaným odborníkem. – *He was a respected expert in his field.*
42

1107 model *inan* model
- V technickém muzeu si prohlédli modely lodí. – *They saw models of ships in the technical museum.*
42 –S

1108 styl *inan* style, manner
- To přeci není jejich styl. – *It can't be their style.*
42

1109 společenský *adj* social
- Stranil se společenského života. – *He shunned social life.*
42 –S

1110 sejít (se) *pf* to descend, **(se)** meet, gather
- Všichni se sešli v největším pokoji domu. – *Everybody gathered in the largest room of the house.*
42

1111 kámen *inan* stone
- Alchymisté se snažili najít kámen mudrců. – *Alchemists tried to discover the philosopher's stone.*
42

1112 jednotka *fem* unit, troop
- Odvezli ji na jednotku intenzívní péče. – *They took her to the intensive care unit.*
42 –S

1113 víkend *inan* weekend
- Tenhle víkend musím zůstat ve městě. – *I have to stay in town this weekend.*
42 –P

1114 předchozí *adj* previous
- Noční můra z předchozí noci už vybledla. – *The previous night's nightmare has faded.*
42 –S

1115 pozice *fem* position, location
- Našla tu nejpohodlnější pozici a okamžitě usnula. – *She found the most comfortable position and fell asleep immediately.*
42 –S

1116 rána *fem* wound, blow
- Rána na hlavě hodně krvácela. – *The wound to his head bled a lot.*
42

1117 chlapec *anim* boy, boyfriend
- Na hřišti běhali chlapci a děvčata. – *Boys and girls were running around the playground.*
42

1118 poskytnout *pf* to provide
- Armáda poskytla satelitní a radarové snímky. – *The army provided satellite and radar pictures.*
42 –S

1119 dispozice *fem* disposal, disposition
- Hostům jsou k dispozici tenisové kurty a bazén. – *Guests have tennis courts and a swimming pool at their disposal.*
42 –S

1120 miliarda *num* billion, milliard
- Vesmír vznikl před miliardami let. – *The universe began billions of years ago.*
42 –S –F

1121 krk *inan* neck, throat
- Koupila si pastilky proti bolení v krku. – *She bought sore throat lozenges.*
42

1122 prázdný *adj* empty
- Byt zůstal prázdný víc než týden. – *The flat remained empty for over a week.*
42

1123 prodej *inan* sale
- Zabýval se výrobou a prodejem zbraní. – *He engaged in weapon production and sale.*
42 –S

1124 údaj *inan* (a piece of) information, datum
- Policie si vyžádala údaje o totožnosti svědka. – *The police demanded the witness's data.*
41 –S

1125 podíl *inan* share
- Odprodal jim svůj podíl. – *He sold his share to them.*
41 –S

1126 udržet (se) *pf* to keep, preserve, **(se)** remain
- Měl problém udržet rovnováhu. – *He had difficulty keeping his balance.*
41

1127 zdravý *adj* healthy
- Jsi mladá a zdravá, co chceš víc? – *You are young and healthy, what else do you want?*
41

1128 odborný *adj* professional, technical
- Zajišťuje odbornou péči postiženým dětem. – *He provides professional care to handicapped children.*
41

1129 účel *inan* purpose, aim
- Planeta byla pro náš účel naprosto nevhodná. – *The planet was totally unsuitable for our purpose.*
41 –S

1130 jé *interj* wow, yippee
- Jé, co to máš? – *Wow, what's that?*
41 +S

1131 tvar *inan* shape, form
- Na stěně visely hodiny ve tvaru kočky. – *A clock in the shape of a cat hung on the wall.*
41

1132 západní *adj* western, west
- V západní Evropě strávil více než dva roky. – *He spent over two years in western Europe.*
41 –S

1133 zvládnout *pf* to manage, control
- Pokouší se zvládnout několik věcí najednou. – *He is trying to manage several things at once.*
41

1134 příslušný *adj* relevant, authorized, competent
- Máme příslušné informace. – *We have the relevant information.*
41 –S

1135 příroda *fem* nature, country(side)
- Toulala se ráda divokou přírodou. – *She liked to wander in the wild countryside.*
41

1136 postavení *neut* status, position
- Musím brát v úvahu své postavení a pověst. – *I have to consider my position and reputation.*
41 –S

1137 nejprve *adv* (at) first
- Nejprve si pořídíme mapu a potom vyrazíme. – *First we get a map and then we'll set out.*
41 –S

1138 duše *fem* soul, spirit
- Modlitby za duši zemřelého trvaly devět nocí. – *The prayers for the soul of the deceased lasted for nine nights.*
41

1139 půda *fem* land, soil, ground
- Vlastnili bohatou a úrodnou půdu. – *They owned rich and fertile land.*
41

1140 původně *adv* originally, initially
- Původně gotický klášter byl později přestavěn. – *The originally Gothic monastery was later rebuilt.*
41

1141 vyjádřit (se) *pf* to express
- Chtěl vyjádřit svůj názor. – *He wanted to express his opinion.*
41 –S

1142 obvyklý *adj* usual, common
- Nazpět jsme šli obvyklou cestou. – *We returned the usual way.*
41 –S

1143 doprava *fem* transport, traffic
- Význam železniční dopravy poklesl. – *The importance of railway transport has dropped.*
41

1144 dohromady *adv* together, altogether
- Nikdy neperte dohromady bílé a barevné prádlo. – *Never wash whites and colours together.*
41

1145 ráno *neut* morning
- Chladné, mlhavé ráno se pomalu rozjasňovalo. – *The chilly, foggy morning was slowly brightening.*
41 –P

1146 ucho *neut* ear
- V uších se jí třpytily briliantové náušnice. – *Brilliant earrings glittered at her ears.*
41

1147 odjet *pf* to leave, depart
- Poslední vlak už odjel. – *The last train has left.*
41 –P

1148 sestra *fem* sister, nurse
- Moje sestry nikdy neměly děti. – *My sisters never had any children.*
41

1149 reagovat *impf* to react, respond
- Na urážku nebyla schopná jakkoli reagovat. – *She was unable to react in any way to the insult.*
41

1150 scéna *fem* scene, stage
- Najednou se na scéně objevil veliký muž s plnovousem. – *A big man with a beard suddenly appeared on stage.*
41

1151 zvlášť *part* separately, particularly
- Nemá zvlášť pevné zdraví. – *He doesn't have particularly sound health.*
41

1152 projev *inan* expression, speech
- Bojí se každého projevu nesouhlasu. – *He is afraid of any expression of disapproval.*
41 –S

1153 žádat *impf* to ask, demand
- Žádám o propuštění na svobodu. – *I demand to be released.*
41 –S

1154 moc *fem* power, force
- Snaží se získat politickou moc v zemi. – *They are trying to gain political power in the country.*
41 –S

1155 kilometr *inan* kilometre
- Nesli ho pět kilometrů lesem. – *They carried him five kilometres through the wood.*
41

1156 proud *inan* stream, flow
- Turistická sezóna byla v plném proudu. – *Tourist season was in full flow.*
41 –S

1157 výběr *inan* selection, choice, withdrawal
- Neměl příliš na výběr. – *He didn't have much choice.*
41

1158 možno *adv* may, possible
- Tento systém je možno využít na stavbách. – *This system may be used in construction.*
41 –S

1159 osobnost *fem* personality, figure
- Později se stal výraznou osobností veřejného života. – *He later became a notable public figure.*
40

1160 rodinný *adj* family
- Považovat si dobrého jídla byla rodinná tradice. – *It was a family trait to appreciate good food.*
40

1161 tušit *impf* to suspect, anticipate
- Nemohla jsem tušit, že se sem jednou vrátím. – *I never suspected that I would ever return here.*
40

1162 dodávat *impf* to add, supply
- Teplárna dodává elektřinu a teplo pro hlavní město. – *The heating plant supplies electricity and heat to the capital.*
40 –S

1163 ozvat se *pf* to sound, be heard
- Z dálky se ozval štěkot psa. – *The dog's barking was heard from a distance.*
40 –P

1164 správa *fem* management, administration
- Potřebujeme povolení správy národního parku. – *We need a permit from the national park administration.*
40 –S

1165 úplný *adj* complete, total, utter
- V místnosti nastalo úplné ticho. – *Complete silence fell over the room.*
40

1166 vojenský *adj* military
- Stovky lidí protestovaly proti vojenské intervenci. – *Hundreds of people protested against the military intervention.*
40

1167 poněkud *adv* somewhat, rather
- Zatvářila se poněkud provinile. – *She made a rather guilty face.*
40 –S

1168 řád *inan* order, system, schedule
- Podle jízdního řádu přijede vlak za hodinu. – *According to the schedule, the train will be here in an hour.*
40

1169 uvnitř *adv* inside, indoors
- Bundu a boty si sundal až uvnitř. – *He took his coat and shoes off inside.*
40 –S

1170 zdraví *neut* health
- Správná výživa je důležitá pro zdraví člověka. – *A good diet is important for health.*
40

1171 zákazník *anim* client, customer
- Pokračuje tvrdý boj o zákazníka. – *Intense competition for the customer continues.*
40 –S

1172 dolar *inan* dollar
- Měl našetřeno pár tisíc dolarů. – *He has saved a few thousand dollars.*
40 –S

1173 přesný *adj* exact, precise
- Na přesné datum se nepamatuji. – *I don't remember the exact date.*
40 –S

1174 zvláště *part* in particular, especially
- Mám rád víno, zvláště červené. – *I like wine, red in particular.*
40 –S

1175 student *anim* student
- Fakulty letos přijímají vyšší počet studentů. – *This year faculties are accepting a higher number of students.*
40

1176 zahraničí *neut* foreign countries, abroad
- Obžalovaný léta tajil své styky se zahraničím. – *The accused kept his contacts with foreign countries secret for years.*
40

1177 čtvrt *fem* quarter
- Odpolední pošta se roznáší kolem čtvrt na čtyři. – *The afternoon post is delivered around quarter past three.*
40 –P

1178 úprava *fem* adjustment, modification
- Úprava rozsahu učiva je povolena. – *Adjustments to the curriculum are allowed.*
40 –S –F

1179 neustále *adv* constantly, permanently
- Měl jen jeden klobouk, který neustále nosil. – *He only had one hat, which he would wear constantly.*
40

1180 rychlost *fem* speed, rate, pace
- Vlak udržoval rychlost. – *The train maintained its speed.*
40

1181 zápas *inan* fight, struggle, match
- Sledovali basketbalový zápas vysokoškolské ligy. – *They watched a university league basketball match.*
40

1182 majetek *inan* possession, property
- Zřekl se majetku a získal tak svobodu. – *He renounced his property, thus gaining freedom.*
40 –S

1183 oznámit *pf* to announce, report
- Oznámila mu, že je v jiném stavu. – *She announced to him that she was pregnant.*
40 –S

1184 objevovat (se) *impf* to discover, **(se)** appear
- Kolem očí se jí začaly objevovat malé vrásky. – *Little wrinkles started to appear around her eyes.*
40 –S

1185 červen *inan* June
- Máma bude mít v červnu narozeniny. – *My mum's birthday is in June.*
40

1186 reakce *fem* response, reaction
- Lék může vyvolávat kožní alergickou reakci. – *The drug may cause an allergic skin reaction.*
40

1187 zvolit (si) *pf* to select, choose, elect
- Když zvolíš jinou trasu, možná přijdeš včas. – *If you choose a different route, you might be on time.*
40 –S

1188 tamhle *adv* (over) there
- Večeři máš tamhle na stole. – *Your dinner is over there on the table.*
40 –P –N

1189 autobus *inan* bus, coach
- Nakonec nejela autobusem, radši šla domů pěšky. – *In the end she didn't take a bus, but rather walked home.*
40 –P

1190 květen *inan* May
- Koncem května už ranní mrazíky nehrozí. – *Morning frosts are not an issue at the end of May.*
40

1191 prostřednictvím *prep* by means of, by, through
- Vzpoura se šířila prostřednictvím letáků a časopisů. – *The rebellion spread by means of leaflets and magazines.*
40 –S

1192 zub *inan* tooth
- Pes vycenil zuby a zavrčel. – *The dog bared his teeth and growled.*
39

1193 konat (se) *impf* to perform, **(se)** take place
- Po pohřbu se konala smuteční hostina. – *The funeral feast took place after the funeral.*
39 –S

1194 dětský *adj* children's
- Dětský pokoj byl až nahoře v podkroví. – *The children's bedroom was all the way up in the attic.*
39

1195 loňský *adj* last year's
- Na loňské fotografii mám ještě krátké vlasy. – *In last year's photograph, my hair is still long.*
39 –S –F

1196 stanice *fem* station, channel
- Televizní stanice ČT24 vysílá nepřetržitě. – *The channel ČT24 broadcasts non-stop.*
39

1197 oběd *inan* lunch, dinner
- V neděli nás sousedi pozvali na oběd. – *Our neighbours invited us for dinner on Sunday.*
39 –P

1198 pravděpodobně *part* probably, most likely
- Svou rodnou zem už pravděpodobně nikdy neuvidíš. – *You will probably never see your home country again.*
39

6 Verbs of thinking

vědět impf 33 **to know**

myslet (si) impf 83 **to think**

znát impf 201 **to know**

zdát se impf 304 **to seem**

věřit impf 364 **to believe**

poznat pf 494 **to (get to) know, find out**

chápat impf 506 **to understand**

rozumět impf 520 **to understand**

pochopit pf 644 **to understand, grasp**

dozvědět se pf 770 **to learn, find out**

přemýšlet impf 796 **to think, meditate**

uvažovat impf 938 **to think, consider**

domnívat se impf 1199 **to suppose, assume**

vymyslet pf 1379 **to think up, devise**

pomyslet si pf 1750 **to think (of)**

zamyslet se pf 3598 **to think about, consider**

1199 domnívat se *impf* to suppose, assume
- Domníval se, že výlet ji pobaví a rozveselí. –
  *He supposed the trip would amuse her and
  cheer her up.*
  39 –S

1200 řeka *fem* river
- Seděli na břehu řeky. – *They were sitting on
  the river bank.*
  39

1201 loď *fem* ship, boat
- Rybář vytáhl do lodi síť' plnou ryb. – *The
  fisherman pulled a net full of fish into the
  boat.*
  39

1202 úzký *adj* narrow
- Procházeli se úzkými romantickými uličkami.
  – *They were strolling through romantic
  narrow streets.*
  39

1203 vrstva *fem* layer, (social) class
- Na pleť' nanášejte jen tenkou vrstvu krému.
  – *Apply only a thin layer of cream to the
  skin.*
  39

1204 orgán *inan* organ, authority, body
- To měl udělat magistrát jako odvolací orgán.
  – *It was to be done by the metropolitan
  authority as an appellate body.*
  39 –S

1205 krátce *adv* shortly, briefly
- Když telefonuje, mluví jen krátce a stručně. –
  *When he's on the phone he speaks briefly
  and tersely.*
  39 –S

1206 pokoušet (se) *impf* to tempt, (se) try
- Pokoušel jsem se pohnout, ale nešlo to. –
  I tried to move, but I couldn't.
  39 –S

1207 objekt *inan* object, subject, building
- Opera je vhodným objektem studia. – *Opera
  is a suitable subject for research.*
  39 –S

1208 jaro *neut* spring
- Jaro u nás začíná v březnu. – *In our country,
  spring starts in March.*
  39

1209 nalézt *pf* to find
- Další informace lze nalézt na našich
  webových stránkách. – *More information can
  be found on our website.*
  39 –S

1210 plocha *fem* surface, area
- Víc než polovinu plochy skladu zabíraly
  krabice. – *Boxes filled more than half of the
  storage area.*
  39 –S

1211 potíž *fem* trouble, difficulty
- Společnost má vážné finanční potíže. –
  *The company is in serious financial
  difficulties.*
  39

1212 stroj *inan* machine
- Babička se skláněla nad šicím strojem. –
  *My grandmother was stooped over the
  sewing machine.*
  39

1213 zbýt *pf* to remain, be left
- V kuchyni zbyla ještě trocha whisky. – *A bit
  of whisky was left in the kitchen.*
  39

1214 spokojený *adj* satisfied, content(ed)
- Na její tváři se objevil spokojený úsměv. –
  A contented smile appeared on her face.
  39

1215 odpoledne *adv* in the afternoon
- Odpoledne jsme nebyli doma. – *We weren't
  at home in the afternoon.*
  39 –P

1216 ženský *adj* female, feminine
- Bylo to velice ženské gesto. – *It was a very
  feminine gesture.*
  39

1217 kulturní *adj* cultural
- To je hanobení kulturního dědictví! – *That's
  a denigration of our cultural heritage!*
  38 –S

1218 policista *anim* policeman
- Policisté měli uniformy i odznaky. –
  *The policemen had uniforms as well as
  badges.*
  38 –S –P

1219 nicméně *part* nevertheless, yet
- Byl to vlastenec, nicméně česky skoro
  neuměl. – *He was a patriot, yet he could
  hardly speak any Czech.*
  38 –S

1220 čin *inan* deed
- Voják se vychloubal svými hrdinskými
  činy. – *The soldier boasted of his heroic
  deeds.*
  38 –S

1221 kůže *fem* skin, leather
- Navlékla si rukavice z tenké černé kůže. –
  She put on gloves of thin black leather.
  38

1222 časopis *inan* magazine, journal
- Listoval si ve starých časopisech. – *He was
  leafing through old magazines.*
  38

1223 vítr *inan* wind
- Jarní vítr byl teplý a voněl. – *The spring wind
  was warm and smelled nice.*
  38

1224 přečíst *pf* to read
- Měl by sis přečíst ranní noviny. – *You should
  read the morning newspaper.*
  38

1225 datum *neut* date
- V dotazníku doplňte datum narození. –
  Fill in the date of birth in the questionnaire.
  38

1226 divák *anim* viewer, spectator
- Diváci nadšeně tleskali několik minut. – *The spectators clapped enthusiastically for several minutes.*
38 –S

1227 divný *adj* strange
- Poslední dobou se tu dějí divné věci. – *Strange things have been happening here lately.*
38 –P

1228 jenomže *conj* however, except
- Vypadá jako ty, jenomže má černé vlasy. – *He looks like you except he has black hair.*
38 –P

1229 zbavit (se) *pf* to free, **(se)** get rid of
- Nedokázal se zbavit německého přízvuku. – *He couldn't get rid of his German accent.*
38

1230 náročný *adj* demanding, challenging
- Přijímací zkouška byla velmi náročná. – *The entrance exam was very challenging.*
38

1231 přinášet *impf* to bring
- Sluhové přinášeli tácy s jídlem. – *The servants kept bringing trays with food.*
38 –S

1232 péče *fem* aid, care
- Poskytli jí tu nejlepší péči. – *They provided her with the best care.*
38 –S

1233 hotel *inan* hotel
- Ubytovali se v nejlepším hotelu. – *They stayed at the best hotel.*
38

1234 přirozený *adj* natural, normal
- Nedůvěřivost je pro vlky přirozenou vlastností. – *Distrust is a natural characteristic of wolves.*
38

1235 připomenout (si) *pf* to remind, **(si)** recall
- Tenhle podraz ti jednou připomenu. – *One day I'll remind you of this dirty trick.*
38

1236 britský *adj* British
- Britská tajná služba je známá na celém světě. – *The British secret service is famous around the world.*
38 –S

1237 kuchyně *fem* kitchen, cuisine
- Dámy posedávají v kuchyni u kávy. – *The ladies are sitting in the kitchen having coffee.*
38

1238 nebezpečí *neut* danger
- Zvířata vycítí nebezpečí instinktivně. – *Animals instinctively sense danger.*
38 –S

1239 okolo *prep* about, around
- Omotala si šálu okolo krku. – *She wrapped the scarf around her neck.*
38

1240 návrat *inan* return, comeback
- Lepší návrat jsem si nemohl přát. – *I couldn't hope for a better comeback.*
38 –S

1241 charakter *inan* character, personality
- Charakter krajiny se neustále měnil. – *The character of the countryside kept changing.*
38 –S

1242 vystoupit *pf* to get out, appear
- Zaparkovala auto a vystoupila z něho. – *She parked the car and got out.*
38

1243 nastat *pf* to arise, come up
- Nastal menší problém. – *A minor problem has arisen.*
38

1244 partner *anim* partner, associate
- Navázali spolupráci s obchodními partnery. – *They began to cooperate with their business partners.*
38 –S

1245 sotva *part* hardly, scarcely
- Peníze nám sotva stačily na obživu. – *We could hardly subsist on the money.*
38 –S

1246 voják *anim* soldier
- Zachránil život mnoha vojákům. – *He saved many soldiers' lives.*
38

1247 kůň *anim* horse
- Svatební kočár byl tažený třemi koňmi. – *The wedding carriage was drawn by three horses.*
38

1248 náměstí *neut* square, place
- Na náměstí probíhají vánoční trhy. – *A Christmas fair is taking place in the square.*
38

1249 okolnost *fem* circumstance, condition
- Za žádných okolností to nesmíš prozradit. – *You must not reveal it under any circumstances.*
38 –S

1250 vlna *fem* wave, wool
- Loď zmizela v rozbouřených vlnách. – *The ship disappeared in the raging waves.*
38

1251 nemocný *adj* ill, sick
- K nemocnému dítěti zavolali lékaře. – *They called a doctor for the ill child.*
38

1252 skvělý *adj* excellent
- Dneska jsem ve skvělé náladě. – *I have been in an excellent mood today.*
38

1253 růst *inan* growth, increase
- Banky odhadují růst hypoték na 20 až 40 %. – *Banks estimate the growth of mortgages at between 20 and 40 per cent.*
37 –S –F

1254 zásada *fem* principle, rule
- Kosmetický salon dodržuje základní hygienické zásady. – *The beauty salon observes basic hygiene rules.*
37 –S

1255 opatření *neut* measure, precaution
- Tohle bezpečnostní opatření je zbytečné. – *This safety precaution is unnecessary.*
37 –S

1256 tvorba *fem* production, works
- Svou tvorbou navazuje na tradice naší kultury. – *His works follow the tradition of our culture.*
37 –S –F

1257 oběť *fem* victim, sacrifice
- Památník byl věnován obětem války. – *The monument was dedicated to war victims.*
37 –S

1258 stanovit *pf* to determine, set
- Stanovili si vznešené cíle. – *They set noble goals for themselves.*
37 –S

1259 starat se *impf* to take care, be concerned
- Děkuju, že se o mě tak hezky staráte. – *Thank you for taking such great care of me.*
37

1260 studovat *impf* to study, research
- Dcera studovala medicínu. – *Our daughter studied medicine.*
37

1261 učinit *pf* to make, render
- Učinila jsem zajímavý objev. – *I made an interesting discovery.*
37 –S

1262 čtvrtek *inan* Thursday
- Jezdil do nemocnice každý čtvrtek. – *He went to the hospital every Thursday.*
37 –P

1263 účast *fem* involvement, participation
- Tým zvažuje účast na olympijských hrách. – *The team is considering its participation in the Olympic Games.*
37 –S

1264 noční *adj* night
- Na nočním nebi se třpytily hvězdy. – *Stars twinkled in the night sky.*
37

1265 projevit (se) *pf* to express, show
- Nechtěl projevit svůj strach. – *He did not want to show his fear.*
37 –S

1266 zpět *adv* back(wards)
- Autor se v knížce ohlíží zpět do dětství. – *In his book the author looks back on his childhood.*
37 –S

1267 fotografie *fem* photograph
- V pokoji visí velká Chaplinova fotografie. – *A large photograph of Chaplin is hanging in the room.*
37

1268 středa *fem* Wednesday
- Přijdu zase ve středu. – *I will come again on Wednesday.*
37 –P

1269 zbraň *fem* weapon
- Nemám povolení vlastnit zbraň. – *I do not have a permit to own a weapon.*
37

1270 několikrát *num* several times
- Navzájem si několikrát zachránili život. – *They have saved each other's lives several times.*
37

1271 spadnout *pf* to fall, drop
- Ztratil rovnováhu a spadl na zem. – *He lost his balance and fell to the ground.*
37

1272 přední *adj* front, prominent
- Někdo zaklepal na přední dveře domu. – *Someone knocked on the front door of the house.*
37

1273 zboží *neut* goods, commodity
- Objednané zboží dodáme do čtyř dnů. – *We will deliver the goods ordered within four days.*
37

1274 komise *fem* committee, commission
- Mezi orgány EU patří i Evropská komise. – *The European Commission is one of the EU bodies.*
37

1275 klást *impf* to put, lay
- Kladl důraz na aktivní metody v kontrašpionáži. – *He put an emphasis on active methods in counter-intelligence.*
37 –S

1276 tentýž *pron* the same
- Dneska jsme snídali totéž co vy. – *Today we had the same breakfast as you did.*
37 –S

1277 sdělit *pf* to tell, inform
- S pláčem mu sdělila, že otec byl zatčen. – *Crying, she told him that their father had been arrested.*
37 –S

1278 narodit se *pf* to be born
- Dítě by se mělo narodit v srpnu. – *The baby should be born in August.*
37

1279 úsměv *inan* smile
- Majitel nás s úsměvem zve dál. – *The owner is inviting us inside with a smile.*
37 –P

1280 rozdělit (se) *pf* to divide, (se) share
- Kniha je rozdělena do deseti kapitol. – *The book is divided into ten chapters.*
37

1281 jižní *adj* southern, south
- Plánujeme cestu po Jižní Americe. – *We are planning a trip around South America.*
37

1282 budoucí *adj* future, coming
- Půjdu se představit budoucímu tchánovi. – *I am going to introduce myself to my future father-in-law.*
37 –S

1283 předpoklad *inan* condition, assumption
- Tento předpoklad se ukázal mylným. – *This assumption turned out to be false.*
37 –S

1284 překvapit *pf* to surprise
- Překvapilo ho, že se mu ozvala jako první. – *He was surprised that she contacted him first.*
37

1285 vlastnost *fem* quality, feature
- Špatné vlastnosti se ke stáru stupňují. – *As we get older, our bad features intensify.*
37 –S

1286 podstatný *adj* substantial, significant
- Obrovský stůl zabíral podstatnou část místnosti. – *A huge table took up a significant part of the room.*
37 –S

1287 vyrazit *pf* to set out, knock out, smash
- Vyrazíme brzy zrána, jakmile se rozední. – *We will set out early in the morning as soon as the dawn breaks.*
37 –P

1288 kontakt *inan* contact, touch
- Nebyli v kontaktu s nakažlivou nemocí. – *They were not in contact with an infectious disease.*
37

1289 stopa *fem* trace, footprint
- Stopy vedly ven ze dveří. – *Footprints lead out of the door.*
37 –S

1290 zbývat *impf* to remain, have left
- Pořád mi zbývá dost peněz. – *I still have enough money left.*
37

1291 podporovat *impf* to support, encourage
- Nadace bude podporovat mladé výtvarníky. – *The foundation will support young artists.*
36 –S

1292 případně *part* possibly
- Přednášku bychom mohli případně zopakovat. – *We could possibly hold the lecture again.*
36

1293 hezky *adv* nicely
- Vždycky o vás mluví hezky. – *He always talks nicely about you.*
36 –P

1294 vyhodit *pf* to throw (away)
- Do popelnice vyhodila tašku s odpadky. – *She threw a bag of rubbish into the dustbin.*
36 –P

1295 šedesát *num* sixty
- Minuta má šedesát vteřin. – *A minute has sixty seconds.*
36 –P

1296 domov *inan* home
- Rozpovídal se o svém domově. – *He started to talk about his home.*
36

1297 podílet se *impf* to participate
- Rád bych se podílel na novém projektu. – *I would like to participate in the new project.*
36 –S

1298 snadný *adj* easy
- Nebylo snadné získat zaměstnání. – *It was not easy to find a job.*
36 –S

1299 termín *inan* deadline, term
- Tenhle termín se už nepoužívá. – *This term is no longer used.*
36

1300 použití *neut* use, application
- Před použitím zatřepat. – *Shake before use.*
36 –S

1301 jinde *adv* somewhere else
- Myslím, že se to stalo jinde. – *I think it happened somewhere else.*
36

1302 internet *inan* the Internet
- Všechny údaje budou zveřejněny na internetu. – *All the data will be published on the Internet.*
36 –F

1303 milý *adj* kind, nice
- Byla velice milá, pozorná a laskavá. – *She was very nice, attentive and kind.*
36

1304 týž *pron* the same
- Zpátky přišli ještě týž den. – *They returned on the same day.*
36 –S

1305 naposledy *adv* last, the last time
- Kdy jsi naposledy plakala? – *When was the last time you cried?*
36

1306 univerzita *fem* university, college
- Býval profesorem harvardské univerzity. – *He used to be a professor at Harvard University.*
36

1307 divit se *impf* to wonder, be surprised
- Divím se, že jste vůbec přišli. – *I am surprised you have come at all.*
36 –P

1308 odkud *adv* where from
- Zeptal se jí, odkud pochází. – *He asked her where she came from.*
36

1309 zvuk *inan* sound, noise
- Burácení vody přehlušovalo všechny ostatní zvuky. – *The roaring of water drowned out all other sounds.*
36

1310 obrázek *inan* picture, image
- Co se děje na obrázku? – *What is happening in the picture?*
36

1311 nápad *inan* idea, thought
- Máš snad lepší nápad než já? – *You think you've got a better idea than me?*
36

1312 těsně *adv* just, close(ly)
- Dárky jsme nakoupili těsně před Vánoci. – *We bought our gifts just before Christmas.*
36

1313 přivézt *pf* to bring, deliver
- Prodal všechno zboží, které přivezl. – *He sold all the goods he had brought.*
36 –P

1314 pocházet *impf* to come from, originate
- Matka pochází z šlechtického rodu. – *My mother comes from a noble family.*
36 –S

1315 celek *inan* whole
- Text je součástí většího celku. – *The text is part of a larger whole.*
36 –S

1316 deska *fem* board, record
- Měli jen pár gramofonových desek. – *She only had a few records.*
36

1317 zahájit *pf* to start, launch
- Firma zahájila neobvyklou reklamní kampaň. – *The company launched an unusual advertising campaign.*
36 –S

1318 existence *fem* existence
- Vědci podali důkaz existence černých děr. – *Scientists have proved the existence of black holes.*
36 –S

1319 navštívit *pf* to visit
- Přišla ho navštívit jeho matka. – *His mother came to visit him.*
36

1320 informovat *biasp* to inform, report
- Je třeba okamžitě informovat policii. – *The police have to be informed immediately.*
36 –S

1321 ovlivnit *pf* to influence
- Ekonomický kolaps ovlivnil volby. – *The economic collapse influenced the election.*
36

1322 výrobek *inan* product
- Kupuje jen ekologicky šetrné výrobky. – *She only buys environment-friendly products.*
35 –F

1323 viz *impf* see
- Podrobněji viz kapitola 12. – *For more details see chapter 12.*
35 –S –F

1324 unie *fem* union
- ČR vstoupila do Evropské unie v roce 2004. – *The Czech Republic joined the European Union in 2004.*
35 –S –F

1325 obava *fem* concern, worry
- V dopise mu sdělil svoje obavy. – *He conveyed his worries in his letter.*
35 –S

1326 bojovat *impf* to fight, struggle
- Bojujeme za to, v co věříme. – *We fight for what we believe in.*
35

1327 listopad *inan* November
- Den Díkůvzdání je na konci listopadu. – *Thanksgiving is at the end of November.*
35

1328 titul *inan* title, degree
- Připustil, že má pouze titul bakaláře. – *He admitted he only had a Bachelor's degree.*
35

1329 nahradit *pf* to replace, compensate
- Sója měla v guláši nahradit maso. – *Soya was supposed to replace meat in the goulash.*
35 –S

1330 říjen *inan* October
- První sníh napadne v říjnu. – *The first snow will fall in October.*
35

1331 vyvolat *pf* to cause, provoke, call (out)
- Poznámka vyvolala potlesk a smích. – *The remark provoked applause and laughter.*
35 –S

1332 stavební *adj* construction, architectural
- Město je proslavené stavebními památkami. – *The city is famous for its architectural monuments.*
35

1333 právní *adj* legal
- Pracoval jako právní poradce. – *He worked as a legal adviser.*
35 –S

1334 vzájemný *adj* mutual
- Bez vzájemné dohody vzniknou spory. – *Without mutual agreement controversies will arise.*
35 –S

1335 tma *fem* dark(ness)
- Ve sklepě byla tma. – *It was dark in the cellar.*
35

1336 riziko *neut* risk, danger
- Riziko bylo příliš velké. – *The risk was too great.*
35 –S

1337 sehnat *pf* to get (hold of), procure
- Sehnat pistoli pro něj nebyl problém. – *It was not a problem for him to get a gun.*
35 –P

1338 typický *adj* typical, characteristic
- Typickou jarní rostlinou jsou sněženky. – *Snowdrops are typical spring flowers.*
35

1339 pojem *inan* notion, concept, term
- Pojem "osud" je dnes negativně zatížen. – *Nowadays, the term "fate" has negative connotations.*
35 –S

1340 předem *adv* in advance
- Týdenní nájemné zaplatil předem. – *He paid the weekly rent in advance.*
35

1341 střecha *fem* roof
- Ze střechy spadla kupa sněhu. – *A heap of snow fell off the roof.*
35

1342 hráč *anim* player
- Počet hráčů ve hře je libovolný. – *The game can be played by any number of players.*
35

1343 operace *fem* operation, surgery
- Snažila se zakrýt jizvy po operaci. – *She tried to hide the scars from the operation.*
35

1344 stavět *impf* to build, construct
- Rozhodli, že přehrada se stavět nebude. – *They decided that the dam would not be built.*
35

1345 hodný *adj* kind, worthy
- Byl to moc hodný člověk. – *He was an awfully kind man.*
35

1346 pátý *num* fifth
- Pátá kapitola je nejdelší z celé knihy. – *The fifth chapter is the longest in the book.*
35

1347 bota *fem* shoe
- Koupím si kožené boty. – *I will buy leather shoes.*
35

1348 kvalitní *adj* quality
- Vytáhla lahev kvalitního vína. – *She pulled out a bottle of quality wine.*
35 –F

1349 táhnout (se) *impf* to draw, pull, **(se)** stretch
- Stezka se táhla podél útesu. – *The path stretched along the cliff.*
35

1350 vědomí *neut* awareness, consciousness
- Pod lavinou ztratil vědomí. – *He lost consciousness under the avalanche.*
35 –S

1351 nově *adv* newly, recently
- Altánek byl nově natřen. – *The pavilion was newly painted.*
35 –S

1352 náhle *adv* suddenly
- Náhle vytáhl pistoli. – *He suddenly drew a gun.*
35 –S

1353 rovnou *adv* directly, straight away
- Všechny peníze rovnou utratil. – *He spent all the money straight away.*
35 –P

1354 oblíbený *adj* favourite
- Moje oblíbené květiny jsou konvalinky. – *Lily-of-the-valley is my favourite flower.*
35

1355 hospoda *fem* pub
- Chcete se sejít někde v hospodě? – *Do you want to meet in a pub somewhere?*
35 –P

1356 výška *fem* height
- Výška regálu odpovídá potřebám obsluhy. – *The height of the shelf meets the needs of the staff.*
35

1357 svatý *adj* saint, holy
- Býval farářem u svatého Martina. – *He used to be the parish priest at Saint Martin.*
35

1358 přednost *fem* advantage, preference
- Hlavní předností domu je jeho poloha. – *The house's main advantage is its location.*
35

1359 copak *part* what
- Copak tu chcete, děti? – *What do you want here, children?*
34 –P –N

1360 bolet *impf* to ache
- Žaludek ho bolí nesnesitelně. – *His stomach aches unbearably.*
34 –P

1361 stihnout *pf* to manage, catch
- Než se oženil, stihl dostudovat. – *Before he got married, he managed to graduate.*
34 –P

1362 mysl *fem* mind
- Měl asi na mysli něco jiného. – *Perhaps he had something else in mind.*
34

1363 agentura *fem* agency
- Našel si práci v reklamní agentuře. – *He found a job in an advertising agency.*
34 –F

1364 generace *fem* generation
- Rodina žije ve stejném domě celé generace. – *The family has lived in the same house for generations.*
34

1365 roh *inan* corner
- Jeden roh místnosti zabírala velká postel. – *One corner of the room was taken up with a large bed.*
34

1366 březen *inan* March
- Letošní březen bude velmi studený. – *March will be very cold this year.*
34

1367 zachovat (se) *pf* to maintain, preserve, **(se)** act
- Zachoval se velmi nezdvořile. – *He acted very impolitely.*
34

1368 snížit (se) *pf* to reduce, lower
- Levný materiál nám umožnil snížit ceny. – *The cheap material allowed us to lower prices.*
34 –S

1369 správně *adv* right, correctly
- Rozumím tomu správně? – *Do I understand it correctly?*
34

1370 odmítat *impf* to refuse, disapprove
- Odmítala mi podat jakékoli vysvětlení. – *She refused to give me any explanation.*
34 –S

1371 obecný *adj* general, common
- Chystali se jednat o obecném blahu. – *They were going to discuss the common good.*
34 –S

1372 spočívat *impf* to lie, consist of
- Problém spočívá v tom, že neumí řídit. – *The problem lies in the fact that he cannot drive.*
34 –S

1373 tradice *fem* tradition
- Pracovat jako učitel je rodinná tradice. – *Working as a teacher is a family tradition.*
34 –S

1374 televizní *adj* television
- Počet televizních reklam se zdvojnásobil. – *The number of television commercials has doubled.*
34 –S

1375 barák *inan* house, building
- Můžu parkovat přímo před barákem. – *I can park my car right outside the house.*
34 –P –N

1376 oddělení *neut* section, department
- Změnu adresy nahlaste personálnímu oddělení. – *Report the change of address to the personnel department.*
34

1377 výstava *fem* exhibition
- Přijel si prohlédnout výstavu kubistů. – *He came to see the Cubist exhibition.*
34

1378 technologie *fem* technology
- Pracuje jako specialista na informační technologie. – *He works as an information technology specialist.*
34 –S –F

1379 vymyslet *pf* to think up, devise
- Vymyslela do počítače nové heslo. – *She thought up a new computer password.*
34

1380 též *part* too, also
- Jeho sestra je též členkou klubu. – *His sister is also a club member.*
34 –S

1381 vesnice *fem* village
- Cholera může nakazit celou vesnici. – *Cholera can infect a whole village.*
34

1382 zlý *adj* bad, evil
- Probudil se ze zlého snu. – *He woke up from a bad dream.*
34

1383 nárok *inan* right, claim
- Bude uplatňovat nárok na svůj anglický majetek. – *He will make a claim to his English property.*
34

1384 bolest *fem* pain
- Dala jsem ti lék proti bolesti. – *I gave you pain-killing medicine.*
34

1385 plně *adv* fully, completely
- Můžete se na mě plně spolehnout. – *You can rely on me completely.*
34 –S

1386 zkoušet *impf* to try, test, examine
- Zkoušel volat každých deset minut. – *He tried calling every ten minutes.*
34

1387 povést se *pf* to succeed in, turn out well
- Ty koláče se ti fakt povedly. – *Your pies turned out really well.*
34

1388 hospodářský *adj* economic
- Nejhorší hospodářská krize začala v roce 1929. – *The worst economic crisis started in 1929.*
34 –S

1389 ruský *adj* Russian
- Ruský balet sklidil v Praze velký úspěch. – *The Russian ballet had great success in Prague.*
34

1390 komunikace *fem* communication
- Usilujeme o lepší komunikaci mezi zaměstnanci. – *We are striving for better communication among employees.*
34 –S –F

1391 utéct *pf* to run away, escape
- Králíci utečou, když přijdeme blíž. – *The rabbits will run away if we come closer.*
34 –P

1392 okraj *inan* edge, margin
- Položila deštník na okraj lavičky. – *She put the umbrella on the edge of the bench.*
34

1393 dohoda *fem* agreement, deal
- Zatím nedošlo k žádnému porušení dohody. – *There has not yet been any breach of the agreement.*
34 –S

1394 vlak *inan* train
- Nasedl na první vlak do Paříže. – *He got on the first train to Paris.*
34

1395 vůle *fem* will
- Váš dar je projevem dobré vůle. – *Your gift is an expression of good will.*
34

1396 nikde *adv* nowhere
- Bloudil v myšlenkách všude a nikde. – *His mind wandered everywhere and nowhere.*
34

1397 zpívat *impf* to sing
- Při práci zpívali zvučným hlasem. – *While working, they sang with ringing voices.*
34

1398 armáda *fem* army
- Celá armáda putovala na sever. – *The entire army travelled north.*
34 –S

1399 příjem *inan* reception, income
- Měl měsíční příjem padesát tisíc. – *His monthly income was fifty thousand.*
34

1400 závod *inan* race, factory
- Městem každoročně projíždí cyklistický závod. – *A bicycle race goes through the town every year.*
33

1401 obyčejný *adj* ordinary, common
- Generál prchl v přestrojení za obyčejného vojáka. – *The general escaped disguised as an ordinary soldier.*
33

1402 policejní *adj* police
- Před domem parkoval policejní vůz. – *A police car parked outside the house.*
33 –S –P

1403 zdravotní *adj* medical, health
- Propustili ho ze zdravotních důvodů. – *He was released for medical reasons.*
33

1404 dopravní *adj* transport, traffic
- Každý den tvrdnu v dopravní zácpě. – *I am stuck in a traffic jam every day.*
33 –S

1405 paměť *fem* memory
- Od dětství měl dobrou paměť. – *He has had a good memory since childhood.*
33

1406 odcházet *impf* to leave, go
- Právě odcházím. – *I am just leaving.*
33

1407 výzkum *inan* research, exploration
- Společnost se zabývala výzkumem závislostí. – *The company specialized in research into addiction.*
33 –S

7 Time

dnes 192 **today**	**poledne** 2417 **noon**	**květen** 1190 **May**
dneska 338 **today**	**odpoledne** 2820 **afternoon**	**červen** 1185 **June**
včera 315 **yesterday**	**večer** 684 **evening, night**	**červenec** 1551 **July**
zítra 720 **tomorrow**	**noc** 310 **night**	**srpen** 1434 **August**
letos 594 **this year**	**půlnoc** 2690 **midnight**	**září** 904 **September**
loni 857 **last year**		**říjen** 1330 **October**
vloni 4199 **last year**	**Days of the week**	**listopad** 1327 **November**
	pondělí 1029 **Monday**	**prosinec** 1549 **December**
Units of time	**úterý** 1523 **Tuesday**	
vteřina 2037 **second**	**středa** 1268 **Wednesday**	**Seasons (nouns)**
sekunda 4657 **second**	**čtvrtek** 1262 **Thursday**	**jaro** 1208 **spring**
minuta 413 **minute**	**pátek** 808 **Friday**	**léto** 463 **summer**
hodina 157 **hour**	**sobota** 751 **Saturday**	**podzim** 1441 **autumn**
den 96 **day**	**neděle** 694 **Sunday**	**zima** 745 **winter**
týden 216 **week**	**víkend** 1113 **weekend**	
měsíc 243 **month**		**Seasons (adjectives)**
rok 41 **year**	**Months**	**jarní** 3506 **spring**
století 470 **century**	**leden** 1099 **January**	**letní** 1727 **summer**
	únor 1497 **February**	**podzimní** 4191 **autumn**
Time of day (nouns)	**březen** 1366 **March**	**zimní** 2131 **winter**
ráno 1145 **morning**	**duben** 1411 **April**	

1408 cokoli *pron* anything
- Udělala by cokoli, aby vyvolala skandál. – *She would do anything to provoke a scandal.*
33

1409 vstát *pf* to get up, stand up
- Dopila skleničku a vstala. – *She finished her glass and stood up.*
33 –P

1410 soubor *inan* set, ensemble, file
- Mohu zkopírovat soubory z jeho počítače. – *I can copy files from his computer.*
33 –S

1411 duben *inan* April
- Lyžařská sezóna končí až v dubnu. – *The skiing season does not end until April.*
33

1412 rozsah *inan* extent, range
- Tým měřil rozsah znečištění při pobřeží. – *The team measured the extent of coast pollution.*
33 –S

1413 obecně *adv* generally, in general
- Tento postup nelze obecně aplikovat. – *This method cannot be generally applied.*
33

1414 označit *pf* to indicate, declare
- Informace v tisku označil za nepravdivé. – *He declared the information in the press to be untrue.*
33 –S

1415 řidič *anim* driver
- Pracuje jako řidič autobusu. – *He works as a bus driver.*
33

1416 dostatečný *adj* sufficient, adequate
- Nemají proti němu dostatečné důkazy. – *They do not have sufficient evidence against him.*
33 –S

1417 nutit *impf* to force, make
- Nutila ho pít bylinkové čaje. – *She forced him to drink herbal teas.*
33

1418 ztrácet (se) *impf* to lose, **(se)** fade away
- Děti často ztrácejí věci. – *Children often lose things.*
33 –S

1419 rozšířit (se) *pf* to extend, widen, **(se)** spread
- Firma rozšířila nabídku výrobků. – *The company extended its range of products on offer.*
33 –S

1420 kapsa *fem* pocket
- Strčil si peněženku zpátky do kapsy. – *He put his wallet back in his pocket.*
33

1421 král *anim* king
- Lev je králem zvířat. – *The lion is the king of animals.*
33

1422 učitel *anim* teacher
- Učitel může být pro dítě vzorem. – *A teacher can be a child's role model.*
33

1423 adresa *fem* address
- Podal jí lístek s adresou. – *He handed a piece of paper with an address to her.*
33

1424 setkání *neut* meeting, get-together
- Setkání se obvykle konají po obědě. – *The meetings usually take place after lunch.*
33 –S

1425 využití *neut* use, utilization
- Obyvatelé prosazovali rekreační využití přehrady. – *The residents pushed for the dam's recreational use.*
33 –S –F

1426 večeře *fem* dinner, supper
- Můžu tě pozvat domů na večeři? – *Can I invite you home for dinner?*
33

1427 rozhodovat (se) *impf* to decide, make decisions
- Nemůžu rozhodovat o životě jiných lidí. – *I can't make decisions about other people's lives.*
33

1428 navrhnout *pf* to propose, suggest
- Navrhl nám přijatelný kompromis. – *He proposed an acceptable compromise for us.*
33

1429 stín *inan* shadow, shade
- Obličej měl ukrytý ve stínu. – *His face was hidden in the shadow.*
33

1430 poznamenat *pf* to remark, note, affect
- Poznamenal, že si nemůže vzpomenout. – *He remarked that he couldn't remember.*
33 –S

1431 pád *inan* drop, fall
- Při pádu se mi rozbily hodinky. – *During the fall, my watch broke.*
33

1432 nemoc *fem* illness, disease
- Osadníci strádali hladem a nemocemi. – *Settlers suffered from hunger and diseases.*
33

1433 nastoupit *pf* to get on/into, enter
- Zastavilo nám taxi a nastoupili jsme. – *A taxi stopped and we got into it.*
33

1434 srpen *inan* August
- V srpnu je Paříž městem turistů. – *Paris in August is a tourist city.*
33

1435 jistota *fem* confidence, certainty, safety
- S jistotou vám to říct nemůžu. – *I cannot say that to you with certainty.*
33

1436 vybírat *impf* to choose, select, collect
- Porota vybírala ze tří nominací. – *The panel chose from three nominations.*
33

1437 rozsáhlý *adj* extensive, wide
- Zemřel na rozsáhlé krvácení do mozku. – *He died of an extensive brain haemorrhage.*
33 –S

1438 procházet (se) *impf* to walk, browse, **(se)** stroll
- Procházel osvětlenými chodbami. – *He was walking through lit corridors.*
33

1439 přivést *pf* to bring, fetch
- Přivedla domů svou kamarádku. – *She brought her friend home with her.*
33

1440 kategorie *fem* category, bracket
- Věkové kategorie jsou určeny podle doporučení WHO. – *Age brackets are set according to the WHO recommendations.*
33 –S

1441 podzim *inan* autumn
- Začíná podzim, listí žloutne. – *Autumn is starting and the leaves are turning yellow.*
33

1442 důkaz *inan* proof, evidence
- Důkazem toho byly fotokopie účtenek. – *The copies of receipts were used as proof.*
33 –S

1443 postoj *inan* posture, attitude, stance
- Zaujal bojový postoj a policistu napadl. – *He assumed a fighting stance and attacked the policeman.*
32 –S

1444 zavést *pf* to lead, introduce
- Zavedl nás do horního patra. – *He led us to the upper floor.*
32

1445 díl *inan* part, piece
- Nauč se skládat jednotlivé díly rybářského prutu. – *Learn how to put the fishing rod parts together.*
32

1446 karta *fem* card
- Pojď' si zahrát karty. – *Come and play cards.*
32

1447 pořádně *adv* properly, thoroughly
- Prohledali jste to tu kolem pořádně? – *Did you search around here thoroughly?*
32 –P

1448 koleno *neut* knee
- Vykřikla a padla na kolena. – *She cried out and dropped to her knees.*
32

1449 povrch *inan* surface
- Povrch chleba je lesklý a hladký. – *The bread's surface is shiny and smooth.*
32 –S

1450 mistr *anim* master, foreman, champion
- Starého mistra lze poznat podle tahu štětce. – *An old master can be recognized by his brushwork.*
32

1451 upozornit *pf* to warn, alert
- Upozornila ho na nebezpečí nákazy. – *She warned him about the risk of infection.*
32 –S

1452 sezóna *fem* season
- V prosinci začíná sezóna firemních večírků. – *The season for company parties starts in December.*
32

1453 knížka *fem* book, booklet
- Zakázala synovi z knížek trhat stránky. – *She forbade her son from tearing pages out of books.*
32

1454 praktický *adj* practical
- Výrobky mají praktická balení s návodem. – *The products come in practical packaging with instructions for use.*
32

1455 ostrý *adj* sharp, hot
- Maso naporcoval ostrým nožem. – *He carved the meat with a sharp knife.*
32

1456 spor *inan* dispute, argument
- Spor vyústil ve rvačku. – *The argument led to a fight.*
32 –S

1457 přítomnost *fem* presence, the present
- Štěňata jsou zvyklá na přítomnost lidí. – *The puppies are used to people's presence.*
32 –S

1458 výborný *adj* excellent
- To byl výborný nápad! – *That was an excellent idea!*
32

1459 délka *fem* length, longitude
- Všechny desky seřízli na stejnou délku. – *They cut all the board to the same length.*
32 –S

1460 nos *inan* nose
- Měl černé vlasy a rovný nos. – *He had black hair and a straight nose.*
32

1461 instituce *fem* institution
- Manželství je už možná zastaralá instituce. – *Marriage may already be an outdated institution.*
32 –S

1462 užívat (si) *impf* to use, take, **(si)** have a good time
- I po svatbě užívala své dívčí jméno. – *She used her maiden name even after the wedding.*
32

1463 podepsat *pf* to sign
- Zápis podepíše předseda komise. – *The minutes will be signed by the committee chairman.*
32

1464 přičemž *conj* whereas, while
- Vyklonila se, přičemž se držela jednou rukou. – *She leaned out while holding on with one hand.*
32 –S

1465 představitel *anim* representative
- Představitelé radnice jednají s majiteli pozemků. – *The municipal authority representatives negotiate with landowners.*
32 –S

1466 produkt *inan* product, result
- Firma vyrábí mléčné produkty pro děti. – *The company produces dairy products for children.*
32 –S –F

1467 obrana *fem* defence, apology
- Zvedl ruce na obranu. – *He raised his hands in defence.*
32 –S

1468 zmíněný *adj* mentioned, in question
- Zmíněné akce začnou tento týden. – *The events in questions will start this week.*
32 –S

1469 lišit se *impf* to differ
- Mužská a ženská těla se liší. – *Male and female bodies differ.*
32

1470 dovnitř *adv* in, inside
- Pokynula mi, abych šla dovnitř. – *She beckoned to me to come inside.*
32

1471 hodlat *impf* to intend, be going to
- Tento recept hodlám vyzkoušet. – *I am going to try out this recipe.*
32

1472 nezbytný *adj* necessary, indispensable
- Je to zcela nezbytné. – *It is absolutely necessary.*
32 –S

1473 levný *adj* cheap, economical
- Centrum města je plné levných hotýlků. – *The city centre is full of cheap hotels.*
32

1474 splnit (se) *pf* to fulfil, keep, **(se)** come true
- Vždycky splnila, co slíbila. – *She always kept her promises.*
32

1475 nejspíš *part* probably, most likely
- Nejspíš si toho nevšimli. – *They probably didn't notice.*
32

1476 vazba *fem* relationship, tie, binding
- Důležité jsou citové vazby dítěte k rodičům. – *Emotional ties between children and parents are important.*
32

1477 národ *inan* nation
- Všechny národy mají právo na sebeurčení. – *All nations have the right to self-determination.*
32 –S

1478 značka *fem* sign, mark, brand
- Řidiči někdy ignorují dopravní značky. – *Drivers sometimes ignore traffic signs.*
32

1479 sníst *pf* to eat (up)
- Snědl sendvič se šunkou. – *He ate a ham sandwich.*
32 –P

1480 ostatně *part* after all
- Nic jiného ostatně ani neočekával. – *After all, that's what he expected.*
32 –S

1481 šaty *inan pl* clothes, dress
- Do divadla si oblékla saténové šaty. – *She wore a satin dress to the theatre.*
32

1482 věta *fem* sentence
- V textu si podtrhával důležité věty. – *He would underline important sentences in the text.*
32

1483 částka *fem* amount, sum
- Částka bude použita na vybudování školy. – *The amount will be used to build a school.*
32 –S

1484 park *inan* park
- Procházeli se v parku. – *They were walking in the park.*
32

1485 vnímat *impf* to perceive
- Umění je vnímáno jako velmi specifická lidská činnost. – *Art is perceived as a very specific human activity.*
32

1486 klidný *adj* quiet, calm
- Pozoroval její klidnou tvář. – *He watched her calm face.*
32

1487 strávit *pf* to spend, digest
- Na pláži strávili celý den. – *They spent the whole day on the beach.*
32

1488 vyřešit *pf* to solve, sort out
- Je třeba vyřešit problémy v dopravě. – *We need to sort out the transport difficulties.*
31

1489 fáze *fem* phase, period
- Po rozvodu prošla fází zoufalství. – *After the divorce, she went through a phase of desperation.*
31

1490 dějiny *fem pl* history
- Dějiny diplomacie jsou převážně dějinami intrik. – *The history of diplomacy is largely the history of intrigues.*
31

1491 připravený *adj* ready, prepared
- Byla připravená k novému životu. – *She was ready for a new life.*
31

1492 vydávat (se) *impf* to publish, **(se)** set out
- Strana chce vydávat vlastní deník. – *The party wants to publish its own newspaper.*
31 –S

1493 ústav *inan* institute, institution
- Výchovný ústav sídlí na bývalém zámku. – *The young offender institution is located in a former palace.*
31

1494 cože *interj* what
- Cože, co to říkáš? – *What! What are you saying?*
31 –P –N

1495 severní *adj* northern, north
- Severní břeh jezera je členitější. – *The northern bank of the lake is more indented.*
31 –S

1496 kapitola *fem* chapter
- Samostatná kapitola je věnována databázím. – *A separate chapter is devoted to databases.*
31 –S

1497 únor *inan* February
- Květiny přesazujeme na začátku února. – *We repot the plants at the beginning of February.*
31

1498 teorie *fem* theory
- Vykládal svou teorii velmi přesvědčivě. – *He explained his theory very convincingly.*
31

1499 seznam *inan* list, schedule
- Policie měla seznam podezřelých. – *The police had a list of suspects.*
31

1500 anglický *adj* English
- Měl na sobě anglický tweedový oblek. – *He was wearing an English tweed suit.*
31

1501 kostel *inan* church
- Kostel je už léta zavřený. – *The church has been closed for years.*
31

1502 politik *anim* politician
- Jako politik příliš neuspěl. – *He did not have much success as a politician.*
31 –S

1503 zachránit *pf* to rescue, save
- Pokoušel se zachránit, co zbylo. – *He tried to save what was left.*
31

1504 průměr *inan* average, diameter
- Děti přibraly v průměru 2 kg týdně. – *On average, children put on 2 kg a week.*
31

1505 uložit *pf* to place, lay, put
- Svazek klíčů uložil do kufříku. – *He put the bunch of keys in his briefcase.*
31

1506 vnější *adj* outside, external
- Chtěl se izolovat od vnějšího světa. – *He wanted to isolate himself from the outside world.*
31 –S

1507 dokonalý *adj* perfect, thorough
- Míč má tvar dokonalé koule. – *A ball is a perfect sphere.*
31 –S

1508 pravidelně *adv* regularly, periodically
- V létě chodí pravidelně hrát golf. – *In summer he regularly plays golf.*
31

1509 nadále *adv* still, in future
- Jejich počet nadále roste. – *Their number is still growing.*
31 –S

1510 chránit *impf* to protect
- Rukou si chránil hlavu. – *He protected his head with his arm.*
31 –S

1511 přibližně *adv* approximately
- Měřil přibližně metr osmdesát. – *He was approximately 1.8 metres tall.*
31

1512 převzít *pf* to take over, assume
- Práci za člověka převzaly stroje. – *Machines have taken over many jobs that were done by people.*
31 –S

1513 padat *impf* to fall
- Byla nešikovná, často padala. – *She was clumsy and often fell.*
31

1514 dohodnout (se) *pf* to arrange, **(se)** agree
- Dohodli se, že ji doprovodí domů. – *They agreed that he would escort her home.*
31

1515 přežít *pf* to survive, outlive
- Měli neštovice a přežili je. – *They had survived smallpox.*
31

1516 teplo *neut* heat, warmth
- Nejlepšími vodiči tepla jsou kovy. – *Metals are the best heat conductors.*
31

1517 popsat *pf* to describe
- Detailně popsal neznámou ženu. – *He described an unknown woman in detail.*
31

1518 trpět *impf* to suffer, tolerate
- Jejich dcera trpí nedostatkem něhy. – *Their daughter suffers from a lack of tenderness.*
31

1519 chodba *fem* corridor
- Chodba byla prázdná. – *The corridor was empty.*
31 –P

1520 naproti *prep* opposite, across from
- Knihovna stála naproti oknu. – *The bookcase was opposite the window.*
31

1521 podávat *impf* to hand, give, serve
- Číšník nám podával jídelní lístky. – *The waiter handed us the menus.*
31

1522 dotknout se *pf* to touch, hint, offend
- Lehce se dotkl její tváře. – *He lightly touched her cheek.*
31

1523 úterý *neut* Tuesday
- Scházejí se každé úterý. – *They meet every Tuesday.*
31 –P

1524 zrušit *pf* to cancel, abolish
- Letecké společnosti musely zrušit lety. – *Airlines had to cancel flights.*
31

1525 naštěstí *part* fortunately, luckily
- Naštěstí k tomu nejhoršímu nedošlo. – *Fortunately it did not come to the worst.*
31

1526 teplý *adj* warm
- Dal na podnos teplé mléko. – *He put warm milk on the tray.*
31

1527 uskutečnit (se) *pf* to realize, (se) take place
- Snažil se uskutečnit svůj úmysl. – *He tried to realize his plan.*
31 –S

1528 kruh *inan* circle
- Měla kruhy pod očima. – *She had circles under the eyes.*
31

1529 třikrát *num* three times
- Každé slovo musel opakovat třikrát. – *He had to repeat each word three times.*
31

1530 silně *adv* strongly, hard
- Udeřila ho do tváře velmi silně. – *She hit him very hard in the face.*
31 –S

1531 následek *inan* consequence, result
- Toto rozhodnutí bude mít ekonomické následky. – *This decision will have economic consequences.*
31 –S

1532 žlutý *adj* yellow
- Seděla na suché žluté trávě. – *She was sitting on the dry yellow grass.*
31

1533 ročník *inan* year, volume, class
- Bratr je v druhém ročníku gymnázia. – *His brother is in the second year of grammar school.*
31

1534 dokument *inan* document
- Na stole ležely haldy dokumentů. – *Piles of documents were lying on the table.*
31 –S

1535 dosavadní *adj* existing
- Změnily se dosavadní právní předpisy. – *The existing legislation was changed.*
30 –S

1536 určený *adj* intended, assigned
- Zahrada byla určená k odpočinku. – *The garden was intended for relaxation.*
30 –S

1537 dospělý *adj* adult
- Měl už dospělou dceru. – *He had an adult daughter.*
30

1538 projevovat (se) *impf* to express, show
- Nechtěl projevovat své city před otcem. – *He did not want to show his feelings in front of his father.*
30 –S

1539 nebe *neut* sky
- Na odpoledním nebi zářilo slunce. – *The sun shone in the afternoon sky.*
30 –S

1540 stálý *adj* constant, permanent, steady
- Projevovala mu stálou oddanost. – *She showed constant devotion to him.*
30 –S

1541 samostatný *adj* independent, separate
- Společnost se stala samostatným subjektem. – *The company became a separate entity.*
30 –S

1542 vařit *impf* to cook, boil
- Diskutovali a přitom vařili večeři. – *They were talking while cooking dinner.*
30

1543 dařit se *impf* to be successful, get on, thrive
- Klubu se daří vychovávat nové hráče. – *The club is successful in training new players.*
,30

1544 zásadní *adj* fundamental, crucial, cardinal
- Zásadní chybou je ustoupit nátlaku rodičů. – *Yielding to parents' pressure is a fundamental mistake.*
30

1545 pozvat *pf* to invite
- Pozval ji na večeři. – *He invited her to dinner.*
30

1546 vítězství *neut* victory
- Gratuluju ti k vítězství. – *Congratulations on your victory.*
30 –S

1547 jednak *conj* for one thing – for another, both
- Třásl se jednak chladem a jednak zlostí. – *He was shaking, for one thing with cold, and for another with anger.*
30

1548 zabránit *pf* to prevent
- Policista jim zabránil v útěku. – *The policeman prevented them from escaping.*
30 –S

1549 prosinec *inan* December
- Na hory odjíždí koncem prosince. – *He is going to the mountains at the end of December.*
30

1550 oheň *inan* fire
- Potřebovali dřevo na oheň. – *They needed wood for the fire.*
30

1551 červenec *inan* July
- Červenec strávíme na chatě. – *We are going to spend July at our cottage.*
30

1552 zisk *inan* profit, gain
- Z prodeje neměl žádný zisk. – *He made no profit on the sale.*
30 –S

1553 prokázat *pf* to prove
- Bez dokladů nemohla prokázat svou totožnost. – *Without her ID she could not prove her identity.*
30 –S

1554 letadlo *neut* aircraft, plane
- Nejpohodlnější je cesta letadlem. – *Travelling by plane is most comfortable.*
30

1555 znalost *fem* knowledge, familiarity
- Projevil překvapující odborné znalosti. – *He demonstrated surprisingly expert knowledge.*
30 –S

1556 častý *adj* frequent
- V oblasti je nebezpečí častých zemětřesení. – *There is a danger of frequent earthquakes in the region.*
30 –S

1557 spatřit *pf* to see, spot, behold
- Spatřila ho s jinou ženou. – *She saw him with another woman.*
30 –S

1558 fond *inan* fund, foundation
- Peníze převedla na charitativní fond. – *She transferred the money to a charity fund.*
30 –S –F

1559 chytit *pf* to catch, grasp
- Chytil míč a hodil ho spoluhráči. – *He caught the ball and threw it to his team-mate.*
30 –P

1560 mamka *fem* mum
- Moje mamka to ví. – *My mum knows.*
30 +S

1561 daň *fem* tax
- Z daní se financovaly stavby. – *The construction was financed from taxes.*
30

1562 vyplývat *impf* to result, follow, imply
- Co z toho vyplývá? – *What does it imply?*
30 –S

1563 východ *inan* exit, east, sunrise
- Nástupiště mělo dva východy. – *The platform had two exits.*
30

1564 návštěvník *anim* visitor
- Návštěvníci sklepů ochutnali šampaňské. – *The cellar visitors tasted champagne.*
30 –S

1565 ochotný *adj* willing, ready, obliging
- Byla jí ochotná pomáhat. – *She was willing to help.*
30

1566 norma *fem* standard, norm
- Výrobek byl testován podle platných norem. – *The product was tested in accordance with current standards.*
30 –F

1567 případný *adj* possible, potential, apt
- Zabránil případnému útoku. – *He prevented a possible attack.*
30 –S

1568 vzdálený *adj* distant, remote
- Uslyšel jsem vzdálený hukot. – *I heard a distant roar.*
30 –S

1569 trest *inan* punishment
- Práci jim uložil jako trest. – *He assigned them the work as a punishment.*
30

1570 letět *impf* to fly, hurry
- Na nebi letěly tři stíhačky. – *Three fighter planes were flying in the sky.*
30 –P

1571 hrůza *fem* horror, terror
- Když to uviděla, vykřikla hrůzou. – *When she saw it, she screamed in terror.*
30

1572 režim *inan* regime
- Žáci dodržují stanovený režim dne. – *The pupils follow a set daily regime.*
30

1573 pozor *inan* attention, care
- Dávejte pozor, prosím vás, ještě jsem neskončila. – *Please pay attention, I haven't finished yet.*
30

1574 uvědomovat si *impf* to realize
- Uvědomovala si vlastní nedostatky. – *She realized her own imperfections.*
30

1575 analýza *fem* analysis
- Požádal o analýzu krevního vzorku. – *He requested a blood sample analysis.*
30 –S –F

1576 usmát se *pf* to smile
- Pokrčila rameny a usmála se. – *She shrugged her shoulders and smiled.*
30 –S –P

1577 dostatečně *adv* sufficiently, enough
- Namítl, že nebyl dostatečně informován. – *He objected that he had not been kept sufficiently up to date.*
30

1578 dlouhodobý *adj* long-term
- Se zákazníky měl dlouhodobé smlouvy. – *He had long-term contracts with his customers.*
30 –S –F

1579 dráha *fem* track, career, railway
- Sledoval diplomatickou dráhu a stal se velvyslancem. – *He pursued a career in diplomacy and became an ambassador.*
30

1580 zvýšení *neut* increase
- Zvýšení mezd zatíží státní rozpočet. – *The increase in wages will burden the state budget.*
30 –S –F

1581 médium *neut* medium
- Média vytvářejí svou vlastní realitu. – *The media create their own reality.*
30 –S –F

1582 jedenáct *num* eleven
- Dali si sraz v jedenáct. – *They arranged to meet at eleven.*
30

1583 aktivní *adj* active
- Před sebou měl dlouhý aktivní život. – *There was a long and active life ahead of him.*
29

1584 srovnání *neut* comparison
- Tahle droga je ve srovnání s dávkou heroinu levná. – *In comparison with a dose of heroin, this drug is cheap.*
29 –S

1585 zažít *pf* to experience
- Ještě nikdy jsem nic takového nezažil. – *I've never experienced anything like that before.*
29

1586 chléb *inan* bread
- Nakrájel celý bochník chleba. – *He sliced the entire loaf of bread.*
29

1587 záměr *inan* intention, aim, design
- Nakonec se musel svého záměru vzdát. – *In the end he had to give up his intention.*
29 –S

1588 pravidelný *adj* regular
- Pojišťovna provádí pravidelné kontroly. – *The insurance company performs regular inspections.*
29 –S

1589 dřevěný *adj* wooden
- V zahradě stála dřevěná kůlna. – *There was a wooden shed in the garden.*
29

1590 účastník *anim* participant
- Sraz účastníků je na nádraží. – *The participants will meet at the railway station.*
29 –S

1591 restaurace *fem* restaurant
- Schůzku zakončili obědem v restauraci. – *They ended their meeting with lunch in a restaurant.*
29

1592 zvyšovat (se) *impf* to increase, (se) grow
- Zvyšuje se nebezpečí radioaktivity. – *The danger of radioactivity has been growing.*
29

1593 narazit *pf* to hit, crash, meet
- Autobus narazil do škody felicie. – *The bus crashed into a Skoda Felicia.*
29

1594 původ *inan* origin
- Byl to Američan irského původu. – *He was an American of Irish origin.*
29 –S

1595 rozpočet *inan* budget
- Železnice je dotována ze státního rozpočtu. – *The railway subsidy comes out of the state budget.*
29 –S –F

1596 hudební *adj* musical, music
- Zúčastnil se 1. českého hudebního festivalu v Praze. – *He participated in the 1st music festival in Prague.*
29

1597 počasí *neut* weather
- O víkendu bylo krásné počasí. – *The weather was beautiful at the weekend.*
29

1598 vystupovat *impf* to get off, perform, behave
- Viděla, jak vystupuje z autobusu. – *She saw him getting off the bus.*
29

1599 západ *inan* west, sunset
- Na západě se stahovaly bouřkové mraky. – *Thunderclouds were gathering in the west.*
29 –S

1600 souviset *impf* to be related, be connected
- Se zdravotním stavem souvisí soběstačnost. – *Self-sufficiency is connected to the state of one's health.*
29

1601 jedině *adv* only, alone
- Rozdělit nás mohla jedině smrt. – *Only death could part us.*
29

1602 zámek *inan* lock, castle
- Cvakl zámek a dveře se otevřely. – *The lock clicked and the door opened.*
29

8 Family

dítě 163 child	**manžel** 967 husband	**teta** 2358 aunt
otec 471 father	**dcera** 995 daughter	**taťka** 2636 daddy
matka 557 mother	**manželka** 1019 wife	**brácha** 2702 brother
syn 654 son	**maminka** 1023 mum	**potomek** 3234 offspring
táta 671 dad	**sestra** 1148 sister	**dědeček** 3253 grandfather
rodič 691 parent	**mamka** 1560 mum	**strejda** 3709 uncle
máma 737 mum	**děda** 1738 grandpa	**ségra** 3867 sister
bratr 913 brother	**tatínek** 2115 daddy	**strýc** 4708 uncle
babička 923 grandmother		

1603 nýbrž *conj* but
- Nejde o znalosti, nýbrž osobnosti. – *It is not about knowledge, but about personality.*
29 –S

1604 přispět *pf* to contribute, help
- Dokumenty přispěly k objasnění případu. – *The documents helped to solve the case.*
29 –S

1605 podlaha *fem* floor
- Na podlaze ležel tlustý koberec. – *A thick rug was lying on the floor.*
29

1606 vzpomínka *fem* remembrance, memory
- Vybavila se jí vzpomínka na dětství. – *A childhood memory came to her mind.*
29

1607 posílat *impf* to send
- Obdivovatelé jí posílají květiny. – *Admirers send her flowers.*
29

1608 dávný *adj* ancient, old
- Vzpomínal na dávné časy. – *He was thinking back to old times.*
29 –S

1609 výrobce *anim* manufacturer, producer
- Firma je světoznámým výrobcem obráběcích strojů. – *The company is a world-famous producer of machine tools.*
29 –S –F

1610 tadyhle *adv* (over) here
- Bolí mě tadyhle pod lopatkou. – *It hurts over here, under the shoulder blade.*
29 +S

1611 věda *fem* science
- Medicína není zcela exaktní věda. – *Medicine is not entirely an exact science.*
29

1612 zaznamenat *pf* to write down, note, record
- Zaznamenal jsem vaše stanovisko. – *I have noted your opinion.*
29 –S

1613 umělecký *adj* artistic
- Jeho umělecké schopnosti upadaly. – *His artistic abilities were going downhill.*
29

1614 schod *inan* step, stair
- Vyšel po schodech a zazvonil. – *He walked up the stairs and rang the bell.*
29 –P

1615 odvézt *pf* to drive, take
- Odvezl jsem ji na autobus. – *I drove her to the bus stop.*
29 –P

1616 přijímat *impf* to accept, receive
- Vaši nabídku přijímám. – *I accept your offer.*
29 –S

1617 novinář *anim* journalist
- Novinář k nim přijel dělat reportáž. – *The journalist arrived to write a report.*
29 –S

1618 přírodní *adj* natural
- Měl rád přírodní ovocné šťávy. – *He liked natural fruit juices.*
29

1619 reálný *adj* real
- Tyto informace nemají reálnou hodnotu. – *This information is not of any real value.*
29

1620 muzeum *neut* museum
- Město má muzeum a vysokou školu. – *The town has a museum and a university.*
29

1621 svaz *inan* union, federation
- Byl šéfem fotbalového svazu. – *He was the head of the football federation.*
29

1622 nálada *fem* mood, temper
- Měl výbornou náladu. – *He was in an excellent mood.*
29

1623 teplota *fem* temperature
- Léky skladujte při pokojové teplotě. – *Store the medicine at room temperature.*
29

1624 ženská *fem* woman
- V baru ulovil nádhernou ženskou. – *He picked up a gorgeous woman in the bar.*
29 –P

1625 zadní *adj* back, rear
- Z domu vyšel zadním vchodem. – *He left the house through the back door.*
29

1626 snímek *inan* photo, picture, snapshot
- Moje žena je na snímku první vpravo. – *My wife is the first person on the right in the picture.*
29 –S

1627 doplnit *pf* to fill up, complete, add
- Přál byste si doplnit to, co jste nám už řekl? – *Would you like to add something to what you have told us?*
29 –S

1628 zničit *pf* to destroy, ruin
- Požár zničil část domu. – *The fire destroyed part of the house.*
29

1629 odchod *inan* leaving, departure
- Před odchodem uklidili nádobí. – *Before leaving, they put away the dishes.*
29 –S

1630 lézt *impf* to crawl, climb
- Nemluvně leze po čtyřech. – *An infant crawls on all four.*
29 –P

1631 udržovat (se) *impf* to keep, maintain, **(se)** remain
- Pracovní místo udržujte v pořádku. – *Keep your workplace tidy.*
29

1632 třetina *num* third, period
- Ve druhé třetině dali gól. – *They scored a goal in the second period.*
29

1633 nádherný *adj* gorgeous, beautiful, splendid
- Housenka se promění v nádherného motýla. – *A caterpillar will transform into a beautiful butterfly.*
29

1634 sportovní *adj* sport
- V garáži stálo sportovní auto. – *A sports car was parked in the garage.*
29

1635 viset *impf* to hang
- Na věšáku visel její župan. – *Her bathrobe was hanging on a hanger.*
29

1636 domluvit (se) *pf* to finish (speaking), arrange, **(se)** agree on
- Domluvila jsem na zítřek schůzku. – *I arranged a meeting for tomorrow.*
28 –P

1637 nechávat *impf* to let, leave
- Nechával u ní svoje věci. – *He used to leave his belongings with her.*
28

1638 povaha *fem* character, nature
- Měl uzavřenou, tichou povahu. – *He was of an introverted, quiet nature.*
28 –S

1639 seznámit (se) *pf* to acquaint, introduce
- Chci, abys mě s otcem seznámila. – *I would like you to introduce me to your father.*
28

1640 most *inan* bridge
- Přes úžinu vede široký most. – *A wide bridge arches across the strait.*
28

1641 promluvit *pf* to speak, talk
- Nikdo si netroufal promluvit. – *Nobody dared speak.*
28

1642 hlásit (se) *impf* to announce, report
- Hory hlásí kalamitu. – *A calamity is being reported in the mountains.*
28

1643 vyrábět *impf* to produce, make
- Indiánské ženy vyráběly suvenýry. – *Indian women made souvenirs.*
28

1644 bok *inan* hip, side, flank
- Ležel na boku a četl si. – *He was lying on his side and reading.*
28

1645 východní *adj* eastern, east
- Silný vítr poškodil východní křídlo domu. – *A strong wind damaged the building's eastern wing.*
28 –S

1646 stáhnout *pf* to pull down, withdraw, download
- Večer stáhl rolety a rozsvítil. – *In the evening, he pulled the blinds down and switched on the light.*
28

1647 klíč *inan* key, clue
- Vytáhl z kapsy svazek klíčů. – *He pulled a bunch of keys out of his pocket.*
28

1648 literatura *fem* literature
- V tuzemské literatuře se termín neujal. – *The term did not take root in local literature.*
28

1649 horní *adj* upper, top
- Otevřel horní zásuvku a vytáhl klíče. – *He opened the top drawer and pulled out the keys.*
28

1650 nákup *inan* shopping, purchase
- Jela do města na nákup. – *She went into town to do the shopping.*
28

1651 jemný *adj* fine, delicate, gentle
- Nádrž je vybavena jemným filtrem. – *The tank is equipped with a fine filter.*
28

1652 průmysl *inan* industry
- Region je orientovaný na potravinářský průmysl. – *The region focuses on the food industry.*
28 –S

1653 ostrov *inan* island
- Na ostrově vznikly přirozené zátoky. – *Natural bays had formed on the island.*
28

1654 půlka *fem* half
- Z půlky citrónu vymačkala šťávu. – *She squeezed juice from half a lemon.*
28 –P

1655 levý *adj* left
- Přendala si sklenici do levé ruky. – *She shifted the glass to her left hand.*
28

1656 ticho *neut* silence
- Ticho bylo přerušováno jen šuměním vody. – *The silence was disturbed only by the water's murmuring.*
28 –P

1657 ideální *adj* ideal
- Město má ideální polohu. – *The city is in an ideal location.*
28

1658 vyloučit *pf* to exclude, expel, rule out
- Tuto možnost nelze vyloučit. – *This possibility cannot be ruled out.*
28 –S

1659 výhodný *adj* advantageous
- Dát výpověď je pro mě výhodnější než být propuštěn. – *It is more advantageous for me to hand in my notice than to be laid off.*
28

1660 jízda *fem* riding, driving
- Děti si vyzkoušely jízdu na koni. – *The children tried horse riding.*
28

1661 zajít *pf* to go, visit, disappear
- Musím zajít do kanceláře. – *I have to go to the office.*
28 –P

1662 dodnes *adv* to this day
- Dodnes to nechápu. – *I cannot understand it to this day.*
28 –S

1663 smích *inan* laughter
- Z hospody se ozýval smích. – *Laughter was heard from the pub.*
28 –P

1664 značně *adv* considerably, substantially
- Domy u řeky povodeň značně poškodila. – *The flood considerably damaged the houses near the river.*
28 –S

1665 osobně *adv* personally, in person
- Některé účastníky znala osobně. – *She personally knew some of the participants.*
28

1666 studený *adj* cold, chilly
- Opláchl si obličej studenou vodou. – *He rinsed his face with cold water.*
28

1667 hledět *impf* to look at, stare
- Strnule mu hleděla do tváře. – *Numbly, she stared at his face.*
28 –S

1668 odtud *adv* from here
- Pojedete odtud stále na západ. – *From here, keep going west.*
28

1669 oficiální *adj* official, formal
- K vyšetřování byla vydána oficiální zpráva. – *They issued an official report on the investigation.*
28

1670 omezený *adj* limited, restricted
- Naše finanční prostředky jsou omezené. – *Our financial resources are limited.*
28

1671 fotka *fem* photo, picture
- Kdo je na téhle fotce? – *Who's in this picture?*
28 –P

1672 zasáhnout *pf* to hit, intervene, interfere
- Kulka zasáhla rameno. – *The bullet hit his shoulder.*
28 –S

1673 koncert *inan* concert
- Během koncertu je nutné vypnout mobil. – *You must turn off your mobile phones during the concert.*
28

1674 dorazit *pf* to arrive, finish off
- Po hodinovém pochodu dorazili do vesnice. – *After an hour's walk, they arrived at a village.*
28

1675 zbytečný *adj* unnecessary, useless
- Při úklidu vyhodila zbytečné krámy. – *While cleaning, she threw away useless junk.*
28

1676 poznámka *fem* note, remark
- Před zkouškou si pročetla svoje poznámky. – *She read through her notes before the exam.*
28

1677 podnikatel *anim* businessman
- Strýc byl úspěšným podnikatelem. – *My uncle was a successful businessman.*
28 –S –F

1678 odpor *inan* aversion, resistance
- Měli ke lhaní odpor. – *They had an aversion to lies.*
28 –S

1679 láhev *fem* bottle
- Vypila láhev minerální vody. – *She drank a bottle of mineral water.*
28

1680 slíbit *pf* to promise
- Slíbil, že na ni počká. – *He promised to wait for her.*
28

1681 umístit (se) *pf* to place, situate, **(se)** be placed
- Na podlahu umístil větrák. – *He placed a fan on the floor.*
28 –S

1682 žádost *fem* request, application
- Soud zamítl jeho žádost o propuštění. – *The court denied his application for release from prison.*
28 –S

1683 probudit (se) *pf* to wake (up)
- V noci ho probudil hluk. – *A noise woke him up at night.*
28

1684 židle *fem* chair
- Posadil se na židli u okna. – *He sat down on a chair near the window.*
28 –P

1685 váha *fem* weight, importance, scales
- Měla čtyři kila nad normální váhu. – *She was four kilos over her normal weight.*
27

1686 diskuse *fem* discussion
- Rád se zapojoval do diskusí. – *He liked to take part in discussions.*
27 –S

1687 pobyt *inan* stay, residence
- Vyprávěl mi o svém pobytu v Karibiku. – *He told me about his stay in the Caribbean.*
27

1688 občanský *adj* civil
- Zahynul za občanské války. – *He died during the civil war.*
27 –S

1689 střed *inan* centre
- Opustili střed města a pokračovali na západ. – *They left the town centre and headed west.*
27

1690 svobodný *adj* free, single, unmarried
- Voliči mají svobodnou vůli. – *Voters have free will.*
27

1691 bezpečnost *fem* safety, security
- Měl odpovědnost za její bezpečnost. – *He was responsible for her safety.*
27 –S

1692 krajina *fem* landscape, region
- Město leží v kopcovité krajině. – *The town is situated in a hilly region.*
27

1693 břeh *inan* bank, shore, coast
- Šli se projít po břehu jezera. – *They went for a walk along the lake shore.*
27

1694 konstatovat *biasp* to state, claim, note
- Musím konstatovat, že vyhrál zaslouženě. – *I have to state that he deserved to win.*
27 –S

1695 čerstvý *adj* fresh, new
- Denně jedla čerstvou zeleninu. – *She ate fresh vegetables daily.*
27

1696 atmosféra *fem* atmosphere
- Atmosféra na schůzi byla napjatá. – *The meeting's atmosphere was tense.*
27 –S

1697 nazývat (se) *impf* to call, **(se)** be called
- Nazýváte mě zrádcem, ale lidé mě nazvou osvoboditelem. – *You call me a traitor, but people will call me liberator.*
27 –S

1698 zaujmout *pf* to occupy, take, fascinate
- Zaujměte svá místa u stolu. – *Take your seats at the table.*
27

1699 sníh *inan* snow
- V únoru napadl sníh. – *Snow fell in February.*
27

1700 vina *fem* guilt, fault, blame
- Není to vaše vina. – *It's not your fault.*
27 –S

1701 platný *adj* valid
- Dítě musí mít platný rodný list. – *A child has to have a valid birth certificate.*
27

1702 touha *fem* longing, desire
- Lidskou potřebou je touha po lásce. – *Desire for love is among human needs.*
27 –S

1703 dovolená *fem* holiday, leave
- Dovolená u moře byla úžasná. – *Our seaside holiday was amazing.*
27

1704 létat *impf* to fly
- Včela létá z květu na květ. – *The bee is flying from flower to flower.*
27 –P

1705 natolik *adv* enough
- Rozednilo se natolik, že nebylo potřeba svítit. – *It was soon light enough to go without artificial illumination.*
27

1706 kurs *inan* course, class, rate
- Navštěvovala kurs asertivity. – *She attended an assertiveness class.*
27

1707 informační *adj* information
- V hotelu ho vybavili informačními materiály. – *They provided him with information brochures in the hotel.*
27 –S –F

1708 zahrnovat *impf* to include, cover
- Projekt zahrnuje mnoho odvětví. – *The project covers many fields.*
27 –S

1709 vybraný *adj* selected, exquisite
- Pouštěl pečlivě vybrané jazzové desky. – *He played carefully selected jazz records.*
27

1710 posadit (se) *pf* to sit, seat, **(se)** sit down
- Posadil holčičku do křesla. – *He sat the little girl in an armchair.*
27 –P

1711 verze *fem* version
- Stále častější jsou elektronické verze knih. – *Electronic versions of books are gradually becoming more common.*
27

1712 soused *anim* neighbour
- Udržovali dobré vztahy se sousedy. – *They maintained good relations with their neighbours.*
27

1713 plnit *impf* to fill, perform
- Kuře plníme masovou nádivkou. – *Fill the chicken with a meat stuffing.*
27

1714 omezit (se) *pf* to limit, reduce
- Podnik omezí produkci odpadů. – *The company will limit their waste production.*
27 –S

1715 odlišný *adj* different, distinct
- Na situaci měli každý odlišný názor. – *They had different opinions of the situation.*
27 –S

1716 účet *inan* account, bill
- Nemám zřízený účet na internetu. – *I don't have an Internet account.*
27

1717 působení *neut* impact, effect, influence
- Byli vystaveni působení radiace. – *They were exposed to the effects of radiation.*
27 –S

1718 blížit se *impf* to approach, draw near
- Vůz se blížil k benzínové pumpě. – *The vehicle was approaching a petrol station.*
27

1719 proběhnout (se) *pf* to take place, pass, **(se)** go for a run
- Akce proběhla podle plánu. – *The event took place as planned.*
27

1720 spojovat *impf* to connect, link, join
- Hlavní budovu spojovala s ostatními zastřešená cesta. – *The main building was linked to the others by a roofed path.*
27 –S

1721 zřejmý *adj* obvious, evident
- Při jednání narazil na zřejmý odpor. – *During the negotiations he met with obvious opposition.*
27 –S

1722 účinek *inan* effect
- Čaj má povzbuzující účinky. – *Tea has an invigorating effect.*
27 –S

1723 faktor *inan* factor, agent
- Faktory vyvolávající astma jsou různorodé. – *The factors causing asthma vary.*
27 –S –F

1724 kdykoli *adv* any time, whenever, ever
- Byl šťastnější než kdykoli předtím. – *He was happier than ever before.*
27

1725 odstranit *pf* to remove
- Na záhoně odstranila plevel. – *She removed the weeds from the flower bed.*
27 –S

1726 pevně *adv* firmly, fast
- Držel ji pevně za ruku. – *He held her hand firmly.*
27 –S

1727 letní *adj* summer
- Letní prázdniny trávili na skautském táboře. – *They spent the summer holidays at scout camp.*
27

1728 napětí *neut* tension, strain
- Mezi milenci panovalo napětí. – *There was tension between the lovers.*
27 –S

1729 čaj *inan* tea
- Ráno mu nosila šálek čaje. – *She would bring him a cup of tea in the morning.*
27

1730 tamten *pron* that (one)
- Podej mi tamten černý kabát. – *Hand me that black coat.*
27 +S

1731 soustředit (se) *pf* to concentrate
- Byl nervózní a nemohl se soustředit. – *He was nervous and could not concentrate.*
27

1732 vzdát (se) *pf* to surrender, give up
- Byl připravený se všeho vzdát. – *He was ready to give up everything.*
27

1733 lehce *adv* lightly, slightly
- Lehce se dotkl jejího ramene. – *He lightly touched her shoulder.*
27

1734 průmyslový *adj* industrial
- Město prožívá průmyslový rozmach. – *The city is experiencing an industrial boom.*
27 –S

1735 klíčový *adj* key
- Při zkoušce hraje klíčovou roli psychika. – *Your mental state plays a key role in exams.*
27 –S

1736 investice *fem* investment
- Zahraniční investice směřovaly do bank. – *The foreign investments were being placed in banks.*
27 –S –F

1737 cenný *adj* valuable, worthy
- Mléko je cenným zdrojem vápníku. – *Milk is a valuable source of calcium.*
27 –S

1738 děda *anim* grandpa
- Děda už byl hodně shrbený. – *Grandpa was already hunched over quite a bit.*
27 –P

1739 cosi *pron* something
- V domě bylo cosi divného. – *There was something strange in the house.*
27

1740 horký *adj* hot
- Dlouho stál pod proudem horké vody. – *He stood under a stream of hot water for a long time.*
27

1741 obtížný *adj* difficult, troublesome
- Bylo obtížné mu něco vysvětlit. – *It was difficult to explain anything to him.*
26 –S

1742 dřevo *neut* wood, timber
- Nasbírané dřevo hodil na ohniště. – *He threw the collected wood onto the fire pit.*
26

1743 italský *adj* Italian
- Špagety zapíjíme italským vínem. – *We drink Italian wine with our spaghetti.*
26

1744 časový *adj* time, temporal
- Rozdíl několika časových pásem se na nich podepsal. – *The difference of several time zones affected them.*
26 –S

1745 kombinace *fem* combination
- Ideální je kombinace mrkev a celer. – *A combination of carrot and celeriac is ideal.*
26

1746 mír *inan* peace
- Mír a bezpečnost patří k našim klíčovým cílům. – *Peace and security are among our key goals.*
26 –S

1747 vrchol *inan* top, peak
- Na vrchol hory vede lanovka. – *There is a chair-lift to the top of the mountain.*
26 –S

1748 stavit se *pf* to drop in
- Stav se tady a uvidíme. – *Drop in here and we'll see.*
26

1749 vyhnout se *pf* to avoid, evade
- Chtěl se vyhnout nepříjemné debatě. – *He wanted to avoid an unpleasant discussion.*
26 –S

1750 pomyslet si *pf* to think (of)
- Kdo by si to pomyslel? – *Who would have thought it?*
26 –S –P

1751 soudit *impf* to judge, think
- Nemáte právo mě soudit. – *You don't have any right to judge me.*
26 –S

1752 vládní *adj* government
- Vládní návrh musí schválit parlament. – *The government's proposal has to be approved by the parliament.*
26 –S

1753 zvyklý *adj* used to, accustomed to
- Jsem zvyklý spát na zemi. – *I am used to sleeping on the floor.*
26

1754 víra *fem* belief, faith
- Koupil jsem to v dobré víře. – *I bought it in good faith.*
26 –S

1755 požadovat *impf* to demand, claim, require
- Řidič taxíku požadoval zaplacení částky. – *The taxi driver demanded that the amount be paid.*
26 –S

1756 hrubý *adj* coarse, rude, rough
- Cestička byla vysypaná hrubým pískem. – *The path was covered with coarse sand.*
26

1757 přechod *inan* crossing, passage
- Na hraničních přechodech je zvýšený provoz. – *There is more traffic at border crossings.*
26

1758 rovný *adj* straight, flat, equal
- Měla rovné, tmavé vlasy. – *She had dark straight hair.*
26

1759 ryba *fem* fish
- Ryba se objevila poblíž hladiny. – *The fish appeared close to the surface.*
26

1760 úředník *anim* clerk, officer
- Dokumenty předkládali úředníci prokuratury. – *The documents were submitted by clerks from the prosecutor's office.*
26 –S

1761 tiše *adv* quietly, silently
- Připlížil se a tiše zmáčkl kliku. – *He crept closer and quietly pushed on the door handle.*
26 –S –P

1762 znak *inan* sign, mark
- Jazykový znak je dán konvencí. – *Linguistic signs are determined by convention.*
26

1763 suchý *adj* dry
- Přiložil na oheň suché roští. – *He put dry brushwood on the fire.*
26

1764 předpis *inan* regulation, prescription
- Musíme postupovat podle předpisů. – *We have to proceed in compliance with the regulations.*
26

1765 půjčit (si) *pf* to lend, **(si)** borrow
- Půjčíš mi auto? – *Will you lend me your car?*
26 –P

1766 složka *fem* component, ingredient, folder
- Základní složkou pokrmu je estragon. – *Tarragon is an essential ingredient of the dish.*
26

1767 přítomný *adj* present
- Rychle se rozhlédl po přítomných poslancích. – *He quickly looked around the deputies present.*
26 –S

1768 částečně *adv* partly, in part
- Motorka byla částečně rozmontovaná. – *The motorcycle was partly dismantled.*
26

1769 fyzický *adj* physical
- Zlepšil si svou fyzickou kondici. – *He improved his physical condition.*
26 –S

1770 špička *fem* tip, peak
- Seřízl špejle do ostré špičky. – *He sharpened the skewers into tips.*
26

1771 vyjadřovat (se) *impf* to express
- Kolegové vyjadřovali uspokojení s mým projevem. – *My colleagues expressed their satisfaction with my speech.*
26 –S

1772 plánovat *impf* to plan, design
- Plánovali jsme výlet do hor. – *We were planning a trip to the mountains.*
26

1773 odnést *pf* to take (away), carry
- V náručí ji odnesl do ložnice. – *He carried her to the bedroom in his arms.*
26

1774 tlustý *adj* fat, thick
- Učitelka byla tlustá a dobrosrdečná. – *The teacher was fat and kind.*
26

1775 průměrný *adj* average
- Ve škole měl průměrný prospěch. – *He had average grades at school.*
26 –S

1776 varianta *fem* variant, variation
- Existuje mnoho variant bramborových salátů. – *There are many variations of potato salad.*
26 –F

1777 příbuzný *adj/noun* related (*adj*), relative (*noun*)
- Netopýr není příbuzný sově. – *Bats are not related to owls.*
26

1778 slušný *adj* decent, fair
- Ženy potřebují slušné zacházení. – *Women need fair treatment.*
26

1779 barevný *adj* colour, coloured
- Kniha je doplněna barevnými fotografiemi. – *The book is supplemented with colour photographs.*
26

1780 připojit (se) *pf* to attach, **(se)** join
- Připojil se k nám ještě jeden člověk. – *One more person joined us.*
26

1781 trvalý *adj* lasting, permanent
- Zranění mělo trvalé následky. – *The injury had lasting consequences.*
26 –S

1782 stěžovat si *impf* to complain
- Stěžovala si na bolesti hlavy. – *She complained about her headaches.*
26

1783 zařadit (se) *pf* to classify, put, **(se)** line up
- Problém korupce byl zařazen do programu jednání. – *Corruption was put on the meeting's agenda.*
26 –S

1784 výbor *inan* committee, anthology
- Členové zvolili předsedu výboru. – *The members elected the committee chairman.*
26

1785 poradit (se) *pf* to advise, **(se)** consult
- Musíme se poradit s odborníkem. – *We have to consult an expert.*
26

1786 tráva *fem* grass
- Na louce rostla vysoká tráva. – *There was high grass growing in the meadow.*
26

1787 ihned *adv* immediately, at once
- Ihned vyřídit, spěchá! – *Attend to it immediately, urgent!*
26 –S

1788 ekonomika *fem* economy, economics
- Jsme země s fungující tržní ekonomikou. – *We are a country with a functioning market economy.*
26 –S –F

1789 snášet (se) *impf* to bear, lay, **(se)** come down
- Těžko snášel samotu. – *He bore his loneliness with difficulty.*
26

1790 rozhodující *adj* decisive, crucial
- Experimenty mají ve vědě rozhodující význam. – *Experiments are of crucial importance to science.*
26 –S

1791 údajně *adv* allegedly, reputedly
- Ta místnost byla údajně kancelář. – *The room was reputedly used as an office.*
26

1792 úloha *fem* role, task, duty
- Úlohou ženy bylo vychovávat děti. – *Bringing up children was a woman's main duty.*
26 –S

1793 vodní *adj* water
- K jezeru přiletělo vodní ptactvo. –
  Water birds came flying to the lake.
  26

1794 pečlivě *adv* carefully
- Pečlivě si umyjte ruce. – *Wash your hands carefully.*
  26 –S

1795 kost *fem* bone
- Měl vystouplé lícní kosti. – *He had high cheekbones.*
  25

1796 mimořádný *adj* extraordinary
- Byl to mimořádný kulinářský zážitek. –
  It was an extraordinary culinary experience.
  25 –S

1797 ukončit *pf* to finish
- Syn ukončil povinnou školní docházku. –
  Our son has finished compulsory education.
  25

1798 vězení *neut* prison, jail, imprisonment
- Hrozilo mu doživotní vězení. – *He was facing life imprisonment.*
  25 –S

1799 sklo *neut* glass, glassware
- Kdo rozbil sklo v knihovně? – *Who broke the glass in the bookcase?*
  25

1800 prostý *adj* simple, plain
- Měla prosté šaty. – *She was wearing a simple dress.*
  25 –S

1801 slovenský *adj* Slovak
- Výstupy na slovenské štíty jsou náročné. –
  Climbing Slovak peaks is difficult.
  25 –S –F

1802 předat *pf* to hand (over), transfer
- Předala mu zapečetěnou obálku. –
  She handed a sealed envelope to him.
  25

1803 sebrat *pf* to collect, pick up, pinch
- Sebral ze země deku. – *He picked up the blanket from the ground.*
  25 –P

1804 finance *fem pl* finance, funds
- Ministerstvo financí s tím nebude souhlasit.
  – *The ministry of finance will not approve that.*
  25 –S –F

1805 ret *inan* lip
- Olízl si suché rty. – *He licked his dry lips.*
  25 –S

1806 potřeba *adv* necessary
- Další vysvětlení nebylo potřeba. – *Further explaining was not necessary.*
  25

1807 podivný *adj* strange
- V ústech to zanechalo podivnou pachuť. –
  He had a strange aftertaste in his mouth.
  25

1808 tabulka *fem* table, bar, schedule
- Výsledky měření jsou uvedeny v tabulce. –
  The measurement results are shown in the table.
  25

1809 poslanec *anim* deputy
- Poslanci návrh zákona zamítli. – *Deputies voted the bill down.*
  25 –S –F

1810 tichý *adj* silent, quiet
- Na schodech slyšeli tiché kroky. – *They heard quiet steps on the stairs.*
  25

1811 generální *adj* general
- Auto je po generální opravě. – *The car has had a general overhaul.*
  25 –S

1812 produkce *fem* production, performance
- Produkce mléka kryje domácí spotřebu. –
  Our dairy production covers domestic consumption.
  25 –S –F

9 Evaluative adjectives

dobrý 70 good	**skvělý** 1252 excellent	**hnusný** 2492 disgusting, nasty
špatný 271 bad, wrong	**milý** 1303 kind, nice	**výjimečný** 2567 exceptional,
krásný 411 beautiful	**hodný** 1345 kind	extraordinary
zajímavý 504 interesting	**zlý** 1382 bad, evil	**ošklivý** 3039 ugly, mean, bad
hezký 510 nice, pretty	**výborný** 1458 excellent	**jedinečný** 3317 unique
hrozný 529 horrible	**dokonalý** 1507 perfect	**perfektní** 4097 perfect, flawless
pěkný 572 pretty, nice	**nádherný** 1633 gorgeous,	**směšný** 4116 ridiculous, ludicrous
správný 638 right, correct	beautiful, splendid	**příšerný** 4504 horrible, terrible
příjemný 670 pleasant	**ideální** 1657 ideal	**pitomý** 4559 stupid, dumb
blbý 780 bad, stupid	**vynikající** 1965 excellent	**báječný** 4630 splendid, terrific
divný 1227 strange	**úžasný** 2051 amazing	**odporný** 4941 disgusting, repulsive

1813 dosahovat *impf* to reach, achieve, amount to
- Náklady dosahují 1,8 miliardy dolarů. – *The costs amount to 1.8 billion dollars.*
25 –S

1814 krása *fem* beauty
- Její krása zůstala jen vzpomínkou. – *Her beauty was just a memory.*
25

1815 postupovat *impf* to advance, move ahead, proceed
- Opatrně jsme postupovali kupředu. – *We were moving ahead carefully.*
25 –S

1816 dokončit *pf* to finish, complete
- Dokončila vysávání a rozvěsila prádlo. – *She finished vacuuming and hung up the laundry.*
25 –S

1817 vyměnit (si) *pf* to exchange, swap
- Vyměnil svůj byt za dům. – *He exchanged his flat for a house.*
25

1818 elektrický *adj* electric
- Pokoj byl vytápěn elektrickými kamínky. – *The room was heated by electric heater.*
25

1819 radnice *fem* town hall
- Výstava se koná na radnici. – *The exhibition will be held in the town hall.*
25 –P

1820 ovlivňovat *impf* to influence
- Nechával se ovlivňovat milenkami. – *He let his mistresses influence him.*
25 –S –F

1821 tmavý *adj* dark
- Zdi byly obložené tmavým dřevem. – *The walls were panelled with dark wood.*
25

1822 dech *inan* breath
- V tichu slyšela svůj vlastní dech. – *She heard her own breath in the silence.*
25

1823 kino *neut* cinema
- Nechodili jsme do kina ani na procházky. – *We wouldn't go to the cinema or for walks.*
25 –P

1824 prospěch *inan* benefit, welfare
- Záleží mi na jeho prospěchu. – *His welfare is important to me.*
25 –S

1825 vydání *neut* expenses, publication, edition
- Zapisoval si příjmy a vydání. – *He would note down his incomes and expenses.*
25 –S

1826 přání *neut* wish, request
- Její přání byla velice skromná. – *Her wishes were very modest.*
25

1827 profesor *anim* professor
- Profesor oznámkoval její esej. – *The professor graded her essay.*
25

1828 hodnotit *impf* to evaluate, value
- Vysoce hodnotí jeho otevřenost. – *She values his openness very highly.*
25

1829 styk *inan* contact, intercourse
- Rodina s ní přerušila styky. – *The family broke contact with her.*
25 –S

1830 tajný *adj* secret, hidden
- Převáděl peníze na tajné konto. – *He transferred the money to a secret account.*
25

1831 mozek *inan* brain
- Podstoupil operaci mozku. – *He underwent a brain operation.*
25

1832 svědek *anim* witness
- Svědkové byli podrobeni křížovému výslechu. – *The witnesses were cross-examined.*
25 –S

1833 herec *anim* actor
- Byl to příležitostný herec. – *He was an occasional actor.*
25

1834 pozitivní *adj* positive
- Život má své pozitivní stránky. – *Life has its positive aspects.*
25 –F

1835 prohlédnout (si) *pf* to examine, (si) have a look at
- Prohlédl láhve proti světlu. – *He examined the bottles against the light.*
25

1836 tábor *inan* camp
- Děti se těšily na skautský tábor. – *The children were looking forward to the scout camp.*
25

1837 vypadnout *pf* to fall out, slip away
- Uvolněné kameny mohly ze zdi vypadnout. – *The loose stones could fall out of the wall.*
25 –P

1838 zúčastnit se *pf* to participate, take part
- Charitativní akce se zúčastnila jen hrstka lidí. – *Only a few people took part in the charity event.*
25 –S

1839 úsilí *neut* effort
- Říct "ne" mě stojí velké úsilí. – *It takes a lot of effort on my part to say "no".*
25 –S

1840 ach *interj* ah, oh
- Ach, už to chápu. – *Ah, I understand now.*
25 –P –N

1841 smutný *adj* sad
- Dívala se na něho smutnýma očima. – *She looked at him with her sad eyes.*
25

1842 výstavba *fem* building, construction
- Výstavba domků začne letos. – *The construction of the houses will start this year.*
25 –S –F

1843 poloha *fem* position, situation
- Pořád spala ve stejný poloze. – *She kept sleeping in the same position.*
25

1844 rozměr *inan* dimension, size
- Jeho ruka měla rozměry malé šunky. – *His hand was the size of a small ham.*
25

1845 označovat *impf* to indicate, denote
- Označuje to dva typy lidí. – *It denotes two types of people.*
25 –S

1846 mladík *anim* young man
- Doufám, že je to slušný mladík. – *I hope he is a decent young man.*
25 –S –P

1847 volit *impf* to choose, elect
- Pro delší cesty volil letadlo. – *He chose to fly for longer trips.*
25

1848 křeslo *neut* (arm)chair, seat
- Seděl rozvalen v pohodlném křesle. – *He sat sprawled in a comfortable chair.*
25

1849 hladina *fem* level, surface
- Loďka se houpala na hladině. – *The boat bobbed on the surface.*
25 –S

1850 přiblížit (se) *pf* to approach, move closer
- Přiblížil k očím dalekohled. – *He moved the binoculars closer to his eyes.*
25

1851 kopec *inan* hill
- Pomalu kráčel do kopce. – *He walked slowly up the hill.*
25

1852 žák *anim* pupil, schoolboy
- Ve třídě je průměrně 33 žáků. – *There is an average of 33 pupils in the class.*
25

1853 povinný *adj* compulsory, obligatory
- Účast na poradě je povinná. – *Attending the meeting is obligatory.*
25

1854 brána *fem* gate(way)
- Hlavní brána ústila do silnice. – *The main gate led to the road.*
25

1855 zpravidla *adv* usually
- Šamani jsou zpravidla inteligentní osoby. – *Medical men are usually intelligent people.*
25 –S

1856 filmový *adj* film
- Je jedním z nejslavnějších filmových režisérů. – *He is one of the most famous film directors.*
25

1857 čtenář *anim* reader
- Čtenáři už ho znají. – *Readers already know him.*
25 –S

1858 krize *fem* crisis
- Nejčastější příčinou krizí je strach. – *Fear is the most frequent cause of crises.*
25

1859 příznivý *adj* favourable
- Tak příznivá situace nastane málokdy. – *Such a favourable situation arises very rarely.*
24 –S

1860 ročně *adv* annually, a year
- Léčebnou kúru opakoval čtyřikrát ročně. – *He repeated the medical treatment four times a year.*
24

1861 výměna *fem* exchange, change
- Nakonec došlo k ostré výměně názorů. – *In the end, a harsh exchange of opinions took place.*
24

1862 zvyk *inan* habit, custom
- Trpělivost je správný zvyk. – *Patience is a good habit.*
24

1863 založený *adj* based on, founded by
- Vytvořili vztah založený na důvěře. – *They built a relationship based on trust.*
24 –S

1864 starosta *anim* mayor
- Starosta obce není jejím statutárním zástupcem. – *A mayor is not authorized to act on the community's behalf.*
24

1865 pochopitelně *part* naturally
- Boty k obleku měl pochopitelně černé. – *Naturally, the shoes he was wearing with the suit were black.*
24

1866 doporučovat *impf* to recommend
- Do sprch doporučuji nosit gumovou obuv. – *I recommend wearing rubber shoes in the shower.*
24

1867 současnost *fem* today, nowadays, present
- V současnosti o tom nic nevíme. – *At present we do not know anything about it.*
24 –S

1868 tisk *inan* press, print
- Svoboda tisku nesmí být omezována. – *Freedom of the press must not be limited.*
24 –S

1869 rys *anim/inan* lynx (*anim*), feature,
drawing (*inan*)
- Jeho tvář měla dětské rysy. – *His face had a child's features.*
24

1870 šestý *num* sixth
- Vyjel výtahem do šestého patra. – *He took the lift to the sixth floor.*
24

1871 konstrukce *fem* construction, structure
- Původní ocelová konstrukce bude restaurována. – *The original steel structure will be restored.*
24 –S

1872 svítit *impf* to shine, be alight
- Za okny svítilo slunce. – *Outside, the sun was shining.*
24

1873 obávat se *impf* to be afraid of, worry about
- Obával se možných důsledků. – *He worried about possible consequences.*
24

1874 zásah *inan* hit, intervention
- Uprostřed terče bylo šest zásahů. – *There were six hits in the centre of the target.*
24 –S

1875 přísný *adj* strict
- Tatínek byl hrozně přísný a spravedlivý. – *My father was very strict and fair.*
24

1876 roční *adj* annual
- Roční srážky přesahují 1000 mm. – *Annual precipitation exceeds 1,000 mm.*
24 –S

1877 region *inan* region
- Žijeme v klidném regionu. – *We live in a quiet region.*
24 –S –F

1878 lístek *inan* ticket, slip of paper, small leaf
- Napsal jí na lístku vzkaz. – *He wrote a message to her on a slip of paper.*
24

1879 pták *anim* bird
- V oblacích kroužili ptáci. – *Birds were circling in the clouds.*
24

1880 kariéra *fem* career
- Olympijské hry byly vrcholem jeho kariéry. – *The Olympic Games were the peak of his career.*
24

1881 reklama *fem* advertisement, commercial, publicity
- Dávali reklamu na nějakou zázračnou dietu. – *They showed a commercial promoting a miraculous diet.*
24

1882 křičet *impf* to shout, scream
- Často křičel ze spaní. – *He often screamed in his sleep.*
24 –P

1883 zajišťovat *impf* to ensure, secure
- Jak zajišťujete kontrolu kvality? – *How do you ensure quality control?*
24 –S –F

1884 objem *inan* capacity, volume
- Objem kapaliny se mění jen málo. – *The volume of the liquid changes only little.*
24 –S –F

1885 patro *neut* floor, storey, palate
- Ostatní nájemníci na jeho patře ho ani neznají. – *Other tenants on his floor do not even know him.*
24

1886 minimálně *adv* at least, minimum (of)
- Dozorčí rada je minimálně tříčlenná. – *The supervisory board has a minimum of three members.*
24 –F

1887 sedmdesát *num* seventy
- Počítače jsou vytíženy na sedmdesát procent. – *The computers are utilized at seventy per cent capacity.*
24 –P

1888 převážně *adv* mainly, predominantly
- Ostrovy vznikly převážně sopečnou činností. – *The islands were mainly formed by volcanic activity.*
24 –S

1889 skrývat (se) *impf* to hide
- Lidé skrývají své myšlenky. – *People hide their thoughts.*
24 –S

1890 účinný *adj* effective, efficient
- Matematika je účinným nástrojem. – *Mathematics is an efficient tool.*
24 –S

1891 zaměřit (se) *pf* to direct, aim, (se) focus
- Svůj program zaměřil na střední vrstvy. – *He aimed his programme at the middle classes.*
24 –S

1892 automobil *inan* automobile, car
- Tyto automobily se vyrábí v Číně. – *These automobiles are made in China.*
24 –S

1893 skočit *pf* to jump, spring, dive
- Rozběhl se a skočil přes překážku. – *He took a run-up and jumped over the barrier.*
24 –P

1894 vážit (si) *impf* to weigh, (si) esteem
- Novorozenec vážil pět kilo! – *The newborn baby weighed five kilograms!*
24

1895 tajemství *neut* secret, mystery
- Jeho rodinný původ je tajemstvím. – *His family background is a secret.*
24

1896 podstatně *adv* essentially, considerably
- Situace menšin se podstatně zlepšila. – *The situation has improved considerably for minorities.*
24 –S

1897 studie *fem* study
- Studie zkoumá dopad kouření na ekonomiku. – *The study examines the impact of smoking on the economy.*
24 –S

1898 bezpečnostní *adj* safety
- Dům střeží bezpečnostní zařízení. – *The house is guarded by a safety device.*
24 –S

1899 umřít *pf* to die
- Člověk může umřít každou chvíli. – *One can die at any moment.*
24 –P

1900 nutno *adv* must, necessary
- To je nutno zdůraznit. – *This must be emphasized.*
24 –S

1901 svědčit *impf* to testify, show
- Jeho úsměv svědčil o sympatiích. – *His smile showed his affection.*
24 –S

1902 fronta *fem* queue, front
- Za nimi stála dlouhá fronta lidí. – *There was a long queue of people behind them.*
24

1903 sál *inan* hall, room
- Vcházím do přeplněného sálu restaurace. – *I am entering the restaurant's crowded hall.*
24

1904 byť' *conj* though, even if
- Dítě potřebuje rodinu, byť' neúplnou. – *A child needs a family, even if a single-parent one.*
24 –S

1905 vyrovnat (se) *pf* to settle, level, **(se)** cope with
- Slíbil vyrovnat všechny závazky. – *He promised to settle all his liabilities.*
24

1906 lidový *adj* people's, popular
- Fotbal je lidová zábava. – *Soccer is a popular pastime.*
24

1907 tehdejší *adj* of the period
- Jejich zásnuby byly pro tehdejší dobu typické. – *Their engagement was typical of the period.*
24 –S

1908 vydělat (si) *pf* to earn, make (money)
- Jako šikovný řemeslník hodně vydělal. – *Being a skilful craftsman, he made a lot of money.*
24

1909 mezitím *adv* in the meantime, meanwhile
- Mezitím uvařte těstoviny podle návodu. – *In the meantime cook the pasta as directed.*
24

1910 povědět *pf* to tell
- Teď' Ti mohu konečně povědět pravdu. – *Now I can finally tell you the truth.*
24 –P –N

1911 alkohol *inan* alcohol, spirits
- Alkohol mu dopomáhal k výřečnosti. – *Alcohol helped his eloquence.*
23

1912 uvolnit (se) *pf* to loosen, release, **(se)** relax
- Uvolnil lano a odvázal loď'ku. – *He loosened the rope and untied the boat.*
23

1913 píseň *fem* song
- Skládají o něm písně. – *They write songs about him.*
23 –S

1914 dno *neut* bottom
- Malé rybičky pluly u dna. – *Little fish were swimming near the bottom.*
23

1915 vylézt *pf* to climb, creep out
- Vylezl po žebříku na půdu. – *He climbed the ladder to the loft.*
23 –P

1916 déšť' *inan* rain, shower
- V létě slunce často střídá déšť'. – *In summer, sun is often followed by rain.*
23

1917 svátek *inan* holiday, name day
- Přeju vám krásné svátky. – *I hope you have a nice holiday.*
23

1918 umělý *adj* artificial
- V zahradě byly umělé potůčky. – *There were artificial streams in the garden.*
23

1919 hodnocení *neut* evaluation, rating
- Kladné hodnocení vždycky mě potěší. – *I am always pleased by a positive evaluation.*
23 –S –F

1920 klient *anim* client, customer
- Klienti platí své půjčky včas. – *Clients pay their loans on time.*
23 –S

1921 okruh *inan* radius, scope
- Prohledávali okolí v okruhu deseti kilometrů. – *They searched the area within a radius of ten kilometres.*
23

1922 blbě *adv* stupid, wrong
- Tohle vypadá fakt blbě. – *This looks really stupid.*
23 +S

1923 sport *inan* sport
- Měla ráda vodní sporty. – *She liked water sports.*
23

1924 odpovědnost *fem* responsibility
- Moc vyžaduje odpovědnost. – *Power requires responsibility.*
23 –S

1925 hustý *adj* thick, dense, heavy
- Zabořila se do hustého bláta. – *She sank in thick mud.*
23

1926 manažer *anim* manager
- Manažeři podniku vyčíslili ztráty. – *The company managers evaluated the loss.*
23 –S –F

1927 oproti *prep* compared with, against
- Cena ropy je oproti loňskému roku nízká. – *Oil prices are low compared with last year.*
23

1928 sdružení *neut* association
- Zájmová sdružení vznikala v kruhu přátel. – *An interest association would be formed in circles of friends.*
23 –S –F

1929 vzor *inan* example, model
- Učitelé mě dávají spolužákům za vzor. – *Teachers hold me up as an example for my schoolmates.*
23

1930 podpořit *pf* to support
- Rozhodl se svého přítele podpořit. – *He decided to support his friend.*
23

1931 chudák *anim* poor (fellow)
- Chudák tatínek zemřel tak nečekaně. – *Poor dad died so unexpectedly.*
23 –P

1932 pokládat *impf* to put, lay, assume
- Věci postupně pokládala na podlahu. – *She put the things on the floor, one by one.*
23 –S

1933 dvůr *inan* yard, court
- Strýc vjel autem do dvora. – *My uncle drove his car into the yard.*
23

1934 motor *inan* motor, engine
- Motor letadla zachvátily plameny. – *The flames engulfed the plane's engine.*
23

1935 vědecký *adj* scientific, scholarly
- Byl členem vědeckého týmu. – *He was a member of a scientific team.*
23 –S

1936 naprostý *adj* absolute
- Všude kolem nás bylo naprosté ticho. – *There was absolute silence all around us.*
23

1937 prosadit (se) *pf* to push through, **(se)** assert
- Strana chce prosadit přímou volbu prezidenta. – *The party wants to push through direct presidential elections.*
23 –S

1938 mlčet *impf* to be silent
- Budu mlčet jako hrob. – *I'll be as silent as the grave.*
23 –P

1939 doslova *part* literally, verbatim
- Slovo "islám" znamená doslova "odevzdanost Bohu". – *The word "islam" literally means "devotion to God".*
23

1940 získávat *impf* to gain, obtain
- Jak získávají živočichové energii ke svému životu? – *How do animals obtain energy for life?*
23 –S

1941 hnutí *neut* movement, motion
- Je členem ekologického hnutí. – *He is a member of an environmental movement.*
23 –S

1942 málem *adv* nearly, almost
- Při natáčení filmu se málem utopil. – *He almost drowned while shooting the film.*
23 –P

1943 parlament *inan* parliament
- Zákon schválil parlament loni v květnu. – *The law was passed by parliament in May last year.*
23 –S

1944 zážitek *inan* experience
- Byl to jeho největší zážitek v životě. – *It was the greatest experience of his life.*
23

1945 trenér *anim* trainer, coach
- Včera byl jmenován nový trenér české reprezentace. – *A new trainer of the Czech national team was appointed yesterday.*
23 +N

1946 dělit (se) *impf* to divide, **(se)** share
- Nechci se s nikým dělit. – *I don't want to share with anybody.*
23

1947 tón *inan* tone
- Měnil tón hlasu jako zkušený herec. – *He kept changing the tone of his voice like an experienced actor.*
23 –S

1948 ovládat (se) *impf* to control, **(se)** control oneself
- Tyto přístroje se ovládají intuitivně tlačítky. – *These machines can be controlled intuitively with push-buttons.*
23

1949 vyjet (si) *pf* to drive out, **(si)** go
- Bylo by báječné vyjet si někam na výlet. – *It would be great to go on a trip somewhere.*
23 –P

1950 slibovat *impf* to promise
- Nemůžu ti nic slibovat. – *I can't promise you anything.*
23

1951 dočkat se *pf* to wait
- Nemůže se dočkat, až ji zase uvidí. – *He can't wait to see her again.*
23 –S

1952 dávka *fem* portion, dose
- Jaká je doporučená denní dávka vitamínu C? – *What is the daily recommended dose of vitamin C?*
23

1953 plyn *inan* gas
- Zásoby zemního plynu vystačí přibližně na 60 let. – *Natural gas reserves will last about 60 years.*
- 23

1954 nepřítel *anim* enemy
- Za nepřítele antikoncepce lze považovat kouření. – *Smoking can be considered an enemy of contraception.*
- 23 –S

1955 umělec *anim* artist
- Umělec musí být především originální. – *An artist must above all be original.*
- 23 –S

1956 přistoupit *pf* to approach, come nearer, accept
- Přistoupili k zavřeným dveřím a naslouchali. – *They came nearer to the closed door and listened.*
- 23 –S

1957 stoupat *impf* to rise, climb
- Voda v zasažených regionech stále stoupá. – *The water is still rising in the flooded regions.*
- 23 –S

1958 složit *pf* to fold up, compose, pass
- Zájemci musí složit zkoušku z jazyka. – *Applicants must pass a language examination.*
- 23

1959 omezení *neut* limitation, restriction
- Existují nějaká omezení na prodej alkoholu? – *Are there any restrictions on the sale of alcohol?*
- 23 –S

1960 knihovna *fem* library, bookcase
- Pracovala jako knihovnice v městské knihovně. – *She worked as a librarian in the municipal library.*
- 23

1961 sídlo *neut* residence, seat
- Zámek Sandringham je oblíbeným letním sídlem královny Alžběty. – *Sandringham Castle is a favourite summer residence of Queen Elizabeth.*
- 23 –S

1962 vzhůru *adv* up(wards)
- Stoupali jsme po schodech vzhůru. – *We walked up the stairs.*
- 23

1963 chudý *adj* poor
- Ne každý chudý v Evropské unii zbohatl. – *Not every poor man got rich in the European Union.*
- 23

1964 sbírka *fem* collection
- Vydal několik básnických sbírek. – *He published several collections of poems.*
- 23

1965 vynikající *adj* excellent, outstanding
- Odvedli jsme vynikající práci. – *We did an excellent job.*
- 23

1966 znova *adv* again
- Museli jsme udělat úplně všechno znova. – *We had to do it all over again.*
- 23 –P –N

1967 dopředu *adv* forward
- Postoupila o krok dopředu. – *She took a step forward.*
- 23

1968 příspěvek *inan* contribution, benefit
- Své příspěvky posílejte na následující adresu. – *Send your contributions to the following address.*
- 23

1969 hrad *inan* castle
- Šel po dřevěném mostě do hradu. – *He walked along a wooden bridge to the castle.*
- 23

1970 vyvolávat *impf* to cause, call out
- Konzumace čokolády může vyvolávat migrénu. – *Consumption of chocolate can cause migraine.*
- 23

1971 specifický *adj* specific
- Český surrealismus měl své specifické rysy. – *Czech surrealism had its specific features.*
- 23 –S –F

1972 jev *inan* phenomenon
- V každém případě jde o okrajový jev. – *Anyway, it is a marginal phenomenon.*
- 23 –S

1973 zpracování *neut* processing
- Kromě zpracování dat umožňuje systém také zpracování textu. – *Apart from data processing the system also enables text processing.*
- 23 –S –F

1974 vzdálenost *fem* distance
- Řidič nedodržel bezpečnou vzdálenost mezi vozidly. – *The driver failed to keep a safe distance between vehicles.*
- 23

1975 chytrý *adj* clever
- To nebylo příliš chytré. – *That wasn't very clever.*
- 23

1976 pacient *anim* patient
- Mnozí z jeho pacientů jsou bezdomovci. – *Many of his patients are homeless people.*
- 23

1977 linka *fem* line
- Volání na tísňové linky je zdarma. – *Calls to emergency lines are free of charge.*
- 23

1978 divoký *adj* wild
- Zdrojem nákazy mohou být domácí i divoká zvířata. – *Both domestic and wild animals can be a source of infection.*
- 23

1979 uzavřený *adj* closed, withdrawn
- To je již uzavřený případ. – *This is already a closed case.*
23 –S

1980 tadyten *pron* this (one)
- Přečti si tadyten článek. – *Read this article.*
23 +S

1981 zvýšený *adj* increased
- Rakousko zavedlo zvýšená bezpečnostní opatření. – *Austria introduced increased security measures.*
23 –S

1982 chutnat *impf* to taste
- Rýnské víno chutnalo skvěle. – *The Rhine valley wine tasted great.*
23 –P

1983 šílený *adj* mad, insane, terrible
- Vypadal jako šílený vědec. – *He looked like an insane scientist.*
23 –P

1984 naplnit (se) *pf* to fill, **(se)** come true
- Jejich předpovědi se většinou naplnily. – *Their prognoses usually came true.*
23

1985 prozradit (se) *pf* to reveal, **(se)** give oneself away
- Prozraďte nám váš recept na spokojené manželství. – *Could you reveal to us your recipe for a happy marriage?*
23 –S

1986 deník *inan* daily, diary
- Nejčtenější deník Evropy ovlivňuje veřejné mínění. – *The most widely read daily in Europe influences public opinion.*
23 –S

1987 osmdesát *num* eighty
- Osmdesát procent zaměstnanců tvoří ženy. – *Eighty per cent of the employees are women.*
23 –P

1988 skládat *impf* to fold, compose
- Hraje na kytaru a skládá hudbu. – *He plays the guitar and composes music.*
23

1989 vzbudit (se) *pf* to wake (up), arouse
- Vzbudila se v šest ráno. – *She woke up at six a.m.*
22

1990 obejít (se) *pf* to go round, **(se)** do without
- Výzkumníci se neobejdou bez řádné přípravy. – *Researchers cannot do without proper training.*
22

1991 ježišmarja *interj* gee, geez, jeez
- Ježišmarja, to je hrozný. – *Geez, that's terrible.*
22 +S

1992 zvědavý *adj* curious
- Povídej, to jsem fakt zvědavá. – *Tell me, I'm really curious.*
22 –P

1993 pokaždé *adv* every time
- Pokaždé když člověk něco získá, jiné ztrácí. – *Every time you gain something, you lose something else.*
22

1994 popisovat *impf* to describe
- Kniha popisuje události z šedesátých let. – *The book describes the events of the 1960s.*
22

10 Body

ruka 138 hand	**zub** 1192 tooth	**zadek** 3128 bottom
hlava 165 head	**kůže** 1221 skin	**pata** 3148 heel
oko 177 eye	**koleno** 1448 knee	**pěst** 3170 fist
noha 355 leg, foot	**nos** 1460 nose	**palec** 3406 thumb
tvář 385 face	**bok** 1644 hip	**klín** 3521 lap
srdce 622 heart	**kost** 1795 bone	**brada** 3570 chin
vlas 709 hair	**ret** 1805 lip	**plíce** 3648 lung
rameno 802 shoulder	**mozek** 1831 brain	**nehet** 3901 nail
prst 804 finger, toe	**dlaň** 1997 palm	**pleť** 4416 complexion
záda 876 back	**břicho** 2152 stomach, abdomen	**páteř** 4522 backbone, spine
čelo 885 forehead	**prsa** 2260 chest, breast	**stehno** 4606 thigh
krev 897 blood	**paže** 2331 arm	**obočí** 4701 eyebrow
obličej 945 face	**nerv** 2438 nerve	**játra** 4722 liver
ústa 1094 mouth	**žaludek** 2775 stomach	**žíla** 4757 vein
krk 1121 neck, throat	**pusa** 2861 mouth	**hruď** 4806 chest, breast
ucho 1146 ear	**sval** 3098 muscle	**lebka** 4841 skull

1995 vrhnout (se) *pf* to throw, **(se)** start
- Do podnikání se vrhl před třemi lety. –
  He started his business three years ago.
  22

1996 spolupracovat *impf* to cooperate
- Na řešení problému musíme spolupracovat.
  – *We must cooperate to solve the problem.*
  22 –S

1997 dlaň *fem* palm
- Dokáže číst z dlaně. – *She can read palms.*
  22 –S

1998 křídlo *neut* wing
- Mávali rukama jako křídly. – *They waved
  their hands like wings.*
  22

1999 středisko *neut* centre
- Naše sportovní střediska jsou špičkově
  vybavena. – *Our sports centres have the very
  best equipment.*
  22

2000 kontrolovat *impf* to control, check
- Dvakrát jej kontrolovala policie. – *The police
  checked him twice.*
  22

2001 realita *fem* reality
- Realita je mnohem drsnější. – *The reality is
  much harsher.*
  22

2002 zmínit (se) *pf* to mention
- Nikdy se o tom nezmínil. – *He never
  mentioned it.*
  22

2003 denní *adj* daily
- Upravte si denní režim! – *Change your daily
  routine!*
  22

2004 překvapení *neut* surprise
- To je ale překvapení! – *What a surprise!*
  22

2005 kalhoty *fem pl* trousers
- Máš špinavý kalhoty. – *Your trousers are dirty.*
  22 –P

2006 krásně *adv* beautifully
- Krásně zpívá a maluje. – *She sings and
  paints beautifully.*
  22 –P

2007 vyplatit (se) *pf* to pay, **(se)** pay off
- Riskovat se v tomto případě vyplatilo. –
  In this case the risk paid off.
  22

2008 známka *fem* sign, mark, stamp
- Výbuchy hněvu jsou často známkou
  stresu. – *Losing your temper is often
  a sign of stress.*
  22

2009 vzácný *adj* scarce, rare
- Kdy začne být ropa opravdu vzácná? – *When
  will oil become really scarce?*
  22 –S

2010 přístroj *inan* apparatus, instrument
- Zdolali osmitisícovku bez kyslíkových
  přístrojů. – *They climbed the eight-
  thousander without oxygen apparatus.*
  22

2011 odhalit *pf* to disclose, reveal
- Lékařům se podařilo odhalit příčinu smrti. –
  *The doctors managed to reveal the cause of
  death.*
  22 –S

2012 oprava *fem* reconstruction, correction
- Tyto peníze jsou určeny na opravu kostela. –
  *The money is intended for the reconstruction
  of the church.*
  22

2013 moment *inan* moment
- Za moment jsem zpátky. – *I'll be back in
  a moment.*
  22

2014 díra *fem* hole
- V nádrži na vodu byla díra. – *There was
  a hole in the water tank.*
  22

2015 zato *conj* but, yet
- Matka na něj byla hodná, zato otec byl
  přísný. – *His mother was nice to him, but his
  father was strict.*
  22

2016 dospět *pf* to come to, arrive at, mature
- Komise nedospěla k žádnému závěru. – *The
  commission did not arrive at any conclusion.*
  22 –S

2017 sedmý *num* seventh
- Je v sedmém měsíci těhotenství. – *She is in
  the seventh month of pregnancy.*
  22

2018 toužit *impf* to long
- Dlouho se toužil vrátit domů. – *For years he
  longed to return home.*
  22 –S

2019 jindy *adv* some other time
- Musím tam zajít jindy. – *I must go there
  some other time.*
  22

2020 snížení *neut* reduction, cut
- Důvody pro snížení cen jsou různé. – *There
  are various reasons for the reduction in prices.*
  22 –S –F

2021 soudní *adj* court, judicial, legal
- Vše závisí na soudním rozhodnutí. –
  Everything depends on the court decision.
  22 –S

2022 objednat *pf* to order
- Posadili se a objednali si kávu. – *They sat
  down and ordered coffee.*
  22

2023 zdaleka *part* by far, from afar
- Byl to zdaleka ten nejlepší možný způsob. –
  It was by far the best possible way.
  22 –S

2024 opačný *adj* opposite
- Mělo to úplně opačný účinek. – *It had quite the opposite effect.*
22 –S

2025 zdejší *adj* local
- Zdejší počasí je velmi proměnlivé. – *Local weather is very changeable.*
22 –S

2026 najevo *adv* (to make) obvious, (to come) to light
- Vyšlo najevo, že to není pravda. – *It came to light that it was not true.*
22 –S

2027 premiér *anim* premier
- Byl prvním premiérem samostatného Česka. – *He was the first premier of the independent Czech Republic.*
22 +N

2028 test *inan* test
- Musíme počkat na výsledky testů. – *We have to wait for the test results.*
22

2029 hlídat *impf* to watch, guard
- Je dobré hlídat si váhu a nepřejídat se. – *It is good to watch your weight and not overeat.*
22

2030 dáma *fem* lady
- Měla pověst elegantní dámy. – *She had a reputation as a lady.*
22

2031 sladký *adj* sweet
- Mám chuť na sladký. – *I have a sweet tooth.*
22

2032 výlet *inan* trip
- Jedem zítra na školní výlet. – *We're going on a school trip tomorrow.*
22 –P

2033 rozum *inan* reason, sense
- Nakonec zvítězil zdravý rozum. – *In the end common sense won.*
22

2034 úspěšně *adv* successfully
- Úspěšně absolvoval nejtvrdší část přijímacího testu. – *He successfully passed the hardest part of the entrance test.*
22 –S

2035 zasloužit (si) *pf* to deserve
- Nic lepšího si nezaslouží. – *He doesn't deserve anything better.*
22

2036 uznat *pf* to acknowledge, recognize
- Jejich sňatek nebyl oficiálně uznán. – *Their marriage was not legally recognized.*
22

2037 vteřina *fem* second
- Zápas byl dramatický do posledních vteřin. – *The match was dramatic until the very last second.*
22

2038 přerušit *pf* to cut (off), interrupt
- Dodávka elektřiny v některých krajích byla přerušena. – *Electricity supplies have been cut in some regions.*
22

2039 maximálně *adv* at the most, no more than
- Máš na to maximálně dva dny. – *You've got no more than two days to do it.*
22 –F

2040 trápit (se) *impf* to trouble, worry
- Netrapte se tím, co nejde změnit. – *Don't worry about what you can't change.*
22

2041 přehled *inan* survey, summary
- Práce obsahuje přehled klíčových pojmů. – *The paper contains a summary of key words.*
22

2042 ocitnout se *pf* to find oneself
- Ocitli jsme se zcela bez peněz. – *We found ourselves with no money.*
22 –S

2043 pošta *fem* post office, mail
- Ozbrojení lupiči přepadli naši poštu. – *Armed robbers held up our post office.*
22

2044 vybavit (se, si) *pf* to equip, **(si)** recall
- V duchu si vybavil tvář maminky. – *In his mind he recalled his mother's face.*
22 –S

2045 hlad *inan* hunger
- Vůbec jsem necítil hlad. – *I could not feel any hunger.*
22

2046 takzvaný *adj* so-called
- Vznikl koncept takzvané bezpapírové kanceláře. – *The concept of the so-called paperless office emerged.*
22

2047 mírný *adj* mild
- Francie má převážně mírné podnebí. – *France has a predominantly mild climate.*
22

2048 měřit (se) *impf* to measure
- Vliv těchto faktorů je obtížné měřit. – *It is difficult to measure the influence of these factors.*
22

2049 překonat (se) *pf* to overcome
- Musíte překonat strach z neznámého. – *You must overcome your fear of the unknown.*
22 –S

2050 negativní *adj* negative
- Kniha vzbudila mnoho negativních reakcí. – *The book provoked many negative reactions.*
22

2051 úžasný *adj* amazing
- To je prostě úžasný. – *It's simply amazing.*
21

2052 zájemce *anim* interested person
- Den otevřených dveří přilákal spoustu zájemců. – *The open day attracted many interested people.*
21 –S –F

2053 ukrást *pf* to steal
- Někdo mi ukradl kabelku. – *Someone stole my handbag.*
21 –P

2054 opatrně *adv* carefully
- Rybu opatrně obrátíme a osolíme. – *Carefully turn the fish over and salt it.*
21

2055 hmota *fem* matter, material
- Hypotalamus je tvořen šedou hmotou mozkovou. – *The hypothalamus is formed by the grey matter of the brain.*
21

2056 super *adv* super
- Na začátku to bylo super. – *It was super at the beginning.*
21 –F –P

2057 relativně *part* relatively
- Praha je relativně bezpečné město. – *Prague is a relatively safe city.*
21 –F

2058 zařídit (si) *pf* to arrange
- Jak to hodláte zařídit? – *How are you going to arrange it?*
21

2059 osmý *num* eighth
- Oslavili osmé výročí svatby. – *They celebrated their eighth wedding anniversary.*
21

2060 plat *inan* pay, salary
- Poslanci si opět zvýšili platy. – *MPs have given themselves another pay rise.*
21

2061 kritický *adj* critical
- Situace v zemi je kritická. – *The situation in the country is critical.*
21 –S

2062 trend *inan* trend
- Jaký je současný trend ženské krásy? – *What is the current trend in female beauty?*
21 –S –F

2063 navzájem *adv* each other, mutually
- Navzájem se neznají. – *They don't know each other.*
21

2064 schválit *pf* to approve
- Poslanci schválili plán na zvýšení DPH. – *MPs approved a plan to increase VAT.*
21 –S

2065 soulad *inan* accordance, harmony
- Je to v souladu s článkem 5. – *It is in accordance with Article 5.*
21 –S

2066 koncepce *fem* concept
- Jeho koncepce byla odmítnuta. – *His concept has been rejected.*
21 –S –F

2067 olej *inan* oil
- Na pánvi rozehřejeme olivový olej. – *Heat the olive oil in the pan.*
21

2068 cigareta *fem* cigarette
- Já si dám ještě cigaretu, jo? – *I'll have one more cigarette, ok?*
21 –P

2069 mínit *impf* to mean
- To nebylo míněno vážně. – *It wasn't meant seriously.*
21 –S

2070 omyl *inan* mistake
- Omylem mi šlápl na nohu. – *He trod on my foot by mistake.*
21

2071 mírně *adv* mildly, moderately
- Něco takového je, mírně řečeno, velmi neobvyklé. – *Something like this is, to put it mildly, very unusual.*
21 –S

2072 zaměstnání *neut* job, occupation
- Vystřídal v životě mnoho zaměstnání. – *He has gone through many jobs in his life.*
21

2073 věž *fem* tower
- Rekonstrukce slavné šikmé věže v Pise byla ukončena. – *The reconstruction of the famous leaning tower of Pisa is complete.*
21

2074 pořad *inan* programme, agenda
- Ráda se dívám na pořady o zvířatech. – *I like watching animal programmes.*
21

2075 hala *fem* hall, lounge
- Stáli jsme ve vstupní hale a čekali. – *We stood in the entrance hall and waited.*
21

2076 pravit *pf* to say
- Nevěděl jsem to, pravil tiše. – *I didn't know that, he said quietly.*
21 –S

2077 jevit se *impf* to seem
- Jeví se jako spolehlivý člověk. – *He seems to be a reliable person.*
21 –S

2078 odpovídající *adj* adequate, corresponding
- To nepovažuji za odpovídající řešení. – *I do not consider this to be an adequate solution.*
21 –S

2079 pouštět *impf* to let go, set about
- Nepouštěj ho pryč. – *Don't let him go.*
21

2080 domácnost *fem* household
• Kolik lidí žije v této domácnosti? – *How many people live in this household?*
21

2081 dálka *fem* distance
• Z dálky se ozývala hudba. – *The music was coming from a distance.*
21

2082 vzdělání *neut* education
• Naše škola nabízí kvalitní vzdělání studentům z celé republiky. – *Our school offers quality education to students from all over the country.*
21

2083 série *fem* series
• Každá série jednou skončí. – *Every series comes to an end some day.*
21 –S

2084 hromada *fem* heap, meeting
• Před domem byla hromada kamení. – *There was a heap of stones in front of the house.*
21

2085 přihlásit (se) *pf* to apply, report
• Přihlásil se na lékařskou fakultu. – *He applied to the medical school.*
21

2086 efekt *inan* effect
• Naše snahy měly bohužel opačný efekt. – *Unfortunately, our efforts had the opposite effect.*
21

2087 pravděpodobný *adj* probable, likely
• Ani jeden z výsledků není pravděpodobný. – *Neither outcome seems very probable.*
21

2088 hluboko *adv* deep
• Sáhl si hluboko do kapsy. – *He put his hand deep into his pocket.*
21

2089 přátelský *adj* friendly
• Panuje zde velmi přátelská atmosféra. – *The atmosphere here is very friendly.*
21 –S

2090 krajský *adj* regional
• Budova krajského soudu prochází rekonstrukcí. – *The building of the regional court is under reconstruction.*
21 –S –F

2091 závažný *adj* serious
• Obezita je závažný zdravotní problém. – *Obesity is a serious health problem.*
21 –S

2092 užít (si) *pf* to use, **(si)** enjoy
• Užijte si vánoční prázdniny! – *Enjoy the Christmas holiday!*
21

2093 představení *neut* performance, introduction
• Festival nabídne i divadelní představení. – *The festival also offers theatre performances.*
21

2094 zachytit *pf* to record, catch
• Fotografové zachytili slavnou dvojici ruku v ruce. – *Photographers caught the famous couple hand in hand.*
21 –S

2095 rádio *neut* radio
• Kolik to rádio stálo? – *How much was the radio?*
21

2096 spustit *pf* to launch
• Firma v lednu spustila nové internetové stránky. – *The company launched a new website in January.*
21

2097 čili *conj* so, or
• Jeli jsme tam vlakem, čili to trvalo skoro dva dny. – *We went there by train so it took us almost two days.*
21

2098 zlobit (se) *impf* to annoy, **(se)** be angry
• Zlobil se sám na sebe. – *He was angry with himself.*
21 –P

2099 problematika *fem* issues
• Studijní program je zaměřen na problematiku menšin. – *The student programme is aimed at the issues of minorities.*
21 –S –F

2100 záviset *impf* to depend
• Všechno nyní závisí na počasí. – *Everything now depends on the weather.*
21 –S

2101 konflikt *inan* conflict
• Hrozí riziko válečného konfliktu. – *There is a risk of military conflict.*
21 –S

2102 devadesát *num* ninety
• Vlastní více než devadesát procent firmy. – *He owns more than ninety per cent of the company.*
21 –P

2103 vyzkoušet (si) *pf* to try, **(si)** try on
• V životě se musí vyzkoušet všechno. – *You should try everything once.*
21

2104 vedlejší *adj* adjoining, side
• Nebyly zaznamenány žádné vedlejší účinky. – *No side effects have been reported.*
21

2105 prohlížet (si) *impf* to examine, **(si)** browse
• Zkoumavě se prohlížela v zrcadle. – *She examined herself in the mirror.*
21

2106 školní *adj* school
• Povinná školní četba se nezměnila. – *The compulsory school reading lists have not changed.*
21

2107 minimální *adj* minimal
- Naše životní náklady jsou minimální. –
  Our living expenses are minimal.
  21

2108 vyrůst *pf* to grow up
- Vyrostla na vesnici. – *She grew up in the
  country.*
  21

2109 individuální *adj* individual
- Občanská práva souvisejí s individuální
  svobodou. – *Civil rights are related to
  individual freedom.*
  21 –S –F

2110 symbol *inan* symbol
- Zelená barva a půlměsíc jsou symboly
  islámu. – *The colour green and a crescent
  are symbols of Islam.*
  21 –S

2111 varovat *impf* to warn
- Ekologové varují před globálním
  oteplováním. – *Ecologists warn of global
  warming.*
  21 –S

2112 úsek *inan* section
- Chorvatsko otevřelo nově dostavěný úsek
  dálnice. – *Croatia has opened a newly built
  section of motorway.*
  21

2113 zásoba *fem* supply
- Měli zásobu jídla na tři dny. – *They had
  three days' food supplies.*
  21

2114 pozemek *inan* plot, lands
- Pozemek leží na velmi atraktivním místě. –
  The plot is located in a very attractive area.
  21

2115 tatínek *anim* daddy
- U nás v rodině kouří jen tatínek. – *Daddy is
  the only one who smokes in our family.*
  21 –P

2116 třináct *num* thirteen
- Když jí bylo třináct, rodiče se rozvedli. –
  *Her parents got divorced when she was
  thirteen.*
  21

2117 vykládat *impf* to explain, unload
- Nemělo cenu jí nic vykládat. – *There was
  no point in explaining it to her.*
  21

2118 spánek *inan* sleep
- Mnoho lidí trpí poruchami spánku. –
  Many people suffer from sleep disorders.
  21

2119 temný *adj* dark
- Vcházíme do temných, úzkých uliček. –
  We are entering dark, narrow streets.
  21 –S

2120 narozeniny *fem pl* birthday
- Co mi koupíš k narozeninám? – *What will
  you get me for my birthday?*
  21 –P

2121 připustit (si) *pf* to admit
- Pro mnoho lidí je těžké připustit si vnitřní
  nejistoty. – *It is hard for many people to
  admit their inner doubts.*
  21 –S

2122 podruhé *num* for the second time
- Můj otec se podruhé oženil. – *My father got
  married for the second time.*
  21

2123 profesionální *adj* professional
- Na místo dorazili profesionální i dobrovolní
  hasiči. – *Both professional and volunteer fire
  brigades arrived on the scene.*
  21

2124 vládnout *impf* to govern
- Královna Nefertiti vládla celé říši. – *Queen
  Nefertiti governed the whole empire.*
  21 –S

2125 internetový *adj* internet
- Nepoužívám internetové bankovnictví. –
  I don't use Internet banking.
  21 –F

2126 centrální *adj* central
- Vozidlo bylo vybaveno centrálním
  zamykáním. – *The vehicle was equipped with
  a central locking system.*
  21 –S

2127 taška *fem* bag
- Jdu pomoct mámě s taškama. – *I'll go and
  help my mum with her bags.*
  21 –P

2128 nůž *inan* knife
- Každý nůž i vidlička byly ze stříbra. – *All the
  knives and forks were made of silver.*
  21

2129 konference *fem* conference
- Podrobnější informace budou zveřejněny na
  tiskové konferenci. – *Detailed information
  will be released at the press conference.*
  21 –S

2130 svěřit (se) *pf* to confide
- Svěřila se matce. – *She confided in her
  mother.*
  21 –S

2131 zimní *adj* winter
- Koupila si nový zimní kabát. – *She has
  bought a new winter coat.*
  21

2132 zkrátka *part* in short
- Zkrátka, tak už to v přírodě chodí. – *In short,
  that's the way nature is.*
  20

2133 košile *fem* shirt
- Měl tmavý oblek a bílou košili. – *He was
  wearing a dark suit and a white shirt.*
  20

2134 oslava *fem* celebration
- K velkým oslavám není důvod. – *There is no
  cause for big celebrations.*
  20

2135 liga *fem* league
- Evropská hokejová liga končí posledním zápasem. – *The European Hockey League finishes with its last match.*
20 –F –P

2136 mléko *neut* milk
- Tvaroh v misce našleháte s cukrem a mlékem. – *In a bowl, whisk cream cheese with sugar and milk.*
20

2137 vybavení *neut* equipment
- Dobré sportovní vybavení je neskutečně drahé. – *Good sports equipment is horribly expensive.*
20

2138 mapa *fem* map
- Neměli jsme s sebou mapu ani kompas. – *We had neither a map nor a compass with us.*
20

2139 aktuální *adj* topical, up-to-date
- Aktuální informace nejsou k dispozici. – *Up-to-date information is not available.*
20 –F

2140 klesnout *pf* to fall, drop
- Teploty klesly pod nulu. – *Temperatures have dropped to below zero.*
20

2141 citlivý *adj* sensitive
- Je mladá, citlivá, hezká a inteligentní. – *She's young, sensitive, pretty and intelligent.*
20

2142 populární *adj* popular
- Bude ženský fotbal stejně populární jako mužský? – *Will women's football become as popular as men's?*
20

2143 závislost *fem* addiction, dependence
- Definitivně porazil svou drogovou závislost. – *He finally beat his drug addiction.*
20 –S

2144 zranění *neut* injury
- Řidič vyvázl bez zranění. – *The driver escaped without injury.*
20 –S

2145 vytvoření *neut* creation, formation
- Vytvoření nové vlády bylo velmi náročné. – *The formation of a new government was very difficult.*
20 –S –F

2146 kritika *fem* criticism, review
- Prezident kritiku odmítá. – *The president rejects any criticism.*
20 –S

2147 všeobecný *adj* general, common
- Všeobecné nadšení nevydrželo dlouho. – *The general enthusiasm did not last long.*
20 –S

2148 hnědý *adj* brown
- Na zemi je světle hnědý koberec. – *There is a light brown carpet on the floor.*
20

2149 vyhovovat *impf* to suit
- Vyhovuje vám to dnes večer? – *Does tonight suit you?*
20

2150 rozšíření *neut* expansion, extension
- Rozšíření Evropské unie je v zájmu všech. – *The expansion of the European Union is in everyone's interest.*
20 –S –F

2151 sever *inan* north
- Sever Iráku je nestabilní. – *The north of Iraq is not stable.*
20

2152 břicho *neut* stomach, abdomen
- Bolí mě břicho. – *I have a stomach-ache.*
20

2153 cizinec *anim* foreigner, stranger
- Srí Lanka je pro cizince strašně levná. – *Sri Lanka is very cheap for foreigners.*
20

2154 slečna *fem* miss, young lady
- Slečna Marplová se na mne zkoumavě zadívala. – *Miss Marple looked at me inquiringly.*
20 –P

2155 památka *fem* memory, sight
- Památky v této zemi přitahují tisíce turistů. – *Thousands of tourists are attracted to the sights in this country.*
20

2156 lék *inan* drug, medicine
- Zatím jsou tyto léky velmi drahé. – *These drugs are still very expensive.*
20

2157 ušetřit *pf* to save
- Nákupem za hranicemi lze ušetřit. – *Shopping abroad can save you money.*
20

2158 konkurence *fem* competition
- Pokles cen způsobila konkurence. – *The fall in prices was caused by competition.*
20 –S –F

2159 fotbal *inan* football
- Díváte se na fotbal v televizi? – *Do you watch football on TV?*
20 –P

2160 tudíž *conj* therefore
- Jsou štědří, tudíž jsou oblíbení. – *They are generous, and therefore popular.*
20

2161 režisér *anim* director
- Jako režisér musím mít jasnou vizi. – *As a director, I must have a clear vision.*
20

2162 zakázat *pf* to forbid, ban
- Kouření je zakázáno uvnitř veřejných budov. – *Smoking is banned in public buildings.*
20

2163 zábava *fem* fun, entertainment
- Nedělal to jen tak pro zábavu. – *He didn't do it just for fun.*
20

2164 doklad *inan* certificate, (*pl*) papers
- V kabelce se našly doklady a peníze. – *Identification papers and money were found in the handbag.*
20

2165 záchod *inan* toilet
- Předělávali jsme koupelnu a záchod. – *We were rebuilding our bathroom and toilet.*
20 –P

2166 mohutný *adj* mighty, massive
- Mohutné exploze zničily několik budov. – *Massive explosions have destroyed several buildings.*
20

2167 realizace *fem* implementation, realization
- Realizace projektu je prakticky ukončena. – *The implementation of the project is practically finished.*
20 –S –F

2168 pořádat *impf* to organize, host
- Kdo bude za osm let pořádat olympijské hry? – *Who will host the Olympics in eight years?*
20

2169 pořídit (si) *pf* to get, buy
- Pořiďte si něco nového na sebe! – *Buy yourself something new to wear!*
20

2170 patrně *part* probably
- Byly to patrně nejlepší týdny jeho života. – *Those were probably the best weeks of his life.*
20 –S

2171 usmívat se *impf* to smile
- Usmíval se na ni a držel ji za ruku. – *He was smiling at her and holding her hand.*
20 –P

2172 vítěz *anim* winner
- Vítězům srdečně blahopřejeme! – *Congratulations to the winners!*
20 –S

2173 tiskový *adj* press
- Pracuje jako tisková mluvčí internetové firmy. – *She works as a press agent for an Internet company.*
20 –S –F

2174 schůzka *fem* date, meeting
- Pročs nepřišel na schůzku? – *Why didn't you come to the meeting?*
20

2175 postarat se *pf* to take care
- Postará se o něj někdo? – *Will anybody take care of him?*
20

2176 upravit (se) *pf* to adjust, edit, **(se)** tidy up
- Text byl upraven a zkrácen. – *The text has been edited and shortened.*
20

2177 viditelný *adj* visible
- Problémy ekonomiky může vyřešit neviditelná ruka trhu. – *Economic problems can be solved by the invisible hand of the market.*
20 –S

2178 brýle *fem pl* glasses
- Sundal si brýle. – *He took off his glasses.*
20

2179 měkký *adj* soft, tender
- Duste, dokud není maso měkké. – *Simmer until the meat is tender.*
20

2180 zkoumat *impf* to examine
- Odborníci nyní zkoumají vzorky vody. – *Experts are now examining the water samples.*
20

2181 fotbalový *adj* football
- Manchester United je bohatý fotbalový klub. – *Manchester United is a rich football club.*
20 –P

2182 souhlas *inan* consent, approval
- Děti potřebují písemný souhlas rodičů. – *Children need the written consent of their parents.*
20 –S

2183 budoucno *neut* future
- Tato situace by se v budoucnu neměla opakovat. – *This situation should not occur again in the future.*
20

2184 vyslovit (se) *pf* to express, **(se)** speak up
- Máte odvahu vyslovit svůj názor nahlas? – *Do you have the courage to express your opinion out loud?*
20 –S

2185 jednoznačně *adv* undoubtedly, unambiguously
- To je jednoznačně naše chyba. – *It is undoubtedly our fault.*
20

2186 aplikace *fem* application
- Intravenózní aplikace léku způsobuje bezvědomí. – *Intravenous application of the drug causes unconsciousness.*
20 –S –F

2187 prach *inan* dust, powder
- Smetla chuchvalec prachu na lopatku. – *She swept a lump of dust onto a dustpan.*
20

2188 vyskytovat se *impf* to occur, be located
- Čas od času se vyskytují technické poruchy. – *Occasionally technical failures occur.*
20 –S

2189 kafe *neut* coffee
- Dáš si kafe? – *Will you have some coffee?*
20 –P

2190 vysoce *adv* highly
- Rtuť je vysoce nebezpečným minerálem. – *Mercury is a highly dangerous mineral.*
20 –S

2191 dokonale *adv* perfectly
- Byla jsem těhotná a dokonale šťastná. – *I was pregnant and perfectly happy.*
20 –S

2192 pochybovat *impf* to doubt
- Pochybujete o svých schopnostech? – *Do you doubt your abilities?*
20

2193 postižený *adj* afflicted, disabled
- Jeho otec byl rovněž tělesně postižený. – *His father was disabled, too.*
20

2194 nutnost *fem* necessity
- Cestování se pro něj stalo nutností. – *Travelling has become a necessity for him.*
20 –S

2195 dvojice *fem* pair, couple
- Stala se z nich nerozlučná dvojice. – *They have become an inseparable couple.*
20 –S

2196 jih *inan* south
- Jih země zasáhly ničivé povodně. – *Devastating floods hit the south of the country.*
20

2197 pas *inan* passport, waistline
- Prý ztratil svůj cestovní pas. – *He claims to have lost his passport.*
20

2198 lehnout si *pf* to lie down, go to bed
- Nechceš si jít lehnout? – *Don't you want to lie down for a while?*
20 –P

2199 směřovat *impf* to head (for), aim
- Kam Evropa směřuje? – *Where is Europe heading?*
20 –S

2200 slza *fem* tear, teardrop
- Slzy jí stékaly po tváři. – *Tears flowed down her cheeks.*
20 –S –P

2201 důvěra *fem* trust
- Musíme obnovit důvěru v politiku. – *We must restore people's trust in politics.*
20 –S

2202 hrdina *anim* hero
- Cítil se jako hrdina. – *He felt like a hero.*
20

2203 vyhlásit *pf* to declare, announce
- Úřady vyhlásily výjimečný stav. – *The authorities declared a state of emergency.*
20 –S

2204 myšlení *neut* thinking, thought
- Odpověď se skrývá ve způsobu myšlení. – *The answer is to change your way of thinking.*
20 –S

2205 káva *fem* coffee
- Chcete nějakej čaj, kávu, vodu? – *Would you like some tea, coffee, water?*
20

2206 blízkost *fem* vicinity, closeness
- Budova leží v těsné blízkosti řeky. – *The building is situated in the immediate vicinity of the river.*
20 –S

2207 chladný *adj* cool, cold
- Meteorologové předpovídají chladné počasí a déšť. – *Meteorologists forecast cold weather and rain.*
20 –S

2208 svatba *fem* wedding
- Měli moc hezkou svatbu. – *They had a very nice wedding.*
20

2209 válečný *adj* war
- Byl odsouzen jako válečný zločinec. – *He was convicted as a war criminal.*
20 –S

2210 odložit (si) *pf* to put away, postpone, **(si)** take off
- Poslanci museli jednání odložit. – *MPs had to postpone the debate.*
20

2211 šestnáct *num* sixteen
- V lednu jí bude šestnáct. – *She'll be sixteen in January.*
20

2212 sranda *fem* fun, kidding
- No tak, bude to sranda. – *Come on, it's gonna be fun.*
20 –P

2213 cit *inan* emotion, feeling
- Co je důležitější, rozum nebo cit? – *What is more important, reason, or emotion?*
20 –S

2214 pozdější *adj* later
- Setkání bylo přesunuto na pozdější termín. – *The meeting was postponed to a later date.*
20 –S

2215 kočka *fem* cat
- Kočky nemají pít mlíko. – *Cats shouldn't drink milk.*
20

2216 proměnit (se) *pf* to change, transform
- Kapalina se proměnila v páru. – *The liquid changed into gas.*
20 –S

2217 vyvíjet (se) *impf* to develop
- Ne všechny složky jazyka se vyvíjejí stejně rychle. – *Not all parts of a language develop at the same speed.*
20

2218 fakulta *fem* faculty
- Absolvoval právnickou fakultu. – *He graduated from the Faculty of Law.*
20

2219 obchodník *anim* trader, dealer, businessman
- Tržnice patří vietnamským obchodníkům. – *The market hall is owned by Vietnamese traders.*
20 –S

2220 pár *inan* couple, pair
- Bydlel tam mladý pár. – *A young couple lived there.*
20 –S

2221 blok *inan* block, writing pad
- Bydleli tři bloky od hotelu. – *They lived three blocks from the hotel.*
20

2222 vražda *fem* murder
- Byla to dvojnásobná vražda. – *It was a double murder.*
20 –S

2223 vložit *pf* to insert, put, place
- Rybu nakrájíme a vložíme do zapékací mísy. – *Slice the fish and place it in a casserole.*
20 –S

2224 domek *inan* house
- Honza zdědil domek po babičce. – *Honza inherited a house from his granny.*
20

2225 včas *adv* on time, in time
- Nevšimli si toho včas. – *They didn't notice in time.*
20

2226 dluh *inan* debt
- Spolumajitel firmy se topí v dluzích. – *The company co-owner is up to his neck in debt.*
20

2227 hřiště *neut* pitch, field, playground
- Hospoda je hned vedle hřiště. – *The pub is right next to the pitch.*
20

2228 nádraží *neut* station
- Vystoupíte na hlavním nádraží. – *You'll get off at the main station.*
20 –P

2229 prázdniny *fem pl* holidays, vacation
- Už se těším na prázdniny. – *I'm already looking forward to the holidays.*
20 –P

2230 dostupný *adj* available, affordable
- Hostely jsou většinou cenově dostupné. – *Hostels are usually affordable.*
20 –S

2231 prdel *fem* arse, ass, fun
- Polib mi prdel. – *Kiss my arse.*
20 –P –N

2232 usnout *pf* to fall asleep
- Nemohla jsem vůbec usnout. – *I could not fall asleep at all.*
20 –P

2233 kritérium *neut* criterion
- Snažíme se splnit kritéria pro přijetí eura. – *We are trying to meet the criteria for adopting the euro.*
19 –S –F

2234 vzadu *adv* at/in the back
- Seděli jsme vzadu v autě. – *We sat in the back of the car.*
19

2235 děvče *neut* girl
- Je to velmi dobře vychované děvče. – *She is a very well brought-up girl.*
19

2236 příslušník *anim* member
- Vězně mohou navštěvovat pouze rodinní příslušníci. – *Prisoners may be visited only by family members.*
19 –S

2237 předvést *pf* to demonstrate, show
- Předveďte, co umíte. – *Show what you can do.*
19

2238 okolní *adj* surrounding, neighbouring
- Obdobná je i situace v okolních státech. – *The situation is similar in neighbouring countries.*
19 –S

2239 realizovat *biasp* to implement, carry out
- Kdy bude projekt realizován? – *When will the project be implemented?*
19 –S –F

2240 jádro *neut* kernel, core
- Nakonec přidáme ořechová jádra a rozinky. – *Finally add the walnut kernels and raisins.*
19

2241 strategie *fem* strategy
- Naše strategie je jasná. – *Our strategy is clear.*
19 –S –F

2242 signál *inan* signal
- Je to varovný signál. – *It is a warning signal.*
19

2243 rudý *adj* red, crimson
- Rudé moře dostalo název od červené řasy. – *The Red Sea got its name from a type of red algae.*
19 –S

2244 navrhovat *impf* to propose, suggest
- Navrhuji vám následující řešení. – *I would suggest the following solution.*
19

2245 osmnáct *num* eighteen
- V osmnácti jsem se poprvé zamiloval. – *I first fell in love when I was eighteen.*
19

2246 snižovat (se) *impf* to reduce, decrease
- Nedostatek tekutin snižuje tělesnou výkonnost. – *Lack of liquid decreases body performance.*
19 –S –F

2247 kapacita *fem* capacity
- Celková kapacita nemocnice je 1300 lůžek. – *The total capacity of the hospital is 1,300 beds.*
19 –F

2248 devátý *num* ninth
- Armstrong dojel v závodě devátý. – *Armstrong finished the race in ninth position.*
19

2249 brzo *adv* soon, early
- Nerad brzo vstávám. – *I don't like getting up early.*
19 –P

2250 zahrát *pf* to play
- Nechcete si zahrát veselou společenskou hru? – *Do you feel like playing a funny party game?*
19 –P

2251 upozorňovat *impf* to warn, point out
- Na toto riziko jsme již upozorňovali. – *We have already warned of the risk.*
19

2252 záznam *inan* entry, record
- Vedu si o všem záznamy. – *I keep a record of everything.*
19

2253 zlepšit (se) *pf* to improve
- Chceme zlepšit zdravotní péči. – *We want to improve health care.*
19

2254 prohrát *pf* to lose
- Náš tým prohrál 3 : 5. – *Our team lost 3-5.*
19 –P

2255 znamení *neut* sign
- Narodil se ve znamení Berana. – *He was born under the sign of Aries.*
19

2256 rozumný *adj* reasonable, sensible
- Máte pro to nějaký rozumný důvod? – *Do you have any sensible reason for it?*
19

2257 boží *adj* of God, cool
- Boží mlýny melou pomalu, ale jistě. – *The mills of God grind slowly, but they grind exceedingly small.*
19

2258 nikam *adv* nowhere, anywhere
- Nechoď nikam sama! – *Don't go anywhere alone!*
19 –P

2259 provedení *neut* version, execution
- Stroje jsou vyráběny v různých provedeních. – *The machines are produced in many versions.*
19 –S

2260 prsa *neut pl* chest, breast
- Vyzývavě si složil ruce na prsou. – *He defiantly crossed his arms across his chest.*
19

2261 obvinit *pf* to accuse
- Byl obviněn z vraždy. – *He was accused of murder.*
19 –S

2262 závěrečný *adj* final
- Bohužel neudělal závěrečné zkoušky. – *Unfortunately, he didn't pass the final exams.*
19

11 Food and drink

maso 1063 meat	**cukr** 2687 sugar	**koláč** 4408 cake, pie
víno 1065 wine, grape	**sůl** 2727 salt	**cibule** 4728 onion
pivo 1076 beer	**ovoce** 2757 fruit	**knedlík** 4766 dumpling
chléb 1586 bread	**jablko** 2844 apple	**buchta** 4767 cake
čaj 1729 tea	**vejce** 3004 egg	**dort** 4810 cake
alkohol 1911 alcohol, spirits	**vajíčko** 3109 egg	**těsto** 4812 dough, batter
olej 2067 oil	**máslo** 3229 butter	**řízek** 4931 schnitzel
mléko 2136 milk	**sýr** 3284 cheese	
kafe 2189 coffee	**salát** 3665 salad, lettuce	**Meals**
káva 2205 coffee	**tuk** 3852 fat	**snídaně** 2667 breakfast
polévka 2394 soup	**čokoláda** 4041 chocolate	**oběd** 1197 lunch, dinner
brambor 2481 potato	**omáčka** 4309 sauce	**večeře** 1426 dinner, supper
zelenina 2644 vegetable(s)	**mouka** 4386 flour	

2263 rovina *fem* plain, level
- Kolem města se rozprostírají rozlehlé roviny. – *Vast plains stretch out around the town.*
19

2264 průzkum *inan* survey, poll
- Výsledky průzkumu budou zveřejněny příští rok. – *The results of the survey will be published next year.*
19 –S

2265 označení *neut* mark, label
- Označení výrobků nebylo v souladu se směrnicemi. – *Product labels were not in compliance with the directives.*
19 –S

2266 poznání *neut* knowledge, understanding
- Poznání sebe sama je velmi důležité. – *Understanding oneself is very important.*
19 –S

2267 nula *fem* zero, nothing
- Venku je dvanáct pod nulou. – *It's twelve below zero outside.*
19

2268 důl *inan* mine, pit
- Šel pracovat do solných dolů. – *He went to work in the salt mines.*
19

2269 zdůraznit *pf* to emphasize, stress
- Tuto skutečnost je potřeba zdůraznit. – *This fact must be emphasized.*
19 –S

2270 zavřený *adj* closed
- Všechny obchody byly zavřené. – *All the shops were closed.*
19

2271 vystavit *pf* to display, expose
- V muzeu jsou vystaveny předměty z archeologických vykopávek. – *There are objects from archaeological excavations displayed in the museum.*
19 –S

2272 vypít *pf* to drink, drink up
- Vypili jsme celou láhev vína. – *We drank a whole bottle of wine.*
19 –P

2273 kořen *inan* root
- Zakopla o kořen stromu. – *She stumbled over a tree root.*
19

2274 určovat *impf* to determine, choose
- Zaměstnavatel určuje dobu čerpání dovolené. – *The employer determines the number of days of holiday.*
19 –S

2275 prudký *adj* sharp, intense
- Pocítila prudkou bolest v nohou. – *She felt a sharp pain in her legs.*
19

2276 hledání *neut* searching
- Hledání práce v zahraničí se stalo novým fenoménem. – *Searching for a job abroad is a new phenomenon.*
19 –S

2277 utíkat *impf* to run
- Museli jsme utíkat na autobus. – *We had to run to catch the bus.*
19

2278 rakouský *adj* Austrian
- Byl zatčen rakouskou policií. – *He was arrested by the Austrian police.*
19 –S

2279 scházet (se) *impf* to be missing, (se) meet
- Komise se bude scházet jednou ročně. – *The commission will meet once a year.*
19

2280 investor *anim* investor
- Nepodařilo se mu přilákat investory. – *He failed to attract investors.*
19 –S –F

2281 točit (se) *impf* to turn, shoot
- Točit film je stejná výzva jako zamilovat se. – *Shooting a film is the same challenge as falling in love.*
19

2282 lékařský *adj* medical
- Vystudoval lékařskou fakultu Univerzity Karlovy. – *He graduated from the Medical School of Charles University.*
19 –S

2283 nasadit (si) *pf* to place, (si) put on
- Musel jsem si nasadit brýle. – *I had to put on my glasses.*
19

2284 zvyknout si *pf* to get used to
- Člověk si zvykne na všecko. – *People get used to anything.*
19

2285 úmysl *inan* intention, plan
- Jeho úmysl mu nevyšel. – *His plan did not work out.*
19 –S

2286 neuvěřitelný *adj* incredible, unbelievable
- Je to neuvěřitelné, ale pravdivé. – *It's incredible, but it's true.*
19

2287 stranou *adv* aside, aloof
- Měli by se držet stranou. – *They should keep aloof.*
19

2288 vozidlo *neut* vehicle
- Marihuana zhoršuje schopnost řídit motorová vozidla. – *Marijuana impairs the ability to drive a motor vehicle.*
19 –S

2289 motiv *inan* motive, theme
- Jaký byl jeho motiv? – *What was his motive?*
19 –S

2290 dar *inan* gift
- Ty květiny jsou dar od mého přítele. – *The flowers are a gift from my boyfriend.*
19

2291 led *inan* ice
- Led na rybníce byl dostatečně silný. –
The ice on the pond was thick enough.
19

2292 násilí *neut* violence
- Jak zabránit násilí ve školách? – *How can
we prevent violence in schools?*
19

2293 nehoda *fem* accident
- Při nehodě bylo zraněno 30 lidí. –
*Thirty people were injured in the
accident.*
19 –S

2294 vystoupení *neut* performance
- Její vystoupení mělo velký úspěch. –
Her performance was a great success.
19 –S

2295 příchod *inan* arrival, coming
- Omluvil se za svůj pozdní příchod. –
He apologized for his late arrival.
19 –S

2296 usilovat *impf* to strive, endeavour
- Celé lidstvo musí usilovat o mír. –
*The whole of mankind must strive for
peace.*
19 –S

2297 chytnout *pf* to catch, grasp
- Chytnul míč na brankové čáře. – *He caught
the ball at the goal line.*
19 –P

2298 špinavý *adj* dirty, filthy
- Mám hrozně špinavý boty. – *My shoes are
filthy.*
19

2299 těžce *adv* heavily, seriously
- Řidič vozu byl těžce zraněn. – *The driver was
seriously injured.*
19

2300 palác *inan* palace
- To není dům, to je palác! – *It's not a house,
it's a palace!*
19 –S

2301 zpočátku *adv* at first, originally
- Zpočátku jsme ve tmě nic neviděli. – *At first
we couldn't see anything in the dark.*
19 –S

2302 rekonstrukce *fem* reconstruction,
renovation
- Rekonstrukce budovy by měla být do června
hotova. – *The renovation of the building
should be finished by June.*
19 –S –F

2303 růžový *adj* pink
- Budu mít na sobě růžový plavky. – *I'll be
wearing a pink swimsuit.*
19

2304 litovat *impf* to regret, feel sorry
- Nikdy ničeho nelituji. – *I never regret
anything.*
19

2305 trestný *adj* criminal
- Podílel se na trestné činnosti. – *He was
involved in criminal activity.*
19 –S –F

2306 pojetí *neut* concept
- Pojetí Boha se po staletí vyvíjelo. –
*Our concept of God has evolved over the
centuries.*
19 –S

2307 házet *impf* to throw, toss
- Anarchisté házeli na Albrightovou
vajíčka. – *Anarchists tossed eggs
at Albright.*
19 –P

2308 předložit *pf* to present, submit
- Předložili nezbytné důkazy. – *They presented
the necessary evidence.*
19 –S

2309 detail *inan* detail
- Na detaily si už nepamatuji. – *I don't
remember the details any more.*
19

2310 novinka *fem* news
- Mám pro vás novinku. – *I have some news
for you.*
19

2311 desátý *num* tenth
- Televize Nova slavila své desáté
narozeniny. – *Nova TV celebrated its
tenth birthday.*
19

2312 dík *inan* (word of) thanks
- S díky přijala sklenku vína. – *She accepted
a glass of wine with thanks.*
19

2313 prudce *adv* sharply, rapidly
- Srdce mu prudce bušilo. – *His heart was
beating rapidly.*
19 –S

2314 užitečný *adj* useful
- Kde mohou turisté najít užitečné
informace? – *Where can tourists find
useful information?*
19

2315 sáhnout *pf* to touch, reach for
- Sáhni si! – *Touch it!*
19 –S

2316 povolit *pf* to permit, allow, loose
- Nepovolili mu odjet ze země. –
*Ha was not allowed to leave the
country.*
19

2317 dojet *pf* to reach, catch up
- Večer jsme dojeli do Washingtonu. –
We reached Washington in the evening.
19 –P

2318 mužský *adj* male
- Uslyšela mužský hlas. – *She heard a male
voice.*
19

2319 podezření *neut* suspicion
- Nechtěl vzbudit podezření. – *He did not want to arouse suspicion.*
19

2320 spisovatel *anim* writer
- Provdala se za spisovatele Rainera Maria Rilkeho. – *She married the writer Rainer Maria Rilke.*
19 –S

2321 odhad *inan* assessment, estimate
- Jaký je váš odhad situace? – *What is your assessment of the situation?*
19

2322 výrobní *adj* production
- Výrobní cena léku je vysoká. – *The production costs of the drug are high.*
18 –S –F

2323 zbytečně *adv* in vain, needlessly
- Kosmetika je zbytečně drahá. – *Cosmetics are needlessly expensive.*
18

2324 zkušený *adj* experienced
- Je to nejzkušenější hráč mužstva. – *He is the most experienced player in the team.*
18 –S

2325 zlato *neut* gold
- Vyhrál olympijské zlato. – *He has won Olympic Gold.*
18

2326 euro *neut* euro
- Euro posílilo vůči dolaru. – *The euro strengthened against the dollar.*
18 –F

2327 hloupý *adj* stupid, dull
- Je to dost hloupý nápad. – *It's rather a stupid idea.*
18 –P

2328 spodní *adj* bottom
- Vltava zaplavila spodní část zahrady. – *The Vltava has flooded the bottom part of the garden.*
18

2329 letiště *neut* airport
- Přistáli na letišti Ruzyně. – *They landed at Ruzyně Airport.*
18

2330 překážka *fem* obstacle
- Narazili jsme na velkou překážku. – *We encountered a major obstacle.*
18 –S

2331 paže *fem* arm
- Zvedl levou paži. – *He raised his left arm.*
18 –S

2332 výchova *fem* education, training
- Mnozí rodiče zanedbávají sexuální výchovu svých dětí. – *Many parents neglect their children's sexual education.*
18

2333 klesat *impf* to fall, drop
- Hladina řek pomalu klesá. – *River levels are falling slowly.*
18 –S

2334 vybudovat *pf* to build (up)
- Hrad byl vybudován ve 13. století. – *The castle was built in the 13th century.*
18 –S

2335 popis *inan* description
- Máme přesný popis pachatele. – *We have an accurate description of the culprit.*
18 –S

2336 areál *inan* premise, precinct
- V areálu školy je zakázáno kouřit. – *Smoking is not allowed on the school premises.*
18

2337 vysvětlení *neut* explanation
- Je to jediné možné vysvětlení. – *It is the only possible explanation.*
18 –S

2338 duchovní *adj/noun* spiritual (*adj*), clergyman (*noun*)
- Hudba silně ovlivnila jeho duchovní život. – *Music strongly influenced his spiritual life.*
18 –S

2339 vstávat *impf* to get up, stand up
- Vstávala jsem kolem půl sedmé. – *I used to get up at about half past six.*
18 –P

2340 tendence *fem* tendency
- Jsme svědky dvou protichůdných tendencí. – *We have been witnessing two opposing tendencies.*
18

2341 kandidát *anim* candidate
- Kdo by byl ideálním kandidátem na prezidenta? – *Who would be the ideal presidential candidate?*
18 –S

2342 přednáška *fem* lecture
- Na tuto přednášku nemusíte chodit. – *You don't have to attend this lecture.*
18

2343 výklad *inan* explication, presentation, shop window
- Jeho výklad mě od začátku velmi zaujal. – *His presentation fascinated me from the very beginning.*
18 –S

2344 mobil *inan* mobile phone, cellphone
- Chci si koupit nový mobil. – *I want to buy a new mobile phone.*
18 –F –P

2345 sláva *fem* fame, glory
- Zažili si svých patnáct minut slávy. – *They had their fifteen minutes of fame.*
18

2346 postavený *adj* built, based
- Zámek postavený v 16. století je obklopen parkem. – *The chateau, built in the 16th century, is surrounded by a park.*
18

2347 utkání *neut* match, game
- Zvítězili již ve třetím utkání po sobě. – *They have already won three matches in a row.*
18 +N

2348 prohlášení *neut* statement, declaration
- Můžete učinit nějaké prohlášení pro tisk? – *Could you make a statement for the press?*
18 –S

2349 festival *inan* festival
- Začal festival komorní hudby. – *The festival of chamber music has begun.*
18 –F –P

2350 kouřit *impf* to smoke
- Už vůbec nekouřím. – *I don't smoke any more.*
18 –P

2351 vědomý *adj* aware, conscious
- Jsou si vědomi všech rizik. – *They are aware of all the risks.*
18 –S

2352 maximální *adj* maximum
- Maximální teploty dosahovaly 35 stupňů Celsia. – *Maximum temperatures reached 35 degrees Celsius.*
18 –S

2353 pověst *fem* legend, reputation
- Jsou tyto pověsti pravdivé? – *Are these legends true?*
18 –S

2354 rozpor *inan* contradiction
- Jeho výpověď byla plná rozporů. – *His testimony was full of contradictions.*
18 –S

2355 líto *adv* (to feel) sorry
- Je mi ho líto. – *I feel sorry for him.*
18 –P

2356 náhoda *fem* chance, coincidence
- Byla to jen shoda náhod. – *It was just a coincidence.*
18

2357 turista *anim* tourist
- Nejvíce turistů přijíždí v červenci. – *Most tourists come in July.*
18

2358 teta *fem* aunt
- Jedeme za tetou. – *We're going to visit our aunt.*
18 –P

2359 pořádný *adj* proper, substantial
- Byla to pořádná suma peněz. – *It was a substantial sum of money.*
18 –P

2360 napsaný *adj* written
- Co je tam napsané? – *What is written there?*
18

2361 stříbrný *adj* silver
- Zloděj ukradl stříbrné šperky a hodinky. – *The shoplifter stole silver jewellery and watches.*
18

2362 blázen *anim* fool, madman
- Dělá ze sebe blázna. – *He's making a fool of himself.*
18 –P

2363 potravina *fem* food(stuff)
- Potraviny jsou zde dražší. – *Food is more expensive here.*
18

2364 prožít *pf* to spend, experience
- Prožil dovolenou na horách. – *He spent his holiday in the mountains.*
18 –S

2365 porazit *pf* to beat, defeat
- Dokázali jsme porazit favorita soutěže. – *We managed to defeat the favourites of the contest.*
18

2366 výzva *fem* challenge
- Byla by to velká výzva. – *It would be a great challenge.*
18 –S

2367 potvrzovat *impf* to certify, prove
- Výjimka potvrzuje pravidlo. – *The exception proves the rule.*
18 –S

2368 ponechat (si) *pf* to leave, (si) keep
- Byli ponecháni o samotě. – *They were left alone.*
18 –S

2369 prvý *num* first
- Za prvé se ujistěte, že je jednotka zapojena. – *First, make sure the unit is plugged in.*
18

2370 poplatek *inan* charge, fee
- Tato služba je poskytována bez poplatku. – *This service is provided free of charge.*
18

2371 řvát *impf* to yell, roar
- Neřvi na mě! – *Don't yell at me!*
18 –P

2372 rostoucí *adj* growing, increasing
- Výsledkem je rostoucí napětí. – *The result is a growing tension.*
18 –S

2373 spotřeba *fem* consumption
- Spotřeba piva v Česku stoupá každým rokem. – *Beer consumption in the Czech Republic goes up every year.*
18 –F

2374 následný *adj* subsequent
- Následná léčba bude velmi obtížná. – *The subsequent cure will be very difficult.*
18 –S –F

2375 mířit *impf* to get at, aim
- Kam tím mířš? – *What are you getting at?*
18 –S

2376 strop *inan* ceiling
- Strop je příliš nízký. – *The ceiling is too low.*
18

2377 dárek *inan* present
- To by byl dobrý vánoční dárek. – *It would be a good Christmas present.*
18

2378 přecházet *impf* to cross, convert
- Viděl jsem je přecházet most. – *I saw them crossing the bridge.*
18

2379 okresní *adj* district
- Musíte získat povolení od okresního úřadu. – *You have to obtain a permit from the district authority.*
18 –S

2380 jedinec *anim* individual
- Svoboda jedince je nejvyšší hodnota. – *The freedom of the individual is the greatest value of all.*
18 –S

2381 uniknout *pf* to escape, leak
- Z toho vězení neuniknou. – *They won't escape from that prison.*
18 –S

2382 vyjádření *neut* expression, statement
- Existují různé formy vyjádření. – *There are various forms of expression.*
18 –S

2383 zajištění *neut* security, provision
- Musíte doložit finanční zajištění projektu. – *You have to document the financial security of the project.*
18 –S –F

2384 železný *adj* iron
- Pád železné opony přinesl informační explozi. – *The fall of the iron curtain has caused an information explosion.*
18

2385 angličtina *fem* English
- Úředními jazyky jsou irština a angličtina. – *Irish and English are the official languages.*
18

2386 soupeř *anim* opponent, rival
- Nesmíme soupeře podcenit. – *We mustn't underestimate our opponent.*
18 –S

2387 dopoledne *adv* in the morning
- Dopoledne byl svěží vzduch. – *In the morning the air was fresh.*
18 –P

2388 překročit *pf* to overstep, cross
- Překročila všechny meze. – *She has overstepped the mark.*

2389 vůně *fem* scent, fragrance
- Ve vzduchu byla cítit vůně lilií. – *The air was heavy with the scent of lilies.*
18

2390 galerie *fem* gallery
- Výstava v Galerii Rudolfinum končí 2. května. – *The exhibition in the Rudolfinum Gallery ends on 2nd May.*
18 –S

2391 kamenný *adj* stone, stiff
- Kolem parku je kamenná zeď. – *There is a stone wall around the park.*
18

2392 podél *prep* along
- Procházeli jsme se podél pobřeží. – *We walked along the shore.*
18

2393 subjekt *inan* subject, theme
- Lyrický subjekt je v této básni velmi zajímavý. – *The lyrical subject is very interesting in the poem.*
18 –S –F

2394 polévka *fem* soup
- Dáme si horkou polévku. – *We'll have some hot soup.*
18

2395 odsoudit *pf* to condemn, sentence
- Byla zajata a odsouzena k smrti. – *She was arrested and sentenced to death.*
18 –S

2396 kampaň *fem* campaign
- Prezidentská kampaň byla zahájena 6. ledna. – *The presidential campaign was launched on 6th January.*
18 –S

2397 nazvat *pf* to call, name
- Nazval ho slabochem. – *He called him a sissy.*
18

2398 opravdový *adj* real, true, genuine
- Byl jsem jeho jediný opravdový kamarád. – *I was his only true friend.*
18 –S

2399 usadit (se) *pf* to seat, (se) settle
- Usadila se v New Yorku. – *She settled in New York.*
18

2400 odvaha *fem* courage
- Odvaha mu nechybí. – *He doesn't lack courage.*
18

2401 vézt *impf* to drive, carry
- Vezl jsem je na nádraží. – *I drove them to the station.*
18 –P

2402 brzký *adj* rapid, early
- Přejeme vám brzké uzdravení! – *We wish you a rapid recovery!*
18 –S

2403 uspořádat *pf* to organize, arrange
- Uspořádali jsme festival české kultury v Anglii. – *We organized a festival of Czech culture in England.*
18 –S

2404 někdejší *adj* former
- Řekl to někdejší ministr obrany. – *The former minister of defence said it.*
18 –S

2405 zvítězit *pf* to win
- V Kosovu zvítězili socialisté. – *Socialists have won in Kosovo.*
18 –S

2406 pramen *inan* source, spring
- Studuji všechny dostupné prameny. – *I've been studying all available sources.*
18

2407 shánět *impf* to look for, seek
- Sháním práci. – *I'm looking for a job.*
18 –P

2408 vzápětí *adv* immediately, speedily
- Tým Liberce téměř vzápětí vyrovnal. – *The Liberec team equalized almost immediately.*
18 –S

2409 platnost *fem* validity, effect
- Váš pas má jen omezenou platnost. – *Your passport has only limited validity.*
18 –S

2410 drsný *adj* rough, harsh
- Použijeme desku s drsným povrchem. – *Use a board with a rough surface.*
18

2411 dvacátý *num* twentieth
- Dvacáté století bylo plné změn. – *The twentieth century was full of changes.*
18

2412 svazek *inan* bunch, volume
- V jedné kapse našel svazek klíčů. – *He found a bunch of keys in one of the pockets.*
18 –S

2413 kilo *neut* kilo(gram)
- Přibral nejmíň deset kilo. – *He has put on at least 10 kilos.*
18 –P

2414 sbor *inan* board, choir
- Koncert dětského sboru měl velký úspěch. – *The children's choir concert was a great success.*
18

2415 obdržet *pf* to receive
- Policie obdržela přes šedesát stížností. – *The police have received over sixty complaints.*
18 –S

2416 natáhnout (se) *pf* to stretch, **(se)** lie down
- Nemůžu natáhnout nohy. – *I can't stretch my legs.*
18 –P

2417 poledne *neut* noon
- Je už skoro poledne. – *It's almost noon.*
18 –P

2418 běhat *impf* to run, jog
- Pravidelně běhá a jezdí na kole. – *She regularly goes jogging and cycling.*
18 –P

2419 mateřský *adj* mother, maternal
- Měla silný mateřský instinkt. – *She had a strong maternal instinct.*
18

2420 pozadí *neut* background, setting
- Příroda tvoří pozadí děje. – *Nature serves as a background for the plot.*
18 –S

2421 dětství *neut* childhood
- Tím okamžikem pro ni skončilo dětství. – *In that moment her childhood ended.*
18

2422 volně *adv* freely, loose
- Psi nesmějí v zahradě volně běhat. – *Dogs are not allowed to run loose in the garden.*
18

2423 veselý *adj* cheerful, merry
- Přeji veselé Vánoce! – *I wish you a Merry Christmas!*
17

2424 pokles *inan* drop, decrease
- Reagují na poklesy teplot. – *They react to drops in temperature.*
17 –S –F

2425 odvést *pf* to take (away)
- Chytili mě a odvedli na policii. – *They caught me and took me to the police station.*
17

2426 šetřit *impf* to save, protect
- Rodiče léta šetřili na auto. – *My parents saved for years to buy a car.*
17

2427 jednotný *adj* united, single
- Jak se stát součástí jednotného trhu? – *How can we become part of the single market?*
17 –S

2428 tvrzení *neut* statement, hardening
- Toto tvrzení nebylo pravdivé. – *This statement was not true.*
17 –S

2429 rozvíjet (se) *impf* to develop
- Rozvíjí se automobilový průmysl. – *The automobile industry has been developing.*
17

2430 jed *inan* poison
- Strychnin je prudký jed. – *Strychnine is a virulent poison.*
17

2431 kapela *fem* band
- Znáš tu kapelu? – *Do you know the band?*
17 –P

2432 dopad *inan* impact
- Negativní dopad nebude velký. – *The negative impact won't be huge.*
17

2433 daňový *adj* tax
- Byl obviněn z podvodu a daňových úniků. – *He was accused of fraud and tax evasion.*
17 –F

2434 přestávka *fem* break, interval
- Po dvou setech bývá desetiminutová přestávka. – *There is a ten-minute break after two sets.*
17

2435 pršet *impf* to rain
- Začalo hustě pršet. – *It started raining heavily.*
17 –P

2436 prominout *pf* to forgive, excuse
- Snad nám čtenáři prominou. – *Hopefully, the readers will forgive us.*
17 –P

2437 centimetr *inan* centimetre
- Měří 183 centimetrů. – *He is 183 centimetres tall.*
17

2438 nerv *inan* nerve
- Ticho mu lezlo na nervy. – *The silence was getting on his nerves.*
17

2439 účastnit se *impf* to participate, take part
- Ztrácím chuť účastnit se politického života. – *I am losing the desire to participate in political life.*
17 –S

2440 prožívat *impf* to go through, experience
- Prožívali jsme krušné chvíle. – *We were going through some hard times.*
17

2441 trávit *impf* to spend, poison
- Většinu času tráví s maminkou. – *She spends most of the time with her mum.*
17

2442 uplatnit (se) *pf* to apply, assert, make use of
- Uplatnil vše, co se naučil. – *He made use of everything he learnt.*
17 –S

2443 divadelní *adj* theatre
- Existuje málo dobrých divadelních kritiků. – *There are few good theatre critics.*
17

2444 obsadit *pf* to occupy, assign
- Pevnost obsadili vojáci. – *The fortress was occupied by soldiers.*
17

2445 kolej *fem* rail, track, dormitory
- Běžel po kolejích za tramvají. – *He ran along the tracks to catch the tram.*
17

2446 vchod *inan* entrance
- Náš byt má dva vchody. – *Our apartment has two entrances.*
17

2447 naznačit *pf* to imply, indicate
- Naznačil kývnutím, že by se napil. – *He nodded to indicate he'd like a drink.*
17 –S

2448 větev *fem* branch
- Veverka vyskočila na větev nejbližšího stromu. – *A squirrel jumped onto a branch of the closest tree.*
17

2449 pohlédnout *pf* to look
- Pohlédl mi do očí. – *He looked into my eyes.*
17 +F

2450 vzájemně *adv* mutually, one another
- Ne všechny programy jsou vzájemně kompatibilní. – *Not all programs are mutually compatible.*
17

2451 expert *anim* expert
- Můj bratr je expert na zbraně. – *My brother is an expert on weapons.*
17

2452 světlý *adj* light
- Místnost je velmi světlá a útulná. – *The room is very light and cosy.*
17

2453 sbírat *impf* to collect, gather
- Vzala jsem hrnek a začala sbírat borůvky. – *I picked up a cup and started collecting blueberries.*
17

2454 zvaný *adj* called, invited
- Gabrielle Chanelová, zvaná Coco, proměnila módu. – *Gabrielle Chanel, also called Coco, transformed fashion.*
17 –S

2455 obracet (se) *impf* to turn
- Opatrně obrací stránky učebnice. – *He turns the pages of the textbook carefully.*
17

2456 argument *inan* argument
- Poslouchal argumenty pro i proti. – *He listened to arguments both for and against.*
17

2457 ohrozit *pf* to endanger
- Jedovatý plyn z vesmíru ohrozí celou planetu. – *Toxic gas from space will endanger the entire planet.*
17 –S

2458 potěšit *pf* to please, cheer up
- Jsem nesmírně potěšen. – *I'm extremely pleased.*
17

2459 písnička *fem* song
- To je nejhezčí písnička z celýho muzikálu. – *It is the best song in the whole musical.*
17 –P

2460 rozbít (se) *pf* to break, smash
- Lupiči rozbili tabulku v postranních dveřích. – *Burglars broke a glass pane in a side door.*
17

2461 vyvinout (se) *pf* to develop, evolve
- Ptáci se vyvinuli z plazů. – *Birds evolved from reptiles.*
17 –S

2462 odehrát se *pf* to occur, happen
- Odehrála se tam nějaká tragédie. – *A tragedy occurred there.*
17

2463 funkční *adj* functional, functioning
- Můžeme vyrobit funkční mikrofony velikosti zrnka rýže. – *We can make functional microphones the size of a rice grain.*
17 –F

2464 téct *impf* to flow
- Po tváři mu tekly slzy. – *Tears flowed down his cheeks.*
17

2465 komerční *adj* commercial
- Nová komerční televize zahájila vysílání. – *A new commercial television network started to broadcast.*
17 –F

2466 revoluce *fem* revolution
- Po sametové revoluci byl prezidentem Václav Havel. – *Václav Havel was the President after the Velvet Revolution.*
17

2467 církev *fem* church
- Zabývám se vztahem církve a státu. – *I am interested in the relationship between church and state.*
17 –S

2468 demokracie *fem* democracy
- Základem demokracie je možnost svobodné volby. – *Democracy is based on free choice.*
17

2469 srovnat *pf* to arrange, compare
- To se nedá srovnat. – *You can't compare them.*
17

2470 mechanismus *inan* mechanism
- Nůžky jsou jednoduchý mechanismus dvou ostří. – *Scissors are a simple mechanism consisting of two blades.*
17 –S

2471 lid *inan* nation, people
- Jeho vlastní lid se mu vyhýbal. – *His own people avoided him.*
17

2472 nesmírně *adv* extremely, enormously
- Je nesmírně citlivá. – *She is extremely sensitive.*
17 –S

2473 uplatňovat *impf* to apply, assert
- Uplatňuje se zásada "neznalost zákona neomlouvá". – *The rule "ignorance of the law is no excuse" applies.*
17 –S

2474 zapojit (se) *pf* to connect, **(se)** become involved
- Do diskuse se zapojili badatelé z různých oborů. – *Researchers from various fields became involved in the discussion.*
17

2475 očekávání *neut* expectation
- Překonali naše očekávání. – *They exceeded our expectations.*
17 –S

2476 přijetí *neut* acceptance, welcome
- Dostalo se nám vřelého přijetí. – *We were accorded a warm welcome.*
17 –S

2477 podezřelý *adj/noun* suspicious (*adj*), suspect (*noun*)
- Detektiv sestavil seznam podezřelých osob. – *The detective compiled a list of suspects.*
17

2478 svědomí *neut* conscience
- Mám špatné svědomí. – *I have a guilty conscience.*
17 –S

2479 zapsat (se) *pf* to record, write down, **(se)** enrol
- Do bloku u telefonu si zapsala adresu. – *She wrote down the address in a notepad by the telephone.*
17

2480 zahlédnout *pf* to catch a glimpse
- Na okamžik jsem zahlédl svoji podobu v zrcadle. – *I caught a glimpse of my reflection in the mirror.*
17 –S –P

2481 brambor *inan* potato
- Vhodnou přílohou k masu jsou brambory. – *Potatoes are a suitable side dish to meat.*
17

2482 živit (se) *impf* to support, **(se)** make (one's) living
- Živil se jako fotograf na volné noze. – *He made his living as a freelance photographer.*
17

2483 komunista *anim* communist
- Komunisti získali ve volbách nižší počet hlasů. – *Communists won fewer votes in the elections.*
17 –P

2484 písek *inan* sand
- Ostrov měl pláže plné bílého písku. – *The island's beaches were full of white sand.*
17

2485 vyskočit *pf* to jump out of, jump up
- Probudil se a vyskočil z postele. – *He woke up and jumped out of bed.*
17 –P

2486 jednoduše *adv* simply, easily
- Situace je poměrně jednoduše řešitelná. – *The situation can be easily resolved.*
17

2487 skříň *fem* wardrobe, cupboard, cabinet
- Vyndala ze skříně starý kabát. – *She pulled an old coat out of the wardrobe.*
17

2488 ložnice *fem* bedroom
- Budu spát v ložnici. – *I will sleep in the bedroom.*
17

2489 elektronický *adj* electronic
- Svoje připomínky mi poslal elektronickou poštou. – *He sent his comments by electronic mail.*
17 –S –F

2490 nalít *pf* to pour
- Nalil jí sklenici vody. – *He poured her a glass of water.*
17

2491 doprovázet *impf* to accompany, see off
- Plukovníka doprovázela mladá žena. – *The colonel was accompanied by a young woman.*
17 –S

2492 hnusný *adj* disgusting, nasty
- Kouření je fakt hnusný. – *Smoking is really disgusting.*
17 –P –N

2493 náboženský *adj* religious
- Nová náboženská hnutí se objevila v 70. letech. – *New religious movements emerged in the 70s.*
17 –S

2494 uspět *pf* to succeed
- Po šesti pokusech jsem nakonec uspěl. – *I finally succeeded after six attempts.*
17 –S

2495 zloděj *anim* thief
- Auto ukradl neznámý zloděj z parkoviště. – *The car was stolen from the car park by an unknown thief.*
17 –P

2496 vyrobit *pf* to produce, make
- Škoda letos plánuje vyrobit 440 tisíc vozidel. – *Škoda is planning to produce 440 thousand cars this year.*
17

2497 strčit *pf* to push
- Strčili do něho tak prudce, že vrazil do stolku. – *They pushed him so hard that he hit a small table.*
17 –P

2498 dvojí *num* dual, double, two
- Zákon připouští dvojí výklad. – *The law can be interpreted in two ways.*
17

2499 rostlina *fem* plant
- Doma pěstuji masožravé rostliny. – *I grow carnivorous plants at home.*
17 –S

2500 houba *fem* mushroom
- Chutnalo jim maso dušený na houbách. – *They liked stewed meat with mushrooms.*
17

2501 doporučit *pf* to recommend
- Doporučil jsem mu, aby tam jel sám. – *I recommended that he go there alone.*
17

2502 čistě *part* solely
- Lže čistě pro radost. – *He lies solely for the fun of it.*
17

2503 procházka *fem* walk
- Malá procházka venku by ti prospěla. – *A short walk outside would do you good.*
17

2504 dostatek *inan* sufficiency
- Byl tam dostatek surovin. – *There was a sufficiency of raw materials.*
17 –S

2505 kamera *fem* (video) camera
- Parkoviště je sledováno bezpečnostními kamerami. – *The car park is monitored by security cameras.*
17

2506 běžně *adv* commonly, frequently
- V parku lze běžně vidět i slony. – *In the park, you can frequently see elephants.*
17

2507 podobat se *impf* to be similar, look like
- Dcery se často podobají matkám. – *Daughters often look like their mothers.*
17 –S

2508 komunistický *adj* communist
- Mnohé komunistické zločiny zůstaly nepotrestány. – *Many communist crimes remained unpunished.*
17

2509 reforma *fem* reform
- Poslanci zamítli návrh reformy školství. – *Deputies voted down the education reform bill.*
17 –S –F

2510 zákaz *inan* prohibition, restriction
- Nechtěla porušovat náboženské předpisy a zákazy. – *She did not want to break religious rules and restrictions.*
17

12 Colours

bílý 383 white	**modrý** 927 blue	**stříbrný** 2361 silver
černý 398 black	**žlutý** 1532 yellow	**šedý** 2534 grey
červený 687 red	**hnědý** 2148 brown	**šedivý** 3348 grey
zelený 798 green	**rudý** 2243 red, crimson	**oranžový** 4506 orange
zlatý 801 golden	**růžový** 2303 pink	

2511 vlastník *anim* owner
- Je vlastníkem krásného domu. – *He is the owner of a beautiful house.*
17 –S

2512 proniknout *pf* to penetrate, infiltrate
- Pronikl jejich obranou. – *He penetrated their defence.*
17 –S

2513 poznatek *inan* (piece of) knowledge, finding
- Léčba je založena na vědeckých poznatcích. – *The treatment is based on scientific knowledge.*
17 –S

2514 ocenit *pf* to value, evaluate
- U nového auta ocenili účinné brzdy. – *What they valued about the new car was its efficient braking system.*
17

2515 vědec *anim* scholar
- Vědci sledují ohrožené druhy zvířat. – *Scholars have monitored endangered animal species.*
17 –S

2516 výkonný *adj* executive, efficient
- Je to velmi výkonný pracovník. – *He is a very efficient worker.*
17 –S

2517 absolutní *adj* absolute, total
- Poprvé poznal, co je absolutní vyčerpání. – *He experienced total exhaustion for the first time.*
17 –S

2518 standardní *adj* standard
- Standardní doba studia je pět let. – *The standard length of study is five years.*
17 –F

2519 provázet *impf* to escort, accompany
- Příchod dětí na svět provází bolest. – *The arrival of children into the world is accompanied by pain.*
17 –S

2520 komentovat *biasp* to comment
- Prezident komentoval rozhodnutí vlády. – *The president commented on the government's decision.*
17

2521 litr *inan* litre
- Přidejte litr vody. – *Add a litre of water.*
17

2522 pohnout (se) *pf* to move, (se) make a move
- Nikdo se ani nepohnul. – *Nobody dared to move.*
17

2523 mocný *adj* powerful, mighty
- Kdo je nejmocnější muž planety? – *Who is the most powerful man on the planet?*
17 –S

2524 přijatelný *adj* acceptable
- Pokoušel se najít přijatelnou odpověď. – *He tried to find an acceptable answer.*
17 –S

2525 nápis *inan* inscription, sign, notice
- Konečně zahlédl ceduli s nápisem Praha. – *He finally saw the sign saying "Prague".*
17

2526 stydět se *impf* to be ashamed, be shy
- Stydím se za to, že jsem vás zklamal. – *I am ashamed to have disappointed you.*
17 –P

2527 královský *adj* royal, kingly
- Princ Charles je členem britské královské rodiny. – *Prince Charles is a member of the royal family.*
17 –S

2528 vzniklý *adj* incurred, established
- Vzniklé škody uhradí pojišťovna. – *The damage incurred will be covered by the insurance company.*
17 –S

2529 telefonní *adj* telephone
- Potřebuji tvoje telefonní číslo a adresu. – *I need your telephone number and address.*
17

2530 doplňovat (se) *impf* to fill up, complement
- Prezentaci doplňují tabulky a grafy. – *The presentation is complemented by tables and charts.*
17

2531 hrob *inan* grave
- Černě oděná žena nosí na hrob květiny. – *A woman clad in black brings flowers to the grave.*
17

2532 vstupovat *impf* to enter
- Zastavil se na prahu a nevstupoval do místnosti. – *He stopped at the threshold and did not enter the room.*
17 –S

2533 důchod *inan* pension, retirement
- Odcházím do předčasného důchodu. – *I am going to take early retirement.*
17

2534 šedý *adj* grey
- Měla nakrátko ostříhané šedé vlasy. – *She had short grey hair.*
17

2535 brněnský *adj* Brno
- Studoval na brněnské filozofické fakultě. – *He studied at the Brno faculty of arts.*
17 –S –F

2536 sněmovna *fem* chamber (of parliament)
- Poslanecká sněmovna schválila státní rozpočet. – *The Chamber of Deputies passed the state budget.*
17 –S –F

2537 kráva *fem* cow
- Krávy okusovaly novou trávu. – *Cows nibbled on fresh grass.*
17

2538 japonský *adj* Japanese
- Obléká se s půvabem japonské gejši. – *She dresses with the grace of a Japanese geisha.*
17 –S

2539 charakteristický *adj* characteristic, typical
- Olivový olej má charakteristickou vůni. – *Olive oil has a characteristic aroma.*
17 –S

2540 unavený *adj* tired
- Večer jsem byla unavená z práce. – *In the evening I was tired from work.*
17 –P

2541 bitva *fem* battle
- Bitva na Bílé hoře se odehrála v roce 1620. – *The Battle of White Mountain took place in 1620.*
17

2542 mládež *fem* youth, the young
- Píše dobrodružné knížky pro mládež. – *He writes adventure stories for the young.*
17

2543 div *inan* wonder
- Není divu, že jsi zklamaný. – *No wonder you're disappointed.*
17

2544 chata *fem* cottage, weekend house, lodge
- V neděli se vrátili z chaty domů. – *On Sunday, they returned home from the cottage.*
17 –P

2545 týkající se *adj* concerning, related to
- Studenti kladli otázky týkající se zkoušek. – *The students asked questions concerning exams.*
17 –S

2546 stanovený *adj* set, fixed, stipulated
- Stanovených cílů není možné dosáhnout. – *The set goals are impossible to achieve.*
16 –S

2547 zrcadlo *neut* mirror
- Podíval se do zrcadla. – *He looked into the mirror.*
16

2548 vypracovat *pf* to develop, devise
- Rychle jsem vypracoval nový plán. – *I quickly developed a new plan.*
16

2549 tahat *impf* to pull, force, drag
- Bil mě a tahal mě za vlasy. – *He hit me and pulled my hair.*
16 –P

2550 droga *fem* drug, narcotic
- Ten barák je plnej obchodníků s drogama. – *That building is full of drug dealers.*
16 –S

2551 uspořádání *neut* organization, structure
- Uspořádání molekul krystalu záleží na teplotě. – *The structure of crystal molecules depends on the temperature.*
16 –S

2552 sousední *adj* neighbouring, adjacent
- Motýli odlétli do sousední zahrady. – *Butterflies flew into the neighbouring garden.*
16 –S

2553 komora *fem* utility room, chamber
- Jedny dveře vedly do komory a druhé do prádelny. – *One door led to the utility room, the other to the laundry.*
16 –S

2554 věčný *adj* eternal, everlasting, never-ending
- Jeho osudem je věčné cestování. – *Never-ending travelling is his fate.*
16

2555 dav *inan* crowd
- Okolo se vytvořil dav asi pěti tisíc lidí. – *A crowd of about five thousand people gathered around.*
16

2556 soudce *anim* judge, referee
- Soudce ani porota jeho líčení nevěřili. – *Neither the judge nor the jury believed his version.*
16 –S

2557 zasmát se *pf* to laugh
- Doktor se pobaveně zasmál. – *The doctor laughed amusedly.*
16 –P

2558 zahájení *neut* opening, beginning, launch
- Těším se na slavnostní zahájení výstavy. – *I am looking forward to the exhibition opening.*
16 –S

2559 přispívat *impf* to contribute
- Při psaní mi otec přispíval dobrými radami. – *My father contributed good advice to my writing.*
16 –S

2560 obloha *fem* sky
- Na obloze spatřil první hvězdu. – *He saw the first star in the sky.*
16

2561 střídat (se) *impf* to change, **(se)** take turns
- V práci se střídali. – *They took turns at work.*
16

2562 oblečení *neut* clothes, clothing
- Kupuje si oblečení bez vyzkoušení. – *She buys clothes without trying them on.*
16

2563 mobilní *adj* mobile
- Lidé si zvykli používat mobilní telefony. – *People got used to using mobile phones.*
16 –S –F

2564 kout *inan* corner, nook
- Posvítila si do všech koutů místnosti. – *She threw light into all corners in the room.*
16

2565 schovat (se) *pf* to hide
- Peníze schoval do skříňky. – *He hid the money in a cabinet.*
16 –P

2566 premiéra *fem* premiere
- Film měl svou premiéru na festivalu. – *The film's premiere was at the festival.*
16

2567 výjimečný *adj* exceptional, extraordinary
- Ihned rozpoznali jeho výjimečný talent. –
  They immediately recognized his extraordinary talent.
  16 –S

2568 automaticky *adv* automatically
- Přístroj se automaticky vypnul. –
  The machine turned off automatically.
  16

2569 vlézt *pf* to get into, go into
- Vlezl do postele, ale nemohl usnout. –
  He got into bed but could not go to sleep.
  16 –P

2570 zázrak *inan* miracle, wonder
- Medicína dnes už dokáže bezmála zázraky. –
  Nowadays, medicine can almost work miracles.
  16

2571 pomalý *adj* slow
- Koně se dali do pomalého klusu. –
  The horses broke into a slow trot.
  16

2572 linie *fem* line, outline
- Maskovaný vůz prorazil obrannou linii. –
  A camouflaged car broke through the defensive line.
  16 –S

2573 zdůrazňovat *impf* to emphasize, point out
- Často zdůrazňoval své pracovní zásluhy. –
  He often emphasized the merits of his work.
  16 –S

2574 naznačovat *impf* to imply, indicate
- Na první pohled nic nenaznačovalo, že je šílenec. – *At first sight, nothing indicated that he was a madman.*
  16 –S

2575 sovětský *adj* Soviet
- Jako zbraň měl sovětský kalašnikov. –
  His weapon was a Soviet Kalashnikov.
  16

2576 básník *anim* poet
- Karel Hynek Mácha je český básník. –
  Karel Hynek Mácha is a Czech poet.
  16 –S

2577 ústřední *adj* central, main
- Ústředním námětem hry je mytologie. –
  Mythology is the central theme of the play.
  16 –S

2578 zločin *inan* crime
- Nejtěžším zločinem je vražda. – *Murder is the most serious crime.*
  16 –S

2579 manželství *neut* marriage
- Každé třetí manželství končí rozvodem. –
  Every third marriage ends in a divorce.
  16

2580 pokuta *fem* penalty, fine
- Za výtržnictví jim hrozí peněžitá pokuta. –
  They face a fine for disturbance of the peace.
  16

2581 shoda *fem* agreement, correspondence
- V základních otázkách naštěstí panuje shoda. – *Fortunately, there is agreement on the fundamental questions.*
  16

2582 zadarmo *adv* (for) free
- Aspoň dostal zadarmo najíst. – *At least he got to eat for free.*
  16 –P

2583 heslo *neut* password, slogan, headword
- Zapomněla své heslo na počítač. –
  She forgot her computer password.
  16

2584 dodávka *fem* delivery, supply, van
- Přerušili dodávku pitné vody. –
  They disconnected the drinking water supply.
  16 –S

2585 odrážet (se) *impf* to reflect, mirror, bounce
- Sluneční světlo se odráží od sněhu. –
  Sunlight is reflected off the snow.
  16 –S

2586 trať *fem* railway, track
- Řítili se k železniční trati za lesem. – *They were dashing towards the railway behind the forest.*
  16

2587 cyklus *inan* cycle, series
- Vývojový cyklus tohoto parazita trvá několik let. – *A parasite's development cycle takes several years.*
  16 –S

2588 regionální *adj* regional
- Chystá se stavba regionálního letiště. –
  The construction of a regional airfield is in preparation.
  16 –S –F

2589 plot *inan* fence, fencing
- Skočil jsem přes plot do sousední zahrady. –
  I jumped over the fence to the neighbouring garden.
  16

2590 román *inan* novel
- Pustil se do čtení románu o 500 stránkách. –
  He started reading a 500-page novel.
  16 –S

2591 dopustit (se) *pf* to allow, (se) commit
- Kolega se dopustil pojišťovacího podvodu. –
  A colleague committed insurance fraud.
  16

2592 omezovat (se) *impf* to limit, reduce, cut down
- Společnosti dnes omezují investice do údržby. – *These days, companies cut down on maintenance investments.*
  16

2593 chemický *adj* chemical
- S chemickými látkami zacházejte opatrně. –
  Handle chemical substances with care.
  16

2594 odsud *adv* from here
- Vy nejste odsud. – *You are not from here.*
16 –P

2595 rozhodování *neut* decision-making
- Čeká nás těžké rozhodování. – *We're facing a difficult decision-making process.*
16 –S

2596 přenést (se) *pf* to carry, transfer, **(se)** get over
- Rostlinu přeneseme na lépe osvětlené místo. – *Transfer the plant to a better-lit spot.*
16

2597 vyzvat *pf* to invite, ask
- Prezident vyzval občany, aby se zúčastnili voleb. – *The president asked the citizens to participate in the elections.*
16 –S

2598 mívat *impf* to have
- Dopoledne mívám vždycky moc práce. – *I usually have a lot of work in the morning.*
16

2599 tenký *adj* thin
- Cibuli nakrájejte na tenké plátky. – *Cut the onions into thin slices.*
16

2600 povolení *neut* permission, permit
- Sehnal si pracovní povolení pro Spojené státy. – *He acquired a work permit for the United States.*
16

2601 rozšířený *adj* widespread, extended
- Nejrozšířenější lehkou drogou je marihuana. – *Marihuana is the most widespread soft drug.*
16 –S

2602 porucha *fem* breakdown, malfunction, failure
- Trpí vážnou duševní poruchou. – *He is suffering from a serious mental breakdown.*
16 –S

2603 orientace *fem* orientation, inclination
- Naším cílem je orientace na zákazníka. – *Orientation to the customer is our goal.*
16 –S

2604 logický *adj* logical, rational
- Navrhla logické a věcné řešení problému. – *She suggested a logical and rational solution to the problem.*
16

2605 zóna *fem* zone, area
- Vybudovali moderní průmyslovou zónu. – *They built a modern industrial zone.*
16

2606 podnět *inan* impulse, stimulus
- Mám hodně nových podnětů k přemýšlení. – *I have many new stimuli to think about.*
16 –S

2607 opřít (se) *pf* to lean
- Musel se opřít o stěnu, aby nespadl. – *He had to lean against the wall so as not to fall over.*
16

2608 desetiletí *neut* decade
- Známe se už několik desetiletí. – *We have known each other for several decades.*
16 –S

2609 věrný *adj* loyal, faithful
- Pes je věrný přítel svého pána. – *A dog is its master's loyal friend.*
16 –S

2610 ekologický *adj* ecological
- Výstavbu dálnice blokují ekologičtí aktivisté. – *The construction of the motorway is being blocked by ecological activists.*
16 –S –F

2611 obrat *inan* turn, change, phrase
- Byl to jen řečnický obrat. – *It was just a rhetorical phrase.*
16

2612 stoupnout (si) *pf* to rise, step, **(si)** stand up
- Od začátku roku ceny stouply o čtvrtinu. – *Since the beginning of the year, the prices have risen by one quarter.*
16

2613 kdokoli *pron* anyone, anybody
- Rozumíš tomu víc než kdokoli jiný. – *You understand it better than anybody else.*
16

2614 respektovat *impf* to respect, abide, comply
- Své názory vzájemně respektovali. – *They respected each other's views.*
16 –S

2615 tlačit (se) *impf* to push, press, **(se)** be crowded
- Dav mě tlačil dopředu. – *The crowd pushed me forward.*
16

2616 učení *neut* doctrine, learning, teaching
- Proces učení ovlivňují fyziologické faktory. – *The learning process is influenced by physiological factors.*
16

2617 definovat *biasp* to define, specify
- Agregaci definujeme jako vztah celku k jedné části. – *Aggregation is defined as a relationship of a whole to one part.*
16 –S –F

2618 blbost *fem* crap, nonsense
- Nevykládej mi takový blbosti. – *Don't give me that crap.*
16 –P

2619 důraz *inan* stress, emphasis, accent
- Firma klade velký důraz na služby. – *The company places most emphasis on services.*
16 –S

2620 odměna *fem* reward, bonus
- Za to si zaslouží pořádnou odměnu. – *He deserves a hefty reward for this.*
16

2621 prachy *inan pl* money, cash
- Máš ty prachy? – *Do you have the money?*
16 –P

2622 přenos *inan* broadcast, transmission, transfer
- Nová technologie zajišťuje spolehlivý přenos dat. – *The new technology ensures reliable data transfer.*
16 –S –F

2623 jezero *neut* lake
- Ptáci hnízdili na břehu jezera. – *Birds nested on the shore of the lake.*
16

2624 posílit *pf* to strengthen, boost
- Pochvala mu posílila sebevědomí. – *The praise boosted his self-confidence.*
16

2625 dramatický *adj* dramatic
- V mém životě nastaly dramatické změny. – *Dramatic changes occurred in my life.*
16 –S

2626 mnohdy *adv* often, frequently
- Plísně přežívají mnohdy i několik let. – *Fungi often survive for several years.*
16 –S

2627 patrný *adj* visible, evident
- Všude byly patrné známky války. – *Signs of war were visible everywhere.*
16 –S

2628 vozit (se) *impf* to transport, drive, **(se)** ride
- Vlaky vozily vězně na Sibiř. – *Trains transported prisoners to Siberia.*
16 –P

2629 zamířit *pf* to head for, aim, direct
- Loďka zamířila k přístavu. – *The boat headed for the port.*
16 –S –P

2630 investovat *biasp* to invest
- Vyplatí se investovat do nových technologií. – *It is worth investing in new technologies.*
16

2631 společenství *neut* community, association
- Evropská unie je společenstvím evropských států. – *The European Union is a community of European countries.*
16 –S

2632 projet (se) *pf* to drive through, **(se)** go for a ride
- Jela by ses projet na kole? – *Would you go for a bike ride?*
16 –P

2633 marně *adv* in vain, vainly
- Celý týden marně čekala na odpověď. – *She waited in vain for the reply all last week.*
16 –S

2634 kanál *inan* channel, sewer
- Přepínala televizní kanály podle libosti. – *She changed channels at will.*
16

2635 vyndat *pf* to take out, pull out, remove
- Už sem vyndala vykrajovátka na cukroví. – *I have taken out cookie cutters.*
16 –P –N

2636 taťka *anim* daddy
- Koupil pár piv pro taťku. – *He bought a few beers for his daddy.*
16 +S

2637 dle *prep* according to, in compliance with
- Dávkování léků se upravuje dle intenzity příznaků. – *The drug dosage is adjusted according to the intensity of symptoms.*
16 –S

2638 peklo *neut* hell
- Jeho život se proměnil v peklo. – *His life turned into a living hell.*
16

2639 prosazovat (se) *impf* to push through, **(se)** assert
- Opozice zkouší prosazovat nové zákony. – *The opposition is trying to push through new laws.*
16

2640 včerejší *adj* yesterday's
- Ohřála si zbytek včerejší večeře. – *She reheated leftovers from yesterday's dinner.*
16 –S –P

2641 demokratický *adj* democratic
- Koncem roku se konaly první demokratické volby. – *The first democratic elections took place at the end of the year.*
16 –S

2642 zavedení *neut* launching, implementation
- Odmítáme zavedení povinné vojenské služby. – *We refuse the implementation of compulsory military service.*
16 –S –F

2643 odhadovat *impf* to estimate
- Odborníci odhadují cenu na milión liber. – *Experts estimate the price will be a million pounds.*
16 –S

2644 zelenina *fem* vegetable(s)
- Zeleninu nakrájíme nadrobno a podusíme. – *Chop the vegetables finely and stew.*
16

2645 základna *fem* base, outpost
- V noci napadla letadla vojenskou základnu. – *At night, planes attacked a military base.*
16 –S

2646 zapomínat *impf* to forget
- Nikdy nezapomínám obličeje. – *I never forget faces.*
16

2647 trasa *fem* route, trail, itinerary
- Turisté mohou jít po trase dlouhé 12 km. – *Tourists can follow a 12-kilometre trail.*
16

2648 kamarádka *fem* friend
- Se svou kamarádkou ve všem souhlasila. – *She agreed with her friend on everything.*
16 –P

2649 uslyšet *pf* to hear
- Ve vedlejší místnosti uslyšel hlasy. – *He heard voices from the adjoining room.*
16

2650 setkávat se *impf* to meet, encounter
- Nejčastěji se s korupcí setkávají mladí lidé. – *Young people encounter corruption most often.*
16 –S

2651 podrobný *adj* detailed, elaborate
- Musel jsem sepsat přesnou a podrobnou zprávu. – *I had to compile an accurate and detailed report.*
16 –S

2652 plakat *impf* to cry, weep
- Naposledy plakal ještě jako dítě. – *The last time he cried, he was a small child.*
16

2653 zaměřený *adj* oriented, directed, aimed
- Pokusy byly zaměřené na účinky jedovatých plynů. – *The experiments were directed on the effects of poisonous gasses.*
16 –F

2654 podklad *inan* basis, foundation, documents
- Její výpověď byla podkladem pro trestní stíhání. – *Her dismissal was the basis for criminal prosecution.*
16 –S

2655 mládí *neut* youth
- Uvědomila jsem si, že mládí je pryč. – *I realized that my youth was gone.*
16

2656 postihnout *pf* to affect, strike
- Haiti bylo postiženo zemětřesením. – *Haiti was struck by an earthquake.*
16 –S

2657 dobrá *part* all right
- Dobrá tedy. – *All right, then.*
16

2658 útočník *anim* attacker, striker
- Vystřelila po nejbližším útočníkovi. – *She shot at the nearest attacker.*
16 –S –P

2659 á *interj* ah, oh
- "Á, už vím," pokývala hlavou. – *"Ah, I know,"* she nodded.
16 –P –N

2660 odehrávat se *impf* to take place
- Konflikt se odehrával v okrajových částech Eurasie. – *The conflict took place in the Eurasian periphery.*
16

2661 přesvědčení *neut* conviction, belief
- Utvrdil se v přesvědčení, že jsme lupiči. – *His conviction that we were burglars became stronger.*
16 –S

2662 nástup *inan* entrance, boarding, start
- Přelom století se vyznačuje nástupem nové generace. – *The turn of the century marks the start of a new generation.*
16

2663 poškodit *pf* to damage, harm
- Budovu poškodila exploze. – *The building was damaged by an explosion.*
16 –S

2664 příkaz *inan* order, command
- Chystal se dát příkaz k palbě. – *He was going to give the order to fire.*
16 –S

2665 skrz *prep* through
- Skrz špinavé okno nebylo nic vidět. – *You couldn't see anything through the dirty window.*
16

2666 dýchat *impf* to breathe
- Zhluboka dýchal, aby se uklidnil. – *He breathed deeply to calm down.*
16

2667 snídaně *fem* breakfast
- Nejlepší snídaně jsou smažená vajíčka na slanině. – *Eggs fried with bacon are the best breakfast.*
16 –P

2668 kolikrát *num* (how) many times
- Kolikrát to mám říkat? – *How many times do I have to say it?*
16 –P

2669 literární *adj* literary
- Dekameron je neslavnějším literárním dílem renesance. – *The Decameron is the most famous Renaissance literary work.*
16

2670 navzdory *prep* despite, in spite
- Pustili se do toho navzdory pochybnostem. – *They went ahead despite their doubts.*
16 –S

2671 zvedat (se) *impf* to pick up, lift, **(se)** rise
- Ten kufr museli zvedat dva chlapi. – *It took two guys to lift the suitcase.*
16

2672 ahoj *interj* hi, hello, bye
- Ahoj, jak se máš? – *Hi, how are you?*
16 –P –N

2673 slavit *impf* to celebrate
- Před týdnem slavil padesáté narozeniny. – *He celebrated his fiftieth birthday a week ago.*
16

2674 počítačový *adj* computer
- Obraz je analyzován pomocí počítačového programu. – *The image is analysed by a computer program.*
16 –F

2675 rušit *impf* to disturb, cancel
- Je mi líto, že vás ruším tak pozdě. – *I am sorry to disturb you so late.*
16

2676 volební *adj* election, electoral
- Ve volební kampani se dopustili vážných chyb. – *They made serious mistakes in the election campaign.*
16 –S –F

2677 zanechat *pf* to leave, give up, quit
- Sledovali stopy, které v trávě zanechal kůň. – *They followed the traces left in the grass by a horse.*
16 –S

2678 tělesný *adj* physical, bodily, corporal
- Tělesné tresty ve školách jsou zakázány. – *Corporal punishment is forbidden in schools.*
16 –S

2679 nakupovat *impf* to shop, go shopping
- Zítra pojedeme nakupovat oblečení. – *Tomorrow we are going to shop for clothes.*
16

2680 obojí *num* both, either
- Měla na sobě halenku a šortky, oboje promočené. – *She was wearing a blouse and shorts, both soaked.*
16

2681 obdobný *adj* similar
- Je to obdobný problém. – *It is a similar problem.*
16 –S –F

2682 získaný *adj* acquired
- Část získaných prostředků věnujeme na prevenci. – *We will donate part of the funds acquired to prevention.*
16 –S

2683 nadávat *impf* to scold, swear
- Já se bojim, že mně ta paní bude nadávat. – *I am afraid that the lady will scold me.*
16 –P

2684 filozofie *fem* philosophy
- Nerozumí ani filozofii, ani literatuře. – *He doesn't understand either philosophy or literature.*
16

2685 malíř *anim* painter, decorator
- Přece všichni malíři malujou akty. – *All painters paint nudes, don't they?*
16

2686 odjíždět *impf* to leave, depart
- Pospěš si, odjíždíme. – *Hurry up, we're leaving.*
16 –P

2687 cukr *inan* sugar
- Dala si do čaje moc cukru. – *She put too much sugar in her tea.*
15

2688 spolehlivý *adj* reliable
- Podnik se opírá o spolehlivou statistiku obyvatelstva. – *The company depends on reliable population statistics.*
15

2689 přirozeně *adv* naturally, of course
- Choval se přirozeně, a to se všem líbilo. – *He behaved naturally and everybody liked it.*
15

2690 půlnoc *fem* midnight
- Chodili jsme často spát až po půlnoci. – *We would often go to bed after midnight.*
15 –P

2691 žádoucí *adj* desirable, attractive
- Takové jednání je společensky žádoucí. – *Such behaviour is socially desirable.*
15 –S

2692 otevírat (se) *impf* to open
- Monika má strach před zloději, okno otevírá zřídka. – *Monika is afraid of burglars so she rarely opens the window.*
15

2693 radit (se) *impf* to advise, (se) consult
- Radila jí, ať se tomu zasměje. – *She advised her to laugh at it.*
15

2694 rozdílný *adj* different, dissimilar
- Na literaturu jsme měli naprosto rozdílné názory. – *We had totally different opinions about literature.*
15 –S

2695 hospodářství *neut* economy, farm
- Naše hospodářství je silně závislé na vývozu. – *Our economy depends heavily on exports.*
15 –S

2696 mokrý *adj* wet
- Tráva byla po dešti ještě mokrá. – *The grass was still wet after the rain.*
15

2697 oslovit *pf* to address
- Projektem chceme oslovit velké množství lidí. – *We want to address many people with this project.*
15

2698 odvolat (se) *pf* to withdraw, take back
- Oba výroky jako nepravdivé odvolal. – *He took back both statements as being untrue.*
15

2699 vyšetřování *neut* investigation, enquiry
- Pracovala v oddělení pro vyšetřování vražd. – *She worked in the murder investigation department.*
15 –S

2700 zveřejnit *pf* to publish, release
- Policie zveřejnila jen nejnutnější informace. – *The police released only the minimum of information necessary.*
15 –S

2701 dosažení *neut* achievement, reaching
- Naším cílem je dosažení vnitřní rovnováhy. – *Our goal is the achievement of inner equilibrium.*
15 –S –F

2702 brácha *anim* brother, buddy
- Tak pod', brácho. – *Let's go, buddy.*
15 –P

2703 bytost *fem* being, creature
- V pohádkách vystupují nadpřirozené bytosti. – *Supernatural beings appear in fairy tales.*
15 –S

2704 skladba *fem* composition, structure
- Obrázek představuje skladbu motorových paliv. – *The image represents the structure of motor fuels.*
15

2705 charakterizovat *biasp* to characterize, describe
- Jak byste charakterizovala svoji novou knihu? – *How would you characterize your new book?*
- 15 –S

2706 hádat (se) *impf* to guess, **(se)** argue
- Hádali se kvůli každé maličkosti. – *They argued about every trifle.*
- 15 –P

2707 pohádka *fem* fairy tale
- Často čtu dětem pohádky. – *I often read fairy tales to my children.*
- 15

2708 socha *fem* statue, sculpture
- Od téhož autora jsou také sochy na mostě. – *The statues on the bridge are also by the same sculptor.*
- 15

2709 kecat *impf* to chat, talk rubbish
- Kecali jsme spolu dvě hodiny. – *We were chatting for two hours.*
- 15 –P –N

2710 takovýto *pron* such, as follows
- Byl jsem za takovéto přivítání vděčný. – *I was grateful for such a welcome.*
- 15 –S

2711 výpověď *fem* testimony, statement, dismissal
- Výpovědi očitých svědků jsou nespolehlivé. – *Eye-witness statements are unreliable.*
- 15

2712 pořadí *neut* order, sequence
- Četl jména v abecedním pořadí. – *He read the names in alphabetical order.*
- 15

2713 posunout (se) *pf* to move, advance
- Simon posunul podnos s konvicí přes stůl. – *Simon moved the tray with the pot across the table.*
- 15

2714 kouknout (se) *pf* to look, peek
- Kouknu se na to zítra. – *I'll look at it tomorrow.*
- 15 –P –N

2715 mistrovství *neut* championship, mastery
- Hokejisté zvítězili i na mistrovství světa. – *The hockey players also won the world championship.*
- 15 –F

2716 tvůrce *anim* creator, maker
- Tvůrci reklam si osvojili techniku sloganů. – *Advertisement makers adopted the slogan technique.*
- 15 –S

2717 upadnout *pf* to fall (down), drop
- Zatočila se mu hlava, takže málem upadl. – *He felt so dizzy he almost fell down.*
- 15

2718 příště *adv* next time
- Vrátím ti to, až příště pojedu kolem. – *I will return it next time I come by.*
- 15 –P

2719 skála *fem* rock
- Ve vápencové skále byly jeskyně proražené větrem. – *The caverns in the limestone rock were formed by the wind.*
- 15

2720 letecký *adj* air
- Cestující si stěžují na zpožďování letecké dopravy. – *Passengers complain about delays in air transport.*
- 15

2721 aspekt *inan* aspect
- Důležitým aspektem učení je oblast myšlení. – *Thinking is an important aspect of learning.*
- 15 –S

2722 kříž *inan* cross
- Věnovala peníze Červenému kříži. – *She donated money to the Red Cross.*
- 15

2723 výhradně *adv* exclusively
- Dnes je tato práce výhradně mužskou záležitostí. – *Nowadays, this job is an exclusively male matter.*
- 15 –S

2724 kapitán *anim* captain
- Jen kapitán a já tady zůstaváme. – *Only the captain and I are staying here.*
- 15

2725 dotaz *inan* query, question
- Musíte odpovědět na všechny jeho dotazy. – *We have to answer all of his questions.*
- 15

2726 podnikání *neut* enterprise, business
- Projekt podpoří střední podnikání. – *The project will support medium-size businesses.*
- 15 –S

2727 sůl *fem* salt
- Podej mi sůl na toho kapra. – *Please pass me the salt for the carp.*
- 15

2728 vázat (se) *impf* to bind, **(se)** bond
- Jste vázán zpovědním tajemstvím? – *Are you bound by the seal of confession?*
- 15

2729 pytel *inan* bag, sack
- Celý den skládali pytle brambor. – *They spent the whole day unloading sacks of potatoes.*
- 15

2730 soustava *fem* system
- Existují hypotézy o vzniku sluneční soustavy. – *There are hypotheses about the origin of the solar system.*
- 15 –S

2731 opravit *pf* to repair, correct
- Dělníci opravili nástupiště a vestibul stanice. – *The workers repaired the platform and the station entrance hall.*
- 15

2732 ranní *adj* morning
- Přišli si vypít ranní kávu. – *They came to have their morning coffee.*
15

2733 pohodlný *adj* comfortable, easy, lazy
- Rozvalovali se v pohodlných křeslech. – *They were sprawling in comfortable armchairs.*
15

2734 koupelna *fem* bathroom
- Můj otec se právě holil v koupelně. – *My father was shaving in the bathroom.*
15

2735 zajet *pf* to drive up, run over
- Může zajet do města a ubytovat se v hotelu. – *He can drive up to the town and stay at a hotel.*
15 –P

2736 stanovisko *neut* standpoint
- Tyto komentáře vyjadřují stanoviska listu. – *These comments express the newspaper's standpoint.*
15 –S

2737 umírat *impf* to die
- Nejdřív byl jen nemocnej, ale teď' umírá. – *First he was ill, now he is dying.*
15

2738 definitivně *adv* definitely, finally
- Tím jeho politická kariéra definitivně skončila. – *That definitely put an end to his political career.*
15 –S

2739 jelikož *conj* as, since
- Jelikož jsem uměla řeči, brzy jsem sehnala práci. – *As I knew languages, I quickly found a job.*
15

2740 kovový *adj* metal
- Ve světle zářivek spatřil velké kovové trubky. – *He saw big metal pipes in the light of the fluorescent tubes.*
15

2741 zvát *impf* to invite
- Zvala sousedy na večeři. – *She invited her neighbours for dinner.*
15

2742 nábytek *inan* furniture
- Všechen nábytek mám po rodině. – *I have inherited all the furniture from my family.*
15

2743 mimochodem *part* by the way
- A mimochodem, už jste viděl naše kanceláře? – *By the way, have you seen our offices?*
15

2744 vystřídat (se) *pf* to replace, **(se)** take turns
- Krátký sestřih vystřídaly dlouhé, rozpuštěné vlasy. – *Short haircuts were replaced by long hair worn loose.*
15

2745 nutně *adv* necessarily
- Tělesné postižení nemusí nutně znamenat izolaci. – *A physical handicap does not necessarily mean isolation.*
15

2746 spravedlnost *fem* justice
- Spravedlnost bez lásky činí člověka tvrdým. – *Justice without love makes a man hard.*
15 –S

2747 seriál *inan* series
- Jeden má rád televizní seriály, jiný Almodóvara. – *One likes television series, another Almodóvar.*
15

2748 nesmysl *inan* nonsense
- To je přece holej nesmysl! – *It's obviously utter nonsense!*
15 –P

2749 ba *part* even
- Jeho nadávky ji překvapily, ba téměř šokovaly. – *His insults surprised and even shocked her.*
15

2750 přístupný *adj* accessible
- Nákladový prostor je přístupný prosklenými dveřmi. – *The freight space is accessible through a glass door.*
15

2751 zjišťovat *impf* to find out, determine
- Zatím zjišťujeme rozsah způsobených škod. – *So far, we have been determining the extent of damage.*
15

2752 úvod *inan* introduction, preface
- Tato řeč byla jen úvodem k dalšímu výkladu. – *This speech was a mere introduction to further explanation.*
15

13 Animals

pes 764 dog	**prase** 3021 pig	**slepice** 4505 hen, chicken
kůň 1247 horse	**kuře** 3806 chicken	**lev** 4673 lion
ryba 1759 fish	**myš** 3876 mouse	**medvěd** 4721 bear
pták 1879 bird	**had** 4144 snake	**hmyz** 4862 insect
kočka 2215 cat	**moucha** 4495 fly	**dobytek** 4966 livestock, cattle
kráva 2537 cow		

2753 přítelkyně *fem* girlfriend
- Kluci hledají přítelkyni a ne věšák na šaty. –
  Boys look for girlfriends, not for clothes racks.
  15

2754 údolí *neut* valley
- V údolí hučí široká řeka. – *A wide river roars
  through the valley.*
  15

2755 dotýkat se *impf* to touch, concern
- Konečky prstů se dotýkala jeho vlasů. –
  *She was touching his hair with the tips of
  her fingers.*
  15 –S

2756 nízko *adv* low
- Letadlo letělo velmi nízko. – *The plane flew
  very low.*
  15

2757 ovoce *neut* fruit
- V okolí se pěstuje ovoce, zelenina a vinná
  réva. – *Around here they grow fruit,
  vegetables and grapes.*
  15

2758 vzrůst *pf* to rise, increase, grow (up)
- Zájem o vysokoškolské studium vzrostl. –
  Interest in university study has increased.
  15 –S

2759 zemědělský *adj* farming, agricultural
- Průmyslová oblast přechází v zemědělskou
  krajinu. – *The industrial area changes into
  an agricultural landscape.*
  15

2760 vůdce *anim* leader, guide
- Vůdce musí jít příkladem. – *The leader must
  be an example.*
  15 –S

2761 ukládat *impf* to put, save up
- Celý den ukládá do přihrádek boty. –
  He puts shoes on racks all day.
  15

2762 falešný *adj* false
- Tohle je falešná stopa. – *This is a false lead.*
  15

2763 uživatel *anim* user
- Databázový systém umožňuje práci více
  uživatelů. – *The database system allows for
  multiple users.*
  15 –S –F

2764 výdaj *inan* expense
- Vláda může některé výdaje o rok pozdržet. –
  *The government can defer some expenses by
  a year.*
  15 –S

2765 uvařit *pf* to boil, cook
- Těstoviny uvaříme v osolené vodě doměkka.
  – *Cook the pasta in salty water until soft.*
  15

2766 bar *inan* bar
- Sešli se u koktejlového baru. – *They met
  at the cocktail bar.*
  15

2767 zabrat *pf* to occupy, take (up)
- Postel by tu zabrala příliš mnoho místa. –
  A bed would take up too much room here.
  15

2768 tempo *neut* pace, rate
- Dodržujte vhodné pracovní tempo. – *Keep
  a suitable work rate.*
  15 –S

2769 legrace *fem* fun
- Kluci si z něj v práci dělali legraci. – *Guys at
  work made fun of him.*
  15 –P

2770 čínský *adj* Chinese
- Čínský kalendář má snadno zapamatovatelný
  cyklus. – *The Chinese calendar cycle is easy
  to remember.*
  15

2771 krabice *fem* box, case
- Kdybych tak měla krabici bonbónů. – *I wish I
  had a box of chocolates.*
  15

2772 ochranný *adj* protective, preventive
- Ochranná vrstva byla poškozena. – *The
  protective layer was damaged.*
  15 –S

2773 podpis *inan* signature
- Potřebuju potvrzení a podpis jednoho z
  rodičů. – *I need an acknowledgement and
  the signature of one of the parents.*
  15

2774 vztahovat (se) *impf* to refer, (se) apply
- Toto tvrzení lze vztahovat na všechny
  metody. – *This claim can refer to all
  methods.*
  15 –S

2775 žaludek *inan* stomach
- S plným žaludkem se přemýšlí těžce. – *It is
  difficult to think with a full stomach.*
  15

2776 vykřiknout *pf* to cry (out), scream
- Leknutím málem vykřikla. – *She almost
  screamed in fright.*
  15 +F

2777 směs *fem* mixture
- Při výrobě aut se používá směsi kovů, tzv.
  slitin. – *In car production, metal mixtures
  called alloys are used.*
  15 –S

2778 jednotlivec *anim* individual
- Teroristi neútočí na jednotlivce. – *Terrorists
  do not attack individuals.*
  15 –S

2779 krám *inan* shop, rubbish, junk
- Odneste si svoje krámy. – *Take your junk
  away.*
  15 –P

2780 hovor *inan* talk, call
- Všechny ty hovory mě s ní docela sblížily. –
  All our talks brought me fairly close to her.
  15

2781 dělník *anim* worker
- Stavební dělníci provádějí demolice. – *Construction workers carry out demolitions.*
15

2782 náměstek *anim* deputy
- Předsedou představenstva se stane náměstek ředitele. – *The deputy director will become the chairman of the board of directors.*
15 –S –F

2783 plus *inan* pro, plus
- Každý model má své plusy a mínusy. – *Every model has its pros and cons.*
15

2784 rod *inan* genus, race
- Tato čeleď zahrnuje čtyři rody. – *This family consists of four genera.*
15

2785 chalupa *fem* cottage
- V létě jsem byla u našich na chalupě. – *In summer, I was at my parents' cottage.*
15

2786 odhadnout *pf* to estimate, assess
- Nedokážu odhadnout, jak dlouho by to mohlo trvat. – *I cannot estimate how long it might take.*
15

2787 plést (se, si) *impf* to knit, **(se)** interfere, **(si)** mistake
- Ta dáma pořád něco pletla z bílé vlny. – *The lady kept knitting something from white wool.*
15

2788 fotbalista *anim* footballer, soccer player
- Velmi důležité výhry dosáhli fotbalisté Pardubic. – *Pardubice footballers achieved a very important victory.*
15 –F –P

2789 dálnice *fem* motorway
- Na dálnici jsem sešlápl plyn až na sto třicet. – *On the motorway, I stepped on the gas and accelerated to a hundred and thirty.*
15

2790 spěchat *impf* to hurry
- Chopil se kufru a spěchal z vlaku ven. – *He grabbed the suitcase and hurried off the train.*
15

2791 snést (se) *pf* to bear, pile up, **(se)** come down
- Už jste mohl poznat, že snesu pravdu. – *You could have realized that I can bear the truth.*
15

2792 výrok *inan* statement
- Počet kritických výroků převyšuje chválu. – *The number of critical statements exceeds praise.*
15 –S

2793 tamní *adj* local
- Jaký dojem na vás udělali tamní lidé? – *What was your impression of the local people?*
15 –S

2794 střílet *impf* to shoot, fire
- Vyskočil z vozu a začal střílet z revolveru. – *He jumped out of the car and started firing his revolver.*
15 –P

2795 jednička *fem* (number) one
- Číslice pokračují od jedničky dál do nekonečna. – *The numbers continue from one to infinity.*
15

2796 vrchní *adj/noun* top, chief (*adj*), head waiter (*noun*)
- Prezident je vrchním velitelem ozbrojených sil. – *The President is the Commander in Chief of the armed forces.*
15

2797 jinam *adv* somewhere else
- Zrovna jsme se dívali jinam. – *Just then we were looking somewhere else.*
15

2798 intenzivní *adj* intensive, intense
- Dcera potřebuje několik let intenzivní lékařské péče. – *Their daughter needs several years of intensive medical care.*
15

2799 četný *adj* numerous
- Kromě otřesu mozku měl četná povrchová zranění. – *Apart from concussion, he also suffered numerous superficial injuries.*
15 –S

2800 koberec *inan* carpet
- Byl tam samej měkkej koberec a pohodlný postele. – *There were soft carpets and comfortable beds all over the place.*
15

2801 daleký *adj* distant, far(away)
- Prohlížela si plakáty dalekých slunných krajin. – *She was looking at posters of faraway sunny regions.*
15 –S

2802 hloubka *fem* depth
- Dno jezera je v hloubce dvaceti metrů. – *The bottom of the lake is at a depth of 20 metres.*
15

2803 nadšení *neut* enthusiasm
- Nadšením pro práci dosahuje člověk úspěchů. – *One achieves success through enthusiasm for work.*
15

2804 pravděpodobnost *fem* probability
- Pravděpodobnost, že k tomu dojde, je značná. – *The probability that it will happen is considerable.*
15 –S

2805 slavnostní *adj* festive
- Nálada byla slavnostní, všichni se dobře bavili. – *The mood was festive, everybody was enjoying themselves.*
15 –S

2806 celkově *adv* generally, in total
- Český reprezentant skončil celkově devátý. –
  The Czech sportsman finished ninth in total.
  15 –F

2807 mimořádně *adv* extraordinarily
- Výsledky projektu jsou mimořádně dobré. –
  The project results are extraordinarily good.
  15 –S

2808 zpracovat *pf* to process
- Odpad se před recyklací musí zpracovat. –
  *Waste must be processed before it can be
  recycled.*
  15

2809 zarazit (se) *pf* to stop, (se) pause
- Celý vyděšený se ji pokusil zarazit. – *He was
  all frightened and tried to stop her.*
  15 –P

2810 vynést *pf* to take out
- Teta Anna vynesla do zahrádky židli. – *Aunt
  Anna took a chair out to the garden.*
  15

2811 dotace *fem* grant, subsidy
- Město žádá Evropskou unii o dotaci na
  bazén. – *The town has applied for an EU
  subsidy for a swimming pool.*
  15 –F

2812 zadržet *pf* to stop, detain
- Robert ji zadržel, když chtěla jít. – *Robert
  stopped her when she wanted to leave.*
  15 –S

2813 hodinky *fem pl* watch
- Podíval se na hodinky. – *He looked at his
  watch.*
  15

2814 nakoupit *pf* to buy
- Musíme nakoupit jídlo na večeři. – *We have
  to buy food for dinner.*
  15

2815 lákat *impf* to lure, attract
- Začal je lákat do svého bytu, ale ony
  odmítly. – *He started luring them into his
  flat, but they refused.*
  15

2816 kritizovat *impf* to criticize
- Demonstranti rozhodnutí soudu ostře
  kritizovali. – *The demonstrators sharply
  criticized the judgment.*
  15

2817 zapálit (si) *pf* to light, set on fire
- Myslíte, že bych si mohl zapálit cigaretu? –
  Do you think I could light a cigarette?
  15

2818 zaslechnout *pf* to hear, overhear
- Když pes zaslechl dupot těžkých bot, zavrčel.
  – *When the dog heard the heavy boots
  stomping, it growled.*
  15 –P

2819 sklep *inan* cellar
- Je tam tma, protože sklep nemá okna. – *It is
  dark in there, because there are no windows
  in the cellar.*
  15

2820 odpoledne *neut* afternoon
- Vzala jsem si volno na celé odpoledne. –
  I took the entire afternoon off.
  15 –P

2821 dohled *inan* sight, supervision
- A pak mu zmizela z dohledu. – *She vanished
  from his sight.*
  15 –S

2822 šířit (se) *impf* to spread, distribute
- Šířil kolem sebe opojnou vůni tabáku. –
  *He spread an intoxicating tobacco smell
  around himself.*
  15 –S

2823 skrytý *adj* hidden, secret
- Viděl jsem tváře lidí skryté za záclonami. –
  I saw people's faces hidden behind curtains.
  15

2824 zlepšení *neut* improvement
- Vždy je prostor pro zlepšení. – *There is
  always room for improvement.*
  15 –S –F

2825 dílna *fem* workshop
- Šli jsme kolem domku, kde byla bednářská
  dílna. – *We passed a house with a cooper's
  workshop.*
  15

2826 nápadný *adj* striking, conspicuous
- Měl na sobě dost nápadný oblek a jehlici v
  kravatě. – *He was wearing a rather striking
  suit and a pin in his tie.*
  15

2827 ztracený *adj* lost, wasted
- Pracoval bez odpočinku, aby nahradil
  ztracený čas. – *He worked without rest to
  make up for the wasted time.*
  15

2828 vyhýbat se *impf* to keep away, avoid
- Člověk se musí vyhýbat nebezpečným
  čtvrtím. – *One has to avoid dangerous
  neighbourhoods.*
  15 –S

2829 sféra *fem* sphere, area
- Stát by neměl do ekonomické sféry
  vstupovat. – *The state should not interfere
  with the economic sphere.*
  15 –S

2830 polský *adj* Polish
- Vařila výbornou kávu, po polském
  způsobu. – *She made excellent coffee,
  the Polish style.*
  15

2831 pojišťovna *fem* insurance company
- Pojišťovna musí uhradit poskytnutou péči. –
  *The insurance company has to pay for
  treatment provided.*
  15

2832 vítat *impf* to greet, welcome
- Vítám tě, hochu, copak jsi nám přinesl? –
  *Welcome, my boy, what have you brought
  us?*
  15

2833 pás *inan* strip, belt
- Připevnila si bezpečnostní pásy. – *She fastened the safety belts.*
15

2834 propadnout *pf* to fall through, become addicted to
- Při rekonstrukci hospody propadl stropem do výčepu. – *During the reconstruction of the pub, he fell through the ceiling to the bar.*
15

2835 cestovat *impf* to travel, tour
- Začneme cestovat – aspoň po České republice. – *We will start travelling – at least around the Czech Republic.*
15

2836 veřejně *adv* publicly
- Veřejně můj názor podpořila jen ona. – *She was the only one to publicly support my opinion.*
15

2837 obdivovat *impf* to admire
- Obdivuju tvoji šikovnost. – *I admire your dexterity.*
15

2838 efektivní *adj* effective
- Je to velmi efektivní způsob komunikace. – *It is a very effective means of communication.*
15 –S –F

2839 pozoruhodný *adj* remarkable
- To je pozoruhodné! – *That is remarkable!*
15 –S

2840 hrozba *fem* threat
- Klimatické změny jsou reálná hrozba. – *Climate change is a real threat.*
15 –S

2841 výtvarný *adj* art, fine (art)
- Vydejte se do Evropy studovat výtvarné umění. – *Go to Europe to study fine arts.*
15 –S

2842 tanec *inan* dance
- Nejdůležitější v tanci jsou kroky, rytmus. – *In dance, steps and rhythm are most important.*
15

2843 talíř *inan* plate
- Sylva servíruje pstruha a bramborový salát na talíř. – *Sylva is putting the trout and potato salad onto a plate.*
14

2844 jablko *neut* apple
- Pro zdraví je dobré sníst dvě jablka denně. – *To stay healthy, you should eat two apples a day.*
14

2845 tragedie *fem* tragedy
- V jeho osobním životě se odehrála tragédie. – *A tragedy occurred in his personal life.*
14

2846 fanoušek *anim* fan
- Jako zapálený fotbalový fanoušek si vychutnal zápas. – *As a keen soccer fan he enjoyed the match.*
14 +N

2847 právník *anim* lawyer
- Podle některých právníků šlo zřejmě o názor soudu. – *According to some lawyers, it was possibly the court's opinion.*
14

2848 choroba *fem* disease, illness
- Jeho otec zemřel na srdeční chorobu. – *His father died of heart disease.*
14 –S

2849 investiční *adj* investment
- Pracuje jako investiční bankéř. – *He works as an investment banker.*
14 –S –F

2850 vtip *inan* joke
- Posluchače bavil vtipy a úsměvnými historkami. – *He amused listeners with jokes and funny stories.*
14

2851 obnovit *pf* to restore, renew
- Je velmi těžké obnovit ztracenou důvěru. – *It is very hard to restore lost trust.*
14

2852 zásadně *adv* on principle
- Zásadně odmítá makeup. – *She refuses make-up on principle.*
14

2853 hnát (se) *impf* to drive, (se) hurry
- Hnali před sebou svoje stádo dobytka. – *They drove their cattle herd in front of them.*
14

2854 opírat se *impf* to lean, be based on
- Při chůzi se opíral o hůl. – *When walking, he leaned on a cane.*
14

2855 počínat (si) *impf* to rise, (si) behave
- Řekl jí, aby si počínala jako doma. – *He told her to behave as if she was at home.*
14

2856 zapotřebí *adv* necessary
- Bylo zapotřebí dělat analýzu textu z tohoto hlediska? – *Was it necessary to do a text analysis from this point of view?*
14

2857 přestěhovat (se) *pf* to move
- Plánujeme přestěhovat do patra celou ložnici. – *We are planning to move the entire bedroom upstairs.*
14

2858 uklidnit (se) *pf* to calm down
- Teď si dá pivo, to ho uklidní. – *Now he'll have a beer, that'll calm him down.*
14

2859 kdežto *conj* whereas
- Matka byla luteránka, kdežto otec katolík. – *Mother was Lutheran, whereas Father was Catholic.*
14

2860 prádlo *neut* underwear, laundry
• Vyndala z prádelníku krajkové spodní prádlo.
– *She pulled lace underwear out of the chest of drawers.*
14

2861 pusa *fem* mouth, kiss
• Nemluv s plnou pusou! – *Don't speak with your mouth full!*
14 –P

2862 pětadvacet *num* twenty-five
• Kolik je vám – pětadvacet? – *How old are you – twenty-five?*
14 –P

2863 tvářit se *impf* to look, pretend
• Všichni se tvářili ustaraně. – *Everybody looked worried.*
14 –P

2864 čeština *fem* Czech
• Latinskou část knihy přeložil do češtiny. – *He translated the Latin part of the book into Czech.*
14

2865 podrobnost *fem* detail
• Vylíčila jsem jí podrobnosti, nic jsem nevynechala. – *I described all the details to her, I didn't leave anything out.*
14 –S

2866 přinejmenším *part* at least
• Při útoku byli zabiti přinejmenším dva lidé. – *At least two people were killed during the attack.*
14 –S

2867 debata *fem* discussion, argument
• Ty hokejový debaty jsou někdy docela divoký. – *The hockey discussions are sometimes quite wild.*
14

2868 zjištění *neut* discovery, ascertainment
• Mohlo by to vést ke zjištění vrahovy totožnosti. – *It could lead to the ascertainment of the murderer's identity.*
14 –S

2869 trefit *pf* to hit, find one's way
• Všichni po něm stříleli, ale nikdo ho netrefil. – *They all fired at him but nobody hit him.*
14 –P

2870 nato *adv* after, afterwards
• Zavěsil, ale hned nato telefon znovu zazvonil. – *He hung up, but shortly after that the phone rang again.*
14

2871 publikum *neut* audience
• Publikum křičelo nadšením a tleskalo. – *The audience screamed with delight and applauded.*
14 –S

2872 továrna *fem* factory, plant
• Můj syn pracuje v jedné továrně na hračky. – *My son works in a toy factory.*
14

2873 velitel *anim* commander
• Každý velitel považoval slůvko "možná" za slib. – *Every commander considered the word "perhaps" a promise.*
14 –S

2874 konkrétně *part* exactly
• Co máte konkrétně na mysli? – *What exactly do you mean?*
14

2875 očekávaný *adj* expected, anticipated
• Všeobecně se výsledky hodnotí jako očekávané. – *The results have generally been as expected.*
14 –S

2876 obyvatelstvo *neut* population
• Zdravotní stav obyvatelstva podmiňují osobní návyky. – *The population's state of health depends on personal habits.*
14 –S

2877 přiznávat (se) *impf* to admit, **(se)** confess
• Přiznávám, že to bylo řešení oboustranně výhodné. – *I admit that the solution was advantageous for both parties.*
14 –S

2878 závazek *inan* commitment
• Tento svůj závazek jste v termínu nesplnili. – *You did not fulfil your commitment in time.*
14 –S

2879 kráčet *impf* to walk, stride
• Kráčel pomalu nádvořím univerzity. – *He walked slowly across the university courtyard.*
14 –S

2880 chodník *inan* pavement, footpath
• Odvedl děti na chodník. – *He took the children to the pavement.*
14 –P

2881 opouštět *impf* to leave, abandon
• Ženy při sňatku obyčejně opouštějí domov. – *After getting married, women usually leave home.*
14

2882 šikovný *adj* skilful, handy
• Jako nemocniční ošetřovatelka byla velmi šikovná. – *As a hospital nurse she was very skilful.*
14

2883 absolvovat *biasp* to undergo, graduate
• Hráči absolvují dvoufázový trénink. – *Players undergo a two-phase training.*
14

2884 organizovat *biasp* to organize
• Když organizujeme nějakou akci, žena mi pomáhá. – *When we organize an event, my wife helps me.*
14

2885 provozovat *impf* to practise
• Začal jsem opět provozovat své řemeslo. – *I started to practise my trade again.*
14 –S

2886 kterýkoli *pron* any
- Motouz se dá koupit v kterémkoli papírnictví. – *String can be bought in any stationery shop.*
14 –S

2887 navázat *pf* to link to, establish
- Navázali první kontakt s místním obyvatelstvem. – *They established first contact with the local inhabitants.*
14

2888 tok *inan* stream, flow
- Odmlčela se, protože přerušil tok jejích myšlenek. – *She paused because he interrupted the flow of her thoughts.*
14 –S

2889 takřka *part* practically
- Výsledek byl nepatrný, takřka zanedbatelný. – *The result was slight, practically negligible.*
14 –S

2890 vypnout *pf* to switch off, turn off
- Kousek popojel a pak vypnul světla i motor. – *He drove a little further and then switched off the lights and engine.*
14

2891 buňka *fem* cell
- V buňkách se hromadí cholesterol. – *Cholesterol accumulates in cells.*
14

2892 poblíž *prep* near, close
- Poblíž hráze stál malý srub. – *There was a small cabin near the dam.*
14 –S

2893 říše *fem* empire, kingdom
- K pádu východní říše došlo roku 1453. – *The fall of the eastern empire occurred in 1453.*
14 –S

2894 důstojník *anim* officer
- Vy nevíte, že důstojník má být u svého mužstva? – *Don't you know that an officer should be with his men?*
14 –S

2895 sundat (si) *pf* to take off, remove, **(si)** put off
- Sundal ze skoby lampu. – *He took the lamp off the hook.*
14 –P

2896 různě *adv* differently
- Lidé se se svým zármutkem vypořádávají různě. – *People cope with their grief differently.*
14

2897 prášek *inan* powder, pill
- Vezmi kousek křídy a rozdrť ho na prášek. – *Take a piece of chalk and crush it to powder.*
14

2898 kmen *inan* trunk, tribe
- Celé dni se toulal po lese, mezi kmeny borovic. – *For days he wondered around the woods, among the pine trunks.*
14 –S

2899 přizpůsobit (se) *pf* to adapt, **(se)** conform
- Muži přizpůsobili zrak prostředí. – *The men adapted their vision to the environment.*
14 –S

2900 složení *neut* composition, structure
- Chemické složení krve se podobá složení mořské vody. – *The chemical composition of blood is similar to that of sea water.*
14 –S

2901 měřítko *neut* scale, standard
- Při práci používali map s velkým měřítkem. – *At work they used large-scale maps.*
14

2902 zlomit (si) *pf* to break, fracture
- V souboji si zlomil nohu. – *He broke his leg in a fight.*
14

2903 nahlas *adv* aloud
- Řekla nahlas to, co jsem si myslel. – *She said aloud what I thought.*
14 –P

2904 zranit (se) *pf* to injure, wound
- Oba nás zranila mina. – *We were both wounded by a mine.*
14 –S

2905 plánovaný *adj* planned
- Další zkouška je plánovaná na příští měsíc. – *The next exam is planned for next month.*
14 –S

2906 sežrat *pf* to devour, eat
- Sežerou všechno, co najdou. – *They will devour anything they find.*
14 –P –N

2907 naslouchat *impf* to listen
- Pozorně jí naslouchala a souhlasně přikyvovala. – *She listened carefully to her and nodded in agreement.*
14 –S

2908 odpad *inan* waste, sink
- Postavili továrnu na zpracování odpadu. – *They built a waste-processing factory.*
14

2909 pití *neut* drinking, drink
- Čekání si komando krátilo pitím piva. – *The commando whiled away the wait by drinking beer.*
14

2910 sluneční *adj* sun, solar
- Schovávala oči před slunečními paprsky. – *She was hiding her eyes from the sun's rays.*
14 –S

2911 mzda *fem* wages
- Rostoucí mzdy vyhnaly náklady vysoko. – *Growing wages drove expenses very high.*
14

2912 klobouk *inan* hat
- Nasadil si klobouk a vyšel ven. – *He put on his hat and walked outside.*
14

2913 napadat *impf* to attack, think of
- Ženu doma fyzicky napadal a kradl cennosti.
  – *He repeatedly attacked the woman in her home and stole valuables.*
  14

2914 natočit *pf* to turn, pour
- Natočila hlavu, aby slyšela jeho odpověd'. –
  She turned her head to hear his reply.
  14

2915 horský *adj* mountain
- Byli omámeni řídkým horským vzduchem. –
  They were stupefied by the thin mountain air.
  14

2916 slepý *adj* blind
- Nedávno začal ztrácet zrak a ted' už byl skoro slepý. – *Not long ago he began to lose his vision and now he is almost blind.*
  14

2917 skleněný *adj* glass
- Do kanceláře vedly velké skleněné dveře. –
  The entrance to the office was through a large glass door.
  14

2918 městečko *neut* small town
- Toto malé městečko je obklopené lesy. – *This small town is surrounded by woods.*
  14

2919 odpustit *pf* to forgive, excuse
- Nemohla mu odpustit, že otce nenavštívil. –
  She could not forgive him that he had not visited his father.
  14

2920 zahynout *pf* to die, perish
- Jejich syn zahynul při leteckém neštěstí. –
  Their son died in a plane crash.
  14 –S

2921 podání *neut* submission, presentation
- Při podání žádosti musíte předložit občanský průkaz. – *Upon submitting your application you have to show your identity card.*
  14 –S

2922 zakázka *fem* order
- Vestavěné skříně se vyrábějí na zakázku. –
  Built-in cabinets are made to order.
  14

2923 prohlídka *fem* examination, inspection, tour
- Donutili ho podrobit se lékařské prohlídce. –
  They made him undergo a medical examination.
  14

2924 obvinění *neut* accusation
- Křivé obvinění je trestný čin. – *False accusation is a crime.*
  14 –S

2925 hoch *anim* boy, lad
- Byl to milý hoch z dobré rodiny. – *He was a nice boy from a good family.*
  14

2926 dbát *impf* to care, observe
- Dbala jen na to, jak vypadá. –
  The only thing she cared about was her looks.
  14 –S

2927 československý *adj* Czechoslovak
- Československá republika se rozdělila v roce 1993. – *The Czechoslovak Republic split in 1993.*
  14 –S

2928 pracoviště *neut* workplace, department
- Léčba se provádí na specializovaných pracovištích. – *The treatment takes place in specialized departments.*
  14 –S

2929 čelit *impf* to face
- Čelí obvinění. – *He's facing charges.*
  14 –S

2930 vidění *neut* seeing, vision
- Oční cviky zlepšují vidění. – *Eye exercises improve vision.*
  14

2931 branka *fem* gate, goal
- Vydal se otevřenou brankou k domu. –
  He started towards the house through an open gate.
  14 –P

2932 oficiálně *adv* officially
- Jeho jmenování je oficiálně potvrzeno. –
  His appointment has been officially confirmed.
  14

2933 způsobovat *impf* to cause
- Nechceme způsobovat problémy, ale spolupracovat. – *We do not want to cause trouble, but to cooperate.*
  14 –S

2934 posléze *adv* finally
- Jak posléze zjistil, údaje nebyly přesné. –
  As he finally found out, the data were not accurate.
  14 –S

2935 omlouvat (se) *impf* to apologize, excuse
- Omlouvám se, že vás ruším. – *I apologize for disturbing you.*
  14

2936 organismus *inan* organism
- Důležité je zvyšovat odolnost organismu. – *It is important to increase the immunity of the organism.*
  14

2937 záruka *fem* guarantee
- Erudice autorů je zárukou kvality. –
  The author's erudition is a guarantee of quality.
  14

2938 večerní *adj* evening
- Ve večerních hodinách teplota klesla pod nulu. – *During the evening hours, the temperature dropped below zero.*
  14

2939 hořet *impf* to burn
- Podle hasičů dům hořel už nějakou dobu. –
According to firefighters, the house had been burning for some time.
14

2940 požár *inan* fire
- Požár se podařilo uhasit až za několik hodin.
– *They managed to put out the fire only after several hours.*
14 –S

2941 pobřeží *neut* coast
- Podél západního pobřeží se táhne mohutný útes. – *A huge cliff stretches along the west coast.*
14 –S

2942 mrzet *impf* to be sorry
- Mrzí mě, jestli jsem tě zklamal. – *I am sorry if I disappointed you.*
14 –P

2943 gesto *neut* gesture
- Nepatrným gestem naznačila, že ji obtěžuje.
– *With a small gesture, she hinted he was bothering her.*
14 –S

2944 katastrofa *fem* disaster
- Přicházejí zemětřesení a další přírodní katastrofy. – *Earthquakes and other natural disasters occur.*
14

2945 žijící *adj* living
- Sledoval datly žijící v okolí jezera. – *He watched the woodpeckers living near the lake.*
14 –S

2946 získání *neut* acquisition, obtaining
- Hlavním úkolem je získání podrobných informací. – *The main task is the acquisition of detailed information.*
14 –S

2947 přestávat *impf* to stop, cease
- Její mladší bratr nepřestával křičet. –
Her younger brother would not stop screaming.
14

2948 povolání *neut* profession
- Původním povoláním byl učitel. –
His original profession was as a teacher.
14

2949 účinnost *fem* efficiency, validity
- Výzkum týkající se účinnosti léků pokračuje.
– *The research into the drug's efficiency continues.*
14 –S –F

2950 cestovní *adj* travel
- Přesvědčuje se, zda má všechny cestovní doklady. – *He is making sure he has all the travel documents.*
14

2951 náhrada *fem* compensation
- Museli jsme zaplatit náhradu ušlého výdělku. –
We had to pay compensation for lost earnings.
14 –S

2952 útvar *inan* formation
- Mezi skalními útvary se pásli kamzíci. –
Chamois grazed between the rock formations.
14 –S

2953 vyloženě *part* downright, absolutely
- Tu ženskou vyloženě nesnáším. –
I absolutely hate the woman.
14 –F –P

2954 charakteristika *fem* characteristic(s)
- Tvrdost je základní charakteristikou diamantu. – *Hardness is a basic characteristic of diamond.*
14 –S –F

2955 sklon *inan* disposition, slope
- Pokud nemáte sklon k obezitě, určitě zhubnete. – *Unless you have a disposition for obesity, you will definitely lose weight.*
14

2956 sahat *impf* to touch, reach for
- Mechanicky sahal po klobouku. –
He mechanically reached for his hat.
14

2957 dolní *adj* lower
- Nemůže hýbat dolními končetinami. –
He cannot move his lower limbs.
14

2958 obyčejně *adv* usually
- Obyčejně si spolu hezky popovídáme. –
We usually have a nice chat together.
14 –S

2959 propustit *pf* to dismiss, discharge
- Když ho propustili z práce, začal podnikat. –
After he was dismissed, he started his own business.
14 –S

2960 ulička *fem* lane, alley
- Je to čtvrť nízkých domů a úzkých uliček. –
It is a neighbourhood of low houses and narrow lanes.
14

2961 vyřídit *pf* to tell, carry out
- Vyřiď mu, aby sem okamžitě přišel. –
Tell him to come here immediately.
14

2962 kabát *inan* coat
- Roztřásla se zimou a vyhrnula si límec kabátu. – *She started shivering with cold and turned up the coat's collar.*
14 –P

2963 trestní *adj* penal, criminal
- Udělování milosti je součástí trestního práva.
– *Granting pardons is part of criminal law.*
14 –S

2964 květina *fem* flower
- Motýl létá z květiny na květinu. – *A butterfly flies from one flower to another.*
14 –S

2965 úcta *fem* respect
- Ostatní právníci se k němu chovali s úctou.
– *Other lawyers treated him with respect.*
14

2966 tradičně *adv* traditionally
- Srpen je tradičně měsícem dovolené. –
  August is traditionally a holiday month.
  14 –S

2967 udělit *pf* to award, grant
- Prezident udělil milost 20 vězňům. – *The*
  president granted amnesty to 20 prisoners.
  14

2968 těsný *adj* close, tight
- Ty džíny byly příliš těsné. – *The jeans were*
  too tight.
  14 –S

2969 holčička *fem* (little) girl
- Narodila se jí krásná, zdravá holčička. –
  She gave birth to a beautiful, healthy girl.
  14 –P

2970 přimět *pf* to make, force
- Přiměl mě, abych se napil. – *He made me*
  drink.
  14 –S

2971 vrah *anim* murderer
- Byl usmrcen jedem, který mu podal vrah. –
  He was killed by poison administered by the
  murderer.
  14 –P

2972 uvěřit *pf* to believe
- Nemohl uvěřit svému štěstí. – *He couldn't*
  believe his luck.
  14 –S

2973 každodenní *adj* everyday
- V každodenním životě jsem vystačil s
  džínami. – *In everyday life, I made do*
  with jeans.
  14 –S

2974 diskutovat *impf* to discuss
- O tomhle nemůžeme diskutovat po
  telefonu. – *We cannot discuss this on*
  the phone.
  14

2975 napít se *pf* to have a drink
- Potřebuju se napít, řekla si v duchu. –
  I need to have a drink, she thought.
  14 –P

2976 sklad *inan* stock, warehouse
- Vyprodali všechny knihy, které měli na
  skladu. – *They sold all the books they*
  had in stock.
  14

2977 mínění *neut* opinion
- Téma bylo podle mého mínění neatraktivní.
  – *In my opinion, the topic was unattractive.*
  14 –S

2978 donutit *pf* to force, make
- Donutil psa, aby přestal vrčet. – *He made*
  the dog stop growling.
  14

2979 sedmnáct *num* seventeen
- To mi bylo sedmnáct let. – *I was seventeen*
  years old then.
  14

2980 ohromný *adj* huge, great
- Přehrada je ohromná. – *The dam is huge.*
  14

2981 zpěvák *anim* singer
- Zpěvák zpíval bez doprovodu. – *The singer*
  sang without accompaniment.
  14

2982 poněvadž *conj* because
- Myslím, že nám rozumíte, poněvadž nejste
  tak stará. – *I think you can understand us*
  because you are not so old.
  14

2983 výborně *adv* very well
- Odjakživa výborně plavu. – *I've always swum*
  very well.
  14

2984 gól *inan* goal
- Vstřelil vítězný gól. – *He scored the winning*
  goal.
  14 +N

2985 start *inan* take-off, start
- Letuška před startem počítá cestující. –
  Before take-off, the flight attendant counts
  passengers.
  14 –S

2986 narození *neut* birth
- Už od narození jsem byl strašně neposlušný.
  – *I was very naughty from my very birth.*
  14

2987 ustoupit *pf* to step back, yield, retreat
- Přihlížející ustoupili do bezpečné
  vzdálenosti. – *Onlookers stepped back to*
  a safe distance.
  14

2988 nepochybně *part* no doubt, undoubtedly
- To je nepochybně pravda. – *That is*
  undoubtedly true.
  14 –S

2989 vykonávat *impf* to perform, exercise
- Svou práci vykonával s misionářskou
  horlivostí. – *He performed his work with*
  missionary zeal.
  14 –S

2990 vyžádat si *pf* to request, seek
- Soud si vyžádal doplňující informace. –
  The court requested additional information.
  14 –S

2991 stíhat *impf* to prosecute, manage
- Policie ho stíhala pro vydírání. – *The police*
  prosecuted him for extortion.
  14

2992 pokyn *inan* instruction
- Podle jejích pokynů přivezl pár věcí. –
  According to her instructions, he brought
  a few things.
  14

2993 srazit (se) *pf* to knock down, (se) collide
- Srazil ho ranou do hlavy. – *He knocked him*
  down with a blow to the head.
  14

2994 souboj *inan* fight, duel
- Souboj o titul rozhodl nakonec jediný gól. – *A single goal decided the fight for the title.*
14

2995 síň *fem* hall
- V zasedací síni bylo plno. – *The assembly hall was full.*
14 –S

2996 proslulý *adj* famous
- Je to světově proslulý hudebník. – *He is a world-famous musician.*
14 –S

2997 používaný *adj* used
- Většina používaných odpadů pochází z průmyslu. – *Most of the waste used comes from industry.*
14 –S

2998 dodavatel *anim* supplier
- Dodavatel odpovídá i za projektové řešení. – *The supplier is also responsible for the project solution.*
14 –S –F

2999 duševní *adj* mental, intellectual
- Jeho duševní stav vyžaduje rozptýlení. – *His mental state demands distraction.*
14 –S

3000 neboli *conj* or
- Nejdůležitější jsou hlavní neboli výroční trhy. – *The main or annual fairs are most important.*
14 –S

3001 připouštět *impf* to admit
- Připouštím, že máš pravdu. – *I admit you're right.*
14 –S

3002 absolutně *part* absolutely
- Budem absolutně nejlepší. – *We are going to be absolutely the best.*
14

3003 vydělávat (si) *impf* to earn, make (money)
- Jako servírka vydělávala na spropitném. – *As a waitress she made money on tips.*
14

3004 vejce *neut* egg
- Pojídal v kuchyni vejce se slaninou. – *He was eating an egg with bacon in the kitchen.*
14

3005 lhát *impf* to lie
- Lhal jí, že ji má rád. – *He lied to her that he loved her.*
14

3006 správní *adj* administrative
- Vysvětlila mu, co platí podle správního práva. – *She explained to him what applies according to administrative law.*
14 –S

3007 květ *inan* flower, blossom
- Kolem květů se rojily včely. – *Bees were swarming around the flowers.*
14

3008 nárůst *inan* growth
- Meziroční nárůst činí 6 %. – *Year-on-year growth is 6%.*
14 –S –F

3009 vzhled *inan* looks, appearance
- Černé vlasy její vzhled od základu změnily. – *Black hair radically changed her appearance.*
14 –S

3010 přesunout (se) *pf* to move, shift
- Počítač bude nutné přesunout k oknu. – *The computer will have to be moved to the window.*
14

3011 kulatý *adj* round
- Měl kulatý obličej a šedou bradku. – *He had a round face and a grey beard.*
14

3012 čára *fem* line
- Zaparkoval na dvojité žluté čáře. – *He parked on a double yellow line.*
14

3013 strhnout *pf* to tear down, yank
- Strhla klobouk z věšáku a vyběhla ven. – *She yanked a hat from the hanger and ran out.*
14

3014 spravedlivý *adj* just
- Oceňoval jsem jeho spravedlivou povahu. – *I valued his just character.*
14

3015 rozšiřovat (se) *impf* to extend, widen, (se) spread
- Rozšiřovali jsme podkroví domu. – *We were extending the attic.*
13

14 Landscape

hora 793 **mountain**	**kopec** 1851 **hill**	**louka** 3236 **meadow**
les 832 **forest, wood**	**obloha** 2560 **sky**	**rybník** 3662 **pond, pool**
moře 1040 **sea**	**jezero** 2623 **lake**	**pláž** 3707 **beach**
řeka 1200 **river**	**údolí** 2754 **valley**	**potok** 3869 **stream, brook**
ostrov 1653 **island**	**pobřeží** 2941 **coast**	**poušť** 4624 **desert**
břeh 1693 **bank, shore, coast**		

3016 akademie *fem* academy
- Bratr vystudoval obchodní akademii. –
  My brother graduated from the business academy.
13

3017 zpěv *inan* singing
- Měla jsem tehdy hodinu zpěvu. – *I was having a singing lesson then.*
13

3018 fajn *adv* fine, nice, great
- To by bylo fajn. – *That would be great.*
13 –P

3019 energetický *adj* energy, power
- Hledáme alternativní energetické zdroje. –
  We are looking for alternative energy sources.
13 –S –F

3020 úvěr *inan* loan, credit
- Přemýšlel, jak splatí úvěr. – *He was thinking about how to pay the loan.*
13 –S –F

3021 prase *neut* pig
- Měl hospodářství se stádem ovcí a prasat. –
  He had a farm with a herd of sheep and pigs.
13

3022 nařídit *pf* to order, set
- Nařídila, ať ji nikdo nevyrušuje. – *She ordered that no one disturb her.*
13

3023 okres *inan* district
- Je to jeden z nejbohatších lidí na okrese. –
  He is one of the richest people in the district.
13 –S

3024 akcie *fem* share, stock
- Každý týden se ceny akcií mění. – *The stock prices change every weekend.*
13 –S

3025 vlastnit *impf* to own
- Vlastní dole ve městě nádherný dům. – *He owns a beautiful house in the centre of town.*
13 –S

3026 váhat *impf* to hesitate
- Mnozí lidé váhají, zda začít něco nového. –
  Many people hesitate about whether they should start something new.
13

3027 odbor *inan* department, union
- Je ředitelem odboru životního prostředí. –
  He is head of the Environment Department.
13 –S –F

3028 sexuální *adj* sexual
- Se sexuálním životem se dnes začíná později. – *These days, people start their sexual life later.*
13 –S

3029 používání *neut* use, utilization
- Firma propaguje používání ekologických vozidel. – *The company promotes the use of ecological vehicles.*
13 –S –F

3030 španělský *adj* Spanish
- Na ulicích je znát španělský temperament. –
  The Spanish vivacity is visible in the streets.
13

3031 tvrdě *adv* hard
- Celou noc jsem tvrdě pracoval. – *I worked hard all night.*
13

3032 bezpečně *adv* safely, surely
- Vojenské letadlo bezpečně přistálo. –
  The military plane landed safely.
13

3033 všímat si *impf* to notice
- Začal jsem si víc všímat okolí. – *I started to notice the area more.*
13

3034 učitelka *fem* (female) teacher
- Paní učitelka mi příklad vysvětlila. –
  My teacher explained the problem to me.
13

3035 mámit *impf* to lure, lead on
- Pořád ji mámil ven. – *He kept on luring her out.*
13 +S

3036 smůla *fem* bad luck, pitch
- Máme smůlu, obchod je zavřenej. – *Bad luck, the shop's closed.*
13 –P

3037 uplynulý *adj* past
- V uplynulém týdnu se setkali třikrát. –
  They have met three times in the past week.
13 –S

3038 komplex *inan* complex
- Plánujeme výstavbu komplexu výškových budov. – *We are planning the construction of a complex of high-rise buildings.*
13

3039 ošklivý *adj* ugly, mean, bad
- Zdál se jí nějaký ošklivý sen. – *She had a bad dream.*
13

3040 podotknout *pf* to remark, add
- Podotkl, že dává přednost hnědookým ženám. – *He remarked that he preferred brown-eyed women.*
13 –S

3041 královna *fem* queen
- V těchto prostorách přijímala královna šlechtice. – *The queen received noblemen in these halls.*
13

3042 scénář *inan* scenario, screenplay
- Společnost připravovala různé scénáře privatizace. – *The company prepared different scenarios for the privatization.*
13

3043 zbývající *adj* remaining
- Zbývající dopisy smetl na zem. – *He swept the remaining letters onto the floor.*
13 –S

3044 pochopitelný *adj* understandable, comprehensible
- Z pochopitelných důvodů matce nic neřekl. – *For understandable reasons he said nothing to his mother.*
13

3045 pochybnost *fem* doubt
- Měl vážné pochybnosti o zdaru svého úsilí. – *He had serious doubts about the success of his effort.*
13 –S

3046 obvod *inan* circumference, district, circuit
- Šířka desky odpovídá obvodu sloupu. – *The width of the slab corresponds to the circumference of the column.*
13

3047 dovolovat *impf* to let, allow, permit
- Proč dovolujou kdekomu řídit auto? – *Why do they let just about anybody drive?*
13

3048 ochutnat *pf* to taste, try
- Musím ochutnat tyhle nachos! – *I just have to try these nachos!*
13 –P

3049 pocítit *pf* to feel, experience
- Žáci by během cvičení neměli pocítit bolest. – *While exercising, pupils should not feel any pain.*
13 –S

3050 vtipný *adj* funny, witty, smart
- Vtipná odpověď' mě hned nenapadla. – *I couldn't think of a smart answer right away.*
13

3051 finále *neut* finals
- Finále závodu se koná v neděli. – *The finals of the race will take place on Sunday.*
13 –F

3052 cestující *adj/noun* travelling (*adj*), passenger (*noun*)
- O prázdninách se vždy zvýší počet cestujících. – *The number of passengers always rises during holidays.*
13 –S

3053 mužstvo *neut* team, crew
- Mužstvo je stále zkušenější. – *The team is increasingly more experienced.*
13 –S –P

3054 expozice *fem* exhibition, exposure
- Součástí expozice je parní stroj. – *A steam engine is part of the exhibition.*
13 –S –F

3055 převést *pf* to take across, transfer
- Převedla jsem je přes močál. – *I took them across the marshland.*
13

3056 zaznít *pf* to sound, be heard
- Zazněl hvizd píšťalky. – *The sound of the whistle was heard.*
13 –S

3057 tuzemský *adj* domestic, home
- Pracují pro největší tuzemský pivovar. – *They work for the largest domestic brewery.*
13 –S –F

3058 trvale *adv* constantly, permanently
- Populace muslimských zemí trvale roste. – *The population of Muslim countries has been constantly growing.*
13 –S

3059 plášť' *inan* coat, cloak, casing
- Strčila ruce do hlubokých kapes dlouhého pláště. – *She put her hands in the deep pockets of her long coat.*
13 –S

3060 uzavírat (se) *impf* to close, conclude
- Okna uzavírala silná okenice. – *The windows were closed with thick shutters.*
13 –S

3061 cvičení *neut* exercise, practice
- Cvičení pomáhá zlepšovat fyzickou kondici. – *Exercise helps to improve physical fitness.*
13

3062 obrazovka *fem* screen
- V horní části obrazovky je menu s příkazy. – *There is a menu with instructions in the upper corner of the screen.*
13

3063 umýt *pf* to wash, clean
- Umyl nádobí od večeře. – *He washed the dishes from dinner.*
13 –P

3064 rozdělení *neut* division, distribution
- S rozdělením úkolů tak docela spokojený nebyl. – *He wasn't quite satisfied with the task distribution.*
13 –S

3065 slib *inan* promise
- Tihle podvodníci neplní sliby. – *These fraudsters do not keep promises.*
13 –S

3066 židovský *adj* Jewish
- Ve městě je velká židovská čtvrt'. – *There is a large Jewish quarter in the town.*
13 –S

3067 uplatnění *neut* use, assertion
- Digitální fotoaparát má široké uplatnění. – *Digital cameras have a wide range of uses.*
13 –S –F

3068 devadesátý *num* ninetieth
- Přečetl tu báseň snad už po devadesáté a stále se mu líbila. – *He read the poem for perhaps the ninetieth time and still liked it.*
13 –F

3069 úvodní *adj* opening, introductory
- Velké projekty začínají úvodní studií. – *Major projects start with an introductory study.*
13

3070 rovnováha *fem* balance
- Snažil se udržet rovnováhu. – *He tried to keep his balance.*
13 –S

3071 zasahovat *impf* to intervene, violate
- Svými telefonáty mi zasahujete do soukromí. – *Your phone calls violate my privacy.*
13

3072 nazvaný *adj* called
- Zavedli službu nazvanou "Jukebox". – *They introduced a service called "Jukebox".*
13 –S

3073 čtení *neut* reading
- Při čtení si psal poznámky. – *He made notes while reading.*
13

3074 volno *neut* leisure, day off
- Zítra mám volno. – *I have a day off tomorrow.*
13 –P

3075 dokazovat *impf* to prove
- Musel jí nepřetržitě dokazovat svou lásku. – *He had to prove constantly to her that he loved her.*
13 –S

3076 budovat *impf* to build
- Původně jsme nechtěli budovat jaderné elektrárny. – *Originally we did not want to build nuclear power plants.*
13

3077 hladký *adj* smooth, plain
- Její červené rty kontrastovaly s hladkou pletí. – *Her red lips were in contrast with her smooth complexion.*
13

3078 nahý *adj* naked
- Pod bavlněným svetrem byla nahá. – *Under the cotton pullover she was naked.*
13

3079 obal *inan* cover, packaging
- Výrobci se soustřeďují na recyklaci obalů. – *Producers focus on recycling packaging.*
13

3080 mizet *impf* to disappear, vanish
- Vůz mizí za hřebenem kopce. – *The wagon is disappearing over the ridge.*
13

3081 napůl *adv* half
- Řekl to napůl žertem a napůl vážně. – *He said it half-jokingly and half-seriously.*
13

3082 nenávidět *impf* to hate
- Je hrozně zlá a nenávidí děti a psy. – *She is really wicked and hates children and dogs.*
13

3083 správce *anim* manager, administrator
- Správce fondu rozhoduje o investicích. – *The fund administrator decides about investments.*
13 –S

3084 formální *adj* formal
- Text pozdravu byl dosti formální. – *The greeting's text was fairly formal.*
13 –S

3085 pachatel *anim* offender, culprit
- Pachatel byl v podstatě dobrý člověk. – *The offender was basically a good man.*
13 –S

3086 hasič *anim* firefighter
- Někdo uviděl kouř a zavolal hasiče. – *Someone saw the smoke and called the firefighters.*
13 –P

3087 pokrok *inan* progress, improvement
- Chtějí vědět, jaký jsme udělali pokrok. – *They want to know how much progress we have made.*
13 –S

3088 generál *anim* general
- Dobrý generál se vmyslí do uvažování protivníka. – *A good general thinks like his opponent.*
13 –S

3089 podrobně *adv* in detail
- Všechno jsem jim podrobně převyprávěl. – *I retold them everything in detail.*
13 –S

3090 nynější *adj* present, current
- Vládu bude sestavovat nynější ministr financí. – *The government will be formed by the current finance minister.*
13 –S

3091 ostře *adv* sharply
- Ostře se na něj podívala. – *She looked at him sharply.*
13 –S

3092 komplexní *adj* thorough, complex
- Šel k lékaři na komplexní vyšetření. – *He went to the doctor for a thorough examination.*
13 –S –F

3093 čest *fem* honour, credit
- Měl tu čest stát se přítelem slavného muže. – *He had the honour of becoming a famous man's friend.*
13 –S

3094 dodržovat *impf* to keep, observe
- Učitelé by měli dodržovat všechna nařízení. – *Teachers should observe all regulations.*
13

3095 rodný *adj* native
- Svou rodnou zem jsem po válce opustil. – *I left my native country after the war.*
13

3096 postupný *adj* gradual
- Docházelo k postupnému zvyšování optimismu. – *There was a gradual increase in optimism.*
13 –S

3097 existující *adj* existing
- Cílem programu je podpořit existující podniky. – *The goal of this programme is to support existing businesses.*
13 –S

3098 sval *inan* muscle
- Pod tričkem měl vypracované svaly. – *He had built muscles under his T-shirt.*
13

3099 báseň *fem* poem
- Jsou to básně, které autorka nechtěla zveřejnit. – *These are the poems the author did not want to publish.*
13

3100 napřed *adv* in front, ahead, first
- Otec šel napřed, matka za ním. – *Father went first, Mother followed.*
13

3101 vnitro *neut* interior (ministry)
- Ministerstvo vnitra žádá milióny pro policii. – *The interior ministry demands millions for the police.*
13 –S –F

3102 iniciativa *fem* initiative
- Podporuje se iniciativa členů týmu. – *The initiative of team members is supported.*
13 –S

3103 kapka *fem* drop
- Z brýlí si otíral kapky vody. – *He was wiping water drops from his glasses.*
13

3104 žrát *impf* to devour, eat
- Koně na dvoře žrali seno. – *Horses were eating hay in the yard.*
13 –P –N

3105 hubený *adj* skinny, thin
- Napřímil svou hubenou postavu. – *He straightened up his skinny body.*
13 –P

3106 zásluha *fem* credit, contribution
- Obdržel medaile za zásluhy. – *He received awards for his contributions.*
13 –S

3107 zasedání *neut* session, meeting
- Před zasedáním si přečtu zápis. – *Before the meeting, I will read the minutes.*
13 –S

3108 způsobený *adj* caused
- Přibylo nehod způsobených sněžením. – *The number of accidents caused by snow has increased.*
13 –S

3109 vajíčko *neut* egg
- Objednala si vajíčko na měkko. – *She ordered a soft-boiled egg.*
13

3110 plavat *impf* to swim
- Umím plavat a potápět se. – *I can swim and dive.*
13

3111 pálit *impf* to burn, be hot
- Pálili papírový odpad. – *They burned waste paper.*
13

3112 spoléhat *impf* to rely
- Vždy spoléhal jen sám na sebe. – *He has always relied only on himself.*
13

3113 výstup *inan* climb, output, scene
- Po namáhavém výstupu nemohl popadnout dech. – *He couldn't catch his breath after the strenuous climb.*
13

3114 dlouhodobě *adv* in the long term
- Je zřejmé, že ceny dlouhodobě porostou. – *It is obvious that in the long term, prices will increase.*
13 –S –F

3115 pokračování *neut* continuation, sequel
- Jeho řemeslo bylo pokračováním rodinné tradice. – *His craft was a continuation of the family tradition.*
13

3116 jakkoli *adv* however, whatever
- Ať se bude snažit jakkoli, nemůže to dokázat. – *However much he tries, he cannot manage it.*
13 –S

3117 bomba *fem* bomb
- Bomba zničila část stropu. – *A bomb destroyed part of the ceiling.*
13

3118 neštěstí *neut* misfortune, accident
- Snad se mu nepřihodilo nějaké neštěstí? – *He wasn't struck by misfortune, I hope?*
13

3119 potenciální *adj* potential
- Potenciální investory to odrazuje. – *It discourages potential investors.*
13 –S

3120 šok *inan* shock
- Sestoupil z letadla v hlubokém šoku. – *He disembarked from the plane in deep shock.*
13

3121 sloup *inan* pole, column
- Kolem trati stály telegrafní sloupy. – *Telegraph poles stood along the railway.*
13

3122 přísně *adv* severely, strictly
- Mluvil s ní velice přísně. – *He talked to her very severely.*
13 –S

3123 měsíční *adj* monthly, moon, lunar
- Rodina mi přestala vyplácet měsíční kapesné. – *My family stopped giving me monthly pocket money.*
13 –S

3124 mořský *adj* sea
- Mořský vzduch člověku prospívá. – *Sea air is beneficial to man.*
13

3125 etapa *fem* period, lap
- Studia byla hezkou etapou mého
  života. – *Studying was a nice period in
  my life.*
  13 –S

3126 podlehnout *pf* to succumb, be defeated
- Občas podlehl pokušení a napil se ginu. –
  *At times he succumbed to temptation and
  drank gin.*
  13 –S

3127 opuštěný *adj* desolate, abandoned
- Nechtělo se jim vracet do opuštěného
  domu. – *They didn't want to return to the
  abandoned house.*
  13

3128 zadek *inan* back, rear, bottom
- Když budu víc jíst, budu mít tlustý
  zadek. – *If I eat more, my bottom will
  be fat.*
  13 –P

3129 běh *inan* run(ning), course
- Pro sportovce je běh každodenním
  pohybem. – *Running is daily exercise for
  sportsmen.*
  13

3130 léčit (se) *impf* to heal, treat
- Věděla, jak léčit bolesti hlavy. – *She knew
  how to treat headaches.*
  13

3131 poradce *anim* adviser, consultant
- Poradci mají přehled o hypotékách. –
  Advisers keep track of mortgages.
  13

3132 členský *adj* member, membership
- Zaplaťte prosím členský příspěvek. –
  Please pay the membership fee.
  13 –S –F

3133 navazovat *impf* to continue, follow
- Nový model navazuje na tradici
  předválečných aut. – *The new model follows
  the tradition of pre-war cars.*
  13

3134 přínos *inan* contribution, merit
- Přínosem akce byla účast významných
  firem. – *The participation of important
  companies was the event's merit.*
  13 –S

3135 stávající *adj* current, existing
- Majitel hotelu chce zachovat jeho stávající
  podobu. – *The hotel owner wants to preserve
  its current look.*
  13 –S –F

3136 pochopení *neut* understanding
- Pro lepší pochopení vztahů je uvedeno
  schéma. – *The diagram is presented for
  a better understanding of the relations.*
  13 –S

3137 publikace *fem* publication
- Součástí publikace je věcný rejstřík. –
  A subject index is part of this publication.
  13 –S

3138 pronést *pf* to utter, deliver (in secret)
- Pronesla pár slov na omluvu. – *She uttered
  a few words of apology.*
  13 –S

3139 úhel *inan* angle
- Míč se v příkrém úhlu vznesl vzhůru. –
  The ball soared at a sharp angle.
  13

3140 ohrožovat *impf* to endanger, pose a threat
- Úmorná vedra ohrožují zdraví. – *The
  sweltering heat poses a threat to health.*
  13 –S

3141 všeobecně *adv* generally, in general
- Biotechnologie všeobecně a medicína zvlášť'
  ztratily morální zábrany. – *Biotechnology in
  general and medicine in particular lost their
  moral scruples.*
  13

3142 uznávat *impf* to acknowledge, recognize
- Maminka uznávala tatínkovu autoritu. –
  Mother recognized father's authority.
  13

3143 humor *inan* humour
- Dívky u partnera oceňují smysl pro humor. –
  *Girls appreciate a sense of humour in their
  partners.*
  13

3144 křesťanský *adj* Christian
- Křesťanské principy velí obracet se k Bohu. –
  Christian doctrines command turning to God.
  13 –S

3145 drát *inan* wire
- Pastviny byly obehnané dráty. – *The pastures
  were fenced with wire.*
  13

3146 senát *inan* Senate
- Senát dal souhlas ke snížení daní. – *The
  Senate agreed to lower taxes.*
  13 –S –F

3147 nejenom *adv* not only
- Byla nejenom bledá, ale vypadala i
  nešťastně. – *Not only was she pale, but she
  also looked unhappy.*
  13

3148 pata *fem* heel, foot
- Na patě se mu udělal puchýř. – *A blister
  developed on his heel.*
  13

3149 náhlý *adj* sudden, abrupt
- Jeho náhlá smrt všechny šokovala. – *His
  sudden death came as a shock to everybody.*
  13 –S

3150 navštěvovat *impf* to visit, attend
- Doma ho navštěvovala pohledná žena. – *An
  attractive woman would visit him at home.*
  13

3151 stěhovat (se) *impf* to move, migrate
- Stěhovali z kanceláře krabice plné
  písemností. – *They moved boxes full of
  documents from the office.*
  13

3152 podnikatelský *adj* business
- Konkurence patří k podnikatelskému prostředí. – *Competition is part of the business environment.*
13 –F

3153 předvádět *impf* to demonstrate, perform
- Experimenty předváděl svým žákům. – *He demonstrated experiments to his pupils.*
13

3154 dnešek *inan* today, nowadays
- Máma ho na dnešek pozvala na večeři. – *Mother invited him for dinner today.*
13

3155 hřbitov *inan* cemetery
- Koupila na hřbitově místo na hrobku. – *She bought a grave plot at the cemetery.*
13

3156 psaní *neut* writing, letter
- Denně strávím spoustu času psaním odpovědí. – *Every day I spend a lot of time writing replies.*
13

3157 krutý *adj* cruel, harsh
- Kolaboranty stihl krutý trest. – *Collaborators were subjected to harsh punishment.*
13

3158 specializovaný *adj* specialized
- Těhotenský tělocvik provozují specializovaná zařízení. – *Pregnancy exercises are organized by specialized institutions.*
13 –S –F

3159 naložit *pf* to load
- Naložte dřevo na vozy! – *Load the wood on the wagons!*
13

3160 písmeno *neut* letter
- Vyplňte formulář tiskacími písmeny. – *Fill in the form using block letters.*
13

3161 vonět *impf* to smell nice
- Celý pokoj voněl nedělním obědem. – *The whole room smelled nice of Sunday lunch.*
13 –P

3162 složený *adj* folded (up), compound
- Na matraci ležely dvě složené deky. – *Two folded blankets were lying on the mattress.*
13

3163 porážka *fem* defeat, slaughter
- Hokejisté utrpěli drtivou porážku. – *The hockey players suffered a crushing defeat.*
13 –S

3164 bankovní *adj* bank
- K bankovnímu účtu dostala kreditní kartu. – *She got a credit card with her bank account.*
13 –S

3165 řádek *inan* line
- Čtete mezi řádky. – *You're reading between the lines.*
13

3166 prezentovat *biasp* to present
- Studenti se naučí prezentovat svoje myšlenky. – *Students are learning to present their ideas.*
13 –F

3167 jednoznačný *adj* unambiguous
- Čísla jsou podpořena jednoznačnými důkazy. – *The numbers are supported by unambiguous evidence.*
13

3168 léčba *fem* treatment, therapy
- K léčbě infekcí lze použít vhodná antibiotika. – *Suitable antibiotics can be used in the treatment of infections.*
13

3169 přejet *pf* to cross, run over
- Přejeli jsme řeku a vjeli do vesnice. – *We crossed the river and entered the village.*
13 –P

3170 pěst *fem* fist
- Bouchl vztekle pěstí do stolu. – *He banged his fist on the table angrily.*
13 –S

3171 zrak *inan* sight
- Zrak se mi zlepšil, tak nepotřebuju brýle. – *My sight has improved, so I do not need glasses.*
13

3172 měsíčně *adv* monthly, a month
- Víte, kolik utratíte měsíčně za léky? – *Do you know how much you spend a month on medicine?*
13

3173 vzorek *inan* sample, pattern
- Respondenti nejsou náhodným vzorkem populace. – *The respondents are not a random sample of the population.*
13

3174 ujmout se *pf* to take charge, adopt
- Tohoto úkolu se ujmu osobně. – *I will take charge of this task myself.*
13 –S

3175 pero *neut* feather, pen, spring
- Z náprsní kapsy vytáhl pero a podepsal se. – *He pulled a pen out of his breast pocket and signed his name.*
13

3176 utrpět *pf* to suffer, sustain
- Při nehodě utrpěl těžké zranění. – *He suffered a serious injury in the accident.*
13 –S

3177 neustálý *adj* constant, continuous
- Jeho neustálé útoky na má rozhodnutí už trpět nebudu. – *I am not going to put up with his constant attacks on my decisions any more.*
13 –S

3178 koš *inan* basket
- Košili odklidil do koše na špinavé prádlo. – *He put the shirt in the laundry basket.*
13

3179 holý *adj* bare
- U kašny stál holý starý strom. – *Near the fountain stood a bare old tree.*
13

3180 rytmus *inan* rhythm
- Srdce nám bije v pravidelném rytmu. – *Our heart beats in a regular rhythm.*
13 –S

3181 anděl *anim* angel
- Na náhrobní desce stála soška anděla. – *There was a statue of an angel on the tombstone.*
13

3182 zklamat *pf* to disappoint
- Viděl, že ji tou výmluvou zklamal. – *He saw that his excuse disappointed her.*
13

3183 oprávněný *adj* justified, authorized
- Sepsal seznam osob oprávněných k vstupu. – *He compiled a list of people authorized to enter.*
13 –S

3184 vstupní *adj* entrance, input
- Vstupní branou jsme vešli do parku. – *We walked into the park through the entrance gate.*
13 –S

3185 organizátor *anim* organizer
- Organizátoři nebudou vybírat vstupné. – *The organizers will not collect entrance fees.*
13 –S

3186 pěstovat *impf* to grow, breed, cultivate
- Přišel o práci, tak začal pěstovat kytky. – *He lost his job and so he started growing flowers.*
12

3187 vytváření *neut* creation
- Podporujeme vytváření nových pracovních míst. – *We support the creation of new job opportunities.*
12 –S –F

3188 protest *inan* protest
- Protesty vězňů trvaly několik dní. – *The prisoners' protests lasted several days.*
12 –S

3189 následně *adv* consequently, subsequently
- Řidič narazil do stromu a následně zemřel. – *The driver hit a tree and subsequently died.*
12 –S –F

3190 suma *fem* sum
- Lidé platí vysoké sumy za poštovné. – *People pay large sums of money in postal fees.*
12

3191 přeložit *pf* to transfer, translate, fold over
- Pacient je po operaci přeložen zpět na oddělení. – *After surgery, a patient is transferred back to the ward.*
12

3192 ledový *adj* ice, icy
- Kroužil ledovými kostkami ve skleničce. – *He whirled ice cubes in the glass.*
12

3193 přitahovat *impf* to attract
- Počítače děti přitahují. – *Children are attracted to computers.*
12

3194 dostavit se *pf* to arrive, appear
- Dostavili se všichni? – *Did everyone arrive?*
12

3195 výhled *inan* view, outlook
- Měl balkón s výhledem na řeku. – *He had a balcony with a view of the river.*
12

3196 masový *adj* mass, meat
- Internet se stává nástrojem masové komunikace. – *The Internet is becoming a tool of mass communication.*
12

3197 najíst se *pf* to eat, have sth to eat
- Chci se teď v klidu najíst. – *I would like to eat something in peace now.*
12 –P

3198 stolek *inan* table
- Na toaletním stolku ležely kosmetické potřeby. – *There were toiletries lying on the dressing table.*
12 –P

3199 hromadný *adj* mass, multiple
- Náledí způsobilo hromadnou dopravní nehodu. – *Black ice has caused a multiple-car crash.*
12

3200 chrám *inan* temple, church
- V dálce se lesknou zlacené střechy chrámu. – *The temple's gilded roofs shine in the distance.*
12

3201 plamen *inan* flame
- Chodbička byla osvětlena plamenem svíčky. – *The little corridor was lit by a candle flame.*
12

3202 přenášet *impf* to transfer, conduct
- Měděné dráty přenášejí elektrickou energii. – *Copper wires conduct electricity.*
12

3203 ukončení *neut* termination, ending
- Projevili ochotu jednat o ukončení bojů. – *They showed willingness to negotiate the termination of hostilities.*
12 –S

3204 hluboce *adv* deeply, profoundly
- Byla jeho chováním hluboce dotčená. – *She was deeply offended by his behaviour.*
12 –S

3205 předcházet *impf* to precede, prevent
- Mistrovství světa předcházelo soustředění. – *The world championship was preceded by a training camp.*
12

3206 morální *adj* moral
- Bojovat proti zlu je morální. – *It is moral to fight evil.*
- 12 –S

3207 spočítat (si) *pf* to count, **(si)** reckon up
- Spočítali, kolik otázek zodpověděli správně. – *They counted how many questions they had answered correctly.*
- 12

3208 zmatek *inan* confusion, mess, chaos
- V nastalém zmatku zloděj utekl. – *The thief ran away in the chaos of the aftermath.*
- 12

3209 obnova *fem* restoration, regeneration
- Obnova sídlišť je současnou prioritou. – *The housing estate regeneration is a current priority.*
- 12 –S –F

3210 terén *inan* terrain, ground, landscape
- Celá oblast leží v kopcovitém terénu. – *The entire region is situated on hilly ground.*
- 12

3211 lesní *adj* forest
- Turistická trasa vede lesními cestami. – *The trail goes along forest paths.*
- 12

3212 kov *inan* metal
- Většina polních lahví je dnes z kovu. – *Most canteens are now made of metal.*
- 12

3213 otvírat (se) *impf* to open
- Začala otvírat zásuvky. – *She began opening the drawers.*
- 12

3214 upřímně *adv* sincerely, frankly
- Přísahám, že jsem mluvil upřímně. – *I swear I was speaking sincerely.*
- 12

3215 pobočka *fem* branch
- Banka zřídila novou pobočku. – *The bank has established a new branch.*
- 12

3216 architektura *fem* architecture
- Jsem rád, že skončila paneláková architektura. – *I am glad that prefab architecture is over.*
- 12

3217 taneční *adj* dance, dancing
- Šli po chodníku tanečním krokem. – *They walked along the pavement with a dancing step.*
- 12

3218 inteligentní *adj* intelligent, bright
- Byl to velmi inteligentní, schopný pracovník. – *He was a very intelligent and competent worker.*
- 12

3219 mrak *inan* cloud
- Mezi mraky se objevilo slunce. – *The sun appeared behind the clouds.*
- 12

3220 mez *fem* bounds, limit
- Snažila se jednat v mezích zákona. – *She was trying to act within the bounds of the law.*
- 12

3221 bydlení *neut* living, housing
- V posledních letech se zlepšila úroveň bydlení. – *The level of housing has improved in the past years.*
- 12

3222 sklenice *fem* glass, jar
- Každé ráno piju sklenici mléka. – *Every morning I drink a glass of milk.*
- 12

3223 upravený *adj* tidy, modified
- Zazvonil u domku s upravenou zahrádkou. – *He rang the bell on the house with the tidy garden.*
- 12

3224 plynout *impf* to pass, flow, imply
- Můj život plynul klidně a spořádaně. – *My life flowed peacefully and orderly.*
- 12 –S

3225 skok *inan* jump, leap
- Zajíc jedním skokem zmizel v houští. – *The hare disappeared into the thicket with a single jump.*
- 12

3226 vysílat *impf* to transmit, broadcast
- Zprávy vysílali každou celou hodinu. – *They broadcast news every hour on the hour.*
- 12 –S

3227 ukázka *fem* demonstration, example
- Na programu byla ukázka cvičení psů. – *The programme featured a demonstration of dog training.*
- 12

3228 skákat *impf* to jump, bounce
- Skákal jsem z kamene na kámen. – *I was jumping from stone to stone.*
- 12

3229 máslo *neut* butter
- Chleba si namazal máslem. – *He spread butter on his bread.*
- 12

3230 post *fem* post, position
- Medailové posty obsadili házenkáři. – *Medal positions were taken by handball players.*
- 12 –S

3231 posoudit *pf* to judge, review
- Nedokázal posoudit, co je pravda. – *He couldn't judge what was true.*
- 12

3232 prodejna *fem* shop, store
- Muzeum má vlastní prodejnu suvenýrů. – *The museum has its own souvenir shop.*
- 12

3233 management *inan* management
- Management to přislíbil. – *The management promised it.*
- 12 –F

3234 potomek *anim* descendant, offspring
- Byl posledním mužským potomkem svého rodu. – *He was the last male descendant in his family.*
12

3235 smrtelný *adj* mortal, fatal
- Cyklista při pádu utrpěl smrtelné zranění. – *The cyclist suffered fatal injuries during the fall.*
12 –S

3236 louka *fem* meadow
- Šli loukami plnými květin. – *They walked through meadows full of flowers.*
12

3237 tramvaj *fem* tram
- Domů z práce jezdím tramvají. – *I return home from work by tram.*
12 –P

3238 sestavit *pf* to put together, assemble, compile
- Naše auta si sestaví zákazníci sami. – *Our customers assemble our cars on their own.*
12

3239 stadión *inan* stadium
- Vítězství domácích sledoval zaplněný stadion. – *A full stadium watched the home team's victory.*
12 –P

3240 herečka *fem* actress
- Nebyla to špatná herečka. – *She wasn't a bad actress.*
12

3241 sklenička *fem* glass
- Nalil si skleničku a hned ji vypil. – *He poured himself a glass and drank it right away.*
12 –P

3242 školství *neut* education
- Struktura školství má odpovídat potřebám praxe. – *The structure of education should correspond with practical needs.*
12 –F

3243 vítězný *adj* victorious, winning
- Vítězné mocnosti mohly prosadit svou ideologii. – *The victorious powers could enforce their ideology.*
12 –S

3244 chytat *impf* to catch, grasp
- Kočky chytají myši. – *Cats catch mice.*
12

3245 lavice *fem* desk, bench
- Učitel ho posadil do zadní lavice. – *The teacher sat him at the back desk.*
12

3246 přibýt *pf* to increase
- Lidí v zemi rychle přibylo. – *The population of the country increased rapidly.*
12

3247 uklidit *pf* to tidy up, clean
- Uklidila jsem celý byt. – *I cleaned the whole flat.*
12 –P

3248 dokola *adv* around
- Opilci si podávali dokola láhev rumu. – *Drunkards passed around the bottle of rum.*
12

3249 rozloučit se *pf* to say goodbye
- Potřásl jim rukama a rozloučil se. – *He shook their hands and said goodbye.*
12

3250 zopakovat (si) *pf* to repeat, **(si)** revise
- Když nereagovala, zopakoval svoji otázku. – *As she did not react, he repeated his question.*
12

3251 ohrožení *neut* danger, emergency
- Leží v nemocnici v ohrožení života. – *He is in hospital in danger of his life.*
12 –S

3252 recept *inan* recipe, prescription
- Znáte můj recept na grilované papriky? – *Do you know my grilled pepper recipe?*
12

3253 dědeček *anim* grandfather
- Dědeček mi vyprávěl pohádky. – *My grandfather would tell me fairy tales.*
12

3254 turnaj *inan* tournament
- Olympijský turnaj bude hrát dvanáct týmů. – *Twelve teams will play in the Olympic tournament.*
12 –F –P

3255 jaksi *part* somehow
- To jméno mi připadalo jaksi povědomé. – *Somehow the name seemed familiar.*
12

---

15 Weather

zima 745 cold	**déšť** 1916 rain, shower	**blesk** 3590 lightning
slunce 910 sun	**led** 2291 ice	**mráz** 3634 frost
vítr 1223 wind	**pršet** 2435 to rain	**vedro** 3827 heat, hot
teplo 1516 heat, warmth	**mrak** 3219 cloud	**povodeň** 3836 flood
teplota 1623 temperature	**bouře** 3470 storm	**záplava** 4070 flood
sníh 1699 snow	**mlha** 3541 mist, fog	**horko** 4702 heat, hot

3256 líčit (se) *impf* to describe, **(se)** make up
- Líčil mi své zážitky z cest. – *He described his travel experiences.*
12

3257 sluníčko *neut* sun, ladybird
- Pes odpočíval na sluníčku. – *The dog rested in the sun.*
12 –P

3258 panovat *impf* to prevail, rule, reign
- Ve vesmíru panuje temnota. – *Darkness reigns in space.*
12 –S

3259 porovnání *neut* comparison
- Cena se stanoví porovnáním s podobným zbožím. – *The price is set by comparison with similar goods.*
12 –S

3260 ovládnout (se) *pf* to control, dominate, **(se)** control oneself
- Plastové láhve ovládly trh. – *Plastic bottles have dominated the market.*
12 –S

3261 babi *fem* granny
- Babi, můžu si vzít buchtu? – *Granny, can I have a cookie?*
12 +S

3262 překlad *inan* translation
- Tohle je typický příklad volného překladu. – *This is a typical example of a free translation.*
12 –S

3263 hmotnost *fem* weight, mass
- Hmotnost udává množství látky v předmětu. – *Weight indicates the amount of a substance in an object.*
12 –S –F

3264 bezprostředně *adv* immediately
- S dietou je třeba začít bezprostředně po operaci. – *You must start the diet immediately after your surgery.*
12 –S

3265 družstvo *neut* cooperative, team
- Domy jsou ve vlastnictví bytových družstev. – *Houses are owned by housing cooperatives.*
12

3266 kompletní *adj* full, complete
- Domácí nastoupili k zápasu v kompletní sestavě. – *The home team appeared in complete line-up.*
12

3267 kněz *anim* priest
- Kněz obléká ke mši bílé roucho. – *A priest dresses in white vestments.*
12

3268 elektřina *fem* electricity
- Ten výpadek elektřiny mi dělá starosti. – *The electricity failure worries me.*
12

3269 tah *inan* pull, thrust, move
- Asi hraje šachy, myslí tři tahy dopředu. – *He probably plays chess, he thinks three moves ahead.*
12

3270 standard *inan* standard
- Evropské země mají vysoký životní standard. – *European countries have a high standard of living.*
12 –S –F

3271 reklamní *adj* advertising
- Firma zahájila reklamní kampaň na biopotraviny. – *The company started an organic food advertising campaign.*
12

3272 vsadit (se) *pf* to put money on, embed, **(se)** bet
- Ty jsi vždycky uměl vsadit na správného koně. – *You've always been able to put money on the right horse.*
12

3273 asociace *fem* association, connotation
- Slovo "outsider" vyvolává negativní asociace. – *The word "outsider" has negative associations.*
12 –S

3274 pojištění *neut* insurance
- Pro cestu do zahraničí je nutné pojištění. – *You need insurance for travelling abroad.*
12 –F

3275 nedaleko *prep* nearby, near, close
- Bydlí nedaleko. – *He lives nearby.*
12 –S

3276 nákladní *adj* freight, cargo
- Nákladní doprava znečišťuje životní prostředí. – *Cargo transport pollutes the environment.*
12 –S

3277 garáž *fem* garage
- Musím dojít pro auto do garáže. – *I have to get my car from the garage.*
12 –P

3278 zaměstnavatel *anim* employer
- Zaměstnavatel byl s jeho prací spokojen. – *The employer was satisfied with his work.*
12

3279 zakládat (se) *impf* to establish, **(se)** be based on
- Kolonisté zakládali farmy. – *Colonists established farms.*
12

3280 sjet (se) *pf* to go down, **(se)** come together
- Sjel výtahem do přízemí. – *He went down in the lift.*
12 –P

3281 založení *neut* founding, nature
- Oslavujeme 500. výročí založení města. – *We are celebrating the 500th anniversary of the town's founding.*
12 –S

3282 přidávat (se) *impf* to add, **(se)** join
- Do horké polévky přidávala sherry. – *She would add sherry to hot soup.*
12

3283 umístění *neut* position, placement
- Měli dobré zkušenosti s umístěním postižených dětí do běžných tříd. – *They had good experience with the placement of handicapped children in regular classes.*
12 –S

3284 sýr *inan* cheese
- Můžete zde ochutnat francouzské sýry. – *You can try French cheese here.*
12

3285 paprsek *inan* beam, ray
- Do jeskyně pronikal paprsek světla. – *A ray of light penetrated the cave.*
12 –S

3286 výročí *neut* anniversary
- K výročí svatby dostala od manžela náhrdelník. – *She got a necklace from her husband for their wedding anniversary.*
12

3287 výbuch *inan* explosion, outburst
- Voják byl po výbuchu bomby v bezvědomí. – *After the bomb explosion, the soldier was unconscious.*
12 –S

3288 doposud *adv* so far, to date, (as) yet
- Tímto problémem jsem se doposud nezabýval. – *I have not looked into this problem as yet.*
12 –S

3289 rozjet (se) *pf* to set in motion, **(se)** pull away
- Když se vlak rozjel, zamávala mu. – *As the train pulled away, she waved at him.*
12 –P

3290 úder *inan* hit, blow, strike
- K smrti došlo úderem do hlavy. – *Death occurred as a result of a blow to the head.*
12 –S

3291 zoufalý *adj* desperate
- Když mu zemřela žena, byl zoufalý. – *When his wife died, he was desperate.*
12

3292 fantazie *fem* imagination, fantasy
- Ve své fantazii si představoval, že je kovboj. – *In his fantasy he imagined being a cowboy.*
12

3293 statistika *fem* statistics
- Podle statistiky počet případů rakoviny roste. – *According to statistics, the number of cancer cases is growing.*
12

3294 zdánlivě *adv* apparently, seemingly
- Vedla zdánlivě úplně spořádaný život. – *Seemingly, she led a totally respectable life.*
12 –S

3295 požadovaný *adj* required, desired, requisite
- Nemáte požadované znalosti. – *You do not have the requisite knowledge.*
12 –S –F

3296 probrat (se) *pf* to discuss, **(se)** awake
- Probrali spolu podrobnosti dalšího postupu. – *They discussed the details of further steps.*
12

3297 strategický *adj* strategic
- Pevnost měla v minulosti strategický význam. – *In the past, the fortress was of strategic importance.*
12 –S

3298 pokladna *fem* cash desk, box office, treasury
- U pokladny položila zboží na pult. – *She put the goods on the counter at the cash desk.*
12

3299 pohár *inan* cup
- Postavil na stůl pohár z křišťálového skla. – *He put a crystal cup on the table.*
12 –S

3300 oznámení *neut* announcement, notice
- Poslal příbuzným svatební oznámení. – *He sent his relatives a wedding announcement.*
12

3301 poptávka *fem* demand
- Neexistuje tu poptávka. – *There is no demand here.*
12 –S –F

3302 pěšky *adv* on foot
- Na chatu se dostanete jedině pěšky. – *You can only get to the cottage on foot.*
12 –P

3303 hnout (se) *pf* to move
- Nemohl s těžkou skříní hnout. – *He couldn't move the heavy wardrobe.*
12 –P

3304 technologický *adj* technological
- U stavby nebyly dodrženy technologické standardy. – *The technological standards of construction were not adhered to.*
12 –S –F

3305 hájit (se) *impf* to defend, plead
- Za všech okolností hájil zájmy své firmy. – *Under all circumstances, he defended the interest of his company.*
12 –S

3306 prát (se) *impf* to do the laundry, **(se)** fight
- Prala jsem mu a vařila. – *I did his laundry and cooked for him.*
12

3307 onemocnění *neut* disease
- Opar je virové onemocnění. – *The cold sore is a viral disease.*
12 –S –F

3308 vymýšlet (si) *impf* to devise, **(si)** fabricate
- S kolegy vymýšlíme témata přednášek. – *My colleagues and I devise lecture topics.*
12

3309 sektor *inan* sector
- Ministerstvo podporuje výrobu v soukromém sektoru. – *The ministry supports production in the private sector.*
12 –S –F

3310 volič *anim* voter
- Voliči upřednostňují nezávislé kandidáty. –
  Voters prefer independent candidates.
  12 –S –F

3311 zacházet *impf* to treat, handle, use
- Se smetákem umí zacházet každý. –
  Anybody can use a broom.
  12

3312 čtvrtina *num* quarter
- Tři čtvrtiny obyvatel pracují v zemědělství. –
  Three-quarters of the population work in agriculture.
  12 –S

3313 vlastnictví *neut* ownership, property
- Pozemky mají ve vlastnictví zdejší obyvatelé.
  – *The plots are under the ownership of the local inhabitants.*
  12 –S

3314 legenda *fem* legend
- Možná znáte legendu o dobývání Tróje. –
  You may know the legend of the conquest of Troy.
  12 –S

3315 optimální *adj* optimum, optimal
- Optimální jarní teploty jsou kolem 20°C. –
  Optimal spring temperatures are around 20°C.
  12 –F

3316 doporučení *neut* recommendation
- Na jeho doporučení nebrali ohled. –
  They disregarded his recommendations.
  12 –S

3317 jedinečný *adj* unique
- Z věže je jedinečný pohled do údolí. –
  There is a unique view of the valley from the tower.
  12 –S

3318 obtíž *fem* trouble, difficulty
- Bez obtíží se na dané číslo dovolal. – *He got through to the number without any difficulties.*
  12 –S

3319 ohlásit (se) *pf* to announce, report
- Ohlásila na polici krádež kabelky. –
  She reported her handbag stolen.
  12

3320 nahrávat *impf* to record, pass (the ball)
- Své postřehy nahrával na kazetu. –
  He recorded his observations on tape.
  12 –F –P

3321 vylučovat *impf* to exclude, eliminate, secrete
- Při stresu žaludek vylučuje nadbytek kyseliny. – *Under stress, the stomach secretes an excessive amount of acid.*
  12

3322 malovat (se) *impf* to paint, decorate, (se) make up
- Dovolte dítěti malovat a kreslit. – *Let your child paint and draw.*
  12

3323 zrušení *neut* cancellation, abolition, dissolution
- Rodiče podali petici proti zrušení školky. –
  Parents presented a petition against the dissolution of the nursery school.
  12 –S

3324 přikývnout *pf* to nod
- Stařík přikývl. – *The old man nodded.*
  12 +F

3325 čestný *adj* honest, fair
- Je to dobrosrdečný a čestný chlapec. – *He is a kind-hearted and honest boy.*
  12 –S

3326 unést *pf* to be able to carry, kidnap
- Uneseš ten nákup? – *Can you carry the shopping?*
  12

3327 plno *adv* plenty
- Má plno peněz. – *He has plenty of money.*
  12 –P

3328 bezprostřední *adj* immediate, direct
- Ztratil s ním bezprostřední styk. – *He lost direct contact with him.*
  12 –S

3329 plátno *neut* cloth, linen, projection screen
- První míče byly ušité z plátna. – *The first balls were made of linen.*
  12

3330 sex *inan* sex
- Při zmínce o sexu se tehdy omdlévalo. –
  In those days, people would faint upon the mention of sex.
  12

3331 oddíl *inan* section, group, club
- Otec ho zapsal do cyklistického oddílu. –
  His father enrolled him in a cycling club.
  12

3332 kufr *inan* suitcase, boot
- Sbalil si do kufru pár košil. – *He packed a few shirts into a suitcase.*
  12 –P

3333 financování *neut* financing, funding
- Zastupitelé kontrolovali financování provozu letiště. – *Municipal representatives checked the financing of the airport's operation.*
  12 –S –F

3334 příjemně *adv* pleasantly
- V jídelně bylo příjemně teplo. –
  The dining room was pleasantly warm.
  12

3335 záběr *inan* stroke, gear, shot
- Udělal pádlem mohutný záběr. –
  He made a mighty stroke with his paddle.
  12

3336 lůžko *neut* bed, berth
- Byla hrozně dlouho upoutaná na lůžko. –
  She was confined to bed for a long time.
  12

3337 populace *fem* population
- Dříve byl růst populace omezen. – *Earlier, population growth was limited.*
12 –S –F

3338 samota *fem* solitude, lonely place
- Samota mě deprimovala. – *Solitude depressed me.*
12 –S

3339 komedie *fem* comedy, play-acting
- Nechte té komedie a mluvte vážně. – *Drop the comedy and speak seriously.*
12

3340 okamžitý *adj* immediate
- Účinek byl okamžitý. – *The effect was immediate.*
12 –S

3341 moravský *adj* Moravian
- Pozvali nás do moravského sklípku. – *They invited us to a Moravian wine cellar.*
12 –S

3342 dozadu *adv* back(wards)
- Kšiltovku měl otočenou dozadu. – *His baseball cap was turned backwards.*
12

3343 honit (se) *impf* to chase, hunt, **(se)** run about
- Policisté honili autem zločince. – *The police in the car chased the criminal.*
12 –P

3344 talent *inan* talent, gift
- Talent dědíme po rodičích. – *We inherit talents from our parents.*
12

3345 likvidace *fem* liquidation, clearance
- Společnost šla do likvidace. – *The company went into liquidation.*
12 –S

3346 třást se *impf* to shiver, shake
- Rozčilením se celý třásl. – *He was shaking with anger.*
12 –P

3347 postoupit *pf* to advance, step forward
- Postoupil, aby ho bylo vidět. – *He stepped forward to be seen.*
12

3348 šedivý *adj* grey
- Vlasy už měla šedivé. – *Her hair was already grey.*
12

3349 otvor *inan* hole, slot
- Ve stropu byl větrací otvor. – *There was an air hole in the ceiling.*
12

3350 náhradní *adj* spare, reserve
- Stroj stál kvůli nedostatku náhradních dílů. – *The machine was at a standstill because of a lack of spare parts.*
12

3351 kdepak *part* no way, not at all
- Kdepak, to není totéž. – *No way, it's not the same thing.*
12 –P

3352 demokrat *anim* democrat
- Jeho otec byl vlastenec a demokrat. – *His father was a patriot and a democrat.*
12 –S –F –P

3353 obecní *adj* municipal, local
- Internet na obecním úřadě funguje. – *The Internet at the municipal office is working.*
12

3354 zemědělství *neut* agriculture, farming
- Věnoval se zemědělství a chovu dobytka. – *He was involved in farming and cattle breeding.*
12

3355 originální *adj* original
- Měl originální nápady. – *He had original ideas.*
12

3356 hlasitě *adv* loudly
- Holky v ledové vodě hlasitě vřískaly. – *Girls screamed loudly in the icy water.*
12 –S

3357 bohatství *neut* wealth, fortune, richness
- Muži kontrolují bohatství. – *Men control the wealth.*
12 –S

3358 železniční *adj* railway
- Železniční stanice je v dosahu ubytování. – *The railway station is within reach of the accommodation.*
12 –S

3359 stan *inan* tent
- Stan jsme postavili až za setmění. – *We didn't put up our tent until after dark.*
12

3360 naklonit (se) *pf* to bow, bend, lean
- Naklonila se a něco mu pošeptala. – *She leaned in and whispered something to him.*
12 –S

3361 architekt *anim* architect
- Při přestavbě bytu se radila s architektem. – *She consulted an architect during the reconstruction of her flat.*
12

3362 vánoční *adj* Christmas
- Koupila dětem vánoční dárky. – *She bought Christmas presents for the children.*
12

3363 planeta *fem* planet
- Největší ostrov naší planety je Grónsko. – *Greenland is the largest island on our planet.*
12 –S

3364 zdarma *adv* free (of charge)
- Odborníci vám zdarma poradí. – *Experts will give you advice free of charge.*
12

3365 otevření *neut* opening
- Slavíme otevření muzea. – *We are celebrating the opening of the museum.*
12 –S

3366 vyběhnout *pf* to run out, run up
- Děti vyběhly ze školy. – *Children ran out of the school.*
12 –P

3367 tuna *fem* ton, tonne
- Hroch může vážit až tři tuny. – *A hippopotamus may weigh up to three tonnes.*
12

3368 plod *inan* fruit, foetus
- Vyrobila věnec ze suchých plodů. – *She made a wreath of dry fruit.*
12

3369 riskovat *impf* to risk, take a risk
- Kdo se bojí riskovat, nemůže vyhrát. – *He who is afraid to take risks cannot win.*
12

3370 kytka *fem* flower, plant
- Kup jí nějaký kytky. – *Buy her some flowers.*
12 –P

3371 ověřit (si) *pf* to check, verify
- Pomocí testu ověříme správnost hypotézy. – *We will verify the veracity of the hypothesis through a test.*
12

3372 vyslechnout *pf* to listen to, hear
- Byli připraveni vyslechnout přednášku. – *They were ready to listen to a lecture.*
12

3373 zahrnout *pf* to include, cover
- Do ceny zájezdu je zahrnuta doprava. – *The price of the trip includes the transport.*
12 –S

3374 jaderný *adj* nuclear
- Jde nám o mírové využití jaderné energie. – *We are concerned about the peaceful use of nuclear energy.*
12 –F

3375 důkladně *adv* properly, thoroughly
- Důkladně v domě vygruntovala. – *She cleaned the house thoroughly.*
12 –S

3376 vděčný *adj* grateful
- Jsem ti za tvou informaci vděčný. – *I am grateful for your information.*
12

3377 kritik *anim* critic
- Po zavedení reforem se ozvaly hlasy kritiků. – *After the reforms were implemented, critics' voices were heard.*
12 –S

3378 drama *neut* drama
- Dramata psát neuměl. – *He could not write dramas.*
12 –S

3379 lidstvo *neut* mankind
- Nedávno lidstvo vstoupilo do nového tisíciletí. – *Mankind has recently entered a new millennium.*
12 –S

3380 zřetelně *adv* distinctly, clearly
- Rozuměla mu, protože vyslovoval zřetelně. – *She understood him because he enunciated clearly.*
12 –S

3381 podléhat *impf* to succumb, be subject to
- Nesmíš tolik podléhat emocím. – *You mustn't succumb to emotions so much.*
12 –S

3382 přehlídka *fem* show, parade
- Veletrh začal módní přehlídkou. – *The fair was opened by a fashion show.*
12 –S

3383 vášeň *fem* passion
- Jeho vášní byly karty. – *Cards were his passion.*
12 –S

3384 tržní *adj* market
- Klient kupuje služby za tržní ceny. – *The client purchases services for market prices.*
12 –S –F

3385 trénovat *impf* to train, drill, practise
- Denně trénuju dvě hodiny. – *I practise for two hours a day.*
12 –P

3386 kouzlo *neut* magic, spell
- Podlehl kouzlu krásné ženy. – *He succumbed to the spell of a beautiful woman.*
12

3387 sporný *adj* controversial
- Všechny sporné body byly objasněny. – *All the controversial points were clarified.*
12 –S

3388 tuhý *adj* stiff, tough, hard
- Zima byla toho roku tuhá. – *That year the winter was hard.*
12

3389 chráněný *adj* protected, conservation
- Lužní les je chráněným územím. – *Alluvial forest is a conservation area.*
12

3390 měření *neut* measurement
- Prováděli také měření pro stavbu leteckých základen. – *They also took measurements for the construction of air bases.*
12 –S –F

3391 útěk *inan* escape, flight
- Útěk z vězení se mu nezdařil. – *His escape from jail did not end well.*
12 –S

3392 postrádat *impf* to lack, miss
- Jejich vztahy postrádaly srdečnost. – *Their relationship lacked warmth.*
12

3393 hluk *inan* noise
- Z náměstí sem doléhal hluk města. –
  The noise from the square was heard here.
  12

3394 rodit (se) *impf* to give birth, bear, yield
- Jeho žena má brzy rodit. – *His wife is
  supposed to give birth soon.*
  12

3395 plzeňský *adj* Pilsen
- Pozvali nás na prohlídku plzeňského
  pivovaru. – *They invited us on a tour of
  the Pilsen brewery.*
  12 –F

3396 vytvořený *adj* created, formed
- Můžeme využít dříve vytvořenou
  databázi. – *We can use a database
  created earlier.*
  12 –S

3397 pravomoc *fem* authority
- Tím překračujete svou pravomoc. –
  *By this you are overstepping your
  authority.*
  12 –S

3398 týdně *adv* weekly, a week
- Třikrát týdně cvičím. – *I exercise three times
  a week.*
  12

3399 hovno *neut* shit, crap
- Je to na hovno. – *It's crap.*
  12 –P –N

3400 posuzovat *impf* to judge, assess
- Každý případ bude posuzován
  individuálně. – *Each case will be
  judged individually.*
  12 –S

3401 metropole *fem* capital, metropolis
- Naše metropole se jí líbila. – *She liked
  our capital.*
  12 –S

3402 elektrárna *fem* power plant
- Větrné elektrárny mají budoucnost. –
  Wind power plants have a future.
  12

3403 porušit *pf* to break, infringe
- Byl odsouzen, protože porušil zákon. –
  He was sentenced for breaking the law.
  12 –S

3404 agent *anim* agent
- Léta byl agentem rozvědky. – *He was
  a secret service agent for years.*
  12 –S

3405 posluchač *anim* listener, trainee
- Jako dobrý posluchač kladl správné
  otázky. – *Being a good listener, he asked
  the right questions.*
  12

3406 palec *inan* thumb, inch
- Palce si zasunul za opasek. – *He stuck his
  thumbs in his belt.*
  12

3407 sedadlo *neut* seat
- Usadila se pohodlně do sedadla. –
  She settled comfortably into the seat.
  12

3408 náboženství *neut* religion
- Diskutovali o rozdílu mezi náboženstvím
  a vědou. – *They discussed the difference
  between religion and science.*
  12 –S

3409 spolupracovník *anim* colleague,
collaborator, associate
- Je to můj blízký spolupracovník. – *He is
  a close associate of mine.*
  12 –S

3410 psychický *adj* psychic(al), mental
- Jeho psychický stav se postupně zlepšoval. –
  His mental state was gradually improving.
  12

3411 malinký *adj* tiny
- Roztrhal dopis na malinké kousíčky. –
  He tore the letter into tiny pieces.
  12 –P –N

3412 úspora *fem* saving
- Obklady stěn vedly k úsporám tepla. –
  The wall facing led to heat saving.
  12 –S

3413 vyspělý *adj* mature, advanced
- Dcera je ve čtrnácti už velmi vyspělá. –
  My daughter is very mature for fourteen.
  12 –S

3414 obálka *fem* envelope
- Nalepil známku na obálku. – *He stamped the
  envelope.*
  12

3415 výprava *fem* excursion, expedition
- Často se účastnil horolezeckých výprav. –
  *He often participated in climbing
  expeditions.*
  12

3416 zavírat *impf* to close
- "Zavíráme," řekl hostinský. – *"We are closing,"
  the landlord said.*
  12

3417 dění *neut* events, developments
- Veřejnost bude o dění ve městě
  informována. – *The public will be informed
  about developments in town.*
  12 –S

3418 vyvést *pf* to lead out
- Vyvedl své společníky z místnosti. – *He led
  his associates out of the room.*
  12

3419 lampa *fem* lamp
- V koutě svítila lampa. – *A lamp was lit in the
  corner.*
  12

3420 sazba *fem* rate, tariff, charge
- Denní sazba parkovného činí 30 Kč. –
  The daily charge for parking is CZK 30.
  12 –S –F

3421 opatrný *adj* careful
- Příště budu opatrnější. – *I'll be more careful next time.*
12

3422 poslechnout *pf* to listen to, obey
- Poslechla ho jako svého velitele. – *She obeyed him as he was her commander.*
12

3423 ráj *inan* paradise, Eden
- Žiju si jako v ráji. – *I live as though in paradise.*
11

3424 oddělit *pf* to separate
- Víru nelze oddělit od lásky. – *Faith cannot be separated from love.*
11 –S

3425 každopádně *part* anyway, in any case
- Každopádně mi zavolej, budu doma. – *Call me in any case, I'll be home.*
11

3426 redakce *fem* editorial office, edition
- V místnostech redakce bylo plno žurnalistů. – *Editorial office rooms were full of journalists.*
11 –S

3427 místopředseda *anim* vice chairman
- Byl zvolen místopředsedou strany. – *He was elected vice chairman of the party.*
11 +N

3428 dvojka *fem* (number) two, second gear
- Přeřadil na dvojku. – *He shifted into second gear.*
11 –P

3429 štíhlý *adj* slender, slim
- Podala mi štíhlou ruku. – *She held out a slender hand to me.*
11

3430 slušet *impf* to become, fit, suit
- V modré uniformě mu to slušelo. – *The blue uniform suited him.*
11

3431 zřídit *pf* to set up, establish
- V obci zřídili malou pekárnu. – *They set up a small bakery in the village.*
11 –S

3432 nevinný *adj* innocent
- Popravili nevinného. – *They executed an innocent man.*
11 –S

3433 orientovat (se) *biasp* to orientate, find position
- Žáci se naučili zorientovat mapu. – *The students learned to orientate their maps.*
11

3434 trouba *fem* oven, pipe
- Dostal koláč, ještě teplý z trouby. – *He got a pie, still warm from the oven.*
11

3435 objev *inan* discovery, finding
- Objev radioaktivity změnil náš svět. – *The discovery of radioactivity changed our world.*
11 –S

3436 vedený *adj* led by, guided, maintained
- Přicházela skupina dětí vedená učitelem. – *A group of children led by a teacher was coming.*
11 –S

3437 vyšetření *neut* examination
- Jela do Prahy na oční vyšetření. – *She went to Prague for an eye examination.*
11

3438 špičkový *adj* top, peak
- Naše vybavení je na špičkové úrovni. – *Our equipment is of top quality.*
11 –F

3439 důchodce *anim* pensioner, senior citizen
- Důchodci mohou jezdit zdarma. – *Pensioners can use public transport for free.*
11

3440 koule *fem* ball, globe
- Kluci po sobě házeli sněhovými koulemi. – *The boys threw snowballs at each other.*
11

3441 minout (se) *pf* to pass, miss
- Málem jsme se minuli. – *We almost missed each other.*
11

3442 náhodný *adj* casual, accidental, random
- Náhodný chodec našel nevybuchlý granát. – *A casual pedestrian found an unexploded grenade.*
11 –S

3443 krást *impf* to steal, shoplift
- Zaměstnanci kradli maso v supermarketu. – *Employees shoplifted meat in the supermarket.*
11 –P

3444 huba *fem* mouth, trap
- Drž hubu! – *Shut your trap!*
11 –P

3445 hýbat (se) *impf* to move
- Nehýbejte se! – *Don't move!*
11

3446 tyč *fem* post, rod
- Záložník trefil tyč. – *The midfielder hit the post.*
11

3447 minule *adv* last time
- Minule jsi mě pěkně vytočil. – *You really pissed me off last time.*
11 –P

3448 budit (se) *impf* to wake (up), raise
- Tak pozdě jsem nechtěl budit sousedy. – *I didn't want to wake the neighbours up so late.*
11

3449 hokej *inan* (ice-)hockey
- Kluci můžou hrát na kluzišti hokej. – *Boys can play hockey on the ice rink.*
11 –F –P

3450 cvičit *impf* to train, practise, exercise
- Cvičila, protože chtěla zhubnout. – *She exercised because she wanted to lose weight.*
11

3451 vyznačovat (se) *impf* to mark, **(se)** distinguish
- Maso zvěřiny se vyznačuje charakteristickou chutí. – *Game meat is distinguished by a characteristic taste.*
11 –S

3452 vykazovat *impf* to show, show out
- Zákon vykazuje četné nedostatky. – *The law shows numerous flaws.*
11 –S

3453 tričko *neut* T-shirt
- Oblíkla si džíny a tričko. – *She put on jeans and a T-shirt.*
11 –P

3454 chod *inan* course, operation
- Večeře měla deset chodů. – *The dinner had ten courses.*
11

3455 album *neut* album
- Tom Waits právě vydal nové album. – *Tom Waits has just released a new album.*
11 –P

3456 krabička *fem* box, packet
- Vyndal z krabičky cigaretu. – *He pulled a cigarette out of a packet.*
11

3457 shodnout se *pf* to agree
- Byla krásná, na tom se shodli všichni. – *She was beautiful, everybody agreed on that.*
11

3458 blbec *anim* moron, nitwit
- Blbec je to. – *A moron, that's what he is.*
11 –P

3459 srovnatelný *adj* comparable
- Kvalita výrobků je srovnatelná s konkurencí. – *The product quality is comparable to the competitors'.*
11 –F

3460 sebevražda *fem* suicide
- Zoufalství ji dohnalo k sebevraždě. – *Desperation drove her to suicide.*
11

3461 vícemémě *part* more or less
- Měl na sobě víceméně čisté oblečení. – *He was wearing more or less clean clothes.*
11

3462 vyrovnaný *adj* calm, stable, balanced
- Síly v zápase byly vyrovnané. – *The match was evenly balanced.*
11

3463 minimum *neut* minimum
- V pokoji bylo minimum nábytku. – *There was a minimum of furniture in the room.*
11

3464 pozdní *adj* late
- Svým pozdním příchodem ji probudil. – *His late arrival woke her up.*
11

3465 zastávka *fem* stop, station
- Bydlím kousek od autobusové zastávky. – *I live a short way from the bus stop.*
11

3466 vlhký *adj* wet, damp
- Vlhký písek se mu lepil na nohy. – *Damp sand stuck to his feet.*
11

3467 doopravdy *adv* for real, really
- Jak to bylo doopravdy? – *How did it really happen?*
11

3468 parametr *inan* parameter
- Parametry výrobku splňují základní požadavky. – *The product's parameters meet the basic requirements.*
11 –S –F

3469 vytrhnout *pf* to pull out, extract, snatch away
- Dal si vytrhnout bolavý zub. – *He had an aching tooth extracted.*
11

3470 bouře *fem* storm
- Kobaltová barva nebe slibovala bouři. – *The cobalt colour foreboded a storm.*
11 –S

3471 kauza *fem* case
- Celá kauza byla postavena na lžích. – *The entire case was based on lies.*
11 –F

3472 nervózní *adj* nervous, restless
- Byl nervózní a nemohl spát. – *He was restless and couldn't sleep.*
11 –P

3473 sakra *interj* hell, damn (it)
- Kde to sakra jsme? – *Where the hell are we?*
11 –P –N

3474 odvážit se *pf* to dare, risk
- Nikdo by se neodvážil to vyslovit nahlas. – *Nobody would dare say it out loud.*
11

3475 záchrana *fem* rescue, preservation
- Martin dostal za záchranu té ženy cenu. – *Martin received an award for the woman's rescue.*
11 –S

3476 zraněný *adj* injured, wounded
- Stav zraněného muže je vážný. – *The injured man's condition is serious.*
11

3477 trocha *fem* a bit, a little
- S trochou štěstí přijdeme včas. – *With a bit of luck, we'll be on time.*
11

3478 nápadně *adv* noticeably, strikingly
- Měla nápadně modré oči. – *She had strikingly blue eyes.*
11

3479 trénink *inan* training
- Cítila, že jí chybí kondiční trénink. – *She felt she needed fitness training.*
11

3480 křižovatka *fem* intersection, crossroads
- Na křižovatce nebyl semafor. – *There were no traffic lights at the intersection.*
11

3481 pruh *inan* stripe, lane
- Vozy jsou pomalované modrými pruhy. – *The vehicles are painted with blue stripes.*
11

3482 šedesátý *num* sixtieth
- Havel oslavil šedesáté narozeniny v divadle Archa. – *Havel celebrated his sixtieth birthday in the Archa theatre.*
11

3483 venkov *inan* country
- Lidé z venkova dojíždějí do města. – *People from the country commute to the city.*
11

3484 výhra *fem* victory, prize
- Posledním gólem si svou výhru pojistili. – *They secured their victory with the final goal.*
11 –P

3485 odstranění *neut* removal, disposal
- Odstranění nádoru musí být radikální. – *Removal of the tumour must be radical.*
11 –S –F

3486 zastávat (se) *impf* to hold (an office), **(se)** support
- Zastávala funkci finanční ředitelky. – *She held the office of financial director.*
11

3487 udělaný *adj* made
- Soška byla udělaná ze sádry. – *The statuette was made of plaster.*
11 –P –N

3488 nedělní *adj* Sunday
- Bylo slunečné nedělní ráno. – *It was a sunny Sunday morning.*
11 –S

3489 ozývat se *impf* to sound, be heard
- Ozývaly se výstřely. – *Gunshots could be heard.*
11

3490 autorita *fem* authority
- Lidé nad sebou potřebují mít autoritu. – *People need authority above them.*
11

3491 statek *inan* estate, farm
- Jeho rodiče měli statek. – *His parents owned a farm.*
11

3492 nabýt *pf* to gain, acquire
- Chce nabýt praktických zkušeností. – *He wants to acquire practical experience.*
11 –S

3493 upravovat (se) *impf* to arrange, adjust, **(se)** tidy up
- Zahradníci upravují skalku. – *Gardeners are arranging a rock garden.*
11

3494 opilý *adj* drunk
- Asi jsem byl opilý. – *I was probably drunk.*
11 –P

3495 stabilita *fem* stability
- Kde je dostatek, tam je stabilita. – *With abundance comes stability.*
11 –S –F

3496 proměna *fem* transformation, change
- Jeho myšlení prošlo názorovou proměnou. – *His thinking underwent an ideological transformation.*
11 –S

3497 pásmo *neut* zone
- Byl zatčen v pohraničním pásmu. – *He was arrested in the frontier zone.*
11 –S

3498 rozlišovat *impf* to distinguish
- Rozlišujeme čtyři základní emoce. – *We distinguish between four basic emotions.*
11

3499 tragický *adj* tragic
- Policie vyšetřuje okolnosti tragické nehody. – *The police are investigating the circumstances of the tragic accident.*
11 –S

16 Nationality adjectives

český 181 Czech	**slovenský** 1801 Slovak	**španělský** 3030 Spanish
evropský 396 European	**rakouský** 2278 Austrian	**řecký** 3511 Greek
americký 418 American	**japonský** 2538 Japanese	**švédský** 3905 Swedish
německý 567 German	**sovětský** 2575 Soviet	**švýcarský** 3970 Swiss
francouzský 947 French	**čínský** 2770 Chinese	**kanadský** 4477 Canadian
britský 1236 British	**polský** 2830 Polish	**maďarský** 4513 Hungarian
ruský 1389 Russian	**československý** 2927 Czechoslovak	**indický** 4693 Indian
anglický 1500 English		
italský 1743 Italian		

3500 příloha *fem* supplement, attachment
• Slovník je vybaven obrazovou přílohou. –
The dictionary contains a picture supplement.
11

3501 zdravotnictví *neut* health care
• Největší charitativní dary směřují do
zdravotnictví. – *The largest donations go to
health care.*
11 –F

3502 ujistit (se) *pf* to assure, **(se)** make sure
• Ujistil ji, že se to nikdo nedoví. – *He assured
her that nobody would find out.*
11 –S

3503 sestava *fem* composition, line-up
• Chybělo několik hráčů základní sestavy. –
*Several players from the core line-up were
missing.*
11 –F

3504 romantický *adj* romantic
• Dětinsky se opájela romantickými
představami. – *She childishly revelled in
romantic ideas.*
11

3505 související *adj* related
• Jsou to dva úzce související problémy. –
These are two closely related issues.
11 –S

3506 jarní *adj* spring
• Vdechovali čerstvý jarní vzduch. –
They inhaled the fresh spring air.
11

3507 cizina *fem* foreign country
• Kapitalistickou cizinu vždycky považovali za
shnilou. – *Capitalist foreign countries were
always considered rotten.*
11

3508 holt *part* simply, well
• Už je holt starej. – *He's simply old.*
11 –P

3509 ředitelka *fem* (woman) director,
headmistress
• Je ředitelkou mezinárodní společnosti. –
She is a director of an international company.
11 –F

3510 zírat *impf* to stare
• Zíral na monitor a kroutil hlavou. – *He was
staring at the monitor and shaking his head.*
11 –P

3511 řecký *adj* Greek
• Řecký venkov je samá skála. – *The Greek
countryside is all rocks.*
11

3512 luxusní *adj* luxury
• Kupovali výhradně luxusní zboží. –
They exclusively bought luxury goods.
11

3513 vypovídat (se) *biasp* to talk, testify,
(se) have a good chat
• Svědci vypovídali podle očekávání. –
The witnesses testified as expected.
11 –S

3514 módní *adj* fashion, fashionable, trendy
• Ráda chodila na módní přehlídky. –
She liked going to fashion shows.
11

3515 profese *fem* profession, career
• Nedokázala by věnovat se jen profesi. –
She couldn't focus only on her profession.
11 –S

3516 zaměření *neut* specialization
• Jaké je vaše zaměření? – *What is your
specialization?*
11 –S –F

3517 bít *impf* to beat, strike
• Manžel ji bil a terorizoval. – *The husband
beat her and terrorized her.*
11

3518 děj *inan* plot, action, story
• Ten film neměl téměř žádný děj. – *The film
was almost without action.*
11

3519 bazén *inan* swimming pool
• Šla si zaplavat do bazénu. – *She went to
have a swim in the swimming pool.*
11

3520 vztek *inan* rage, fury, anger
• Můj smutek posléze vystřídal vztek. – *My
sadness was eventually replaced by anger.*
11

3521 klín *inan* lap, wedge
• Babička houpala holčičku na klíně. –
*Grandmother was rocking a little girl on her
lap.*
11

3522 jedenáctý *num* eleventh
• Jedenácté září je tragédie pro celý svět. –
*The eleventh of September is a tragedy for
the whole world.*
11

3523 pátrat *impf* to search for, investigate
• Policie pátrá po neznámém pachateli. – *The
police are searching for an unknown offender.*
11 –S

3524 poškození *neut* damage, injury
• Utrpěl poškození mozku. – *He suffered brain
damage.*
11 –S

3525 kolečko *neut* wheel, slice
• Na stole stála sklenka s čerstvým kolečkem
citrónu. – *On the table stood a glass with
a fresh lemon slice.*
11

3526 ač *conj* although
• Nálada byla skvělá, ač bylo vína málo. –
*The atmosphere was great although there
was little wine.*
11 –S

3527 vojsko *neut* army, troops
• Vojsku hrozilo obklíčení. – *The army was in
danger of being surrounded.*
11 –S

3528 anglicky *adv* English, in English
- Mluvil dobře anglicky. – *He could speak English well.*
11

3529 omluvit (se) *pf* to apologize, excuse
- Chci se omluvit za včerejšek. – *I want to apologize for yesterday.*
11 –P

3530 balík *inan* parcel, package
- Rodiče nám posílali balíky s jídlem. – *Our parents would send us packages with food.*
11

3531 zdržovat (se) *impf* to keep, delay, **(se)** stay
- Děti zdržovaly maminku v hračkářství. – *The children kept their mother in the toyshop.*
11

3532 provozní *adj* operating, service
- Cílem je snížit provozní náklady firmy. – *The goal is to lower the company's operating costs.*
11 –S –F

3533 užívání *neut* use, usage
- Nadměrné užívání antibiotik je škodlivé. – *Excessive use of antibiotics is harmful.*
11 –S

3534 konto *neut* account
- Moje konto je skoro na dně. – *My account is almost empty.*
11

3535 schválně *adv* on purpose, deliberately
- Neudělal jsem to schválně. – *I didn't do it on purpose.*
11 –P

3536 nápoj *inan* drink, beverage
- Nápoje nejsou v ceně poledního menu. – *The price of the lunch specials does not include drinks.*
11

3537 zastřelit *pf* to shoot (dead)
- Rozhodl se, že medvěda zastřelí. – *He decided to shoot the bear.*
11 –P

3538 operační *adj* operation, operating
- Připravte operační sál. – *Prepare the operating theatre.*
11 –S

3539 srovnávat *impf* to compare
- Srovnávat je obtížné. – *It is difficult to compare.*
11

3540 zřídka *adv* rarely
- Jen zřídka cestují do zahraničí. – *They rarely travel abroad.*
11 –S

3541 mlha *fem* mist, fog
- Údolí zahalila hustá mlha. – *The valley was wreathed in thick fog.*
11

3542 stabilní *adj* stable, fixed
- Naše firma je finančně stabilní. – *Our company is financially stable.*
11 –S –F

3543 všední *adj* ordinary, week(day)
- Ve všední dny otevíráme v 8.00. – *On weekdays we open at 8 a.m.*
11

3544 mýlit se *impf* to be wrong
- Bohužel se mýlila. – *Unfortunately, she was wrong.*
11

3545 globální *adj* global
- Globální ekonomika čelí problémům. – *The global economy is facing some difficulties.*
11 –S –F

3546 použitý *adj* used
- Metody použité policií jsou sporné. – *The methods used by police are controversial.*
11 –S

3547 shromáždění *neut* assembly, gathering
- Valné shromáždění OSN má nového předsedu. – *The UN General Assembly has a new chairman.*
11 –S

3548 koncentrace *fem* concentration
- Jak lze odhadnout koncentraci alkoholu v krvi? – *How do you estimate the concentration of alcohol in the blood?*
11 –S –F

3549 čert *anim* devil
- Čert to vem! – *The devil take it!*
11 –P

3550 obliba *fem* popularity
- Obliba prezidenta klesla. – *The popularity of the president has diminished.*
11

3551 zapnout *pf* to button up, fasten, switch on
- Ochladilo se, a tak si zapnul kabát. – *It turned cold, so he buttoned up his coat.*
11

3552 příznivec *anim* fan
- O takové příznivce nestojíme. – *We do not need fans like that.*
11 –S

3553 tajit *impf* to hide, keep back
- Podrobnosti o jednání všichni tajili. – *Everybody kept back details about the meeting.*
11 –S

3554 kavárna *fem* café, coffee house
- Dali jsme si schůzku v kavárně. – *We arranged to meet in a café.*
11

3555 utrpení *neut* suffering
- Utrpení je zlo. – *Suffering is evil.*
11

3556 vystavovat *impf* to exhibit, expose
- Vystavuje své obrazy po celé Evropě. – *She exhibits her paintings throughout Europe.*
11 –S

3557 prodloužit (si) *pf* to extend, lengthen
- Výstava byla prodloužena do konce roku. – *The exhibition has been extended until the end of the year.*
11

3558 vyznat se *pf* to be good at, know sth about
- Nevyznám se v politice. – *I don't know much about politics.*
11

3559 činitel *anim/inan* figure (*anim*), factor, agent (*inan*)
- Šlo o útok na veřejného činitele. – *It was an attack on a public figure.*
11 –S

3560 úleva *fem* relief
- Po závodě jsem cítil radost a úlevu. – *After the race I felt joy and relief.*
11 –S

3561 vila *fem* villa
- Vila byla rekonstruována v 80. letech. – *The villa was rebuilt in the 1980s.*
11

3562 vyprávění *neut* tale, narration
- Mladí lidé potřebují mýty a vyprávění. – *Young people need myths and tales.*
11 –S

3563 protáhnout (se) *pf* to extend, stretch
- Protáhla se jako kočka. – *She stretched like a cat.*
11

3564 pozdravit (se) *pf* to greet
- Pozdravila ho úklonem hlavy. – *She greeted him with a bow of her head.*
11 –P

3565 kresba *fem* drawing
- Ve svém ateliéru má stovky kreseb. – *He has hundreds of drawings in his studio.*
11 –S

3566 jemně *adv* gently, slightly
- Jemně se dotkl jejího ramene. – *He gently touched her shoulder.*
11 –S

3567 kontext *inan* context
- Tato odpověď byla vytržena z kontextu. – *This answer was taken out of context.*
11 –S

3568 zlo *neut* evil
- Pojmy dobra a zla jsou relativní. – *The concepts of good and evil are relative.*
11 –S

3569 odkaz *inan* reference, legacy
- Každý odkaz musí být uveden v seznamu. – *Every reference must be included in the list.*
11

3570 brada *fem* chin
- Seděl s rukama pod bradou. – *He was sitting with his hands under his chin.*
11

3571 věčně *adv* forever, eternally
- To nebude trvat věčně. – *This won't last forever.*
11

3572 móda *fem* fashion
- Paříž je město módy. – *Paris is a city of fashion.*
11

3573 respektive *part* or (rather)
- Sedl si na schod, respektive na něj padl. – *He sat down on the step, or he rather fell on it.*
11

3574 fórum *neut* forum
- Existují i nezávislá fóra. – *There are independent forums as well.*
11

3575 jmenovaný *adj* appointed, named, mentioned
- Začněme od posledně jmenovaných autorů. – *Let's start with the last-mentioned authors.*
11 –S

3576 doprovod *inan* company, accompaniment
- Hrál houslový koncert s klavírním doprovodem. – *He played a violin concerto with piano accompaniment.*
11

3577 balíček *inan* packet, parcel
- Otevřel balíček cigaret a podal jí ho. – *He opened a packet of cigarettes and passed it to her.*
11

3578 podvod *inan* fraud, deception
- Je obviněn z finančních podvodů. – *He has been charged with financial fraud.*
11

3579 seminář *inan* seminar
- Na jeho seminářích bývá plno. – *His seminars are usually full.*
11

3580 psychologický *adj* psychological
- Museli jsme složit psychologické testy. – *We had to pass psychological tests.*
11

3581 práh *inan* threshold
- Na prahu stál muž středních let. – *A middle-aged man was standing on the threshold.*
11

3582 maska *fem* mask
- Děti vyrobily masky a kostýmy. – *The children made masks and costumes.*
11 –S

3583 atraktivní *adj* attractive
- Líbí se mi štíhlé, atraktivní ženy. – *I like slim, attractive women.*
11

3584 opera *fem* opera
- Madama Butterfly je velmi známá opera. – *"Madama Butterfly" is a very famous opera.*
11

3585 kapitál *inan* capital, funds
- Příliv zahraničního kapitálu zesílil. – *The influx of foreign capital has increased.*
11 –S

3586 protestovat *impf* to protest, object
- Protestuji proti válce v Iráku. – *I protest against the war in Iraq.*
11

3587 radní *anim/fem* councillor
- Radní se na tom shodli. – *The councillors agreed on it.*
11 +N

3588 radikální *adj* radical
- Museli jsme v návrhu udělat radikální změny. – *We had to make radical changes in the proposal.*
11 –S

3589 plnění *neut* performance, fulfilment
- Plnění úkolů se zlepšilo. – *Task performance has improved.*
11 –S

3590 blesk *inan* lightning
- Vrcholek hory ozářil blesk. – *The top of the mountain was lit up by lightning.*
11

3591 urazit (se) *pf* to offend, knock off, **(se)** be offended
- Nechtěl jsem vás urazit. – *I didn't mean to offend you.*
11

3592 odvolání *neut* withdrawal, appeal
- Proti takovému rozhodnutí není odvolání. – *There is no appeal against such a decision.*
11 –S

3593 shrnout *pf* to sum up
- Pokusím se to shrnout. – *I'll try to sum it up.*
11 –S

3594 sukně *fem* skirt
- Nosila tmavěmodrou sukni. – *She would wear a dark blue skirt.*
11 –P

3595 lokalita *fem* locality, place
- Lokalita je pro stavbu výhodná. – *The locality is suitable for building.*
11 –F

3596 akt *inan* act
- Tento akt měl symbolizovat naději. – *This act was meant to symbolize hope.*
11 –S

3597 disciplína *fem* discipline
- Prosazuje přísnou disciplínu. – *He enforces strict discipline.*
11 –S

3598 zamyslet se *pf* to think about, consider
- Zamysli se nad mými slovy. – *Think about what I've said.*
11

3599 komentář *inan* comment, commentary
- Nemám k tomu žádný komentář. – *No comment.*
11

3600 vize *fem* vision
- Jaká je naše vize budoucnosti? – *What is our vision of the future?*
11 –S

3601 organizační *adj* organizational
- Musíme provést několik organizačních změn. – *We have to make a few organizational changes.*
11 –S

3602 stanovení *neut* determination, fixing
- Stanovení diagnózy je klíčové. – *The determination of the diagnosis is crucial.*
11 –S –F

3603 rozvod *inan* divorce
- Podal žádost o rozvod. – *He filed for a divorce.*
11

3604 mediální *adj* media
- Čelí značnému mediálnímu tlaku. – *She is facing heavy media pressure.*
11 –S –F

3605 zmocnit (se) *pf* to authorize, **(se)** seize
- Komunisté se v roce 1948 zmocnili vlády. – *In 1948, the Communists seized power.*
11 –S

3606 ustanovení *neut* regulation, designation
- Toto ustanovení se na naši školu nevztahuje. – *This regulation does not apply to our school.*
11 –S –F

3607 přístav *inan* harbour, port
- Jaký je největší přístav v Evropě? – *What is the largest harbour in Europe?*
11

3608 rozsvítit (se) *pf* to switch on
- Nemám rozsvítit? – *Shall I switch on the light?*
11

3609 historka *fem* story
- Máte rádi upírské historky? – *Do you like vampire stories?*
11

3610 určení *neut* purpose, determining
- Určení prahových hodnot není vůbec snadné. – *Determining the thresholds is not at all easy.*
11 –S

3611 průvodce *anim* guide
- Pracuje jako turistický průvodce. – *He works as a tour guide.*
11

3612 zachování *neut* conservation, preservation
- Naším cílem je zachování místních památek. – *The preservation of local monuments is our goal.*
11 –S

3613 nadšený *adj* enthusiastic, excited
- Byl nadšený, že vyhrál. – *He was excited about winning.*
11

3614 zvolený *adj* elected, selected, chosen
- Ukrajina bude mít demokraticky zvoleného prezidenta. – *Ukraine will have a democratically elected president.*
11 –S

3615 civilizace *fem* civilization
- Řecko je kolébkou evropské civilizace. – *Greece is the cradle of European civilization.*
11

3616 zodpovědný *adj* responsible
- Člověk je zodpovědný za své činy. – *A man is responsible for his actions.*
11

3617 řadit (se) *impf* to arrange, rank
- Snímky jsou řazeny chronologicky. – *The pictures are arranged chronologically.*
11

3618 mrtvola *fem* corpse
- V lese byla nalezena mrtvola muže. – *The corpse of a man has been found in the forest.*
11

3619 finančně *adv* financially
- Situace začíná být finančně neúnosná. – *The situation is becoming financially unsustainable.*
11

3620 vlast *fem* homeland
- Rozhodl se k návratu do vlasti. – *He decided to return to his homeland.*
11 –S

3621 valný *adj* overwhelming, general, good
- Valná hromada se bude konat 11. prosince. – *The general meeting will take place on 11th December.*
11 –S

3622 vyslat *pf* to send out, delegate
- Kapitán nevyslal nouzový signál. – *The captain did not send out an SOS.*
11

3623 poznávat *impf* to (get to) know, find out
- Poznáváte tohoto muže? – *Do you know this man?*
11

3624 námět *inan* suggestion, theme
- Základní námět filmu byl několikrát použit. – *The basic theme of the film has been used several times.*
11

3625 zabezpečení *neut* security
- Sociální zabezpečení je poskytováno dvojí formou. – *Social security is provided in two ways.*
11 –S –F

3626 sehrát *pf* to play, act
- Tyto faktory sehrály důležitou roli. – *These factors played a crucial role.*
11 –S

3627 komunikovat *biasp* to communicate
- Naučte se komunikovat! – *Learn how to communicate!*
11

3628 pokrýt *pf* to cover
- Státní dotace pokryje veškeré náklady. – *A state subsidy will cover all the costs.*
11 –S

3629 předek *anim/inan* ancestor (*anim*), front part (*inan*)
- Oheň zničil předek letadla. – *Fire destroyed the front part of the plane.*
11

3630 spolek *inan* club, association
- Včelařský spolek oslavil jubileum. – *The beekeepers' association has celebrated a jubilee.*
11

3631 přelom *inan* turn, turning point
- Kostel byl postaven na přelomu 13. a 14. století. – *The church was built at the turn of the 13th and 14th century.*
11 –S

3632 nepatrný *adj* minute, insignificant, tiny
- Lék obsahuje nepatrné množství arzeniku. – *The drug contains a minute amount of arsenic.*
11 –S

3633 výnos *inan* decree, profit, revenue
- V účetnictví evidujeme náklady a výnosy. – *In accounting, we keep a record of costs and revenues.*
11 –S

3634 mráz *inan* frost, shiver
- Běhá mi z toho mráz po zádech. – *It sends shivers down my spine.*
11

3635 moudrý *adj* wise
- Je to moudrý muž. – *He is a wise man.*
11 –S

3636 stánek *inan* stall, kiosk
- Získat stánek na trhu není jednoduché. – *Getting a stall in the market is not easy.*
11

3637 osa *fem* axis
- Často pracuje s metodou časové osy. – *He often works with the time axis method.*
11 –S

3638 nečekaný *adj* unexpected
- Akce měla nečekaný ohlas. – *The appeal had an unexpected response.*
11 –S

3639 nejistota *fem* uncertainty, insecurity
- Roky nejistoty jsou za námi. – *Years of uncertainty are over.*
11 –S

3640 skončení *neut* termination, end
- Po skončení filmu bude diskuse. – *There will be a discussion after the end of the film.*
11 –S

3641 odpovědný *adj* responsible
- Kdo je za to zodpovědný? – *Who is responsible for this?*
11 –S

3642 tančit *impf* to dance
- Strašně ráda tančí. – *She really loves dancing.*
11

3643 zákonný *adj* legal, statutory
- Uvědomoval si svou zákonnou povinnost. – *He was aware of his statutory duty.*
11 –S

3644 smutek *inan* sadness, sorrow
- Symboly smutku jsou v západním světě stejné. – *The symbols of sorrow are the same in the Western world.*
11 –S

3645 hůl *fem* cane, stick
- Opíral se o hůl. – *He leaned on his stick.*
11

3646 reprezentace *fem* representation, national team
- Hokejová reprezentace je ve formě. – *The national hockey team is in good form.*
11 –S –F

3647 otáčet (se) *impf* to turn, (se) rotate
- Neotáčej se. – *Don't turn back.*
11

3648 plíce *fem* lung
- Má rakovinu plic. – *He has lung cancer.*
11

3649 konkurenční *adj* competitive, rival
- Je to tvrdý konkurenční boj. – *It is a tough, competitive fight.*
11 –S –F

3650 rozmyslet (se) *pf* to make up one's mind, think over
- Tak už se konečně rozmysli! – *Hurry up and make up your mind!*
11 –P

3651 přitáhnout *pf* to draw, attract
- Chtěli jsme přitáhnout pozornost médií. – *We wanted to attract the attention of the media.*
11

3652 komplikovaný *adj* complicated
- Situace je velmi komplikovaná. – *The situation is very complicated.*
11

3653 uplynout *pf* to pass, expire
- Od jeho smrti uplynulo třicet let. – *Thirty years have passed since his death.*
11 –S

3654 potenciál *inan* potential, capacity
- Nová média představují velký potenciál. – *New media represent a big potential.*
11 –S –F

3655 růže *fem* rose
- Koupil jsem ti růži. – *I bought you a rose.*
11

3656 krádež *fem* theft, robbery
- Byli obviněni z krádeže. – *They were charged with theft.*
11 –S

3657 pravdivý *adj* true
- Tohle není pravdivý obraz situace. – *This is not a true picture of the situation.*
11 –S

3658 střet *inan* conflict, clash
- Došlo ke střetu názorů. – *There was a clash of opinions.*
11 –S

3659 kouř *inan* smoke
- Není kouře bez ohně. – *There is no smoke without fire.*
11

3660 vyplnit *pf* to fill (in), fulfil
- Vaše žádost nebyla správně vyplněna. – *Your application was not filled in correctly.*
11

3661 ničit *impf* to destroy, ruin
- Dobyvatelé na zabraných územích všechno ničili. – *Conquerors would destroy everything in occupied territories.*
11

3662 rybník *inan* pond, pool
- Rybník je zamrzlý celou zimu. – *The pond is frozen over all winter.*
11

3663 sledování *neut* watching, monitoring, observation
- Nadměrné sledování televize může být škodlivé. – *Excessive watching of TV can be harmful.*
11 –S

3664 uhlí *neut* coal, charcoal
- Topíte uhlím nebo dřevem? – *Do you burn coal, or wood?*
11

3665 salát *inan* salad, lettuce
- Miluju zeleninové saláty. – *I love vegetable salads.*
11

3666 významně *adv* knowingly, significantly
- Významně na mě mrkl. – *He winked at me knowingly.*
11 –S

3667 odtamtud *adv* from there, thence
- Telefonoval odtamtud desetkrát. – *From there he called ten times.*
11 –P

3668 sdílet *impf* to share
- Mé názory sdílejí všichni. – *Everybody shares my opinions.*
11 –S

3669 ústava *fem* constitution
- Opozice chce prosadit změnu ústavy. – *The opposition wants to force a change in the constitution.*
10

3670 perspektiva *fem* prospect, perspective
- Osvojila si umění perspektivy. – *She learned the art of perspective.*
10 –S

3671 přibývat *impf* to increase
• Lidí stále přibývá. – *The population is constantly increasing.*
10

3672 turistický *adj* tourist, touristy
• Fjordy patří mezi největší turistické atrakce. – *The fiords are among the biggest tourist attractions.*
10

3673 pracující *adj* working
• Je to typické pro pracující třídu. – *That's a typical working class attitude.*
10 –S

3674 rozejít se *pf* to split up, part
• Rozešli se před dvěma měsíci. – *They split up two months ago.*
10

3675 posloužit (si) *pf* to serve, help, **(si)** help oneself
• Může to posloužit jako dárek. – *It can serve as a gift.*
10 –S

3676 lavička *fem* bench
• Spali na lavičkách. – *They slept on benches.*
10 –P

3677 prestižní *adj* prestigious
• Vyhrála jsem i jinou prestižní soutěž. – *I won another prestigious contest as well.*
10 –S –F

3678 definice *fem* definition
• Aplikujme dané definice. – *Let us apply the given definitions.*
10

3679 rukáv *inan* sleeve
• Podívej se mu na rukávy. – *Look at his sleeves.*
10

3680 rekord *inan* record
• Byl překonán světový rekord. – *The world record has been broken.*
10 –S

3681 skvěle *adv* great, splendidly
• Vypadáš skvěle. – *You look great.*
10

3682 pevnost *fem* fortress, solidness
• Tato pevnost nebyla nikdy dobyta. – *This fortress has never been captured.*
10

3683 donést *pf* to bring, fetch
• Donesla mu pivo. – *She brought him a beer.*
10 –P

3684 slavnost *fem* celebration
• Slavnost začíná v sobotu. – *The celebration starts on Saturday.*
10

3685 opatřit (si) *pf* to get, provide
• Opatříme si povolení k prohlídce. – *We will get a search warrant.*
10 –S

3686 zpětný *adj* reverse, return
• Všechny jsou vybaveny zpětným chodem. – *All are equipped with a return motion system.*
10 –S

3687 klášter *inan* monastery
• Chtěl bych vstoupit do kláštera. – *I would like to enter a monastery.*
10

3688 kožený *adj* leather
• Kolem pasu měl kožený řemen. – *He had a leather belt around his waist.*
10

3689 schodiště *neut* staircase
• Dům má dvě schodiště. – *The house has two staircases.*
10

3690 devatenáct *num* nineteen
• Našemu synovi už bylo devatenáct let. – *Our son is already nineteen years old.*
10 –P

3691 tisknout (se) *impf* to print, **(se)** press
• Tyto bankovky byly tištěny v Německu. – *These banknotes were printed in Germany.*
10

3692 působící *adj* working, causing
• Sešli se pracovníci působící v tomto oboru. – *Experts working in this field got together.*
10 –S

3693 šťáva *fem* juice
• Citrónová šťáva odstraňuje pach rybiny. – *Lemon juice removes the smell of fish.*
10

3694 svah *inan* slope
• Šli dolů ze svahu. – *They went down the slope.*
10

3695 poslání *neut* mission, role
• Chápal své poslání. – *He understood his mission.*
10 –S

3696 posádka *fem* crew
• Posádka zpanikařila. – *The crew panicked.*
10 –S

3697 shodovat se *impf* to agree, match
• Odborníci se na tom neshodují. – *The experts do not agree on it.*
10 –S

3698 hrdlo *neut* throat, neck
• Podřízl jí hrdlo. – *He cut her throat.*
10 –S

3699 nezaměstnanost *fem* unemployment
• Míra nezaměstnanosti klesla. – *The unemployment rate fell.*
10 –S –F

3700 znalec *anim* expert
• Vyšetřovatelé přizvali soudního znalce. – *The investigators called in an expert.*
10 –S

3701 odstup *inan* distance
- S odstupem času tomu rozumíme lépe. – *At this distance in time we understand it better.*
10 –S

3702 výkřik *inan* scream
- Zaslechla jsem výkřik. – *I heard a scream.*
10

3703 pochyba *fem* doubt
- O tom není pochyb. – *There is no doubt about it.*
10 –S

3704 křehký *adj* fragile, frail
- Dětská duše je křehká. – *A child's soul is fragile.*
10

3705 zbylý *adj* remaining
- Zbylých 50 miliónů investovali. – *They invested the remaining 50 million.*
10

3706 vyrůstat *impf* to grow (up)
- Naše děti vyrůstaly společně. – *Our children grew up together.*
10

3707 pláž *fem* beach
- Pláže v této oblasti bývají přeplněné. – *The beaches in this area are usually crowded.*
10

3708 zavrtět (se) *pf* to shake, (se) stir
- Odmítavě zavrtěla hlavou. – *She shook her head.*
10 +F

3709 strejda *anim* uncle
- Dlouho jsem strejdu neviděl. – *I haven't seen my uncle for a long time.*
10 –P –N

3710 logika *fem* logic
- To nemá žádnou logiku. – *There's no logic to it.*
10

3711 vyšetřovatel *anim* investigator
- Tahle stopa vyšetřovatelům unikla. – *The investigators missed this lead.*
10 –S –P

3712 poděkovat *pf* to thank
- Barnaby jí poděkoval. – *Barnaby thanked her.*
10

3713 uniforma *fem* uniform
- Měl na uniformě armádní kříž. – *He wore a military cross on his uniform.*
10

3714 zabalit *pf* to wrap up, pack up
- Knihu jsem zabalil do balicího papíru. – *I wrapped the book up in wrapping paper.*
10

3715 zmínka *fem* mention, reference
- Nebyla tam o tom ani zmínka. – *There was not a single mention of it.*
10 –S

3716 teoretický *adj* theoretical
- Začínal jsem jako teoretický fyzik. – *I started out as a theoretical physicist.*
10

3717 lež *fem* lie
- Neodvažuj se opakovat tu lež! – *Don't you dare repeat that lie!*
10

3718 zahrádka *fem* (small) garden
- Na zahrádce rostl keř. – *A bush grew in the garden.*
10

3719 únava *fem* weariness, fatigue
- Teplo a únava mě zmohly. – *I was overcome with heat and fatigue.*
10 –S

3720 pistole *fem* gun, pistol
- Dej mi tu pistoli. – *Give me the gun.*
10

3721 ohledně *prep* regarding
- Situace ohledně Turecka je nejistá. – *The situation regarding Turkey is uncertain.*
10

3722 ústavní *adj* constitutional, institutional
- O sporu rozhodne Ústavní soud. – *The Constitutional Court will decide the dispute.*
10 –F

3723 přátelství *neut* friendship
- Odmítla její přátelství. – *She rejected her friendship.*
10

3724 poškozený *adj* damaged, injured
- Poškozené kolenní vazy mu zničily kariéru. – *Damaged knee ligaments ruined his career.*
10 –S

3725 splňovat *impf* to meet, fulfil
- Musíte splňovat všechna kritéria. – *You must meet all the criteria.*
10 –S –F

3726 pochod *inan* march, procession
- Důstojníci jsou na pochodu. – *The officers are on the march.*
10

3727 přesahovat *impf* to exceed
- Částka přesahuje milion korun. – *The sum exceeds a million crowns.*
10 –S

3728 surovina *fem* ingredient, raw material
- Smíchejte všechny suroviny. – *Mix all the ingredients.*
10

3729 podnikat *impf* to be in trade, make
- Podnikám ve stavebnictví. – *I am in the building trade.*
10

3730 uznání *neut* praise, recognition, credit
- Cením si vašeho uznání. – *I appreciate your praise.*
10 –S

3731 coby *conj* as
- Internet coby trh se zmenšuje. – *The Internet as a market has been shrinking.*
10 –S

3732 pozor *part* beware
- Pozor na kapsáře! – *Beware of pickpockets!*
10

3733 kontrolní *adj* control, check
- Analyzovali jsme kontrolní vzorek. – *We analysed the control sample.*
10 –S

3734 rozhlas *inan* radio, broadcasting
- Pracovali v rozhlase. – *They worked on the radio.*
10

3735 vězeň *anim* prisoner
- Vězeň se předávkoval. – *The prisoner took an overdose.*
10 –S

3736 institut *inan* institute
- Výstavu pořádá Goethe institut v Praze. – *The exhibition is organized by the Prague Goethe Institute.*
10 –S

3737 vypravit (se) *pf* to dispatch, **(se)** set out
- Vypravila se na cestu. – *She set out on a journey.*
10 –S

3738 vesmír *inan* universe
- Vesmír tvoří především temná hmota. – *The universe is mainly comprised of dark matter.*
10 –S

3739 stáří *neut* age, old age
- Neznali jeho skutečné stáří. – *They did not know his actual age.*
10

3740 písemný *adj* written
- Písemné úkoly nezadáváme. – *We do not give written assignments.*
10

3741 zkazit (se) *pf* to spoil, **(se)** go bad, deteriorate
- Zkazí se to za den. – *It will go bad in a day.*
10

3742 bledý *adj* pale
- Její bledá kůže zrudla. – *Her pale skin turned red.*
10 –S –N

3743 teoreticky *adv* theoretically
- Teoreticky je to možné. – *It is theoretically possible.*
10

3744 oblek *inan* suit
- Nosíval černý oblek. – *He used to wear a black suit.*
10

3745 dobro *neut* (the) good, welfare
- Dobro zvítězí nad zlem. – *Good will triumph over evil.*
10

3746 parta *fem* gang, group, crowd
- Při táboráku se parta stmelila. – *The gang pulled together during the camp fire.*
10 –P

3747 pohřeb *inan* funeral
- Na pohřeb přijde mnoho lidí. – *Lots of people are coming to the funeral.*
10

3748 radovat se *impf* to enjoy, rejoice, exult
- Radují se z toho hlavně děti. – *Children enjoy it most.*
10

3749 usoudit *pf* to conclude
- Usoudil, že to nepůjde. – *He concluded that it would not work.*
10

3750 spis *inan* file, document, publication
- Každý zaměstnanec má svůj osobní spis. – *We keep a file on each of our employees.*
10 –S

3751 vyhnat *pf* to expel, throw out
- Vyhnal ji z domu. – *He threw her out of the house.*
10

3752 pult *inan* bar, counter
- Seděl u pultu. – *He sat at the bar.*
10

3753 alternativa *fem* alternative
- Je to jedna z alternativ. – *It is one of the alternatives.*
10 –S

3754 rozbitý *adj* broken
- Moje hodinky jsou rozbité. – *My watch is broken.*
10

17 Clothing

bota 1347 shoe	**plášť** 3059 coat, cloak	**oděv** 3903 clothes, clothing
šaty 1481 clothes, dress	**tričko** 3453 T-shirt	**rukavice** 4372 glove
kalhoty 2005 trousers	**sukně** 3594 skirt	**čepice** 4373 cap, hat
košile 2133 shirt	**oblek** 3744 suit	**sako** 4881 jacket
kabát 2962 coat	**bunda** 3834 jacket	**ponožka** 4970 sock

3755 psaný *adj* written
• Text je psaný slovensky. – *The text is written in Slovak.*
10

3756 zakladatel *anim* founder
• Zakladatelem psychoanalýzy je Sigmund Freud. – *Sigmund Freud is the founder of psychoanalysis.*
10 –S

3757 servis *inan* service
• Musím zajet s autem do servisu. – *I must take my car in for a service.*
10

3758 porušení *neut* breach, infringement
• Bylo to porušení autorských práv. – *It was a copyright infringement.*
10 –S

3759 lámat (se) *impf* to break
• Silný vítr lámal větve. – *Strong wind was breaking the branches.*
10

3760 péct *impf* to bake, roast
• Maso pečeme přibližně třicet minut. – *Roast the meat for about thirty minutes.*
10

3761 přinutit (se) *pf* to compel, force
• Nemůžete mě k tomu přinutit. – *You can't force me to do it.*
10

3762 zvonit *impf* to ring, clink
• Telefon zvonil několik minut. – *The phone rang for several minutes.*
10 –P

3763 zabíjet *impf* to kill
• Kouření zabíjí. – *Smoking kills.*
10

3764 odvětví *neut* branch, department, sector
• Ovlivnilo to rozvoj celého odvětví. – *It influenced the development of the whole sector.*
10 –S –F

3765 sídliště *neut* housing estate, settlement
• Bydlíme na sídlišti. – *We live in a housing estate.*
10

3766 éra *fem* era, epoch, period
• Je to konec jedné éry. – *It is the end of an era.*
10

3767 zastupovat *impf* to represent, substitute
• Zastupuje Ministerstvo kultury. – *She represents the Ministry of Culture.*
10

3768 nastupovat *impf* to get on/into, assemble
• Právě nastupovali do auta. – *They were just getting into the car.*
10

3769 lhůta *fem* term, period, deadline
• Jak dlouhá je výpovědní lhůta? – *How long is the term of notice?*
10 –S

3770 sympatický *adj* nice, pleasant
• Je moc sympatická. – *She is really nice.*
10

3771 přistupovat *impf* to approach
• Přistupujeme ke všem problémům zodpovědně. – *We approach all problems responsibly.*
10

3772 inspirovat (se) *biasp* to inspire
• Nic člověka neinspiruje tak jako láska. – *Nothing inspires us more than love.*
10 –S

3773 nastavit *pf* to set, adjust
• Nastavil jsem budíka na 7 hodin. – *I set my alarm for 7 o'clock.*
10

3774 padesátý *num* fiftieth
• Dnes slaví padesáté narozeniny. – *He is celebrating his fiftieth birthday today.*
10

3775 parkoviště *neut* car park, parking lot
• Zastavili jsme na parkovišti. – *We stopped in a car park.*
10

3776 papírový *adj* paper, cardboard
• Co je v té papírové krabici? – *What's in that cardboard box?*
10

3777 nenávist *fem* hatred
• Je plný nenávisti k ženám. – *He is full of hatred towards women.*
10 –S

3778 předávat *impf* to hand (over), present
• Kdo předává cenu? – *Who will present the prize?*
10

3779 trapný *adj* embarrassing, awkward
• Rozhostilo se trapné ticho. – *There was an awkward silence.*
10 –P

3780 potěšení *neut* pleasure
• Bylo mi potěšením se s Vámi seznámit. – *It was a pleasure to meet you.*
10 –S

3781 zaskočit (si) *pf* to take by surprise, stand in, **(si)** drop by
• To jste mě tedy zaskočil. – *You really took me by surprise.*
10

3782 zatknout *pf* to arrest
• Policisté zatkli šest demonstrantů. – *The police arrested six protesters.*
10 –S

3783 únik *inan* escape, leak
• Hrozí riziko úniku informací. – *There is a risk of an information leak.*
10

3784 pociťovat *impf* to feel, experience
• Pociťoval jsem čirou nenávist. – *I felt pure hatred.*
10 –S

3785 bytový *adj* housing, residential
- Nejprve musíme vyřešit bytovou situaci. – *First we must tackle the housing problem.*
10

3786 rozsudek *inan* judgment, sentence
- Proti rozsudku se odvolal. – *He appealed against the judgment.*
10 –S

3787 privatizace *fem* privatization
- V 90. letech docházelo k divokým privatizacím. – *The 1990s saw a rush of wild privatizations.*
10 –S –F

3788 lázně *fem pl* spa
- Staly se z nich oblíbené lázně. – *It became a popular spa.*
10

3789 řetězec *inan* chain, string
- Co je to potravní řetězec? – *What is a food chain?*
10 –S

3790 výběrový *adj* selection, choice
- Výsledek výběrového řízení bude znám zítra. – *The result of the selection procedure will be known tomorrow.*
10 –S –F

3791 kvalifikace *fem* competence, qualification
- Nemá dostatečnou kvalifikaci. – *She does not have sufficient qualifications.*
10 –S

3792 hřích *inan* sin
- Láska není hřích. – *Love is not a sin.*
10

3793 pronikat *impf* to penetrate, infiltrate
- První sluneční paprsek pronikal úzkým oknem. – *The first ray of sunlight penetrated the narrow window.*
10 –S

3794 čerpat *impf* to draw, pump
- Odkud čerpáte inspiraci? – *Where do you draw your inspiration from?*
10

3795 třebaže *conj* although, even though
- Znala ho, třebaže tvrdí opak. – *She knew him even though she claims the opposite.*
10 –S

3796 spolužák *anim* classmate, schoolmate
- To je jeho spolužák ze střední. – *This is a classmate of his from high school.*
10

3797 upřímný *adj* frank, sincere
- Byli jsme k sobě upřímní. – *We were frank with each other.*
10

3798 nakladatelství *neut* publishing house, publishers
- Vydalo nakladatelství Grada. – *Published by Grada Publishing House.*
10

3799 záhy *adv* soon
- Slzy záhy vystřídal smích. – *Tears were soon replaced by laughter.*
10 –S

3800 smířit se *pf* to reconcile, come to terms with
- Nikdy se s tím nesmířila. – *She has never come to terms with it.*
10

3801 prezentace *fem* presentation
- Dobrá prezentace výsledků je nezbytná. – *Good presentation of results is essential.*
10 –F

3802 krvavý *adj* blood, bloody
- Měl na košili krvavou skvrnu. – *He had a blood stain on his shirt.*
10 –S

3803 zbláznit se *pf* to go mad, be crazy
- Zbláznil ses? – *Have you gone mad?*
10 –P

3804 řetěz *inan* chain
- Řidiči by měli použít sněhové řetězy. – *Drivers should use snow chains.*
10

3805 zábavný *adj* entertaining, funny
- Byl to velmi zábavný zážitek. – *It was a very entertaining experience.*
10

3806 kuře *neut* chicken
- Měli jsme na oběd kuře s bramborem. – *We had chicken and potatoes for lunch.*
10

3807 novela *fem* amendment, novella
- Opozice plánuje novelu tohoto zákona. – *The opposition is planning an amendment to this Act.*
10 –S –F

3808 náznak *inan* indication, sign
- Náznaků zlepšení je málo. – *There are few signs of improvement.*
10

3809 organizovaný *adj* organized
- Bojujeme proti organizovanému zločinu. – *We are fighting against organized crime.*
10

3810 česky *adv* Czech
- Všichni mluvili česky. – *They all spoke Czech.*
10

3811 interpretace *fem* interpretation
- Jejich interpretace se liší. – *Their interpretations differ.*
10

3812 hokejista *anim* (ice-)hockey player
- Jágr je náš nejslavnější hokejista. – *Jágr is our most famous hockey player.*
10 +N

3813 nasazení *neut* drive, engagement, application
- Chybí jim nasazení a bojovnost. – *They lack drive and fighting spirit.*
10 –S

3814 pilot *anim* pilot
- Pilot musí kvůli poruše nouzově přistát. – *The pilot has to make an emergency landing because of a malfunction.*
10

3815 hokejový *adj* (ice-)hockey
- Je členem hokejového týmu. – *He is a member of a hockey team.*
10 +N

3816 fuj *interj* yuck
- Fuj, to je hnusný. – *Yuck, that's disgusting.*
10 –P –N

3817 předstírat *impf* to pretend
- Nepředstírej, že mě miluješ. – *Don't pretend you love me.*
10 –S

3818 snít *impf* to dream
- Snila o tom, že se stane lékařkou. – *She dreamt about becoming a doctor.*
10

3819 království *neut* kingdom
- Studuje ve Spojeném Království. – *She studies in the United Kingdom.*
10

3820 personál *inan* staff, personnel
- Personál té restaurace je velmi přátelský. – *The staff in this restaurant are very friendly.*
10 –S

3821 ó *interj* oh, aw
- Ó, má lásko! – *Oh, my love!*
10 –P –N

3822 utratit *pf* to spend, destroy
- Kolik peněz jsme ochotni utratit? – *How much money are we willing to spend?*
10

3823 zjevně *adv* apparently, clearly
- Byli zjevně překvapeni. – *They were clearly surprised.*
10 –S

3824 využívání *neut* utilization, exploitation
- Článek se zabývá využíváním sluneční energie. – *The article deals with the utilization of solar energy.*
10 –S –F

3825 zázemí *neut* background
- Její kulturní zázemí bylo odlišné od toho mého. – *Her cultural background was very different from mine.*
10

3826 venkovský *adj* country, rural
- Žili obyčejným venkovským životem. – *They lived an ordinary country life.*
10 –S

3827 vedro *neut* heat, hot
- Venku je vedro. – *It's hot outside.*
10 –P

3828 iluze *fem* illusion
- Láska je jen iluze. – *Love is just an illusion.*
10 –S

3829 sobotní *adj* Saturday
- Vzpomínám na sobotní noci. – *I recall the Saturday nights.*
10 –P

3830 uklízet *impf* to tidy up, clean
- On doma nevaří ani neuklízí. – *He neither cooks nor tidies up at home.*
10 –P

3831 koupě *fem* bargain, purchase
- Byla to velmi výhodná koupě. – *It was a real bargain.*
10

3832 osmdesátý *num* eightieth
- Děda bude slavit už osmdesáté narozeniny. – *Grandpa will celebrate his eightieth birthday.*
10

3833 nemovitost *fem* real estate
- Investujte do nemovitostí. – *Invest in real estate.*
10 –S

3834 bunda *fem* jacket
- Můžete si svléknout bundu a šálu. – *You can take off your jacket and scarf.*
10 –P

3835 políbit (se) *pf* to kiss
- Políbili jsme se. – *We kissed.*
10 –P

3836 povodeň *fem* flood
- Povodni jsme nemohli zabránit. – *We could not prevent the flood.*
10

3837 řízený *adj* controlled, managed
- Používáme počítačem řízený systém. – *We use a computer-controlled system.*
10 –S

3838 písmo *neut* handwriting, script
- Nemůžu přečíst jeho písmo. – *I can't read his handwriting.*
10

3839 vstříc *prep* towards
- Vstala a šla nám vstříc. – *She stood up and came towards us.*
10

3840 citovat *impf* to quote, cite
- Dovolte mi citovat jeho výrok. – *Let me quote his statement.*
10

3841 zápis *inan* minutes, entry, record
- Chceme vidět zápis z jednání. – *We want to see the minutes of the meeting.*
10

3842 odebrat *pf* to take away, confiscate
- Odebrali jí všechny manželovy ceny. – *They took away all her husband's awards.*
10

3843 primátor *anim* mayor
- Akce se zúčastní i primátor Prahy. – *Even the mayor of Prague will be attending the event.*
10 +N

3844 slušně *adv* decently, generously
- Chovej se slušně. – *Behave decently.*
10

3845 opora *fem* pillar, support
- Patřil ke zkušeným oporám týmu. – *He was one of the pillars of the team.*
10 –S

3846 priorita *fem* priority
- Všechny priority se po 11. září změnily. – *All priorities changed after 11th September.*
10 –S –F

3847 vyčítat (si) *impf* to blame, reproach
- Vyčítám si to. – *I blame myself.*
10

3848 jazykový *adj* language
- Chodila tři roky do jazykové školy. – *She went to a language school for three years.*
10

3849 odpůrce *anim* opponent
- Sešli se tam odpůrci globalizace. – *Opponents of globalization gathered there.*
10 –S

3850 vlevo *adv* left, on/to the left
- Odbočili vlevo. – *They turned left.*
10

3851 hlasovat *impf* to vote
- Přišel čas hlasovat. – *It is time to vote.*
10

3852 tuk *inan* fat
- Přejděte na stravu obsahující méně tuku. – *Switch to food with less fat.*
10

3853 zklamání *neut* disappointment, disillusion
- Kritici film označují za zklamání roku. – *Critics call the film the disappointment of the year.*
10 –S

3854 milenec *anim* lover, boyfriend
- Měla jsem dva milence. – *I had two lovers.*
10

3855 nádobí *neut* dishes, tableware
- Moc ráda myje nádobí. – *She likes washing the dishes.*
10

3856 laboratoř *fem* laboratory
- Co děláte v mé laboratoři? – *What are you doing in my laboratory?*
10

3857 bezpečí *neut* safety, security
- Uživatel má pocit bezpečí. – *The user has a feeling of security.*
10 –S

3858 ublížit (si) *pf* to hurt, injure
- Nechci nikomu ublížit. – *I don't want to hurt anybody.*
10

3859 telefonovat *impf* to (tele)phone, call
- Často telefonuje matce. – *She often phones her mother.*
10 –P

3860 přivítat *pf* to welcome
- Srdečně jej přivítali. – *They welcomed him cordially.*
10 –S

3861 raný *adj* early
- Jeho raná díla jsou velice dobrá. – *His early works are very good.*
10

3862 počáteční *adj* initial
- Bylo to zřejmé již v počáteční fázi. – *It was already obvious at the initial stage.*
10 –S

3863 kouč *anim* coach
- Kdo bude novým koučem reprezentace? – *Who will be the new coach of the national team?*
10 +N

3864 svíčka *fem* candle
- Zapálila čtvrtou svíčku. – *She lit the fourth candle.*
10

3865 překvapivě *adv* surprisingly
- Překvapivě spolu nebydlí. – *Surprisingly, they do not live together.*
10 –S

3866 hračka *fem* toy, piece of cake
- Muzeum hraček obsahuje velkou sbírku panenek. – *The Museum of Toys has a large collection of dolls.*
10

3867 ségra *fem* sister
- Vymyslela to ségra. – *My sister made it up.*
10 +S

3868 mýt (se) *impf* to wash
- Myl sis ruce? – *Did you wash your hands?*
10

3869 potok *inan* stream, brook
- V tomhle potoce bývaly ryby. – *There used to be fish in this stream.*
10

3870 pestrý *adj* colourful, varied
- Její šperky připomínají pestré květiny. – *Her jewels resemble colourful flowers.*
10

3871 popadnout *pf* to seize, grab
- Popadl kabát a utekl. – *He grabbed his coat and ran off.*
10 –P

3872 vzdělávání *neut* education, training
- Rodiče rozhodují o vzdělávání svého dítěte. – *Parents decide about their children's education.*
10 –S –F

3873 štvát *impf* to bother, chase
- Hrozně mě to štve. – *It bothers me terribly.*
10 –P

3874 výuka *fem* teaching, lesson
- Rozlišuje mezi praktickou a teoretickou výukou. – *He distinguishes between practical and theoretical teaching.*
10

3875 **pauza** *fem* break, pause
• Dal si rok pauzu. – *He took a year's break.*
10

3876 **myš** *fem* mouse
• Všechny myši mají rády sýr. – *All mice like cheese.*
10

3877 **zamilovat se** *pf* to fall in love
• Zamiloval se do své milenky. – *He fell in love with his mistress.*
10

3878 **specialista** *anim* specialist
• Pak přišel tým specialistů. – *Then a team of specialists arrived.*
10 –S

3879 **záloha** *fem* deposit, advance, reserve
• Složili zálohu. – *They paid a deposit.*
10

3880 **skromný** *adj* modest, plain
• Vždycky jsi byla tak skromná? – *Have you always been so modest?*
10

3881 **kopie** *fem* copy
• Jejich práce je kopie. – *Their work is a copy.*
10

3882 **inženýr** *anim* engineer
• Jejich otec byl inženýr. – *Their father was an engineer.*
10

3883 **přiměřený** *adj* appropriate, adequate
• Dostal přiměřený trest. – *He got an appropriate sentence.*
10 –S

3884 **ujít (si)** *pf* to be fairly good, **(si)** miss
• Nenechte si ten film ujít. – *Don't miss this movie.*
10

3885 **spáchat** *pf* to commit
• Nikdy by nespáchala sebevraždu. – *She would never commit suicide.*
10

3886 **srát** *impf* to piss off, shit, crap
• Neser mě, ty kreténe! – *Don't piss me off, asshole!*
10 –P –N

3887 **výskyt** *inan* occurrence
• Riziko výskytu nemoci se zvýšilo. – *The occurrence of the disease has increased.*
10 –S –F

3888 **výpočet** *inan* calculation
• Tvoje výpočty jsou naprosto chybné. – *Your calculations are all wrong.*
10

3889 **úřední** *adj* office, administrative
• Úřední hodiny jsou v úterý a ve čtvrtek. – *Office hours are on Tuesdays and Thursdays.*
10

3890 **kroužek** *inan* ring, group
• Byl členem výtvarného kroužku. – *He was a member of an arts group.*
10

3891 **oženit (se)** *pf* to marry, get married
• Nikdy se neoženil. – *He never got married.*
10

3892 **portrét** *inan* portrait, profile
• Maloval její portrét. – *He painted her portrait.*
10 –S

3893 **dosah** *inan* reach, range, coverage
• Stála mimo jeho dosah. – *She stood out of his reach.*
10 –S

3894 **císař** *anim* emperor
• Nepodporoval válku proti císaři. – *He did not support the war against the emperor.*
10

3895 **spálit (se)** *pf* to burn, **(se)** get burnt
• Omáčka se spálila. – *The sauce got burnt.*
10

3896 **žaloba** *fem* (legal) action, (law)suit
• Podala již žalobu. – *She already filed a lawsuit.*
10

3897 **probírat** *impf* to talk over, look through
• Podrobně jsme to probírali. – *We talked it over in detail.*
10

3898 **čumět** *impf* to gape, gawk
• Na co čumíš? – *What are you gaping at?*
10 +S

3899 **míč** *inan* ball
• Míč je kulatý. – *The ball is round.*
10

3900 **římský** *adj* Roman
• Římská říše padla roku 476. – *The Roman empire fell in 476.*
10 –S

3901 **nehet** *inan* nail
• Zlomila jsem si nehet. – *I broke a nail.*
10

3902 **kopat** *impf* to dig, kick
• Muži kopali příkopy. – *Men were digging ditches.*
10 –P

3903 **oděv** *inan* clothes, clothing
• Navrhuje oděvy. – *She designs clothes.*
10 –S

3904 **asistent** *anim* assistant
• V roce 1999 se stal osobním asistentem. – *He became a personal assistant in 1999.*
10

3905 **švédský** *adj* Swedish
• Pracovala jako novinářka ve švédských novinách. – *She worked as a journalist for a Swedish newspaper.*
10

3906 spadat *impf* to come under, incline
• Fakticky spadala pod německé velení. –
In fact, it came under German command.
10

3907 stížnost *fem* complaint
• Hodlá podat stížnost. – *He is going to file
a complaint.*
10

3908 inteligence *fem* intelligence
• Specializují se na umělou inteligenci. –
They specialize in artificial intelligence.
10

3909 alternativní *adj* alternative
• Je nutné hledat alternativní řešení. – *It is
necessary to search for alternative solutions.*
10 –F

3910 kudy *adv* which way, where
• Kudy půjdete? – *Which way will you go?*
10

3911 motivace *fem* motivation
• Mám silnou motivaci. – *I have strong
motivation.*
10 –S –F

3912 rozhlédnout se *pf* to look around
• Rozhlédl se po místnosti. – *He looked
around the room.*
10 –S –P

3913 přibližovat (se) *impf* to approach, move
closer
• Lod'ka se rychle přibližovala k ostrovu. –
The boat was rapidly approaching the island.
10

3914 prohlašovat *impf* to declare, claim
• Prohlašoval se za rebela. – *He declared
himself a rebel.*
10 –S

3915 pořadatel *anim* organizer
• Pořadatelé odvedli skvělou práci. – *The
organizers certainly did an excellent job.*
10 –S –F

3916 rozběhnout (se) *pf* to start up,
(se) start running
• Rozběhli se k autu. – *They started running
towards their car.*
10

3917 natáčet *impf* to record, roll
• Doufám, že to někdo natáčel. – *I hope
somebody recorded it.*
10

3918 mechanický *adj* mechanical, automatic
• Došlo k mechanickému poškození. –
There was some mechanical damage.
10 –S

3919 stojící *adj* standing, stationary
• Nakreslil stojící postavu. – *He drew
a standing figure.*
10 –S

3920 osamělý *adj* lonely, solitary
• Jsem strašně osamělý. – *I am terribly lonely.*
10 –S

3921 čau *interj* hi, bye
• Čau, jak se vede? – *Hi, how's it going?*
10 +S

3922 pohlaví *neut* sex
• Malé děti se učí rozeznávat rozdíly mezi
pohlavími velmi brzy. – *Babies learn to
distinguish between the sexes very early.*
10 –S

3923 skvrna *fem* stain, smudge
• Policie našla skvrny od krve. – *The police
found some blood stains.*
10 –S

3924 reprezentovat *biasp* to represent
• Reprezentoval svou zemi. – *He represented
his country.*
10 –S

3925 námaha *fem* effort, labour
• Oba se zpotili velkou námahou. – *They were
both sweating with the effort.*
10 –S

3926 vpravo *adv* right, on/to the right
• Nedíval se vlevo ani vpravo. – *He didn't look
left or right.*
10

3927 tužka *fem* pencil
• Vzal tužku a podepsal to. – *He picked up
a pencil and signed it.*
10

3928 opozice *fem* opposition
• Opozice pohrozila generální stávkou. –
The opposition threatened a general strike.
10 –S

3929 dobrovolně *adv* voluntarily, optionally,
willingly
• Dobrovolně tě odejít nenechám. – *I won't
willingly let you go.*
10

3930 podniknout *pf* to (under)take, make
• Podnikl již kroky k prodeji domu. – *He has
already taken steps to sell the house.*
10

3931 koalice *fem* coalition
• Vydrží koalice do voleb? – *Will the coalition
survive till the elections?*
10 –S –F

3932 vyhovět *pf* to oblige, satisfy
• Snažil se vyhovět její prosbě. – *He tried to
satisfy her request.*
10 –S

3933 klika *fem* handle, clique
• Musel jsem vzít za kliku. – *I had to pull the
handle.*
10

3934 oblečený *adj* dressed
• Byla oblečená jen do županu. – *She was
dressed only in a bathrobe.*
10

3935 tajemný *adj* mysterious, enigmatic
• Tajemný stroj za zdí hučel. – *A mysterious
machine droned behind the wall.*
10 –S

3936 objektivní *adj* objective, unbiased
- Chybí objektivní měřítka. – *There's a lack of objective criteria.*
10 –S

3937 opakovaně *adv* repeatedly
- Opakovaně to zdůraznil. – *He emphasized it repeatedly.*
10 –S

3938 intenzita *fem* intensity, rate
- Jeho díla postupně ztrácela na intenzitě. – *His works gradually lost their intensity.*
10 –S

3939 marný *adj* (in) vain, hopeless
- Všechno její úsilí bylo marné. – *All her efforts were in vain.*
10

3940 schéma *neut* scheme, diagram
- Toto schéma ukazuje přehled lidských potřeb. – *This diagram shows a summary of human needs.*
10 –S

3941 rozpaky *inan pl* embarrassment
- Představte si naše rozpaky. – *Imagine our embarrassment.*
10 –S

3942 odpočinout si *pf* to have a rest, relax
- Odpočiňte si, přátelé. – *Have a rest, my friends.*
10

3943 panna *fem* virgin
- Kostel je zasvěcen Panně Marii. – *The church is dedicated to the Virgin Mary.*
10

3944 nabrat *pf* to gather, scoop, catch
- Nemohl jsem nabrat dech. – *I couldn't catch my breath.*
10

3945 vrazit *pf* to thrust, bump
- Vrazila mu nůž do břicha. – *She thrust a knife into his stomach.*
10 –P

3946 milostný *adj* love, amorous
- Posílám jí milostné dopisy. – *I keep sending her love letters.*
10 –S

3947 výzkumný *adj* research, explorative
- Umožnilo mu to přístup do výzkumného ústavu. – *It allowed him access to the research institute.*
10

3948 čtyřikrát *num* four times
- Čtyřikrát vystřelil. – *He fired four times.*
10

3949 fotograf *anim* photographer
- Pracuje jako fotograf. – *He works as a photographer.*
10

3950 oblouk *inan* arc, arch
- Nakreslil ve vzduchu prstem oblouk. – *He drew an arc in the air with his finger.*
10

3951 poslanecký *adj* parliamentary
- Přišel o svou poslaneckou imunitu. – *He lost his parliamentary immunity.*
10 –S –F

3952 koneckonců *part* after all, ultimately
- Koneckonců, klame tím jen sebe. – *Ultimately he's only deceiving himself.*
10

3953 stěží *adv* hardly, scarcely
- To bude stěží stačit. – *It will hardly be enough.*
10 –S

3954 balkón *inan* balcony
- Zavřel dveře na balkón. – *He closed the balcony door.*
10

3955 zakrýt *pf* to hide, cover
- Nesnaž se to zakrýt. – *Don't try to hide it.*
10

3956 idea *fem* idea, thought
- Je to v podstatě velmi stará idea. – *It is in essence a very old idea.*
10

3957 rezerva *fem* reserve
- Je třeba mít finanční rezervy. – *It is necessary to have financial reserves.*
10

3958 tvůrčí *adj* creative
- Vyžaduje se tvůrčí myšlení. – *It takes creative thinking.*
10 –S

3959 odevzdat *pf* to hand in
- Domácí úkol odevzdal na poslední chvíli. – *He handed in his homework at the last moment.*
10

3960 údržba *fem* maintenance
- Jak mohu snížit náklady na údržbu? – *How can I reduce maintenance costs?*
10

3961 ozbrojený *adj* armed
- Ozbrojené síly zabily dvacet civilistů. – *The armed forces killed twenty civilians.*
10 –S

3962 obránce *anim* defender, back
- Zranil se jim jejich nejlepší obránce. – *Their best defender was injured.*
10 –S

3963 socialistický *adj* socialist, socialistic
- Rozčílil mě ten socialistický přístup. – *That socialist attitude made me angry.*
10

3964 opravovat *impf* to repair, correct
- Ráda opravuje ostatní. – *She likes correcting other people.*
10

3965 vcelku *part* on the whole, altogether
- Vcelku jsem s ní souhlasil. – *On the whole, I agreed with her.*
10

3966 polštář *inan* pillow, cushion
• Sedla si na jeden z polštářů. – *She sat on one of the cushions.*
10

3967 málokdo *pron* hardly anybody, few people
• Málokdo věděl, proč to udělal. – *Hardly anybody knew why he did it.*
10

3968 sleva *fem* discount, reduction
• Dostali jsme studentskou slevu. – *We got a student discount.*
10

3969 gymnázium *neut* grammar school, high school
• Chodil na gymnázium do Prahy. – *He went to a grammar school in Prague.*
10

3970 švýcarský *adj* Swiss
• Stojí to téměř tisíc švýcarských franků. – *It costs almost one thousand Swiss francs.*
10

3971 brankář *anim* goalkeeper
• Zranil se nám brankář. – *Our goalkeeper is injured.*
10 +N

3972 nádoba *fem* container, vessel
• Budete potřebovat průhlednou nádobu. – *You will need a transparent container.*
10

3973 zmiňovat (se) *impf* to mention
• Zmiňuje se o tom listina z roku 1081. – *It's mentioned in a document dated 1081.*
10

3974 aplikovat *biasp* to apply, use
• Tyto zásady byly aplikovány s jistými změnami. – *These principles were applied with certain changes.*
10 –F

3975 aktivně *adv* actively
• Nedokázal se aktivně podílet na úkolu. – *He could not actively participate in the task.*
10

3976 automatický *adj* automatic, mechanical
• Nainstalovali nám plně automatický systém. – *We've had a fully automatic system installed.*
10

3977 rozkaz *inan* command, order
• Čekají na jeho rozkaz. – *They are waiting for him to give the order.*
10

3978 předchůdce *anim* predecessor, ancestor
• Zavedl to jeho předchůdce. – *His predecessor introduced it.*
10 –S

3979 kabinet *inan* cabinet, study
• Byl členem kabinetu patnáct let. – *He was a member of the cabinet for fifteen years.*
10

3980 opak *inan* reverse, contrary, opposite
• Jenže opak byl pravdou. – *But the reverse was true.*
10

3981 chůze *fem* walking, walk
• Bylo těžké soustředit se na chůzi. – *It was hard to concentrate on walking.*
10

3982 strkat (se) *impf* to push
• Objala ho a strkala ho zpátky. – *She hugged him and pushed him back.*
10 –P

3983 opakovaný *adj* repeated, recurring
• Autoři provedli opakované měření. – *The authors conducted repeated measurements.*
10 –S

3984 producent *anim* producer
• Podala na producenty žalobu. – *She filed a complaint against the producers.*
10 –S

3985 uložený *adj* deposited, imposed
• O uložené peníze se musíte starat. – *You have to take care of your deposited money.*
10

3986 okénko *neut* (small) window
• Okénko se zavřelo. – *The window closed.*
10

3987 eso *neut* ace
• Dostal eso a krále a vyhrál 750 dolarů. – *He got an ace and a king and won 750 dollars.*
10

3988 provedený *adj* carried out, executed
• Výzkum provedený finskými vědci přinesl nová data. – *Research carried out by Finnish scientists has produced new data.*
9 –S

3989 ubohý *adj* poor, miserable
• Jaká ubohá výmluva! – *What a poor excuse!*
9 –S

3990 poezie *fem* poetry
• Čtete současnou poezii? – *Do you read contemporary poetry?*
9

3991 podrobit (se) *pf* to subject, submit, **(se)** undergo
• Podrobíte se jednoduché operaci. – *You will undergo a simple procedure.*
9 –S

3992 automobilový *adj* automotive, automobile
• Přichází krize automobilového průmyslu. – *A crisis is approaching in the automotive sector.*
9 –S

3993 spektrum *neut* spectrum
• Napříč politickým spektrem panuje shoda. – *There is broad agreement across the political spectrum.*
9 –S –F

3994 biologický *adj* biological
- Biologičtí rodiče nemají o dítě zájem. – *The biological parents are not interested in the child.*
9

3995 trpělivost *fem* patience
- Po pár hodinách ztratil trpělivost. – *After a couple of hours he lost patience.*
9

3996 plech *inan* baking tray, sheet metal
- Dejte těsto na plech. – *Place the dough on a baking tray.*
9

3997 advokát *anim* lawyer, solicitor, barrister
- Jeho advokát to potvrdil. – *His lawyer confirmed it.*
9 –S

3998 laskavý *adj* kind
- Byl to laskavý člověk. – *He was a kind man.*
9 –S

3999 sídlit *impf* to reside, have a seat
- V této budově sídlí obecní úřad. – *The municipal authority has its seat in this building.*
9

4000 předběžný *adj* preliminary, provisional
- Jaké jsou předběžné výsledky voleb? – *What are the preliminary results of the election?*
9

4001 vyhledávat *impf* to search
- Na internetu můžete vyhledávat informace i nakupovat. – *You can search for information or shop on the Internet.*
9

4002 položka *fem* item
- Seznam má 350 položek. – *The list has 350 items.*
9

4003 tajemník *anim* secretary
- Generální tajemník NATO navštívil Prahu. – *The secretary general of NATO visited Prague.*
9 –S

4004 přijíždět *impf* to come, arrive
- Po ulici přijíždělo taxi. – *A taxi was coming down the road.*
9

4005 průkaz *inan* card, ID
- Budete potřebovat platný občanský průkaz a dvě fotografie. – *You will need a valid ID and two photographs.*
9

4006 ocenění *neut* award, evaluation
- Získala čtyři ocenění. – *She won four awards.*
9 –S

18 Professions

ředitel 545 director, headmaster

ministr 782 minister, secretary

lékař 868 doctor

mluvčí 892 spokesperson, speaker

doktor 1078 doctor

policista 1218 policeman

voják 1246 soldier

řidič 1415 driver

učitel 1422 teacher

politik 1502 politician

novinář 1617 journalist

podnikatel 1677 businessman

úředník 1760 clerk, officer

poslanec 1809 deputy

herec 1833 actor

manažer 1926 manager

trenér 1945 trainer, coach

umělec 1955 artist

režisér 2161 director

obchodník 2219 trader, dealer, businessman

spisovatel 2320 writer

vědec 2515 scholar

soudce 2556 judge, referee

básník 2576 poet

malíř 2685 painter, decorator

dělník 2781 worker

náměstek 2782 deputy

právník 2847 lawyer

zpěvák 2981 singer

učitelka 3034 (female) teacher

hasič 3086 firefighter

poradce 3131 adviser, consultant

herečka 3240 actress

kněz 3267 priest

architekt 3361 architect

ředitelka 3509 (woman) director, headmistress

vyšetřovatel 3711 investigator

pilot 3814 pilot

asistent 3904 assistant

fotograf 3949 photographer

producent 3984 producer

advokát 3997 lawyer, solicitor, barrister

tajemník 4003 secretary

policajt 4030 cop

historik 4069 historian

zpěvačka 4078 (female) singer

senátor 4106 senator

ekonom 4259 economist

hudebník 4273 musician

redaktor 4436 editor

doktorka 4437 (woman) doctor

účetní 4483 accountant

psycholog 4552 psychologist

skladatel 4719 composer

analytik 4771 analyst

filozof 4858 philosopher

4007 válet (se) *impf* to roll, lounge
- Děti se válely ve sněhu. – *The kids were rolling around in the snow.*
9 –P

4008 odvrátit (se) *pf* to divert, **(se)** turn away
- Snaží se odvrátit naši pozornost. – *They are trying to divert our attention.*
9 –S

4009 režie *fem* directing, direction
- Získal cenu za režii. – *He got an award for directing.*
9 –S

4010 univerzální *adj* universal
- Neexistuje univerzální recept. – *There is no universal formula.*
9

4011 limit *inan* limit
- Musíte dodržet časový limit. – *You must keep within the time limit.*
9 –F

4012 zdržet (se) *pf* to keep, delay, **(se)** stay
- Nezdrželi se příliš dlouho. – *They didn't stay for too long.*
9

4013 placený *adj* paid
- Dostal na tři týdny placenou dovolenou. – *He got three weeks' paid holiday.*
9

4014 trpělivě *adv* patiently
- Trpělivě na ni čekal. – *He waited patiently for her.*
9 –S

4015 kdosi *pron* someone
- Kdosi otevřel dveře. – *Someone opened the door.*
9 –S –P

4016 dovézt *pf* to deliver, import, bring back
- Dovezl jsem děti zpátky domů. – *I brought the children back home.*
9

4017 miska *fem* bowl, dish
- Na stole stály tři misky. – *There were three bowls on the table.*
9

4018 hmotný *adj* material
- Existuje hmotný i duchovní svět. – *There is both a material and a spiritual world.*
9 –S

4019 medaile *fem* medal
- Stále máme šanci získat medaili. – *We still have a chance to get a medal.*
9 –S

4020 otravovat *impf* to bother, annoy
- Přestaň mě otravovat! – *Stop bothering me!*
9 –P

4021 zpracovávat *impf* to process, compile
- Texty jsou zpracovávány v souladu s novými učebními osnovami. – *The texts are being compiled in accordance with the new curricula.*
9

4022 tisícovka *fem* thousand, grand, 1000-crown note
- Půjč mi tisícovku. – *Lend me a grand.*
9 –P

4023 putovat *impf* to wander, travel around
- Putoval lesem celou noc. – *He wandered through the forest all night.*
9 –S

4024 závidět *impf* to envy
- Závidím vám vaše mládí. – *I envy you your youth.*
9 –P

4025 vynořit se *pf* to emerge, come up
- Vynořil se z vody. – *He emerged from the water.*
9 –S

4026 spokojit se *pf* to make do with, content oneself with
- Spokojíme se s malým autem. – *We can make do with a small car.*
9 –S

4027 obléct (se) *pf* to dress, **(se)** get dressed
- Rychle se oblékla a nasnídala. – *She quickly got dressed and had breakfast.*
9

4028 reprezentant *anim* representative, (national team) player
- Je to slavný fotbalový reprezentant. – *He is a famous football player.*
9 –S –F

4029 nález *inan* discovery, find
- Byl to významný archeologický nález. – *It was an important archaeological discovery.*
9 –S

4030 policajt *anim* cop
- K policajtům nemá nikdo respekt. – *Nobody respects cops.*
9 –P

4031 náplň *fem* filling, content
- Pekli koláč s čokoládovou náplní. – *They baked a cake with a chocolate filling.*
9

4032 početný *adj* numerous, large
- U nás žije početná komunita Vietnamců. – *There is a large Vietnamese community in our country.*
9 –S

4033 kontinent *inan* continent
- Nigérie je nejlidnatější zemí kontinentu. – *Nigeria is the most populous country on the continent.*
9 –S

4034 projíždět (se) *impf* to go through, **(se)** drive
- Celý den se projížděl autem. – *He drove the whole day.*
9

4035 posilovat *impf* to strengthen, encourage
- Antioxidanty posilují imunitní systém. – *Antioxidants strengthen the immune system.*
9

4036 vyspat se *pf* to have a sleep, sleep off
- Dobře jsem se vyspal. – *I had a good sleep.*
9 –P

4037 uzavření *neut* closing, closure
- Kvůli uzavření několika továren vzrostla nezaměstnanost. – *Unemployment is high due to the closure of several factories.*
9 –S

4038 miláček *anim* sweetheart, honey
- Ty jsi můj miláček. – *You are my sweetheart.*
9 –P

4039 mlčky *adv* silently, in silence
- Mlčky na sebe hleděli. – *They looked at each other in silence.*
9 –S

4040 integrace *fem* integration
- Naší prioritou je evropská integrace. – *Our priority is European integration.*
9 –S –F

4041 čokoláda *fem* chocolate
- Necvičím a miluju čokoládu. – *I don't do exercises and I love chocolate.*
9

4042 profil *inan* profile
- Jaký je profil absolventa? – *What is the profile of a graduate?*
9

4043 potrava *fem* food
- Syrová potrava má své výhody. – *Raw food has its advantages.*
9 –S

4044 mnohokrát *num* many times
- To jsi říkal mnohokrát. – *You have said that many times.*
9

4045 vydaný *adj* published, released
- Její nově vydané album mělo velký úspěch. – *Her newly released album was a great success.*
9 –S

4046 pot *inan* sweat
- Churchill slíbil Britům krev, pot a slzy. – *Churchill promised the British blood, sweat and tears.*
9 –S

4047 rozčilovat (se) *impf* to annoy, bother
- Někdy mě to fakt rozčiluje. – *Sometimes it really annoys me.*
9 –P

4048 zaútočit *pf* to strike, attack
- Teroristé chtěli zaútočit na letiště. – *Terrorists wanted to attack the airport.*
9

4049 zčásti *adv* partly
- Měla zčásti pravdu. – *She was partly right.*
9 –S

4050 schránka *fem* box, case
- Podezřelou obálku našla ve své poštovní schránce. – *She found the suspicious envelope in her mailbox.*
9

4051 spoj *inan* connection, link
- Vlakový spoj do Vídně byl zrušen. – *The train connection to Vienna was cancelled.*
9

4052 vyšetřovat *impf* to investigate
- Případ vyšetřuje policie. – *The police are investigating the case.*
9

4053 definitivní *adj* final, definite
- Nic není definitivní. – *Nothing is definite.*
9 –S

4054 kroutit (se) *impf* to shake, turn, twist
- Kroutil udiveně hlavou. – *He shook his head in amazement.*
9 –P

4055 výjimečně *adv* exceptionally
- Získali výjimečně dobré výsledky. – *They got exceptionally good results.*
9

4056 samostatně *adv* independently, solo
- Většina území se vyvíjela samostatně. – *Most of the area developed independently.*
9 –S

4057 hlavička *fem* header, little head
- Zranil se při hlavičce. – *He hurt himself doing a header.*
9

4058 ukazatel *inan* indicator, signpost
- U silnice jsou ukazatele. – *There are signposts on the road.*
9 –S

4059 odpočívat *impf* to rest
- Vždycky po obědě odpočívala. – *She would always rest after lunch.*
9

4060 londýnský *adj* London
- Hrozí útok na londýnské metro? – *Is there a threat of an attack on the London Underground?*
9 –S

4061 potvrzení *neut* confirmation, certificate
- Potřebujete lékařské potvrzení. – *You need a medical certificate.*
9

4062 zvládat *impf* to manage, control
- Naučte se zvládat stres. – *Learn how to manage stress.*
9

4063 silniční *adj* road
- Zahynul tragicky při silniční nehodě. – *He died tragically in a road accident.*
9 –S

4064 návod *inan* manual, instructions
- Na obalu je podrobný návod. – *There are detailed instructions on the packaging.*
9

4065 zazvonit *pf* to ring
- Najednou zazvonil telefon. – *Suddenly the telephone rang.*
9 –P

4066 pozorně *adv* closely, carefully
- Pozorně se na něj díval. – *He looked at him closely.*
9 –S

4067 mince *fem* coin, small change
- Vhoďte minci. – *Insert a coin.*
9

4068 svědectví *neut* testimony
- Snažil se zpochybnit její svědectví. – *He tried to challenge her testimony.*
9 –S

4069 historik *anim* historian
- Petici podepsalo několik významných historiků. – *Several eminent historians signed the petition.*
9 –S

4070 záplava *fem* flood
- Jak se chránit před záplavami. – *How to protect yourself from floods.*
9 –S

4071 potrestat *pf* to punish
- Musíme potrestat ty zbabělce. – *We must punish the cowards.*
9

4072 metro *neut* tube, underground
- Jeli jsme metrem. – *We took the tube.*
9

4073 civilní *adj* civil, civic
- Civilní lety jsou zde stále zakázány. – *Civil flights are still forbidden here.*
9

4074 hospodaření *neut* management, economy
- Musíme zlepšit hospodaření s energií. – *We must improve the management of energy.*
9 –S –F

4075 vzdálit (se) *pf* to distance, **(se)** leave
- Sluha se diskrétně vzdálil. – *The servant tactfully left.*
9 –S

4076 uznávaný *adj* respected, renowned
- Je světově uznávaný revmatolog. – *He is a world-renowned rheumatologist.*

4077 ostravský *adj* Ostrava
- Měl ostravský přízvuk. – *He had an Ostrava accent.*
9 +N

4078 zpěvačka *fem* (female) singer
- Hvězdou večírku byla zpěvačka Anna K. – *The singer Anna K was the star of the party.*
9 –S –P

4079 nádrž *fem* tank
- Palivová nádrž má kapacitu 45 litrů. – *The fuel tank has a capacity of 45 litres.*
9

4080 momentálně *adv* now, at the moment
- To je momentálně náš největší problém. – *This is our biggest problem at the moment.*
9

4081 dobrovolný *adj* voluntary, optional
- Zvolil dobrovolný odchod ze zaměstnání. – *He opted for voluntary redundancy.*
9 –S

4082 dokumentace *fem* documentation
- K dispozici je zvuková dokumentace. – *Sound documentation is available.*
9 –S

4083 zle *adv* badly
- Nezacházel jsem s vámi zle. – *I did not treat you badly.*
9 –P

4084 rozbor *inan* analysis
- Nezbytné jsou pravidelné rozbory vody. – *Regular water analysis is essential.*
9

4085 tuhle *adv* this, here, the other day
- Tuhle jsem jela okolo vašeho domu. – *The other day I went past your house.*
9 –P

4086 neschopnost *fem* incompetence, incapability
- Jeho neschopnost nás brzdí. – *His incompetence is holding us back.*
9

4087 buď'to *conj* either
- Buď'to to vyjde, nebo ne. – *Either it will work or it won't.*
9

4088 převaha *fem* superiority, advantage, upper hand
- Náš tým získal drtivou převahu. – *Our team gained an overwhelming advantage.*
9 –S

4089 posun *inan* shift
- Jejich překlad byl plný významových posunů. – *Their translation was full of semantic shifts.*
9 –S

4090 katolický *adj* Catholic
- Stal se katolickým knězem. – *He became a Catholic priest.*
9 –S

4091 ujet *pf* to miss, drive away
- Ujel mu autobus. – *He missed the bus.*
9 –P

4092 nabývat *impf* to gain, acquire
- Pomalu nabýval na síle. – *He was slowly gaining strength.*
9 –S

4093 nezávislost *fem* independence
- Dosáhli nezávislosti v roce 1960. – *They gained independence in 1960.*

4094 oceán *inan* ocean
- Ani oceán není bezedný. – *Not even the ocean is bottomless.*
9 –S

4095 namísto *prep* instead
- Namísto toho spoléhají na nás. – *Instead, they rely on us.*
9 –S

4096 bordel *inan* mess, brothel
- Tady je ale bordel. – *Such a mess in here.*
  9 –P

4097 perfektní *adj* perfect, flawless
- Vůz je v perfektním stavu. – *The car is in perfect condition.*
  9

4098 rozložit *pf* to unfold, spread out, distribute
- Škrty nejsou rovnoměrně rozloženy. – *The cuts are not evenly distributed.*
  9

4099 jeviště *neut* stage
- Ženy tehdy nesměly být na jevišti. – *In those days women weren't allowed on the stage.*
  9 –S

4100 modlit se *impf* to pray
- Modlím se k Bohu. – *I pray to God.*
  9

4101 bedna *fem* box, crate
- Dej tu bednu do sklepa. – *Put the box in the cellar.*
  9

4102 zasadit (se) *pf* to plant, **(se)** put through
- Pod okno zasadím slunečnice. – *I'll plant sunflowers under the window.*
  9

4103 štít *inan* shield, peak
- Proti nim stáli policisté s přilbami a štíty. – *They were facing policemen with helmets and shields.*
  9

4104 nečekaně *adv* unexpectedly
- Byla nečekaně laskavá. – *She was unexpectedly kind.*
  9 –S

4105 tudy *adv* this way
- Víme, že tudy neběžel. – *We know he did not run this way.*
  9

4106 senátor *anim* senator
- Bydlí ve stejném domě jako bývalý senátor. – *He lives in the same house as the former senator.*
  9 –S

4107 kolektivní *adj* collective, team
- Snad ovlivníme konečné kolektivní rozhodnutí. – *I hope we will influence the final team decision.*
  9 –S

4108 řádný *adj* regular, proper
- Počet řádných studentů se zvýšil. – *The number of regular students has increased.*
  9 –S

4109 zkrátit (se) *pf* to shorten, cut short, reduce
- Musela si zkrátit nehty. – *She had to cut her nails short.*
  9

4110 vozík *inan* handcart, trolley
- Do nákupního vozíku přidala ještě kávu. – *She added coffee to the trolley.*
  9

4111 medicína *fem* medicine
- V medicíně není nic černobílé. – *Nothing is black and white in medicine.*
  9

4112 narušit *pf* to disturb, disrupt
- Snažili se narušit ekonomickou rovnováhu. – *They were trying to disturb economic balance.*
  9

4113 nahrát *pf* to record, pass (the ball)
- Rozhovor nahráli na pásek. – *They recorded the interview on tape.*
  9

4114 dílčí *adj* partial
- Je to jen dílčí úspěch. – *It is only a partial success.*
  9 –S –F

4115 odjezd *inan* departure, leaving
- Autobus se chystal k odjezdu. – *The bus was getting ready for departure.*
  9

4116 směšný *adj* ridiculous, ludicrous
- To je směšný nápad. – *That's a ridiculous idea.*
  9

4117 mávat *impf* to wave
- Křičel na nás a mával deštníkem. – *He shouted at us and waved his umbrella.*
  9 –P

4118 zářit *impf* to shine, glow
- Oči jí zářily radostí. – *Her eyes shone with joy.*
  9 –S

4119 vyložit *pf* to explain, unload
- Podrobně jsem vyložil celý plán. – *I explained the entire plan in detail.*
  9

4120 vysílání *neut* broadcast, programme
- Pravidelně poslouchám rozhlasové vysílání pro děti. – *I regularly listen to radio programmes for children.*
  9 –S

4121 vzdělaný *adj* (well-)educated
- Moje matka byla vzdělaná žena. – *My mother was a well-educated woman.*
  9

4122 zaměstnávat *impf* to employ
- Firma zaměstnává několik cizinců. – *The company employs several foreigners.*
  9

4123 pobavit (se) *pf* to amuse, **(se)** have fun
- Tak dobře jsem se dlouho nepobavil. – *I haven't had that much fun for a long time.*
  9 –P

4124 rozvinout (se) *pf* to develop
- Rozvinula se mezi nimi korespondence. – *A correspondence developed between them.*
  9

4125 topit (se) *impf* to heat, **(se)** drown
- Topil se a volal o pomoc. – *He was drowning and calling for help.*
  9

4126 vana *fem* bath
- Máma ji hodila do vany. – *Mum threw her in the bath.*
9

4127 deka *fem* blanket, guilt
- Měli tam krásný deky. – *They had lovely blankets there.*
9 –P

4128 zátěž *fem* burden, load
- Současnou daňovou zátěž považujeme za nadměrnou. – *We consider the current tax burden as excessive.*
9 –S

4129 dialog *inan* dialogue
- Byl nakloněn dialogu se svými politickými odpůrci. – *He inclined towards dialogue with his political opponents.*
9

4130 fyzicky *adv* physically
- Moje práce je fyzicky náročná. – *My job is physically demanding.*
9

4131 námitka *fem* objection
- Věděl, že ostatní s jeho námitkou souhlasí. – *He knew that the others agreed with his objection.*
9 –S

4132 zlikvidovat *pf* to destroy, liquidate
- Dělostřelectvo budovy zcela zlikvidovalo. – *The artillery totally destroyed the buildings.*
9

4133 video *neut* video
- Dálkovým ovladačem spustil video. – *He turned the video on with the remote control.*
9

4134 elegantní *adj* elegant, stylish
- Místnost byla plná elegantního nábytku. – *The room was full of stylish furniture.*
9

4135 zdravotnický *adj* medical, health
- Pracovala u Světové zdravotnické organizace. – *She worked for the World Health Organization.*
9 –S –F

4136 neúspěch *inan* failure
- Nejvíc se bojím neúspěchu. – *I am most afraid of failure.*
9 –S

4137 zvažovat *impf* to consider
- Měsíce jsem to zvažoval. – *I was considering it for months.*
9 –S

4138 vyhledat *pf* to look up
- Správnou odpověď vyhledal v učebnici. – *He looked up the right answer in the textbook.*
9

4139 nahrazovat *impf* to replace, substitute
- Okenní tabule obou oken nahrazoval karton. – *The window panes had been replaced by cardboard.*
9 –S

4140 magistrát *inan* metropolitan authority
- Pražský magistrát zakročil proti taxikářům. – *The Prague metropolitan authority took firm action against taxi drivers.*
9 –F

4141 třicátý *num* thirtieth
- Slavíme třicáté výročí svatby. – *We are celebrating our thirtieth wedding anniversary.*
9

4142 záchranný *adj* rescue, emergency
- Záchrannou akci odvolali po třech dnech. – *The rescue operation was called off after three days.*
9 –S

4143 olympijský *adj* Olympic
- Získala medaili na Olympijských hrách. – *She won a medal at the Olympic Games.*
9 –F

4144 had *anim* snake
- Anakonda je nejtěžší had na světě. – *The anaconda is the heaviest snake in the world.*
9

4145 hlasování *neut* vote, voting
- Pouze on se zdržel hlasování. – *He was the only one to abstain from the vote.*
9 –S –F

4146 kostka *fem* cube, dice
- Hodila do sklenice pár kostek ledu. – *She dropped a few ice cubes into the glass.*
9

4147 slovník *inan* dictionary, lexicon
- Koupila jsem česko-anglický slovník. – *I bought a Czech–English dictionary.*
9

4148 emoce *fem* emotion
- Nedokáže projevit ani sdílet emoce. – *He cannot show nor share emotions.*
9

4149 zřetelný *adj* obvious, distinct
- Šel po zřetelných čerstvých stopách. – *He followed the distinct, fresh footprints.*
9 –S

4150 skandál *inan* scandal
- Zpráva okamžitě způsobila skandál. – *The news caused an immediate scandal.*
9 –S

4151 sad *inan* orchard
- Tráva v sadu potřebuje posekat. – *The grass needs cutting in the orchard.*
9

4152 kladný *adj* positive
- Každý z nás má kladné i záporné vlastnosti. – *Each of us has positive and negative qualities.*
9

4153 řemeslo *neut* profession, craft
- Sklářství je staré a krásné řemeslo. – *Glass-making is an old and beautiful craft.*
9 –S

4154 cenový *adj* price
- Nejvyšší cenový úřad kontroloval ceny a zmrazil činže. – *The Office of Price Administration monitored prices and froze rents.*
9 –F

4155 výtah *inan* lift
- Vyjeli výtahem do šestého patra. – *They took the lift up to the sixth floor.*
9

4156 zavázat (se) *pf* to tie, bind, **(se)** commit
- Uměla si už zavázat tkaničky. – *She already knew how to tie shoe laces.*
9

4157 palivo *neut* fuel
- Motor je poháněný palivem z biomasy. – *The engine is powered by biomass fuel.*
9 –S

4158 hlídka *fem* watch, guard, patrol
- Policejní hlídka přijela do deseti minut. – *The police patrol arrived within ten minutes.*
9 –S

4159 maličký *adj* tiny
- Vešli do maličké kuchyně. – *They entered the tiny kitchen.*
9

4160 frekvence *fem* frequency
- Nastavil rádio na mezinárodní nouzovou frekvenci. – *He set the radio to the international distress frequency.*
9

4161 promítat (se) *impf* to project, **(se)** be reflected
- Dobový vkus se promítá do literatury i architektury. – *An era's taste is reflected in its literature and architecture.*
9

4162 dvanáctý *num* twelfth
- Našel to ve dvanácté kapitole. – *He found it in the twelfth chapter.*
9

4163 soustředění *neut* concentration
- Bolest ho rušila v soustředění. – *The pain was disturbing his concentration.*
9

4164 ubytování *neut* accommodation
- Našel jen dočasné ubytování. – *He only found temporary accommodation.*
9

4165 kdesi *adv* somewhere
- Kdesi v temnotě se ozvaly kroky. – *Steps were heard somewhere in the dark.*

4166 nevýhoda *fem* disadvantage
- Obě strategie mají výhody i nevýhody. – *Both strategies have advantages and disadvantages.*
9

4167 vevnitř *adv* inside
- Vevnitř bylo teplo. – *It was warm inside.*
9 –P –N

4168 muzika *fem* music
- Diskžokej pouštěl rockovou muziku. – *The disc jockey played rock music.*
9 –P

4169 logicky *adv* logically
- Umí logicky uvažovat. – *He can think logically.*
9

4170 zvolna *adv* slowly
- Zvolna se přiblížila k oknu. – *She slowly came closer to the window.*
9 –S

4171 komunikační *adj* communication
- Internet je nejrozšířenější komunikační technologií. – *The Internet is the most widespread communication technology.*
9 –S –F

4172 jídelna *fem* dining room, cafeteria
- Vrať se do jídelny, prosím tě, a nasnídej se. – *Please go back to the dining room and have breakfast.*
9

4173 loket *inan* elbow
- Opřel se lokty o stůl. – *He rested his elbows on the table.*
9

4174 pomocný *adj* auxiliary, helping
- Byl připraven nabídnout pomocnou ruku. – *He was ready to offer a helping hand.*
9

4175 odpočinek *inan* rest, retirement
- Dopřál si půl hodiny odpočinku. – *He treated himself to a half-hour rest.*
9

4176 party *fem* party
- Chceme jít na party. – *We want to go to a party.*
9

4177 dlouholetý *adj* long-standing, of many years
- Vedeme s nimi dlouholetý spor. – *We have a long-standing dispute with them.*
9 –S

4178 vypustit *pf* to release, let out, skip
- Vypustil vodu z vany. – *He let the water out of the bath.*
9

4179 poštovní *adj* post, postal, mail
- Pohled vhodil do poštovní schránky. – *He dropped the postcard in the post box.*
9

4180 hlína *fem* soil
- Hlína mi pod bosými chodidly připadala příjemná, ale studená. – *The soil under my bare feet felt pleasant but cold.*

4181 závazný *adj* obligatory
- Osnovy jsou pro základní školy závazné. – *The curriculum is obligatory for elementary schools.*
9

4182 poctivý *adj* honest, fair
- Považuji ho za poctivého člověka. –
  I consider him an honest person.
  9

4183 půjčka *fem* loan
- Banka vyhověla žádosti o půjčku. –
  The bank approved the loan application.
  9

4184 nositel *anim* winner, holder
- Je to nositel Nobelovy ceny. – *He is a Nobel prize winner.*
  9 –S

4185 ležící *adj* lying
- Otevřel knihu ležící na stole. – *He opened a book lying on the table.*
  9 –S

4186 izolace *fem* isolation, insulation
- Polystyrén je vhodný jako zvuková izolace. – *Polystyrene is suitable for sound insulation.*
  9 –S

4187 plochý *adj* flat
- Přízemní stavba měla plochou střechu. –
  The single storey building had a flat roof.
  9

4188 mlýn *inan* mill
- Jedinou výjimkou je zdejší mlýn. –
  The only exception is the local mill.
  9

4189 shodný *adj* identical, same
- Definice je shodná. – *The definition is identical.*
  9 –S

4190 trávník *inan* lawn
- Zpátky k autu šli rovnou přes trávník. –
  They went back to the car straight across the lawn.
  9

4191 podzimní *adj* autumn
- První podzimní den byl studený. –
  The first autumn day was cold.
  9 –S

4192 tabule *fem* board, blackboard
- Svoje jméno napsala na tabuli. –
  She wrote her name on the blackboard.
  9

4193 sázet (se) *impf* to plant, (se) wager
- Nikdy se s nikým nesázím. – *I never wager bets with anybody.*
  9

4194 vinný *adj* guilty, wine
- Jih Moravy je proslaven vinnými sklepy. –
  Southern Moravia is famous for its wine cellars.
  9

4195 maximum *neut* maximum
- Skleněná střecha poskytuje maximum osvětlení. – *A glass roof provides for maximum light.*
  9

4196 jednota *fem* unity, club
- Tato křehká jednota se začala rozpadat. –
  This fragile unity started to fall to pieces.
  9 –S

4197 spojenec *anim* ally
- Ekologové získali spojence ve vládě. – *The ecologists gained allies in the government.*
  9 –S

4198 krýt *impf* to cover, shield
- Naše rezerva by měla krýt výdaje. –
  Our reserve should cover the expenses.
  9

4199 vloni *adv* last year
- Smlouvu jsme podepsali vloni. –
  We signed the contract last year.
  9 –P

4200 předčasný *adj* premature, early
- Vězeň požádal o předčasné propuštění. –
  The prisoner applied for early release.
  9 –S

4201 proboha *interj* oh my goodness
- "Proboha!", řekl tiše. – *"Oh my goodness!" he said quietly.*
  9 –P

4202 koupat (se) *impf* to bathe, have a bath
- Já se koupu jen v neděli ráno. – *I only have a bath on Sunday mornings.*
  9 –P

4203 mezera *fem* space
- Uskočil do mezery mezi dvěma auty. – *He jumped into the space between two cars.*
  9

4204 debil *anim* asshole, moron
- Je to úplnej debil. – *He's a complete asshole.*
  9 +S

4205 mísa *fem* bowl
- Připravil mísu ovocného salátu. –
  He prepared a bowl of fruit salad.
  9

4206 intenzivně *adv* intensively
- Intenzivně na tom pracujeme. – *We are working on it intensively.*
  9

4207 disponovat *impf* to have at (one's) disposal
- Penězi mohl disponovat bez jakéhokoliv omezení. – *He had the money at his disposal without limitation.*
  9 –S

4208 ojedinělý *adj* isolated, singular, one-off
- Nemyslete si, že to je ojedinělý případ. –
  Do not think this is a one-off case!
  9 –S

4209 bába *fem* old woman
- Nebudu naříkat jak stará bába. –
  I won't grumble like an old woman.
  9 –P –N

4210 sdělení *neut* message, notification
- Sdělení nebylo srozumitelné. – *The message was not comprehensible.*
  9 –S

4211 každoročně *adv* every year, yearly
- Tuto akci pořádáme každoročně. – *We organize this event every year.*
9 –S

4212 zastupitelstvo *neut* council
- Zápis ze zasedání zastupitelstva je veřejný. – *The minutes from the council's meeting are publicly available.*
9 –S –F

4213 zaručit (se) *pf* to guarantee
- Výsledek nemůžu zaručit. – *I cannot guarantee the result.*
9

4214 vykonat *pf* to perform, do
- Dostal odměnu za práci, kterou nevykonal. – *He got a bonus for work he didn't do.*
9 –S

4215 dědictví *neut* heritage, inheritance
- Nechtěl se s bratry dělit o dědictví. – *He did not want to share the inheritance with his brothers.*
9

4216 obtížně *adv* hard to, with difficulties
- Tento zlozvyk se těžko překonává. – *This bad habit is hard to break.*
9 –S

4217 obzor *inan* horizon
- Na obzoru se objevila nepřátelská loď. – *An enemy ship appeared on the horizon.*
9 –S

4218 odvážný *adj* brave, courageous
- Když měl zbraň, najednou byl odvážný. – *When he had a gun, he was suddenly brave.*
9

4219 chlapík *anim* guy, fellow, chap
- Byl to takový pomenší chlapík. – *He was a kind of smallish guy.*
9 –P

4220 báze *fem* base, basis
- Vybudovali jsme si solidní bázi pro další růst. – *We have built a solid basis for further growth.*
9 –S –F

4221 nouze *fem* poverty, need
- Pomáháme lidem v nouzi. – *We help people in need.*
9

4222 konkurs *inan* competition, bankruptcy, audition
- Tady se pořádají herecké konkurzy. – *Acting auditions are held here.*
9 –F

4223 pojmenovat *pf* to name, call
- Jak pojmenovali tebe, synku? – *What did they name you, son?*
9

4224 zaměřovat (se) *impf* to direct, locate, (se) focus
- Muzeum by se nemělo zaměřovat výhradně na minulost. – *A museum should not focus exclusively on the past.*
9 –S

4225 příjezd *inan* arrival
- Do příjezdu vlaku zbývá jen pět minut. – *Only five minutes remain before the train's arrival.*
9

4226 dobrodružství *neut* adventure
- Od dětství toužím po dobrodružství. – *I have been longing for an adventure since I was a child.*
9 –S

4227 částečný *adj* partial
- O situaci měl jen částečný přehled. – *He only had partial knowledge of the situation.*
9

4228 odrazit (se) *pf* to bounce, reflect
- Míček se odrazil od stěny. – *The ball bounced off the wall.*
9

4229 převod *inan* transfer, transmission
- Převody malých částek jsou poměrně drahé. – *Transfers of small amounts are relatively expensive.*
9

4230 čtvrť *fem* quarter, area
- Není to bezpečná čtvrť. – *It is not a safe area.*
9

4231 vytahovat (se) *impf* to pull out, (se) boast, brag
- Rád se vytahuje se svými úspěchy. – *He likes bragging about his successes.*
9

4232 překvapivý *adj* surprising
- Kontrola přinesla překvapivé výsledky. – *The audit brought surprising results.*
9

4233 benzín *inan* petrol
- Cena benzínu v létě poroste. – *The price of petrol will rise in the summer.*
9

4234 vzpamatovat se *pf* to recover
- Potřebovala chvilku, aby se vzpamatovala. – *She needed a moment to recover.*
9

4235 regulace *fem* regulation
- Mít příliš právních regulací je nebezpečné. – *It is dangerous to have too many legal regulations.*
9 –S –F

4236 vybavený *adj* equipped
- V budově je dobře vybavená tělocvična. – *The building has a well-equipped gymnasium.*
9

4237 zoufale *adv* desperately
- Zoufale toužila po lidském teple. – *She desperately yearned for human warmth.*
9 –S

4238 vynechat *pf* to skip, omit
- Při vyprávění vynechal některé podrobnosti. – *While telling the story, he skipped certain details.*
9

4239 laciný *adj* cheap
- Byl cítit laciným tabákem. – *He smelled like cheap tobacco.*
9

4240 hnedka *adv* right now, immediately
- Pes ji hnedka poznal. – *The dog recognized her immediately.*
9 +S

4241 vesměs *adv* mostly
- Hyeny loví vesměs jen menší zvířata. – *Hyenas mostly hunt smaller animals.*
9

4242 dočasný *adj* temporary
- Poskytujeme dočasné ubytování. – *We provide temporary accommodation.*
9 –S

4243 poukazovat *impf* to point out
- Správně poukazujete na to, že nejsem právník. – *You are rightly pointing out that I am not a lawyer.*
9 –S

4244 zaujímat *impf* to adopt, take
- Snažím se zaujímat objektivní postoj. – *I try to take an objective stance.*
9 –S

4245 obléknout (se) *pf* to dress, **(se)** get dressed
- Oblékněte se jako turisté. – *Dress like tourists.*
9

4246 střela *fem* bullet, missile
- Dnes se používají laserem naváděné střely. – *These days laser guided missiles are used.*
9

4247 soukromí *neut* privacy
- K rozhovoru potřebujeme naprosté soukromí. – *We need absolute privacy for our interview.*
9

4248 prkno *neut* board
- Běžné žehlicí prkno na ni bylo příliš vysoké. – *A normal ironing board was too high for her.*
9

4249 úraz *inan* injury
- Utrpěla při nehodě vážný úraz. – *She suffered a serious injury in the accident.*
9

4250 dodržet *pf* to keep, observe
- Všechna předsevzetí letos dodržím. – *I will keep all of my new year's resolutions this year.*
9

4251 příznak *inan* symptom, indication
- Nízký tlak je typickým příznakem anorexie. – *Low blood pressure is a typical symptom of anorexia.*
9

4252 záchvat *inan* attack, spasm
- Překvapil mě prudký záchvat paniky. – *I was hit by a sudden panic attack.*
9

19 Materials

	Nouns	Adjectives
paper	**papír** 713	**papírový** 3776
stone	**kámen** 1111	**kamenný** 2391
leather	**kůže** 1221	**kožený** 3688
wood	**dřevo** 1742	**dřevěný** 1589
glass	**sklo** 1799	**skleněný** 2917
metal	**kov** 3212	**kovový** 2740
concrete	**beton** 4691	**betonový** 4516
iron	**železo** 4723	**železný** 2384
steel	**ocel** 4995	**ocelový** 4266

4253 úzkost *fem* anxiety
- Musím žít v neustálé úzkosti. – *I have to live in constant anxiety.*
9 –S

4254 legendární *adj* legendary
- Byla to legendární postava. – *He was a legendary figure.*
9 –S

4255 zezadu *adv* from behind
- Ten muž ji zardousil zezadu. – *The man strangled her from behind.*
9

4256 umístěný *adj* placed, situated
- Stůl byl umístěný pod velkým oknem. – *The table was placed under a large window.*
9 –S

4257 popsaný *adj* described, covered with writing
- Deník měl hustě popsané stránky. – *The diary's pages were densely covered with writing.*
9

4258 problematický *adj* problematic, questionable
- Použití tohoto léku je problematické. – *The use of this drug is problematic.*
9

4259 ekonom *anim* economist
- Ekonomové letos očekávají růst HDP o 9 %. – *Economists expect a GDP growth of 9%.*
9 –F

4260 obtěžovat (se) *impf* to bother
- Promiňte, že jsem vás obtěžoval. – *I am sorry I've bothered you.*
9

4261 tečka *fem* dot, full stop
- Nad "i" se píše tečka. – *We write a dot over the letter "i".*
9

4262 šťastně *adv* happily, cheerfully
- Pes šťastně pobíhal kolem nás. – *The dog was running around us happily.*
9

4263 dotáhnout *pf* to tighten, drag
- Pomohl jí dotáhnout matraci do pokoje. – *He helped her drag the mattress into the room.*
9

4264 listina *fem* document
- Fotka ležela v hromádce listin. – *The picture was lying on the pile of documents.*
9 –S

4265 štáb *inan* headquarters, staff, crew
- Televizní štáby zůstávají na místě nehody. – *Television crews are staying at the site of the accident.*
9 –S

4266 ocelový *adj* steel
- Koupili ocelové protipožární dveře. – *They bought a steel fire door.*
9 –S

4267 podzemní *adj* underground
- Vykopali podzemní chodbu. – *They dug an underground tunnel.*
9 –S

4268 objednávka *fem* order, commission
- Firma dostala velkou objednávku. – *The company got a large commission.*
9

4269 identifikovat *biasp* to identify
- Identifikovali ho podle otisků prstů. – *He was identified by fingerprints.*
9 –S

4270 experiment *inan* experiment
- Experimenty se neprovádějí na zvířatech. – *Experiments are not performed on animals.*
9 –S

4271 zalít *pf* to water, flood
- Nakrm mi rybičky a zalej kytky. – *Feed my fish and water my plants.*
9

4272 digitální *adj* digital
- Pořídili si novou digitální kameru. – *They bought a new digital camera.*
9 –F

4273 hudebník *anim* musician
- Otec byl vynikající hudebník. – *My father was an excellent musician.*
9

4274 obejmout (se) *pf* to embrace, hug, hold
- Objemul ji kolem ramen. – *He hugged her around the shoulders.*
9 –P

4275 vyhlídka *fem* view, prospect
- Z okna je vyhlídka na celé město. – *There is a view of the entire city from the window.*
9

4276 nařízení *neut* decree, regulation, order
- Podle nového nařízení se tu nesmí parkovat. – *According to a new regulation, parking is not allowed here.*
9 –S

4277 pláč *inan* crying, weeping
- Bylo jí do pláče. – *She felt like crying.*
9 –S

4278 milost *fem* mercy, pardon
- Prezident udělil odsouzenci milost. – *The president granted the convict a pardon.*
9 –S

4279 stisknout *pf* to press, squeeze
- S úsměvem jsem stiskl knoflík zvonku. – *With a smile, I pressed the doorbell button.*
9 –S

4280 střelec *anim* shooter, sniper
- Dobrý střelec by určitě neminul. – *A good sniper would certainly not miss.*
9

4281 svést *pf* to seduce, be able to do
- To bych asi nesvedla. – *I don't think I could do it.*
9

4282 schovávat (se) *impf* to hide
- Dva měsíce jsem se schovával v lese. – *I spent two months hiding in the woods.*
9

4283 manželský *adj* marital, marriage
- Hledala pomoc v manželské poradně. – *She sought help in a marital counselling office.*
9 –S

4284 poučit (se) *pf* to instruct, (se) learn from
- Snažím se poučit ze svých chyb. – *I am trying to learn from my mistakes.*
9

4285 připomínka *fem* remark, reminder
- Puška byla poslední připomínkou války. – *The rifle was the last reminder of war.*
9

4286 neto *biasp* not
- No, a on to neto, neudělal. – *Well he didn't, you know, he didn't do it.*
9 +S

4287 vyzvednout (si) *pf* to withdraw, collect
- Výhru si musíš vyzvednout osobně. – *You have to collect the prize in person.*
9

4288 znění *neut* wording
- Přesné znění dopisu neznám. – *I don't know the exact wording of the letter.*
9 –S

4289 vývojový *adj* development(al), evolutionary
- Vývojové oddělení vyrobilo prototyp přístroje. – *The development department made a prototype of the device.*
9 –S

4290 ochotně *adv* willingly, gladly
- Ochotně odpovídal na naše otázky. – *He willingly answered our questions.*
9 –S

4291 uspokojit *pf* to satisfy, accommodate
- Moje odpověď ji zřejmě uspokojila. – *My reply has evidently satisfied her.*
9 –S

4292 dotyčný *adj* in question
- Zjistil, že dotyčný pozemek je na prodej. –
  *He found out that the land in question was
  for sale.*
  9

4293 stres *inan* stress
- Nesnáším dělat něco ve stresu. – *I hate
  doing things under stress.*
  9

4294 favorit *anim* favourite
- V soutěži byl bezesporu favoritem. – *He was
  the indisputable favourite in the competition.*
  9 –F –P

4295 společník *anim* partner, companion
- Konečně jsem se stal společníkem firmy. –
  I finally became a partner in the company.
  9 –S

4296 fungování *neut* operation, functioning
- Kniha chce přispět k lepšímu fungování
  rodiny. – *The book aims to contribute to
  the family's better functioning.*
  9 –S –F

4297 stahovat *impf* to pull down, withdraw,
gather
- Na nebi se stahovaly černé mraky. –
  Black clouds were gathering in the sky.
  9

4298 předpokládaný *adj* expected, assumed
- To byl předpokládaný výsledek. – *It was
  the expected result.*
  9 –S

4299 řádně *adv* properly
- Všechny dopisy byly řádně oznámkované. –
  All letters were properly stamped.
  9 –S

4300 zvolat *pf* to exclaim
- "Správně!", zvolal profesor. – *"Correct!"
  exclaimed the professor.*
  9 –S –P

4301 nepříliš *adv* not very
- Jsou to nepříliš známá jména. – *These are
  not very famous names.*
  9 –S

4302 doplněk *inan* supplement, accessory
- K šatům si koupila barevné doplňky. –
  *She bought colourful accessories to match
  the dress.*
  9 –S

4303 jezdec *anim* rider
- Stal se nejlepším jezdcem sezóny. –
  He became the best rider of the season.
  9 –S

4304 právem *adv* rightly
- O svůj majetek se bojíš právem. – *You are
  rightly afraid for your property.*
  9 –S

4305 chválit *impf* to praise
- Nikdo mě nechválí, chválím se sám. –
  Nobody praises me, so I praise myself.
  9

4306 budování *neut* building
- Éra budování socialismu skončila. – *The era
  of building socialism is over.*
  9 –S

4307 divize *fem* division
- Vstoupil do letecké divize námořnictva. –
  He joined the naval air division.
  9 –S

4308 slovní *adj* oral, verbal
- I ona s ním měla prudkou slovní výměnu. –
  *She also had a violent verbal exchange with
  him.*
  9

4309 omáčka *fem* sauce
- Udělám omáčku. – *I'll make a sauce.*
  9

4310 východisko *neut* basis, solution, way out
- Hledáme východisko z dané situace. –
  We are looking for a way out of the situation.
  9 –S

4311 unikátní *adj* unique
- Shromáždil unikátní sbírku knih. –
  He assembled a unique collection of books.
  9 –S

4312 splést (se) *pf* to confuse, mistake
- Asi jsem si spletla kupé. – *I must have
  mistaken this compartment for another.*
  9

4313 dynamický *adj* dynamic
- Naše společnost prošla dynamickým
  vývojem. – *Our society has undergone
  dynamic development.*
  9 –S

4314 udeřit *pf* to hit, strike
- Udeřila ho do nosu. – *She hit him on the nose.*
  9 –S

4315 otřást (se) *pf* to shake, **(se)** shudder
- To mým přesvědčením nemůže otřást. –
  This cannot shake my determination.
  9 –S

4316 havárie *fem* accident, breakdown
- Na dálnici došlo k těžké havárii. – *There was
  a serious accident on the motorway.*
  9 –S

4317 brečet *impf* to cry, weep
- Přestaň brečet. – *Stop crying.*
  9 –P

4318 parlamentní *adj* parliamentary
- Parlamentní volby budou na podzim. –
  Parliamentary elections will be held this autumn.
  9 –S –F

4319 spravovat *impf* to administer, repair
- Nemůžu odjet, spravují mi auto. – *I cannot
  leave, they are repairing my car.*

4320 zemský *adj* (of the) earth, earth's
- Během třetihor docházelo k pohybům
  zemské kůry. – *During the Tertiary period,
  the Earth's crust shifted.*
  9 –S

4321 leda *part* only, except
- Nikdy jsem velrybu neviděla, leda v televizi. – *I have never seen a whale, except on television.*
9

4322 upřesnit *pf* to specify, particularize
- Nemůžete to upřesnit? – *Could you specify that?*
9 –S

4323 školka *fem* nursery school
- Vyzvedneš dneska děti ze školky? – *Will you pick the children up from nursery school today?*
9

4324 schůze *fem* meeting
- Včerejší schůze trvala přes hodinu. – *Yesterday's meeting lasted over an hour.*
9

4325 oslavit *pf* to celebrate
- Právě oslavila dvacáté narozeniny. – *She has just celebrated her twentieth birthday.*
9

4326 bilance *fem* balance, review
- Obchodní bilance se zhoršila. – *The trade balance has worsened.*
9 –S –F

4327 manipulace *fem* manipulation, handling
- Nedošlo k manipulaci s testem. – *There has been no manipulation with the test.*
9 –S

4328 zvyšování *neut* increase
- Další zvyšování zahraničního zadlužování je nepřijatelné. – *Any further increase in foreign debt is unacceptable.*
9 –S –F

4329 jízdní *adj* on-road, mounted
- Obdivoval jízdní vlastnosti nového auta. – *He admired the car's on-road performance.*
9

4330 dokončení *neut* completion, finishing
- Stavba se chýlila k dokončení. – *The construction was nearing its completion.*
9 –S

4331 šeptat *impf* to whisper
- Šeptala mu do ucha. – *She whispered into his ear.*
9 –P

4332 zastoupení *neut* representation
- Strana nemá zastoupení v parlamentu. – *The party does not have representation in the parliament.*
9 –S

4333 shromáždit (se) *pf* to gather
- Shromáždili jsme dostatek důkazů. – *We have gathered enough evidence.*
9 –S

4334 kupodivu *part* surprisingly
- Kupodivu jsem usnula velmi rychle. – *Surprisingly, I fell asleep very fast.*
8

4335 navždy *adv* forever
- Odešel nadlouho, možná navždy. – *He left for a long time, perhaps forever.*
8 –S

4336 vrata *neut pl* gate, door
- Vrata stodoly se pomalu otevřela. – *The barn gate opened slowly.*
8

4337 pověsit *pf* to hang
- Pověsil kabát do skříně. – *He hung the coat in the wardrobe.*
8

4338 němčina *fem* German
- Řekl to perfektní němčinou. – *He said it in perfect German.*
8

4339 odpolední *adj* afternoon
- Mám dnes odpolední směnu. – *Today I'm on afternoon shift.*
8

4340 speciálně *adv* specially
- Střílí speciálně upravenou puškou. – *He shoots a specially adapted rifle.*
8

4341 průhledný *adj* transparent, see-through
- Seděla na posteli v průhledné noční košili. – *She was sitting on the bed wearing a see-through nightie.*
8

4342 příčka *fem* rung, partition
- Vylezla jsem o příčku výš. – *I climbed a rung higher.*
8 –S

4343 potřetí *num* for the third time
- Zaklepal potřetí a pak otevřel dveře. – *He knocked for the third time and then opened the door.*
8

4344 výkonnost *fem* performance, productivity
- Čím je způsobena nižší výkonnost? – *What causes lower productivity?*
8 –S –F

4345 obřad *inan* ceremony
- Svatební obřad už začal. – *The wedding ceremony has started.*
8

4346 vznášet se *impf* to hover, float
- Nad cestou se vznášela oblaka prachu. – *Clouds of smoke hovered above the road.*
8 –S

4347 církevní *adj* church
- Slavím všechny církevní svátky. – *I observe all church holidays.*
8 –S

4348 představenstvo *neut* board of directors
- Představenstvo firmy rozhodlo pokračovat v projektu. – *The company's board of directors decided to carry on with the project.*
8 –S –F

4349 usednout *pf* to sit down
- Dívka usedla na kraj postele. – *The girl sat down on the edge of the bed.*
8 –S

4350 pokrčit *pf* to bend, shrug
- Nerozhodně pokrčil rameny. – *He shrugged indecisively.*
8 –S –P

4351 protivník *anim* opponent
- Zlikvidoval své politické protivníky. – *He annihilated his political opponents.*
8 –S

4352 pozorování *neut* observation, surveillance
- Zůstal v nemocnici na pozorování. – *He stayed in hospital for observation.*
8 –S

4353 zašeptat *pf* to whisper
- Zašeptala něco, co jsem neslyšela. – *She whispered something that I didn't hear.*
8 +F

4354 shodit *pf* to throw (down), knock down
- Shodila sklenici na podlahu. – *She knocked a glass down onto the floor.*
8 –P

4355 zabírat *impf* to occupy, take (up)
- Jejich věci nezabíraly mnoho místa. – *Their things did not take up too much room.*
8

4356 osvobodit (se) *pf* to free, acquit, (se) break free
- Soud obžalovaného osvobodil pro nedostatek důkazů. – *The court acquitted the defendant due to a lack of evidence.*
8

4357 hrdý *adj* proud
- Tvůj otec na tebe musí být hrdý. – *Your father must be proud of you.*
8

4358 formulovat *biasp* to word, formulate
- Snažil se formulovat otázku co nejpřesněji. – *He tried to formulate the question as precisely as possible.*
8 –S

4359 extrémní *adj* extreme
- Vážili si ho přes jeho extrémní názory. – *They esteemed him despite his extreme opinions.*
8

4360 tunel *inan* tunnel
- Vlak vjel do dlouhého tunelu. – *The train entered a long tunnel.*
8

4361 všelijaký *pron* various
- V kufru měl všelijaké nářadí. – *He had various tools in the case.*
8 –P

4362 peněženka *fem* wallet
- Měl jsem v peněžence jen pár korun. – *I only had a few crowns in my wallet.*
8

4363 inspirace *fem* inspiration
- Odjel na venkov čerpat inspiraci. – *He went to the countryside to draw inspiration.*
8 –S

4364 skupinka *fem* group
- Po ulici se motala skupinka opilců. – *A group of drunks staggered along the street.*
8

4365 lokální *adj* local
- Propukla další z řady lokálních válek. – *Another of the many local wars broke out.*
8 –S

4366 líbat (se) *impf* to kiss
- Ti dva se líbali celý večer. – *The two were kissing all evening.*
8 –P

4367 odvádět *impf* to pay, return
- Daně se budou odvádět anonymně. – *Taxes will be paid anonymously.*
8 –S

4368 přijatý *adj* received, admitted
- Každý pacient přijatý do nemocnice podstoupil lékařskou prohlídku. – *Every patient admitted to the hospital underwent a medical examination.*
8

4369 sedmdesátý *num* seventieth
- Zoologická zahrada oslavila sedmdesáté výročí. – *The zoo has celebrated its seventieth anniversary.*
8 –S

4370 hajzl *anim/inan* bastard (*anim*), shithouse (*inan*)
- Lidi jsou hajzlové. – *People are bastards.*
8 –P –N

4371 zastupitel *anim* council member
- Zastupitelé zamítli předložený návrh. – *The council members rejected the proposal.*
8 +N

4372 rukavice *fem* glove
- Nasadil si čepici a rukavice. – *He put on a cap and gloves.*
8

4373 čepice *fem* cap, hat
- Čepici nenosím ani v největší zimě. – *I don't wear a cap even in the coldest winter.*
8

4374 šlapat *impf* to step, walk
- Nešlapejte mi po trávníku! – *Don't walk across my lawn!*
8 –P

4375 čistota *fem* cleanliness, purity
- Koupelna voněla čistotou a mýdlem. – *The bathroom smelled of cleanliness and soap.*
8

4376 psací *adj* writing
- Na stole leží psací potřeby. – *There are writing implements on the table.*
8

4377 pouť *fem* funfair, pilgrimage
- Na pouti jezdili na kolotočích. – *They rode the merry-go-round at the funfair.*
8

4378 sportovec *anim* sportsman, athlete
- Vrcholové sportovce často postihují poranění. – *Top athletes often suffer from injuries.*
8

4379 trojice *fem* threesome
- Skupina se rozpadla na dvojice a trojice. – *The group split into twosomes and threesomes.*
8 –S

4380 obsáhnout *pf* to include, embrace, contain
- Žádná encyklopedie nemůže obsáhnout vše. – *No encyclopaedia can include everything.*
8 –S

4381 řídící *adj* control, operative, driving
- Ovladače jsou na hlavním řídicím panelu. – *Drivers are on the main control panel.*
8 –S

4382 kalendář *inan* calendar
- Poznamenal si večírek do kalendáře. – *He noted the party down in his calendar.*
8

4383 poklad *inan* treasure
- Piráti schovali poklad na ostrově. – *The pirates hid treasure on the island.*
8

4384 šíření *neut* spread, dissemination
- To opatření zabránilo šíření nemoci. – *The measure prevented the spread of the disease.*
8 –S

4385 interiér *inan* interior
- Interiér domu byl velmi honosný. – *The interior of the house was sumptuous.*
8

4386 mouka *fem* flour
- Maso obalíme v mouce, vejci a strouhance. – *Coat the meat in flour, eggs and breadcrumbs.*
8

4387 věřící *adj/noun* faithful (*adj*), believer (*noun*)
- Moje matka byla věřící, ale já ne. – *My mother was a faithful believer, but I'm not.*
8

4388 služební *adj* service, company, business
- Musel nečekaně odjet na služební cestu. – *He had to leave unexpectedly on a business trip.*
8

4389 statistický *adj* statistical
- V knize byly i grafy a statistické údaje. – *The book also contained charts and statistical data.*
8 –S –F

4390 prezidentský *adj* presidential
- Dostal se k moci díky prezidentským volbám. – *He got to power thanks to presidential elections.*
8 –S

4391 pára *fem* steam, vapour
- Jak vzniká vodní pára? – *Where does water vapour come from?*
8

4392 formát *inan* format, size, calibre
- Byl to zločinec velkého formátu. – *He was a high-calibre criminal.*
8

4393 dodržování *neut* observation, compliance
- Kontrolujeme dodržování hygienických předpisů. – *We oversee compliance with hygienic regulations.*
8 –S

4394 trvání *neut* duration
- Naše přátelství nemělo dlouhé trvání. – *Our friendship was not of long duration.*
8 –S

4395 melodie *fem* melody
- Bylo slyšet valčíkovou melodii. – *We could hear the melody of a waltz.*
8

4396 zodpovědnost *fem* responsibility
- Bojí se zodpovědnosti. – *He is afraid of responsibility.*
8

4397 středověký *adj* medieval
- Ve městě se zachovalo středověké opevnění. – *There are preserved medieval fortifications in the town.*
8

4398 napjatý *adj* tight, tense
- Svaly měla napjaté a připravené k akci. – *Her muscles were tense, ready for an attack.*
8

4399 plakát *inan* poster
- Na stěně visel plakát na film Angelika. – *A film poster promoting the film "Angelika" was hanging on the wall.*
8

4400 kloub *inan* joint, knuckle
- Náhrada kyčelního kloubu jí dala novou naději. – *The hip joint replacement gave her new hopes.*
8

4401 zadat (si) *pf* to assign, (si) lose face
- Zadal studentům domácí úkol. – *He assigned the students homework.*
8

4402 kabina *fem* cabin, cockpit
- Usadil se do pilotní kabiny. – *He sat down in the cockpit.*
8

4403 volant *inan* steering wheel
- Posadil se za volant a nastartoval. – *He sat down behind the steering wheel and started the car.*
8

4404 uvítat *pf* to welcome
- Uvítala hosty a nabídla jim kávu. – *She welcomed the guests and offered them coffee.*
8 –S

4405 spokojeně *adv* contentedly, happily
• Při jídle spokojeně mlaskal. – *He smacked his lips contentedly during the meal.*
8 –P

4406 úzce *adv* closely, narrowly
• Cena a kvalita spolu úzce souvisejí. – *Price and quality are closely connected.*
8 –S

4407 odstěhovat (se) *pf* to move away
• Museli jsme se odstěhovat. – *We had to move away.*
8

4408 koláč *inan* cake, pie
• Ukrojil si další kus koláče. – *He sliced another piece of cake.*
8

4409 územní *adj* territorial
• Územní plánování slouží k regulaci výstavby. – *The purpose of territorial planning is to regulate development.*
8 –S –F

4410 narážet *impf* to hit, bump
• Ve tmě naráželi do stolů a židlí. – *In the dark they bumped into tables and chairs.*
8

4411 skrýt (se) *pf* to hide
• Skryla se ve vinici. – *She hid in the vineyard.*
8 –S

4412 trhat *impf* to tear, pick
• Vztekle trhala listy ze sešitu. – *She angrily tore pages out of the notebook.*
8

4413 vážený *adj* respected, dear
• Byl velmi váženou osobou. – *He was a highly respected person.*
8

4414 ambice *fem* ambition
• Nemá ani ambice, ani talent. – *He has neither ambition nor talent.*
8

4415 nanejvýš *adv* maximum, at the most
• Dávají mu nanejvýš dva roky. – *They give him two years at the most.*
8

4416 pleť' *fem* complexion
• Měl snědou pleť a tmavé vlasy. – *He had a dark complexion and dark hair.*
8

4417 fantastický *adj* fantastic
• Vymyslela fantastický plán. – *She came up with a fantastic plan.*
8

4418 stezka *fem* path
• Stezka vedla až k hradu. – *The path led all the way to the castle.*
8

4419 nesmyslný *adj* nonsense, absurd
• Ten nesmyslný nápad ihned zavrhl. – *He immediately rejected the absurd idea.*
8 –S

4420 naplno *adv* fully, plainly
• Naplno se věnoval výchově svého potomka. – *He devoted himself fully to raising his child.*
8

4421 zralý *adj* ripe, mature
• Otrhali ze stromu zralá jablka. – *They picked ripe apples from the tree.*
8

4422 zatáhnout *pf* to pull (in), draw, drag
• Večer zatáhla tmavé závěsy. – *In the evening she drew the curtains.*
8

4423 patřičný *adj* proper, due, right
• Svíčkami chtěl navodit patřičnou atmosféru. – *The candles were to create the right atmosphere.*
8 –S

4424 zmáčknout *pf* to squeeze, push
• Zmáčkla jsem tlačítko posledního patra. – *I pushed the top floor button.*
8 –P

4425 produkovat *impf* to produce, make
• Kostní dřeň produkuje červené krvinky. – *Bone marrow produces red blood cells.*
8

4426 slabost *fem* weakness
• Pletou si laskavost se slabostí. – *They mistake kindness for weakness.*
8 –S

4427 jakožto *conj* as
• Jakožto oddaný katolík věřil, že je třeba ji pokřtít. – *As a devoted Catholic, he believed she needed to be baptized.*
8

4428 dodělat *pf* to finish off
• Tak už to dodělej. – *Hurry up and finish it off.*
8 –P

4429 krátkodobý *adj* short-term
• Poskytli mu krátkodobý finanční úvěr. – *They granted him short-term consumer credit.*
8

4430 uchopit *pf* to grasp, seize, take
• Pevně uchopil bratra za paži. – *He took his brother firmly by the arm.*
8 –S

4431 smrdět *impf* to stink, reek
• Jdi pryč, smrdíš. – *Get lost, you stink.*
8 –P

4432 kdekoli *adv* anywhere, everywhere
• Pivo tu je levnější než kdekoli jinde. – *Beer is cheaper here than anywhere else.*
8

4433 vystřelit (si) *pf* to shoot, fire, (si) play a joke
• Dvakrát vystřelil do vzduchu. – *He fired two warning shots.*
8

4434 zkoumání *neut* investigation, study(ing), research
- Zabýval se zkoumáním chování rostlin. – *He occupied himself with the study of plant behaviour.*
8 –S

4435 interval *inan* interval
- Metro ráno jezdí v minutových intervalech. – *The underground train runs at one-minute intervals in the morning.*
8

4436 redaktor *anim* editor
- Nový deník hledá redaktory. – *A new daily is looking for editors.*
8

4437 doktorka *fem* (woman) doctor
- Co ti řekla doktorka? – *What did the doctor tell you?*
8 –P

4438 pronásledovat *impf* to chase, pursue, prosecute
- Rybu ve vodě pronásledovat nemůžeš. – *You cannot chase a fish in the water.*
8 –S

4439 zavádět *impf* to introduce
- Vláda zavádí další reformy. – *The government is introducing more reforms.*
8

4440 vzkaz *inan* message
- Nechala jsem ti vzkaz, že jdu nakoupit. – *I left you a message saying I was going shopping.*
8

4441 obsahující *adj* including, containing
- Jezte stravu obsahující vitamín C. – *Eat food containing vitamin C.*
8 –S

4442 zhasnout *pf* to go out, switch off
- V domě zhasla všechna světla. – *All the lights in the house went out.*
8 –P

4443 uvedení *neut* introduction, launch, release
- Uvedení výrobku na trh se zdrželo. – *The product's launch was delayed.*
8 –S

4444 předkládat *impf* to present, submit
- Předkládali jsme předběžné výsledky. – *We presented preliminary results.*
8 –S

4445 světelný *adj* light
- Jsou od sebe vzdáleny několik světelných let. – *They are several light years apart.*
8 –S

4446 princ *anim* prince
- Četli pohádku O zakletém princi. – *They read the story "The Enchanted Prince".*
8

4447 varování *neut* warning
- Bez varování ho udeřila do obličeje. – *She hit him in the face without any warning.*
8 –S

4448 primární *adj* primary
- Primárním důvodem výzkumu nebyly peníze. – *Money was not the primary motive for the research.*
8 –S –F

4449 nájem *inan* rent, rental
- Dlužil jsem jí nájem za několik měsíců. – *I owed her rent for several months.*
8

4450 šířka *fem* width, breadth
- Postel na šířku měří dva metry. – *The width of the bed is two metres.*
8

4451 nahlédnout *pf* to look (into), examine
- Pokusil se nahlédnout dovnitř. – *He tried to look inside.*
8 –S

4452 líný *adj* lazy
- Byl jsem líný chodit ven. – *I was too lazy to go out.*
8 –P

4453 vrhat (se) *impf* to throw, cast, **(se)** jump into
- Večerní slunce vrhalo dlouhé stíny. – *The evening sun cast long shadows.*
8 –S

4454 ráz *inan* character, nature, impact
- Dezerce je přestupek čistě vojenského rázu. – *Desertion is an offence of purely military character.*
8 –S

4455 orientovaný *adj* oriented, facing
- Průčelí je orientované do údolí. – *The façade is oriented towards the valley.*
8 –S –F

4456 veletrh *inan* (trade) fair
- Vydavatelství vystavuje na knižním veletrhu. – *The publishing house exhibits at the book fair.*
8 –F

4457 originál *inan* original
- Originál se nedochoval. – *The original has not survived.*
8

4458 nákladný *adj* costly, expensive
- Je to příliš nákladné na převoz. – *It is too costly to transport.*
8 –S

4459 čistit *impf* to clean, brush
- Zuby si čisti pořádně. – *Brush your teeth thoroughly.*
8

4460 žebříček *inan* scale, chart, ladder
- Co je na prvním místě v žebříčku hodnot? – *What is in the first place in the scale of values?*
8 –S

4461 srážka *fem* crash, reduction
- Při srážce zahynul jeden člověk. – *One person was killed in the crash.*
8 –S

4462 hrana *fem* edge
- Pozor na ostré hrany. – *Beware of sharp edges.*
8

4463 show *fem* show
- Show musí pokračovat. – *The show must go on.*
8 –S

4464 verš *inan* verse
- Jak zní ten verš z knihy Jobovy? – *What is the verse from the Book of Job?*
8 –S

4465 spořitelna *fem* savings bank
- Vykradli spořitelnu. – *They robbed the savings bank.*
8 –F

4466 lžíce *fem* spoon, spoonful
- Jíšku připravíme ze lžíce tuku a lžíce mouky. – *To make a roux, use a spoonful of shortening and a spoonful of flour.*
8

4467 zaměstnat *pf* to employ, keep busy
- Musím se nějak zaměstnat. – *I have to keep busy.*
8

4468 otevřeně *adv* openly, frankly
- Říká to otevřeně. – *She says it openly.*
8 –S

4469 trojka *fem* (number) three
- Přestěhoval hosta z dvojky do trojky. – *He moved the guest from room number two to number three.*
8 –P

4470 hřbet *inan* back, spine
- Hřbetem ruky si otřela slzy. – *She wiped her tears with the back of her hand.*
8

4471 přepadnout *pf* to attack
- Vrah přepadl další ženu. – *The murderer has attacked another woman.*
8

4472 mříž *fem* grid, grill, bar
- Nechám na okno dát mříže. – *I will have bars installed in the window.*
8

4473 symbolický *adj* symbolic
- Modrá barva měla symbolický význam. – *The colour blue had a symbolic meaning.*
8 –S

4474 rovnat (se) *impf* to arrange, sort, **(se)** equal
- Jedna plus jedná rovná se dvě. – *One plus one equals two.*
8

4475 provozovatel *anim* operator, provider
- Je to největší provozovatel sítě u nás. – *They are our biggest network operator.*
8 –S –F

4476 impuls *inan* impulse, stimulus
- Při výzkumu zkoumáme impulsy nervových buněk. – *We study nerve cell impulses in our research.*
8 –S

4477 kanadský *adj* Canadian
- Zajímá se o kanadskou literaturu. – *She is interested in Canadian literature.*
8

4478 předcházející *adj* previous, preceding
- Je to uvedeno v předcházející kapitole. – *It is stated in the previous chapter.*
8 –S

4479 komunita *fem* community
- Většina pocházela z ruské emigrantské komunity. – *Most were from the Russian emigrant community.*
8

4480 připsat *pf* to add, credit, ascribe
- Na nákupní seznam připsala i maso. – *She also added meat to the shopping list.*
8

4481 hit *inan* hit
- Z kolečkových bruslí se stal hit sezony. – *The roller skates became a hit of the season.*
8 –F

4482 sklonit (se) *pf* to bend, bow, incline
- Sklonil se před ním. – *He bowed before him.*
8 –S

4483 účetní *adj/noun* accounting (*adj*), accountant (*noun*)
- Zapisoval jednotlivé položky do účetní knihy. – *He put individual items in the accounting book.*
8

4484 pojmout *pf* to hold, seat, conceive
- Tohle auto pojme šest lidí. – *This car seats six people.*
8

4485 flaška *fem* bottle
- Ukradl flašku rumu. – *He stole a bottle of rum.*
8 –P –N

4486 náležet *impf* to belong
- Máte něco, co náleží nám. – *You have something that belongs to us.*
8 –S

4487 hrnec *inan* pot
- Postavil hrnec s vodou na sporák. – *He put a pot of water on the stove.*
8

4488 publikovat *biasp* to publish
- Publikoval své básně v literárním časopise. – *He published his poems in a literary magazine.*
8 –S

4489 zoufalství *neut* despair
- Naději střídá pocit zoufalství. – *Hope is replaced by a feeling of despair.*
8 –S

4490 vada *fem* defect, flaw
- Bratr trpí dědičnou oční vadou. – *My brother suffers from a hereditary eye defect.*
8

4491 obývák *inan* living room
- Jděte do obýváku. – *Go into the living room.*
8 –P

4492 večírek *inan* party
- Přijdeš na vánoční večírek? – *Are you coming to the Christmas party?*
8

4493 pečovat *impf* to take care, look after
- Pečovala o něj. – *She took care of him.*
8

4494 nadchnout (se) *pf* to enthuse, captivate
- Nová knížka ji nadchla. – *The new book really captivated her.*
8

4495 moucha *fem* fly
- Chytil jsem mouchu. – *I caught a fly.*
8

4496 psí *adj* dog
- Koupil psí žrádlo. – *He bought some dog food.*
8

4497 anketa *fem* survey, poll
- Zúčastnila se ankety v časopise. – *She took part in a magazine poll.*
8 –F

4498 pozdrav *inan* greeting, regard
- Vyřiďte pozdrav celé rodině. – *Greetings to the whole family.*
8

4499 naštvaný *adj* angry, annoyed
- Jsem fakt naštvanej. – *I'm really angry.*
8 –P

4500 relativní *adj* relative
- Vše je relativní. – *Everything is relative.*
8

4501 volání *neut* call, cry out
- Ozvalo se volání o pomoc. – *A call for help was heard.*
8

4502 osvětlení *neut* lighting
- Je tu špatné osvětlení. – *The lighting is bad in here.*
8 –S

4503 zábradlí *neut* railing, handrail
- Přidržoval se zábradlí a stěn. – *He held onto the handrails and walls.*
8

4504 příšerný *adj* horrible, terrible
- Bylo to příšerné. – *It was horrible.*
8 –P

4505 slepice *fem* hen, chicken
- Přejeli jsme slepici. – *We ran over a chicken.*
8

4506 oranžový *adj* orange
- Měla oranžovou rtěnku. – *She was wearing orange lipstick.*
8

4507 paluba *fem* deck, board
- Spěchal na palubu. – *He hurried to the deck.*
8 –S

4508 sebevědomí *neut* self-confidence
- Je to důležité pro tvé sebevědomí. – *It is important for your self-confidence.*
8

4509 konzervativní *adj* conservative
- Má velmi konzervativní názory. – *He has very conservative opinions.*
8 –S

4510 právnický *adj* legal, juridical
- Existují fyzické a právnické osoby. – *There are natural and legal persons.*
8

4511 ideál *inan* ideal
- Jaký je váš ideál krásy? – *What is your ideal of beauty?*
8 –S

4512 absolvent *anim* graduate
- Je to absolvent Harvardu. – *He is a Harvard graduate.*
8

4513 maďarský *adj* Hungarian
- Znám jednoho maďarského básníka. – *I know one Hungarian poet.*
8

4514 rozhlasový *adj* radio, broadcast
- Oznámily to všechny místní rozhlasové stanice. – *It was announced on all local radio stations.*
8 –S

4515 důležitost *fem* importance
- Má to nejvyšší důležitost. – *It has the highest importance.*
8 –S

4516 betonový *adj* concrete
- Narazil do betonové zdi. – *He crashed into a concrete wall.*
8

4517 pařížský *adj* Paris
- Pařížské bulváry jsou slavné. – *The Paris boulevards are famous.*
8 –S

20 Transport

auto 348 car	**vlak** 1394 train	**tramvaj** 3237 tram
autobus 1189 bus, coach	**automobil** 1892 automobile, car	**metro** 4072 tube, underground
loď 1201 ship, boat	**vozidlo** 2288 vehicle	**kamión** 4943 lorry, truck

4518 zkontrolovat *pf* to check
- Naposledy zkontrolovala adresu. –
  She checked the address for the last time.
  8

4519 strava *fem* food, diet
- Její nemoc se zhoršila špatnou stravou. –
  Her illness deteriorated due to her bad diet.
  8

4520 vnímání *neut* perception
- Vnímání barvy světla určuje vlnová délka. –
  *The perception of a light's colour is
  determined by wave length.*
  8

4521 uspokojení *neut* satisfaction
- S uspokojením si prohlížel svou práci. –
  He looked at his work with satisfaction.
  8 –S

4522 páteř *fem* backbone, spine
- Pohmoždil si páteř. – *He injured his spine.*
  8

4523 bariéra *fem* barrier
- Zkoumají časoprostorovou bariéru. – *They're
  studying the space–time barrier.*
  8

4524 ves *fem* village
- Dorazili do malé vsi s hostincem. – *They
  arrived in a small village with a pub.*
  8

4525 ignorovat *impf* to ignore
- To není možné ignorovat. – *This cannot
  be ignored.*
  8

4526 smíšený *adj* mixed
- Mám smíšené pocity. – *I have mixed feelings.*
  8 –S

4527 rozpoznat *pf* to recognize, identify
- Bylo to okamžitě rozpoznáno. – *It was
  immediately recognized.*
  8 –S

4528 vskutku *part* indeed
- Jste vskutku velmi svědomitá. – *You are very
  diligent indeed.*
  8 –S

4529 uchovat (se, si) *pf* to preserve, **(se)** remain,
  (si) retain
- Chtěla si tu vzpomínku uchovat v paměti. –
  She wanted to retain a memory of it.
  8 –S

4530 zhodnotit *pf* to evaluate, assess
- Jedním pohledem zhodnotil situaci. – *He
  assessed the situation with a single look.*
  8

4531 vrcholný *adj* top, supreme
- Udržoval se ve vrcholné formě. – *He stayed
  in top shape.*
  8 –S

4532 kývnout *pf* to nod, beckon
- Kýval hlavou. – *He nodded his head.*
  8 –P

4533 udržení *neut* preservation, maintenance
- Udržení tradiční kultury bylo obtížné. –
  *The preservation of their traditional culture
  was difficult.*
  8 –S

4534 sraz *inan* reunion
- Půjdete na třídní sraz? – *Will you attend
  the class reunion?*
  8 –P

4535 mlčení *neut* silence
- Nastalo mlčení. – *Silence fell.*
  8 –S

4536 přechodný *adj* temporary, transitional
- Přechodné období skončilo. –
  The transitional period is over.
  8 –S

4537 svatební *adj* wedding, marriage
- Ke svatebním šatům měla dlouhý závoj. –
  *She was wearing a long veil with her wedding
  gown.*
  8

4538 ulevit (si) *pf* to relieve
- Když zavolali, ulevilo se mi. – *When they
  called, I was relieved.*
  8

4539 přesnost *fem* accuracy, precision
- Ovlivnilo to přesnost některých ukazatelů. –
  It affected the accuracy of some indicators.
  8 –S

4540 obdiv *inan* admiration
- Vysloužil si její obdiv. – *He earned her
  admiration.*
  8 –S

4541 poklesnout *pf* to drop, decrease, fall
- Výroba poklesla o 2 %. – *Production has
  fallen by 2%.*
  8 –S

4542 rozpadnout se *pf* to fall apart, break up
- Rozpadl se jim celý svět. – *Their whole world
  fell apart.*
  8

4543 sledovaný *adj* watched, observed
- Je to ostře sledovaný pár. – *They are
  a closely watched couple.*
  8 –S –F

4544 index *inan* index, student's record book
- Cenové indexy se liší. – *Price indices differ.*
  8 –F

4545 obětovat (se) *pf* to sacrifice, give
- Obětovali ovci. – *They sacrificed a sheep.*
  8

4546 krevní *adj* blood
- Vždycky měl vysoký krevní tlak. – *He's
  always had high blood pressure.*
  8

4547 deprese *fem* depression
- Trpí depresemi. – *He suffers from depression.*
  8

4548 neuvěřitelně *adv* incredibly
- Sestry si byly neuvěřitelně podobné. –
  The sisters were incredibly alike.
  8

4549 dovednost *fem* skill
- Osvojili si základní znalosti a dovednosti. –
  They acquired basic knowledge and skills.
  8 –S

4550 vzbuzovat *impf* to inspire, cause
- Měl schopnost vzbuzovat důvěru ostatních.
  – *He had the ability to inspire confidence in
  others.*
  8 –S

4551 morálka *fem* morality, morale
- Je tu nízká pracovní morálka. – *Workplace
  morale is low here.*
  8 –S

4552 psycholog *anim* psychologist
- Je to výborný psycholog. – *He is an excellent
  psychologist.*
  8

4553 náprava *fem* remedy, axle
- Zadní náprava je vybavena závěrem
  diferenciálu. – *The rear axle is equipped with
  a differential lock.*
  8 –S

4554 bojovník *anim* fighter, warrior
- Nazývali je bojovníky za svobodu. –
  They called them freedom fighters.
  8

4555 zaznamenávat *impf* to notice, record,
  achieve
- Musíme zaznamenávat každou zprávu. –
  We have to record every message.
  8

4556 financovat *impf* to fund, sponsor
- Kdo financuje vaše investice? – *Who is
  funding your investments?*
  8 –S

4557 ruch *inan* activity, movement
- Na burze vládl dnes čilý ruch. – *There was
  frantic activity on the stock market today.*
  8 –S

4558 vídat (se) *impf* to see
- Vídám ho jen dvakrát do roka. – *I see him
  only twice a year.*
  8

4559 pitomý *adj* stupid, dumb
- Nech si ty pitomý vtipy. – *Keep your stupid
  jokes to yourself.*
  8 –P

4560 prevence *fem* prevention
- Podporujeme prevenci. – *We favour
  prevention.*
  8 –S –F

4561 rozhodčí *anim/fem* referee, umpire
- Rozhodčí zapískal. – *The referee blew his
  whistle.*
  8 –F

4562 vyhláška *fem* (public) notice, regulation
- Nastudoval si vyhlášku o celních poplatcích.
  – *He studied the customs fees regulations.*
  8 –S

4563 plánování *neut* planning
- Potřebujeme podklady pro plánování výroby.
  – *We need the documents for production
  planning.*
  8 –S

4564 dominantní *adj* dominant
- Mají dominantní postavení na trhu. – *They
  have a dominant position on the market.*
  8 –S –F

4565 koutek *inan* corner, spot
- Sledoval ji koutkem oka. – *He watched her
  out of the corner of his eye.*
  8

4566 spravit *pf* to fix, repair
- Spravil mi auto. – *He fixed my car.*
  8 –P

4567 svírat *impf* to hold, clutch
- Rukama pevně svíral volant. – *He was
  clutching the steering wheel firmly with his
  hands.*
  8 –S

4568 brigáda *fem* summer job, part-time job
- Máš brigádu? – *Do you have a summer job?*
  8

4569 škála *fem* scale, range
- Kvalitu zhodnoťte pomocí pětistupňové škály.
  – *Rate the quality on a scale of one to five.*
  8 –S

4570 náruč *fem* (open) arms, armful
- Vzal ji do náruče. – *He took her in his arms.*
  8 –S

4571 výhrada *fem* reservation
- Souhlasím s vámi bez výhrad. – *I agree with
  you without reservation.*
  8

4572 strašlivý *adj* terrible, horrific
- Byl to pro mne strašlivý šok. – *It was
  a terrible shock for me.*
  8

4573 půjčovat (si) *impf* to lend, **(si)** borrow
- Nikomu jsem to nepůjčovala. – *I didn't lend
  it to anyone.*
  8

4574 nadělat *pf* to make, cause
- Nadělají spoustu hluku. – *They make
  a terrible noise.*
  8

4575 popírat *impf* to deny
- Popíral Boží existenci. – *He denied God's
  existence.*
  8 –S

4576 stadium *neut* stage, phase
- Tělo je v posledním stádiu rozkladu. – *The
  body is in the final stages of decomposition.*
  8 –S

4577 vyčistit *pf* to clean
- Filtr vyčistí vodu od nečistot. – *The filter will clean the water of impurities.*
8

4578 tržba *fem* receipts, takings
- Tržbu odnesl do trezoru v bance. – *He put the takings into a safe in the bank.*
8 –S –F

4579 ruční *adj* hand(made), manual
- Hodili tam několik ručních granátů. – *They threw in a few hand grenades.*
8

4580 učebnice *fem* textbook
- Koupil si učebnici němčiny. – *He bought a German textbook.*
8

4581 fotit *impf* to take a picture, snap
- To jsem fotila já. – *I took that photo.*
8 –P

4582 zničený *adj* destroyed, broken
- Opravil jsem zničenou loď. – *I repaired a broken boat.*
8

4583 pódium *neut* stage, platform, podium
- Přiblížili se k pódiu. – *They approached the podium.*
8 –P

4584 nadace *fem* foundation
- Konzultujete s ním projekty nadace? – *Do you consult the projects of the foundation with him?*
8 –S

4585 honem *adv* quick, hurry up
- Utíkej, honem! – *Run, quick!*
8 –P –N

4586 protokol *inan* protocol, proceedings
- Kjótský protokol měl omezit globální oteplování. – *The Kyoto protocol was meant to limit global warming.*
8

4587 kompromis *inan* compromise
- Neděláme kompromisy. – *We do not make compromises.*
8

4588 nacpat (se) *pf* to stuff, cram
- Nacpěte to do tašek. – *Stuff it in the bags.*
8 –P

4589 obsluha *fem* service, operation
- Naším cílem je kvalitní obsluha. – *Our aim is quality service.*
8

4590 dědek *anim* geezer
- Kdo je ten starej dědek? – *Who's that old geezer?*
8 –P

4591 tenis *inan* tennis
- Jednou týdně hraju tenis. – *I play tennis once a week.*
8

4592 uvolnění *neut* loosening, release, relaxation
- Lék navozuje pocit uvolnění. – *The medicine induces a feeling of relaxation.*
8 –S

4593 respekt *inan* respect
- Pořád k němu mám respekt. – *I still have respect for him.*
8

4594 pasáž *fem* passage, arcade
- Některé pasáže museli vypustit. – *They had to leave out a few passages.*
8 –S

4595 zapadnout *pf* to set, fit, sink into
- Čekal, až zapadne slunce. – *He waited for the sun to set.*
8

4596 aféra *fem* scandal, affair
- To byla velká aféra. – *It was a big scandal.*
8

4597 málokdy *adv* rarely, seldom
- Málokdy dostanete něco zdarma. – *You rarely get something for nothing.*
8

4598 keř *inan* bush
- Na břehu rostlo několik keřů. – *There were a few bushes growing on the bank.*
8

4599 sevřít *pf* to clench, grip, clasp
- Sevřel pěst. – *He clenched his fist.*
8 –S

4600 položený *adj* set, situated
- Je to krásně položené město. – *It is a charmingly situated town.*
8

4601 prozatím *adv* for now, for the time being
- To prozatím stačí. – *That is enough for now.*
8 –S

4602 věcný *adj* factual, matter-of-fact
- Mluvil klidným, věcným tónem. – *He spoke in a quiet, matter-of-fact tone of voice.*
8 –S

4603 zájezd *inan* trip, excursion
- Pojedeme na lyžařský zájezd do Alp. – *We are going on a ski trip to the Alps.*
8

4604 zánik *inan* termination, decline, fall
- Od zániku aztécké říše už uplynulo 500 let. – *500 years have passed since the fall of the Aztec Empire.*
8 –S

4605 solidní *adj* good, sound
- Kniha je v solidním stavu. – *The book is in good condition.*
8

4606 stehno *neut* thigh
- Měla tlustá stehna. – *She had fat thighs.*
8

4607 aparát *inan* machinery, device, apparatus
- Státní aparát je zkorumpovaný. – *The state apparatus is corrupt.*
8

4608 obří *adj* giant, huge
- Jsou to vlastně obří motory. – *These are in fact giant engines.*
8 –S

4609 orchestr *inan* orchestra
- Album natočili s orchestrem. – *They recorded the album with an orchestra.*
8

4610 oddělený *adj* separate
- Vznikly dvě oddělené organizace. – *Two separate organizations emerged.*
8

4611 pominout (se) *pf* to pass off, **(se)** go mad
- Bolest pominula. – *The pain passed off.*
8

4612 vkládat *impf* to insert, put
- Vkládal telegramy do obálek. – *He put the telegrams into envelopes.*
8

4613 psychologie *fem* psychology
- Kognitivní psychologie je často kritizována. – *Cognitive psychology is often criticized.*
8

4614 výslech *inan* interrogation
- Policejní výslech byl velmi krátký. – *The police interrogation was very short.*
8

4615 lednička *fem* fridge, refrigerator
- Dej to do ledničky. – *Put it in the fridge.*
8

4616 demonstrace *fem* demonstration
- Zorganizovala masovou demonstraci. – *She organized a mass demonstration.*
8 –S

4617 rukopis *inan* handwriting, manuscript
- Máte krásný rukopis. – *You have beautiful handwriting.*
8 –S

4618 srozumitelný *adj* comprehensible, intelligible
- Je to srozumitelné? – *Is it intelligible?*
8 –S

4619 zkratka *fem* abbreviation, shortcut
- Šli zkratkou přes les. – *They took a shortcut across the wood.*
8

4620 licence *fem* licence
- Máte platnou licenci? – *Do you have a valid licence?*
8 –S

4621 vzrušení *neut* excitement
- Celá zářila vzrušením. – *She shone with excitement.*
8 –S

4622 kamna *neut pl* stove, fire
- Mají v kuchyni kachlová kamna. – *They have a tiled stove in the kitchen.*
8

4623 stranický *adj* party
- Stranický tisk odsoudil demonstrace. – *The party press denounced demonstrations.*
8 –S

4624 poušť' *fem* desert
- Kolem nás je jen kamenitá poušť'. – *There is just rocky desert around us.*
8 –S

4625 praštit *pf* to hit, bang
- Dvakrát ji praštil. – *He hit her twice.*
8 –P

4626 komplikace *fem* complication
- Vyskytly se další komplikace. – *Other complications have occurred.*
8 –S

4627 nástupce *anim* successor
- Kdo bude vaším nástupcem? – *Who will be your successor?*
8 –S

4628 věnovaný *adj* devoted
- Celá kapitola byla věnovaná literatuře. – *The entire chapter was devoted to literature.*
8 –S

4629 zpoždění *neut* delay
- Zpoždění vlaku narostlo na 20 minut. – *The train's delay came to 20 minutes.*
8

4630 báječný *adj* splendid, terrific
- To je báječný nápad! – *That's a splendid idea!*
8

4631 vkus *inan* taste, style
- Tvoje máma má prvotřídní vkus. – *Your mother has excellent taste.*
8

4632 lyže *fem* ski
- Máš hezký lyže. – *You've got nice skis.*
8 –P

4633 kůra *fem* rind, bark
- Přidejte citronovou kůru. – *Add lemon rind.*
8

4634 přehlédnout *pf* to overlook, miss, view
- Něco jsme museli přehlédnout. – *We must have overlooked something.*
8

4635 administrativní *adj* administrative
- Administrativní náklady jsou přímé a nepřímé. – *Administrative costs are direct and indirect.*
8 –S

4636 svléknout (se) *pf* to take off, **(se)** get undressed
- Pomohl jí svléknout kabát. – *He helped her take the coat off.*
8 –P

4637 tepelný *adj* heat, thermal
- Solární panely absorbují tepelnou energii. – *Solar panels absorb thermal energy.*
- 8 –F

4638 měna *fem* currency
- Přijali společnou evropskou měnu. – *They adopted the common European currency.*
- 8 –S

4639 vyhlášení *neut* announcement, declaration
- Po vyhlášení nezávislosti se stal prezidentem. – *After the declaration of independence, he became the president.*
- 8 –S

4640 výsledný *adj* resulting, final
- Výsledný seznam byl mnohem kratší. – *The final list was much shorter.*
- 8 –S

4641 platba *fem* payment
- Přímé platby bývají bez poplatků. – *Direct payments are usually free of charge.*
- 8 –S –F

4642 kotel *inan* boiler
- Máme doma kotel na dřevo. – *We have a wood boiler at home.*
- 8

4643 uvolněný *adj* relaxed, loose
- Jeho gesta jsou uvolněná a elegantní. – *His gestures are relaxed and elegant.*
- 8 –S

4644 posílení *neut* strengthening, consolidation
- Chceme dosáhnout posílení obchodních vztahů. – *We seek the strengthening of trade relations.*
- 8 –S –F

4645 pověřit *pf* to authorize, charge
- Tím úkolem pověřili jeho. – *They charged him with the task.*
- 8 –S

4646 vzestup *inan* increase, rise, growth
- Došlo k rychlému vzestupu cen. – *A rapid growth of prices occurred.*
- 8 –S

4647 rám *inan* frame
- Zaklepala na okenní rám. – *He knocked on the window frame.*
- 8

4648 jihočeský *adj* South Bohemian
- V Jihočeském kraji se situace komplikuje. – *The situation in the South Bohemian Region is complicated.*
- 8 –F

4649 stručně *adv* briefly, concisely
- Na otázky odpovídal velmi stručně. – *He would answer questions very briefly.*
- 8 –S

4650 zastavovat (se) *impf* to stop
- Cestou dolů zastavoval výtah skoro v každém patře. – *On the way down, the lift would stop on almost every floor.*
- 8

4651 splnění *neut* accomplishment, fulfilment
- Požadují splnění svých podmínek. – *They demand the fulfilment of their conditions.*
- 8 –S

4652 rozebírat *impf* to analyse, talk
- Rozebírali jsme její básně. – *We analysed her poems.*
- 8

4653 pomůcka *fem* aid, tool
- Je to užitečná učební pomůcka. – *It is a useful teaching aid.*
- 8

4654 spjatý *adj* bound, linked
- Kriminalita je úzce spjata s chudobou. – *Crime is closely linked with poverty.*
- 8 –S

4655 sponzor *anim* sponsor
- Sponzor to vyžaduje. – *The sponsor requires it.*
- 8 –F

4656 důstojný *adj* dignified, respectable
- Byl to tichý, důstojný konec. – *It was a quiet, dignified end.*
- 8 –S

4657 sekunda *fem* second
- Trvá to jen pár sekund. – *It only takes a few seconds.*
- 8

4658 mýtus *inan* myth
- Je to založeno na mýtu. – *It is based on a myth.*
- 8 –S

4659 věznice *fem* prison
- Strávila rok v ženské věznici. – *She spent a year in a women's prison.*
- 8

4660 stručný *adj* brief, concise
- Poslala jsem domů stručný dopis. – *I sent a brief letter home.*
- 8 –S

4661 fenomén *inan* phenomenon
- Nejedná se o nový fenomén. – *This is not a new phenomenon.*
- 8 –S

4662 zastoupit *pf* to block way, fill in
- Musím zastoupit nemocného kolegu. – *I have to fill in for a sick colleague.*
- 8 –S

4663 tekutina *fem* liquid, fluid
- V lahvičce byla červená hustá tekutina. – *There was thick red fluid in the bottle.*
- 8

4664 kouzelný *adj* magic, charming
- Prsten měl kouzelnou moc. – *The ring had a magic power.*
- 8

4665 liberecký *adj* Liberec
- Žijí v Libereckém kraji. – *They live in the Liberec region.*
- 8 +N

4666 přebírat *impf* to take over, adopt
- Přebrala od nás úkol. – *She took over our task.*
8

4667 prodejní *adj* sale, selling
- Uspořádali prodejní výstavu. – *They arranged a sale exhibition.*
8 –S –F

4668 přeprava *fem* transport
- K přepravě se používá hlavně lodí. – *Mainly ships are used for transport.*
8 –S

4669 vrch *inan* hill, top
- Silnice vedla do zasněžených vrchů. – *The road led to snow-covered hills.*
8

4670 odstoupit *pf* to resign, step back
- Odstoupil z vlády. – *He resigned from the government.*
8

4671 podržet *pf* to hold, back up
- Podrž to. – *Hold it.*
8

4672 porozumět *pf* to understand
- Okamžitě mu porozuměl. – *He understood him immediately.*
8 –S

4673 lev *anim* lion
- Bil se jako lev. – *He fought like a lion.*
8

4674 křik *inan* shouting, screaming
- Uslyšel jsem křik. – *I heard shouting.*
8 –S

4675 vyjíždět *impf* to leave, drive out, set off
- Ráno vyjíždím v 9 hodin. – *I am leaving at 9 in the morning.*
8 –P

4676 legislativa *fem* legislation
- Nemáme příslušnou legislativu. – *We do not have the relevant legislation.*
8 –S –F

4677 vyrobený *adj* made
- Šperk byl vyroben ze zlata. – *The jewel was made of gold.*
8

4678 těleso *neut* body, solid (ensemble)
- Astronomie se zabývá studiem kosmických těles. – *Astronomy pursues the study of celestial bodies.*
8 –S

4679 prsten *inan* ring
- Ztratila snubní prsten. – *She lost her wedding ring.*
8

4680 násilný *adj* violent
- Podle policie to byl násilný útok. – *The police say it was a violent attack.*
8 –S

4681 analyzovat *impf* to analyse
- Nyní se analyzují výsledky. – *The results are now being analysed.*
8

4682 přihodit se *pf* to happen, occur
- Nikdy se nám nic nepřihodilo. – *Nothing ever happened to us.*
8

4683 rozdávat *impf* to distribute, hand out
- Vojáci rozdávali dětem čokoládu. – *The soldiers handed out chocolate to children.*
8

4684 propojení *neut* connection, linkage
- Potřebujeme propojení sítí. – *Connection of networks is what we need.*
8 –S –F

4685 kongres *inan* congress
- Kongres hraje velmi důležitou roli. – *Congress plays a very important role.*
8 –S

4686 slaný *adj* salty
- Je to příliš slané. – *It is too salty.*
8

4687 popel *inan* ash
- Město lehlo popelem. – *The city lay in ashes.*
8

4688 hnízdo *neut* nest
- Ptáci opustili hnízdo. – *The birds have left the nest.*
8

4689 vtom *adv* suddenly
- Vtom zazvonil telefon. – *Suddenly, the phone rang.*
8 –S –P

4690 dopřát (si) *pf* to let have, **(si)** spoil oneself
- Dopřejte si kvalitní olivy. – *Spoil yourself with quality olives.*
8

4691 beton *inan* concrete
- Je to z betonu. – *It is made of concrete.*
8

4692 přesun *inan* transfer, transport
- Zajistili přesun do hotelu. – *They arranged transport to the hotel.*
8

4693 indický *adj* Indian
- Ostrovy leží v Indickém oceánu. – *The islands lie in the Indian Ocean.*
8

4694 odbory *inan pl* trade unions
- Odbory se již dohodly. – *The trade unions have already come to an agreement.*
8

4695 poloviční *adj* half
- Udělali to za poloviční cenu. – *They did it for half the price.*
8

4696 akciový *adj* stock, share
- Založili akciovou společnost. – *They started a stock company.*
8 –S –F

4697 distribuce *fem* distribution
- Jak funguje distribuce filmů? – *How does film distribution work?*
8 –S –F

4698 přistát *pf* to land
- Přistáli jsme večer. – *We landed in the evening.*
8

4699 revoluční *adj* revolutionary
- Je to revoluční změna. – *It is a revolutionary change.*
8

4700 zastavení *neut* stop(ping), halt, hold-up
- Projel městem bez jediného zastavení. – *He passed through the town without stopping.*
8

4701 obočí *neut* eyebrow
- Pomalu zvedla obočí. – *She slowly raised an eyebrow.*
8 –S

4702 horko *neut* heat, hot
- Je hrozné horko. – *It's awfully hot.*
8

4703 ropa *fem* oil
- Cena ropy stoupá. – *The price of oil is rising.*
8 –S

4704 soustřeďovat (se) *impf* to concentrate
- Soustřeďujme se na hlavní body. – *Let's concentrate on the main points.*
8 –S

4705 odstín *inan* shade, colour
- Ten koberec má krásný odstín. – *This carpet is a lovely colour.*
8

4706 pach *inan* stench, smell, odour
- Cítil jsem štiplavý pach potu. – *I smelled a pungent stench of sweat.*
8 –S

4707 zavedený *adj* established, well-established
- Oproti zavedenému zvyku si ráno dal kávu. – *Contrary to his well-established routine, he had coffee in the morning.*
8

4708 strýc *anim* uncle
- Podobala se svému strýci. – *She looked like her uncle.*
8

4709 kytara *fem* guitar
- Umíte hrát na kytaru? – *Can you play the guitar?*
8 –P

4710 racionální *adj* rational
- Jeho chování není racionální. – *His behaviour is not rational.*
8 –S

4711 bezvadný *adj* perfect, wonderful
- No to je bezvadný. – *Well that's just perfect.*
8

4712 přihlížet *impf* to stand by, take into consideration
- Policie jen přihlížela. – *The police just stood by.*
8 –S

4713 arabský *adj* Arabian
- Chtěl sjednotit Arabský poloostrov. – *He wanted to unite the Arabian peninsula.*
8 –S

4714 útočit *impf* to attack
- Bandité útočí na vesnici. – *Bandits are attacking a village.*
8

4715 vykašlat (se) *pf* to cough up, **(se)** pack in
- Měli bysme se na to hledání vykašlat. – *We should pack in looking for it.*
8 –P

4716 pouto *neut* bond, (*pl*) handcuffs
- Sundali mi pouta. – *They took off my handcuffs.*
8

4717 samozřejmý *adj* self-evident, apparent
- Pokládáme to za samozřejmé. – *We hold it as self-evident.*
8

4718 katalog *inan* catalogue
- Zasíláme Vám vánoční katalog. – *We are sending you our Christmas catalogue.*
8

4719 skladatel *anim* composer
- Je to syn slavného skladatele. – *He is the son of a famous composer.*
8

4720 bouřlivý *adj* stormy, rapid, rapturous
- Sklidil bouřlivý potlesk. – *He received rapturous applause.*
8 –S

4721 medvěd *anim* bear
- Zastřelil medvěda. – *He shot a bear.*
8

4722 játra *neut pl* liver
- Zemřel na rakovinu jater. – *He died of liver cancer.*
7

4723 železo *neut* iron
- Nedostatek železa způsobuje chudokrevnost. – *A lack of iron causes anaemia.*
7

4724 cestování *neut* travelling
- Nejvíc utratila za cestování. – *She spent most money on travelling.*
7

4725 zákrok *inan* intervention, operation
- Chirurgický zákrok proběhl bez problémů. – *The surgical intervention took place without any complications.*
7 –S

4726 vyřadit *pf* to eliminate, reject
- Šéfredaktor vyřadil článek kvůli špatné úrovni. – *The editor-in-chief rejected the article because of its poor quality.*
7 –S

4727 popularita *fem* popularity
- Jeho popularita vzrostla. – *His popularity grew.*
7 –S

4728 cibule *fem* onion
- Nakrájejte cibuli. – *Cut the onion.*
7

4729 děsit *impf* to scare, frighten
- Stejně mě to děsí. – *It scares me anyway.*
7

4730 vyskytnout se *pf* to occur
- Můžou se vyskytnout obtíže. – *Difficulties may occur.*
7

4731 ucítit *pf* to feel, smell
- Ucítila na obličeji sluneční paprsky. – *She felt the sun's rays on her face.*
7 –S –P

4732 kuchyňský *adj* kitchen
- Koupil jsem kuchyňský stůl. – *I bought a kitchen table.*
7

4733 vyčerpat (se) *pf* to exhaust
- Brzy vyčerpali témata ke konverzaci. – *They soon exhausted their conversation topics.*
7 –S

4734 ostuda *fem* scandal, shame
- To by byla ostuda! – *That would be a scandal!*
7 –P

4735 přesáhnout *pf* to exceed
- Škoda přesáhla 150 tisíc liber. – *The damage exceeded 150,000 pounds.*
7 –S

4736 ovzduší *neut* air, atmosphere, climate
- Znečištění ovzduší je velké téma. – *Air pollution is a big issue.*
7 –S

4737 čerstvě *adv* freshly, newly
- Přidejte čerstvě mletý pepř. – *Add freshly ground pepper.*
7

4738 pružný *adj* flexible, elastic
- Nabízíme pružnou pracovní dobu. – *We offer flexible working hours.*
7 –S

4739 server *inan* server
- Server je přetížen. – *The server is overloaded.*
7 –F

4740 sociálně *adv* socially
- To by bylo sociálně nepřijatelné. – *That would be socially unacceptable.*
7 –F

4741 potkávat (se) *impf* to meet
- Ještě ho občas potkávám. – *I still meet him from time to time.*
7

4742 prasknout *pf* to break, burst, come out
- Praskla jí voda. – *Her water broke.*
7

4743 vyhrožovat *impf* to threaten
- Manželka mi vyhrožuje rozvodem. – *My wife's threatening to divorce me.*
7

4744 horečka *fem* fever, temperature
- Měl každý večer horečku. – *He had a fever every night.*
7

4745 šňůra *fem* cord, line, string
- Ponožky se sušily venku na šňůře. – *The socks were hanging on a line outside to dry.*
7

4746 bojový *adj* martial, combat
- Ovládá bojová umění. – *He mastered martial arts.*
7

4747 pánbůh *anim* God
- Uměla hrát na housle jako pánbůh. – *She could play the violin like God.*
7 –P

4748 průvod *inan* parade, procession
- Průvod je osvícen lampami. – *The parade is lit by street lamps.*
7

4749 bída *fem* poverty, misery
- V Indii vládne bída. – *Poverty is rife in India.*
7

4750 přednášet *impf* to lecture, recite
- Přednášel na Oxfordu. – *He was lecturing at Oxford.*
7

4751 dovolený *adj* allowed
- Koupání zde není dovolené. – *Swimming is not allowed here.*
7

4752 hrabat *impf* to rake, grub, pile up
- Musel jsem hrabat listí. – *I had to rake leaves.*
7 –P

4753 šampionát *inan* championship
- Zúčastníme se světového šampionátu. – *We will participate in the world championship.*
7 +N

4754 důkladný *adj* thorough, massive
- Byl jsem velmi důkladný. – *I was very thorough.*
7 –S

4755 záhada *fem* mystery
- Život kolem nás je plný záhad. – *Life around us is full of mysteries.*
7

4756 krajní *adj* outside, extreme, utmost
• Je příznivcem krajní pravice. – *He is a supporter of the extreme right.*
7

4757 žíla *fem* vein
• Vbodl jehlu přímo do žíly. – *He stuck the needle directly into the vein.*
7

4758 naplánovat (si) *pf* to plan, schedule
• Něco takového se naplánovat nedá. – *This sort of thing cannot be planned.*
7

4759 připojení *neut* connection
• Jaké máte připojení? – *What connection do you have?*
7 –F

4760 počít *pf* to conceive, begin
• Počala dítě. – *She conceived a child.*
7

4761 přiložit *pf* to attach, enclose
• Přiložil jsem svůj rukopis. – *I attached my CV.*
7

4762 zavěsit *pf* to hang up
• Po třetím zazvonění zavěsil. – *He hung up after three rings.*
7

4763 čekání *neut* waiting
• To čekání za to stálo. – *The waiting was worth it.*
7 –S

4764 kostým *inan* costume
• Získala Oscara za kostýmy. – *She has won an Oscar for costumes.*
7

4765 sluchátko *neut* earphone, receiver, headphone
• Koupil si nová sluchátka. – *He bought new headphones.*
7

4766 knedlík *inan* dumpling
• Dneska udělám bramborový knedlíky. – *I'm making potato dumplings today.*
7

4767 buchta *fem* cake, chick
• Máš rád buchty? – *Do you like cake?*
7 –P –N

4768 zvážit *pf* to weigh, consider
• Pečlivě zvážil svoji odpověd'. – *He considered his reply carefully.*
7

4769 stoprocentně *adv* totally, absolutely, for sure
• Nebyl si stoprocentně jistý. – *He was not totally sure.*
7

4770 akademický *adj* academic
• Chci si koupit akademický slovník. – *I want to buy an academic dictionary.*
7

4771 analytik *anim* analyst
• Říká to analytik z Vídně. – *An analyst from Vienna says so.*
7 –S –F

4772 rozeznat *pf* to distinguish, make out
• Nerozeznal jsem, co to je. – *I could not make out what it was.*
7 –S

4773 mastný *adj* greasy, fatty
• Mám strašně mastný vlasy. – *I've got terribly greasy hair.*
7

4774 člun *inan* boat
• Můj přítel má motorový člun. – *My friend has a motor boat.*
7

4775 obzvlášť *part* particularly
• Díky, obzvláště za tu květinu. – *Thank you, particularly for the flowers.*
7

4776 opoziční *adj* opposition, opposing
• Je to nejsilnější opoziční strana. – *It is the strongest opposition party.*
7 +N

4777 levně *adv* cheaply, cheap
• Koupili jsme to levně. – *We bought it cheap.*
7

4778 dlužit *impf* to owe
• Kolik mu dluží? – *How much does he owe him?*
7 –P

4779 kvalifikovaný *adj* qualified, competent
• Nejsem dostatečně kvalifikovaný. – *I am not sufficiently qualified.*
7 –S

4780 zaměstnaný *adj* busy, employed
• Otec byl před válkou zaměstnaný v téhle továrně. – *My father was employed in this factory before the war.*
7

4781 výchozí *adj* starting
• Nakonec zase zamířili do výchozího bodu. – *In the end, they headed to the starting point.*
7 –S

4782 ohlédnout se *pf* to look back
• Ohlédni se a uvidíš. – *Look back and you will see.*
7 –S –P

4783 rozdělovat *impf* to divide, distribute, allocate
• Řeka rozděluje město na dvě části. – *The river divides the city into two parts.*
7

4784 vyplácet (se) *impf* to pay, (se) pay off
• Poctivost se vyplácí. – *Honesty pays off.*
7

4785 lesklý *adj* shiny, glossy
• Má to lesklý povrch. – *It has a shiny surface.*
7

4786 odstartovat *pf* to start
- Odstartovala druhá část sezóny. – *The second part of the season has started.*
7

4787 zaniknout *pf* to decline, expire, fade (out)
- Jejich hlasy pomalu zanikly mezi stromy. – *Their voices slowly faded among the trees.*
7 –S

4788 otcův *adj* father's
- Pocítil otcův hněv. – *He felt his father's anger.*
7 –S

4789 olomoucký *adj* Olomouc
- V Olomouckém kraji je málo velkých měst. – *There aren't many big towns in the Olomouc Region.*
7 –S –F

4790 tušení *neut* feeling, idea, hunch
- Nemám ani tušení, co se stalo. – *I have no idea what happened.*
7

4791 příhoda *fem* event, episode
- Taková příhoda v nás vyvolá depresi. – *An event like this makes us depressed.*
7

4792 pokrývat *impf* to cover
- Sníh pokrýval celý Stockholm. – *Snow covered the whole of Stockholm.*
7 –S

4793 automat *inan* machine
- Je závislý na hracích automatech. – *He is addicted to fruit machines.*
7

4794 odlišovat (se) *impf* to differ
- Odlišují se jen v maličkostech. – *They differ only in certain details.*
7 –S

4795 prohra *fem* loss, defeat
- Každá prohra mrzí. – *Every defeat hurts.*
7

4796 milovaný *adj* loved, beloved
- Bojovala za své milované. – *She fought for her loved ones.*
7 –S

4797 spaní *neut* sleep(ing)
- Vzala si prášek na spaní. – *She took a sleeping pill.*
7

4798 pohotovost *fem* emergency, readiness, alert
- Armáda je ve stavu pohotovosti. – *The army is on alert.*
7

4799 klec *fem* cage
- Nestrkej ruku do klece. – *Don't put your hand in the cage.*
7

4800 stříbro *neut* silver
- Otevíráme výstavu o těžbě stříbra. – *We are opening an exhibition on silver mining.*
7

4801 tvor *anim* creature
- Neviděl žádného živého tvora. – *He did not see any living creature.*
7

4802 vlákno *neut* fibre
- Plátno je vyrobeno z bavlněných vláken. – *The cloth is made of cotton fibres.*
7 –S

4803 záhadný *adj* mysterious, unexplainable
- Miska byla ozdobená záhadnými symboly. – *The bowl was decorated with mysterious symbols.*
7

4804 dominovat *biasp* to dominate
- Dominovali soutěži. – *They dominated the competition.*
7 –S

4805 půle *fem* half, middle
- Druhá půle byla mnohem lepší. – *The second half was much better.*
7

4806 hruď *fem* chest, breast
- Cítil bolest na hrudi. – *He felt a pain in his chest.*
7 –S

4807 jeskyně *fem* cave
- V jeskyni byla zima. – *It was cold in the cave.*
7

4808 ocas *inan* tail
- Zavrtěl ocasem. – *He wagged his tail.*
7

4809 zaručovat *impf* to guarantee, ensure
- Ústavní práva zaručují osobní svobodu. – *Constitutional rights guarantee personal freedom.*
7 –S

4810 dort *inan* cake
- Dali si dort. – *They had some cake.*
7

4811 burza *fem* stock market
- Krachla burza. – *The stock market crashed.*
7 –S

4812 těsto *neut* dough, batter
- Těsto vlijeme do dortové formy. – *Pour the dough into the cake tin.*
7

4813 stráž *fem* guard
- Poslanec si vyžádal osobní stráž. – *The deputy requested a body guard.*
7 –S

4814 absence *fem* absence
- Absence smyslu pro humor je otravná. – *The absence of a sense of humour is annoying.*
7 –S

4815 rakovina *fem* cancer
- Má rakovinu prsu. – *She has breast cancer.*
7

4816 zřízení *neut* establishment, system of government
- Nesouhlasím se socialistickým zřízením. – *I disagree with the socialist system of government.*
7 –S

4817 zmatený *adj* confused, chaotic
- Jsem z toho všeho zmatená. – *I am confused by it all.*
7

4818 snesitelný *adj* tolerable, bearable
- Je to docela snesitelné. – *It is quite tolerable.*
7

4819 propast *fem* gap, abyss
- Tuhle propast musíme překonat. – *We must bridge this gap.*
7 –S

4820 dovoz *inan* import
- Import klesl. – *Imports have fallen.*
7 –S –F

4821 oblak *inan* cloud
- Zvedl se oblak prachu. – *A cloud of dust arose.*
7 –S

4822 převézt *pf* to transfer, transport
- Byl převezen do nemocnice. – *He was transferred to hospital.*
7

4823 zdobit *impf* to decorate, grace
- Zdobila dvoupatrový narozeninový dort. – *She decorated a two-tier birthday cake.*
7

4824 spotřebitel *anim* consumer
- Pro spotřebitele je to důležité. – *It is important for consumers.*
7 –S –F

4825 cpát (se) *impf* to stuff, fill up
- Cpali ho práškama. – *They stuffed him with pills.*
7 –P

4826 stařec *anim* old man
- Stařec měl radost. – *The old man was happy.*
7

4827 modlitba *fem* prayer
- Bůh vyslyšel mé modlitby. – *God has heard my prayers.*
7 –S

4828 důvěřovat *impf* to trust
- Proč mu nedůvěřuješ? – *Why don't you trust him?*
7

4829 zamknout (se) *pf* to lock (up)
- Zapomněla jsem zamknout dveře. – *I forgot to lock the door.*
7 –P

4830 spekulace *fem* speculation
- Jsou to pouhé spekulace. – *These are mere speculations.*
7 –S

4831 zeleň *fem* verdure, green(ery)
- Ve městě ubývá zeleně. – *There is less and less greenery in the town.*
7

4832 zkušební *adj* trial, test
- Spustili zkušební provoz elektrárny. – *They started the trial operation of the power plant.*
7

4833 naštvat *pf* to make angry, piss off
- Fakt mě naštval. – *He really pissed me off.*
7 –P

4834 zjevný *adj* obvious, apparent
- Jejich zjevná radost mě potěšila. – *Their obvious happiness delighted me.*
7 –S

4835 grafický *adj* graphic
- Výstava je věnována grafickému designu. – *The exhibition is devoted to graphic design.*
7 –F

4836 pozvání *neut* invitation
- Odmítli naše pozvání. – *They refused our invitation.*
7 –S

4837 výplata *fem* payment, pay, salary
- Za nákup utratil polovinu výplaty. – *He spent half of his salary on shopping.*
7

4838 míjet (se) *impf* to pass, go past
- Když mě míjela, mrkla. – *As she went past me she winked.*
7 –S

4839 zatáčka *fem* turn
- Trasa je plná ostrých zatáček. – *The route is full of sharp turns.*
7 –P

4840 libra *fem* pound
- Stojí to deset liber. – *It costs ten pounds.*
7

4841 lebka *fem* skull
- Chci mu otevřít lebku. – *I want to open his skull.*
7

4842 živočich *anim* animal
- Pes je velice chytrý živočich. – *Dogs are very smart animals.*
7

4843 obcházet *impf* to walk around, evade
- Pomalu obcházel chalupu. – *He walked slowly around the house.*
7

4844 lovit *impf* to hunt, chase
- Rád chodí lovit. – *He likes to go hunting.*
7

4845 unikat *impf* to escape, leak
- Z balónu unikal horký plyn. – *Hot gas was leaking from the balloon.*
7

4846 legální *adj* legal
- Je to vůbec legální? – *Is this actually legal?*
7

4847 nahrávka *fem* record(ing), pass
- Je to skvělá nahrávka. – *It is a great recording.*
7

4848 plynový *adj* gas
- Zemřeli v plynové komoře. – *They died in the gas chamber.*
7

4849 divně *adv* strangely, oddly
- Je mi divně úzko. – *I feel strangely anxious.*
7 –P

4850 vycházející *adj* rising, based on
- Dívali se proti vycházejícímu slunci. – *They were looking towards the rising sun.*
7 –S

4851 lít *impf* to pour
- To mlíko tam nelij! – *Don't pour in any milk!*
7

4852 místy *adv* sometimes, here and there
- Místy mi schází sebevědomí. – *Sometimes I lack self-confidence.*
7 –S

4853 záměrně *adv* deliberately, on purpose
- Nechala okno záměrně otevřené. – *She left the window open on purpose.*
7

4854 milovník *anim* lover, aficionado
- Je to skutečný milovník umění. – *He is a real art lover.*
7 –S

4855 porozumění *neut* understanding
- Chtěli dosáhnout vzájemného porozumění. – *They wanted to reach a mutual understanding.*
7 –S

4856 naplňovat *impf* to fill
- Naplňovalo ji to radostí. – *It filled her with joy.*
7 –S

4857 trubka *fem* trumpet, pipe
- Ve starých trubkách byl malý tlak vody. – *The water pressure was low in the old pipes.*
7

4858 filozof *anim* philosopher
- Nejsem filozof ani teoretik. – *I'm neither a philosopher nor a theorist.*
7

4859 šperk *inan* jewel
- Peníze ani šperky se z bytu neztratily. – *Neither money nor jewels were missing from the flat.*
7

4860 dvojitý *adj* double
- Poručil si dvojitou whisky. – *He ordered a double whiskey.*
7

4861 mazat *impf* to butter, spread, wipe
- Mazala si chleba máslem. – *She was buttering her bread.*
7

4862 hmyz *inan* insect
- Na ostrově nebyl žádný hmyz. – *There were no insects on the island.*
7

4863 sdělovat *impf* to tell, inform
- A tak ti to sděluji nyní. – *And so I am telling you now.*
7 –S

4864 členství *neut* membership
- S členstvím v EU to nesouvisí. – *It is not related to EU membership.*
7 –S

4865 lídr *anim* leader
- Je to přirozený lídr. – *He is a natural leader.*
7 +N

4866 obdobně *adv* similarly
- Obdobně se zvýšil nárůst přidané hodnoty. – *Similarly, the growth of added value increased.*
7 –S –F

4867 nuda *fem* boredom
- V demokracii je největší hrozbou nuda. – *In a democracy, the greatest danger is boredom.*
7

4868 povídka *fem* (short) story, tale
- Dahl je mistrem povídky. – *Dahl is a master of the short story.*
7

4869 nudit (se) *impf* to bore, **(se)** be bored
- Strašně jsem se tam nudil. – *I was terribly bored in there.*
7

4870 zvukový *adj* acoustic, sound
- Místnost byla vybavena zvukovou aparaturou. – *The room was equipped with a sound system.*
7

4871 menšina *fem* minority
- Jaké národnostní menšiny zde žijí? – *What national minorities live here?*
7 –S

4872 napravit *pf* to make up for, make good, retrieve
- Napravili své chyby. – *They made good their mistakes.*
7

4873 připadnout *pf* to fall
- Ten úkol připadl na něj. – *The task fell to him.*
7 –S

4874 personální *adj* personnel
- Mělo by o tom vědět personální oddělení. – *The personnel department should know about it.*
7 –S –F

4875 autorka *fem* (female) author
- Autorka si zvolila kontroverzní téma. –
  The author chose a controversial topic.
  7 –S

4876 salon *inan* salon, parlour
- Čekala v salonu. – *She was waiting in the salon.*
  7

4877 působnost *fem* activity, effect
- Jaké je vaše pole působnosti? – *What is your
  field of activity?*
  7 –S

4878 transakce *fem* transaction
- Obchodní transakce trvala jen pár vteřin. –
  *The business transaction only took a few
  minutes.*
  7 –S

4879 tancovat *impf* to dance
- Každý večer chodili tancovat. – *They would
  go dancing every evening.*
  7 –P

4880 údajný *adj* alleged
- Jeho údajný otec se s matkou nikdy neoženil.
  – *His alleged father never married his mother.*
  7 –S

4881 sako *neut* jacket
- Sáhl do kapsy saka. – *He put his hand in his
  jacket pocket.*
  7 –P

4882 kompetence *fem* competence
- To není v mé kompetenci. – *This is not in
  my competence.*
  7 –S –F

4883 integrovaný *adj* integrated
- Chceme vytvořit integrovaný dopravní
  systém. – *We want to create an integrated
  transport system.*
  7 –S –F

4884 meč *inan* sword
- Tasil meč. – *He drew his sword.*
  7

4885 cenit si *impf* to appreciate, value
- Cením si toho. – *I appreciate it.*
  7

4886 princezna *fem* princess
- Princezna Diana zemřela v roce 1997. –
  Princess Diana died in 1997.
  7

4887 paradoxně *adv* ironically, paradoxically
- Paradoxně nám to pomohlo. – *Paradoxically,
  it helped us.*
  7

4888 vypuknout *pf* to break out
- V táboře vypukl zmatek. – *Chaos broke out
  in the camp.*
  7 –S

4889 radostný *adj* joyous, happy, cheerful
- Měla to být radostná událost. – *It was meant
  to be a joyous occasion.*
  7 –S

4890 posledně *adv* last time
- Posledně jsem platil já. – *I paid the last time.*
  7

4891 skříňka *fem* box
- Našla se černá skříňka? – *Has the black box
  been found?*
  7

4892 pětatřicet *num* thirty-five
- Letos mi bude pětatřicet. – *I'll be thirty-five
  this year.*
  7 –P

4893 zprvu *adv* at first
- Boha uctívali zprvu tajně, ale brzo i veřejně.
  – *They worshipped the god secretly at first,
  but soon also in public.*
  7 –S

4894 nastávat *impf* to arise, come
- Nastává zima. – *Winter is coming.*
  7 –S

4895 zrodit (se) *pf* to originate, be born
- Nejsou všichni zrozeni svobodní. –
  Not everybody is born free.
  7 –S

4896 nakládat *impf* to load
- Právě nakládají ten náklaďák. – *They're
  loading the truck right now.*
  7

4897 spokojenost *fem* satisfaction
- Vyjádřil svou spokojenost. – *He expressed his
  satisfaction.*
  7

4898 pozorovatel *anim* observer
- Bylo to potvrzeno nezávislými pozorovateli.
  – *It was confirmed by independent observers.*
  7 –S

4899 německy *adv* German
- Umím německy. – *I can speak German.*
  7

4900 prvně *adv* at first, for the first time
- Prvně jsme tam nechtěli jít. – *At first we
  didn't want to go there.*
  7

4901 bezmála *adv* almost, nearly
- Stojí to bezmála milión korun. – *It costs
  nearly a million crowns.*
  7 –S

4902 polní *adj* field
- Byl polním maršálem. – *He was a field-
  marshal.*
  7 –S

4903 vyrovnání *neut* compensation, settlement
- Nestála o mimosoudní vyrovnání. – *She
  wasn't interested in an out-of-court
  settlement.*
  7

4904 malba *fem* painting
- Z muzea ukradli pět maleb. – *They stole five
  paintings from the museum.*
  7

4905 motorový *adj* motor, engine
- Motorová vozidla způsobují znečištění vzduchu. – *Motor vehicles cause air pollution.*
7 –S

4906 identita *fem* identity
- Války formovaly naši národní identitu. – *Wars shaped our national identity.*
7 –S

4907 objasnit *pf* to explain, clarify
- Je třeba objasnit tento pojem. – *It is necessary to explain this term.*
7 –S

4908 namítnout *pf* to object, protest
- Namítla, že v tom vypadá tlustá. – *She protested that she looked fat in it.*
7 –S

4909 teroristický *adj* terrorist
- Úřad varoval před teroristickými útoky. – *The bureau warned about terrorist attacks.*
7 –S –F

4910 operovat *impf* to operate
- Byl okamžitě operován. – *He was operated on immediately.*
7

4911 cédéčko *neut* CD
- Pusť to cédéčko. – *Play the CD.*
7 –F –P

4912 nádherně *adv* gorgeously, splendidly
- Přeložil to nádherně. – *He translated it splendidly.*
7

4913 kód *inan* code
- Každý výrobek má čárový kód. – *Each product has a bar code.*
7

4914 vypálit *pf* to burn (down), fire
- Vypálil dvě kulky do stropu. – *He fired two bullets into the ceiling.*
7

4915 hněv *inan* anger
- Jeho oči vzplály hněvem. – *His eyes blazed with anger.*
7 –S

4916 ďábel *anim* devil
- Ten muž je ďábel! – *That man is a devil!*
7 –S

4917 zhroutit se *pf* to collapse, fall apart
- S pláčem se zhroutila na zem. – *She collapsed onto the ground, crying.*
7 –S

4918 hloupost *fem* nonsense, ignorance
- To je hloupost! – *That's nonsense!*
7

4919 potlačit *pf* to suppress, hold back
- Potlačila úsměv. – *She suppressed a smile.*
7 –S

4920 cela *fem* cell
- Vstoupil do cely smrti. – *He entered the condemned cell.*
7

4921 dvojnásobný *adj* double, twofold
- Je dvojnásobným mistrem světa. – *He is a double world champion.*
7

4922 vyšplhat (se) *pf* to climb (up)
- Děti vyšplhaly na kopec. – *The children climbed up the hill.*
7 –S

4923 půvabný *adj* lovely, charming
- Je to půvabné stvoření. – *She is a lovely creature.*
7 –S

4924 zevnitř *adv* from inside
- Dveře byly zamčené zevnitř. – *The door was locked from inside.*
7

4925 ohřát *pf* to heat, warm (up)
- Ohřej si to v mikrovlnce. – *Heat it in the microwave.*
7

4926 sjezd *inan* meeting, congress
- Sjezd už skončil. – *The meeting is already over.*
7

4927 maturita *fem* school-leaving examination
- Udělal maturitu. – *He passed the school-leaving examination.*
7

4928 kilogram *inan* kilogram
- Vážil 115 kilogramů. – *He weighed 115 kilograms.*
7 –S

4929 e-mail *inan* e-mail
- Dotazy můžete zasílat i e-mailem. – *You can also send your queries by e-mail.*
7 –F

4930 celosvětový *adj* global, worldwide
- Je to celosvětový trend. – *It is a global trend.*
7 –S –F

4931 řízek *inan* schnitzel, cutlet
- Dám si řízek. – *I'll have a schnitzel.*
7

4932 trik *inan* trick, gimmick
- Nezkoušej na mě žádný triky. – *Do not try any tricks with me.*
7

4933 agresivní *adj* aggressive
- Byl velmi agresivní. – *He was very aggressive.*
7

4934 vznikající *adj* emergent
- Včas rozpoznali vznikající problémy. – *The emergent problems were identified early.*
7 –S

4935 prodejce *anim* salesperson, seller
- Patřil k našim nejlepším prodejcům. –
  He ranked among our best salespeople.
  7 –S –F

4936 zlepšovat (se) *impf* to improve
- Stav pacienta se stále zlepšoval. –
  The patient's state kept improving.
  7 –S

4937 vystudovat *pf* to graduate, qualify as
- Vystudoval stavební inženýrství. –
  He graduated in civil engineering.
  7

4938 rozhlížet se *impf* to look around
- Rozhlíželi se kolem. – They looked around.
  7 –S

4939 minus *inan* minus
- Pět minus tři jsou dvě. – Five minus three
  equals two.
  7

4940 baterka *fem* battery, torch
- Vypnul baterku. – He switched off
  the torch.
  7 –P

4941 odporný *adj* disgusting, repulsive
- Pavouci jsou odporní. – Spiders are
  disgusting.
  7

4942 naivní *adj* naive
- Nebuďte tak naivní. – Don't be so naive.
  7

4943 kamión *inan* lorry, truck
- Kamión byl zaparkovaný u dálnice. –
  The truck was parked beside the motorway.
  7

4944 tajně *adv* secretly, covertly
- Vrátný tajně kouřil před domem. –
  The doorman secretly smoked outside the
  building.
  7

4945 úkor *inan* (at the) expense
- Žije na úkor ostatních. – He lives at the
  expense of others.
  7 –S

4946 přitažlivý *adj* attractive
- Je velmi přitažlivý. – He is very attractive.
  7 –S

4947 ohrožený *adj* endangered
- Žilo tam několik ohrožených druhů. –
  Several endangered species lived there.
  7 –S

4948 povolený *adj* permitted, allowed
- Byla to zákonem povolená organizace. –
  It was an organization permitted by law.
  7

4949 kabel *inan* cable
- Někdo přestřihl kabel. – Someone has cut
  the cable.
  7

4950 nalézat (se) *impf* to find, (se) be situated
- Budova se nalézá v centru Prahy. – The
  building is situated in the centre of Prague.
  7 –S

4951 směrnice *fem* directive
- Směrnice byla přijata. – The directive was
  adopted.
  7 –S –F

4952 vesele *adv* cheerfully, merrily
- Všichni si vesele povídali. – Everybody was
  talking merrily.
  7 –P

4953 nervový *adj* nervous
- Utrpěla nervové zhroucení. – She suffered
  a nervous breakdown.
  7

4954 past *fem* trap, plot
- Je to past. – It's a trap.
  7 –S

4955 posvátný *adj* sacrosanct, holy, sacred
- Svoboda slova je pro nás posvátná. –
  Freedom of speech is sacrosanct to us.
  7 –S

4956 poprosit *pf* to ask
- Prostě jsem ji poprosil. – I simply asked her.
  7 –P

4957 obklopit (se) *pf* to surround
- Ostatní ho obklopili. – The others
  surrounded him.
  7 –S

4958 studijní *adj* study
- Naše studijní výsledky se zlepšily. –
  Our study results have improved.
  7

4959 akční *adj* action
- Nemám rád akční filmy. – I don't like action
  movies.
  7 –F

4960 zadívat se *pf* to fix eyes
- Dlouze se na mě zadíval. – He fixed his eyes
  on me.
  7 +F

4961 chlad *inan* chill, cold
- Ucítila náhlý chlad. – She felt a sudden chill.
  7 –S

4962 utrhnout *pf* to tear off, pick
- Utrhla několik voňavých květů. – She picked
  a few fragrant flowers.
  7

4963 osvědčit (se) *pf* to prove useful, certify
- V nové práci se osvědčil. – He proved useful
  in his new job.
  7

4964 pětka *fem* (number) five, (grade) F
- Dnes jsem dostal pětku. – I got an F today.
  7 –P

4965 pětkrát *num* five times
- Chodil tam pětkrát týdně. – He went there
  five times a week.
  7

4966 dobytek *inan* livestock, cattle
• Chovají hovězí dobytek. – *They keep beef cattle.*
7

4967 hladit *impf* to stroke, pet
• Hladil ji po vlasech. – *He stroked her hair.*
7 –P

4968 konkurent *anim* competitor, rival
• Kdo je naším přímým konkurentem? – *Who is our direct competitor?*
7 –S

4969 odolat *pf* to resist
• Nedokázal jí odolat. – *He could not resist her.*
7

4970 ponožka *fem* sock
• Mám tu dvoje ponožky. – *I have two pairs of socks here.*
7 –P

4971 zařvat *pf* to yell, roar
• Jeden řidič se vyklonil a zařval na něj. – *One driver leaned out and yelled at him.*
7 –P

4972 horizont *inan* horizon
• Byl stanoven časový horizont? – *Is there a fixed time horizon?*
7 –S

4973 sucho *neut* drought, dryness
• V době sucha je oheň velkým nebezpečím. – *Fire is a great danger during droughts.*
7

4974 vzdušný *adj* air, airy
• Stávka dispečerů zastavila vzdušnou dopravu. – *The air-traffic controllers' strike stopped air transport.*
7

4975 podnikový *adj* business, company
• Rozvíjíme podnikové procesy. – *We develop business processes.*
7 –S

4976 koncept *inan* concept, draft
• Je to velmi vágní koncept. – *It is a very vague concept.*
7 –S

4977 zajímavost *fem* interesting point, sight
• Praha nabízí mnoho turistických zajímavostí. – *Prague offers many tourist sights.*
7

4978 něžný *adj* tender, gentle
• Dal jí něžný polibek. – *He gave her a tender kiss.*
7 –S

4979 obráceně *adv* conversely, the other way round
• Kdepak, je to obráceně. – *No way, it's the other way round.*
7

4980 páska *fem* tape, slip, strip
• Odtrhl kus lepicí pásky. – *He tore off a piece of sticky tape.*
7

4981 paráda *fem* pomp, splendour, show
• Tohle je jen pro parádu. – *This is just for show.*
7 –P

4982 štědrý *adj* generous, open-handed
• Náš soused je laskavý a štědrý. – *Our neighbour is kind and generous.*
7

4983 chodec *anim* pedestrian
• Cyklista srazil chodce. – *A cyclist hit a pedestrian.*
7 –S

4984 přivádět *impf* to bring, drive
• Přivádí mě to k šílenství! – *It drives me crazy!*
7 –S

4985 primitivní *adj* primitive
• Používali primitivní zbraně. – *They used primitive weapons.*
7

4986 udávat *impf* to state, set
• Chceme na trhu udávat směr. – *We want to set the pace in the market.*
7 –S

4987 tamhleten *pron* that (one)
• Vidíš támhletu holku? – *See that girl?*
7 –P –N

4988 odjakživa *adv* always
• Byl takovej odjakživa. – *He's always been like that.*
7

4989 míchat *impf* to mix, stir
• Umí míchat koktejly. – *He knows how to mix cocktails.*
7

4990 časově *adv* time
• Je to časově náročný proces. – *It is a time-consuming process.*
7

4991 zaplnit (se) *pf* to fill
• Bazén se zaplnil vodou. – *The pool filled with water.*
7

4992 prodloužení *neut* extra time, prolongation
• Dali gól v prodloužení. – *They scored in extra time.*
7 –S

4993 mírový *adj* peace
• Prohlášení přišlo krátce před zahájením mírové konference. – *The statement came just before the start of the peace conference.*
7 –S

4994 federace *fem* federation
• Akci pořádá Mezinárodní snowboardová federace. – *The event is organized by the International Snowboarding Federation.*
7 –S –F

4995 ocel *fem* steel
- Křemík je obsažen v oceli. – *Silicon is contained in steel.*
7

4996 zakázaný *adj* forbidden, banned
- Zakázané ovoce nejlíp chutná. – *Forbidden fruit tastes the sweetest.*
7

4997 sprcha *fem* shower
- Jdu si dát sprchu. – *I'll go and have a shower.*
7

4998 uchazeč *anim* applicant
- Uchazečů o místo je spousta. – *There are many applicants for this job.*
7 –S

4999 propojit *pf* to interconnect, link up
- Počítače by měly být propojeny. – *The computers should be linked up.*
7

5000 upéct *pf* to bake
- Zejtra upeču koláč. – *I'll bake a cake tomorrow.*
7

Alphabetical index

Aa

Bb

babi *fem* granny 3261

babička *fem* grandmother, old woman 923

báječný *adj* splendid, terrific 4630

balíček *inan* packet, parcel 3577

balík *inan* parcel, package 3530

balkón *inan* balcony 3954

banka *fem* bank 990

bankovní *adj* bank 3164

bar *inan* bar 2766

barák *inan* house, building 1375

barevný *adj* colour, coloured 1779

bariéra *fem* barrier 4523

barva *fem* colour 677

báseň *fem* poem 3099

básník *anim* poet 2576

bát se *impf* to be afraid 496

baterka *fem* battery, torch 4940

bavit (se) *impf* to amuse, **(se)** talk, enjoy oneself 535

báze *fem* base, basis 4220

bazén *inan* swimming pool 3519

bedna *fem* box, crate 4101

běh *inan* run(ning), course 3129

běhat *impf* to run, jog 2418

během *prep* during, within 333

benzín *inan* petrol 4233

beton *inan* concrete 4691

betonový *adj* concrete 4516

bez *prep* without, less 114

bezmála *adv* almost, nearly 4901

bezpečí *neut* safety, security 3857

bezpečně *adv* safely, surely 3032

bezpečnost *fem* safety, security 1691

bezpečnostní *adj* safety 1898

bezpečný *adj* safe 731

bezprostředně *adv* immediately 3264

bezprostřední *adj* immediate, direct 3328

bezvadný *adj* perfect, wonderful 4711

běžet *impf* to run 925

běžně *adv* commonly, frequently 2506

běžný *adj* common, ordinary 699

bída *fem* poverty, misery 4749

bilance *fem* balance, review 4326

bílý *adj* white 383

biologický *adj* biological 3994

bít *impf* to beat, strike 3517

bitva *fem* battle 2541

blázen *anim* fool, madman 2362

blbě *adv* stupid, wrong 1922

blbec *anim* moron, nitwit 3458

blbost *fem* crap, nonsense 2618

blbý *adj* bad, stupid 780

bledý *adj* pale 3742

blesk *inan* lightning 3590

blízko *adv* close, near 763

blízkost *fem* vicinity, closeness 2206

blízký *adj* near, close 573

blížit se *impf* to approach, draw near 1718

blok *inan* block, writing pad 2221

bod *inan* point, item 631

bohatství *neut* wealth, fortune, richness 3357

bohatý *adj* rich, wealthy 920

bohužel *part* unfortunately 1024

boj *inan* fight, struggle 769

bojovat *impf* to fight, struggle 1326

bojovník *anim* fighter, warrior 4554

bojový *adj* martial, combat 4746

bok *inan* hip, side, flank 1644

bolest *fem* pain 1384

bolet *impf* to ache 1360

bomba *fem* bomb 3117

bordel *inan* mess, brothel 4096

bota *fem* shoe 1347

bouře *fem* storm 3470

bouřlivý *adj* stormy, rapid, rapturous 4720

boží *adj* of God, cool 2257

brada *fem* chin 3570

brácha *anim* brother, buddy 2702

brambor *inan* potato 2481

brána *fem* gate(way) 1854

bránit (se) *impf* to defend 884

branka *fem* gate, goal 2931

brankář *anim* goalkeeper 3971

brát *impf* to take 308

bratr *anim* brother 913

brečet *impf* to cry, weep 4317

brigáda *fem* summer job, part-time job 4568

britský *adj* British 1236

brněnský *adj* Brno 2535

brýle *fem pl* glasses 2178

brzký *adj* rapid, early 2402

brzo *adv* soon, early 2249

brzy *adv* soon, early 733

břeh *inan* bank, shore, coast 1693

březen *inan* March 1366

břicho *neut* stomach, abdomen 2152

buď *conj* either 560

budit (se) *impf* to wake (up), raise 3448

budoucí *adj* future, coming 1282
budoucno *neut* future 2183
budoucnost *fem* future 1095
budova *fem* building 850
budování *neut* building 4306
budovat *impf* to build 3076
buďto *conj* either 4087
Bůh *anim* God 628
buchta *fem* cake, chick 4767
bunda *fem* jacket 3834
buňka *fem* cell 2891
burza *fem* stock market 4811
bydlení *neut* living, housing 3221
bydlet *impf* to live 603
byt *inan* flat, apartment 599
byť *conj* though, even if 1904
být *impf* to be 1
bytost *fem* being, creature 2703
bytový *adj* housing, residential 3785
bývalý *adj* former, ex 501
bývat *impf* to be 448

Cc

cédéčko *neut* CD 4911
cela *fem* cell 4920
celek *inan* whole 1315
celkem *part* quite, on the whole 740
celkově *adv* generally, in total 2806
celkový *adj* total, overall 635
celosvětový *adj* global, worldwide 4930
celý *adj* whole, complete 72
cena *fem* price, prize 269
cenit si *impf* to appreciate, value 4885
cenný *adj* valuable, worthy 1737
cenový *adj* price 4154
centimetr *inan* centimetre 2437
centrální *adj* central 2126
centrum *neut* centre 604
cesta *fem* way, journey, road 161
cestování *neut* travelling 4724
cestovat *impf* to travel, tour 2835
cestovní *adj* travel 2950
cestující *adj/noun* travelling (*adj*), passenger (*noun*) 3052
cibule *fem* onion 4728
cigareta *fem* cigarette 2068
cíl *inan* goal, aim 419
církev *fem* church 2467
církevní *adj* church 4347

císař *anim* emperor 3894
cit *inan* emotion, feeling 2213
cítit (se) *impf* to feel, smell 350
citlivý *adj* sensitive 2141
citovat *impf* to quote, cite 3840
civilizace *fem* civilization 3615
civilní *adj* civil, civic 4073
cizí *adj* foreign, strange 895
cizina *fem* foreign country 3507
cizinec *anim* foreigner, stranger 2153
co *pron* what 24
coby *conj* as 3731
cokoli *pron* anything 1408
copak *part* what 1359
cosi *pron* something 1739
což *pron* which 188
cože *interj* what 1494
cpát (se) *impf* to stuff, fill up 4825
cukr *inan* sugar 2687
cvičení *neut* exercise, practice 3061
cvičit *impf* to train, practise, exercise 3450
cyklus *inan* cycle, series 2587

Čč

čaj *inan* tea 1729
čára *fem* line 3012
čas *inan* time 147
časopis *inan* magazine, journal 1222
časově *adv* time 4990
časový *adj* time, temporal 1744
část *fem* part, piece 174
částečně *adv* partly, in part 1768
částečný *adj* partial 4227
částka *fem* amount, sum 1483
často *adv* often 203
častý *adj* frequent 1556
čau *interj* hi, bye 3921
čekání *neut* waiting 4763
čekat *impf* to wait 215
čelit *impf* to face 2929
čelo *neut* forehead 885
čepice *fem* cap, hat 4373
černý *adj* black 398
čerpat *impf* to draw, pump 3794
čerstvě *adv* freshly, newly 4737
čerstvý *adj* fresh, new 1695
čert *anim* devil 3549
červen *inan* June 1185
červenec *inan* July 1551

červený *adj* red 687

československý *adj* Czechoslovak 2927

česky *adv* Czech 3810

český *adj* Czech 181

čest *fem* honour, credit 3093

čestný *adj* honest, fair 3325

čeština *fem* Czech 2864

četný *adj* numerous 2799

či *conj* or 139

čili *conj* so, or 2097

čin *inan* deed 1220

činit (se) *impf* to do, make, **(se)** try hard 1020

činitel *anim/inan* figure (*anim*),
   factor, agent (*inan*) 3559

činnost *fem* activity 440

čínský *adj* Chinese 2770

číslo *neut* number, size 497

číst *impf* to read 492

čistě *part* solely 2502

čistit *impf* to clean, brush 4459

čistota *fem* cleanliness, purity 4375

čistý *adj* clear, clean 707

článek *inan* article, segment, component 1028

člen *anim* member 437

členský *adj* member, membership 3132

členství *neut* membership 4864

člověk *anim* man 56

člun *inan* boat 4774

čokoláda *fem* chocolate 4041

čtenář *anim* reader 1857

čtení *neut* reading 3073

čtrnáct *num* fourteen 1101

čtvrt *fem* quarter 1177

čtvrt' *fem* quarter, area 4230

čtvrtek *inan* Thursday 1262

čtvrtina *num* quarter 3312

čtvrtý *num* fourth 1051

čtyři *num* four 182

čtyřicet *num* forty 973

čtyřikrát *num* four times 3948

čumět *impf* to gape, gawk 3898

Dd

ďábel *anim* devil 4916

dále *adv* further, next 212

daleko *adv* far (away) 251

daleký *adj* distant, far(away) 2801

dálka *fem* distance 2081

dálnice *fem* motorway 2789

další *adj* next, further, another 79

dáma *fem* lady 2030

daň *fem* tax 1561

daňový *adj* tax 2433

daný *adj* given 828

dar *inan* gift 2290

dárek *inan* present 2377

dařit se *impf* to be successful, get on, thrive 1543

dát *pf* to give, put 60

datum *neut* date 1225

dav *inan* crowd 2555

dávat *impf* to give, put 227

dávka *fem* portion, dose 1952

dávno *adv* long time ago/since 861

dávný *adj* ancient, old 1608

dbát *impf* to care, observe 2926

dcera *fem* daughter 995

debata *fem* discussion, argument 2867

debil *anim* asshole, moron 4204

děda *anim* grandpa 1738

dědeček *anim* grandfather 3253

dědek *anim* geezer 4590

dědictví *neut* heritage, inheritance 4215

definice *fem* definition 3678

definitivně *adv* definitely, finally 2738

definitivní *adj* final, definite 4053

definovat *biasp* to define, specify 2617

dech *inan* breath 1822

děj *inan* plot, action, story 3518

dějiny *fem pl* history 1490

deka *fem* blanket, guilt 4127

děkovat *impf* to thank 1004

dělat *impf* to do, make 84

dělit (se) *impf* to divide, **(se)** share 1946

délka *fem* length, longitude 1459

dělník *anim* worker 2781

demokracie *fem* democracy 2468

demokrat *anim* democrat 3352

demokratický *adj* democratic 2641

demonstrace *fem* demonstration 4616

den *inan* day 96

dění *neut* events, developments 3417

deník *inan* daily, diary 1986

denně *adv* daily, every day 1083

denní *adj* daily 2003

deprese *fem* depression 4547

desátý *num* tenth 2311

deset *num* ten 249

desetiletí *neut* decade 2608

děsit *impf* to scare, frighten 4729

desítka *fem* ten 898

deska *fem* board, record 1316

déšť *inan* rain, shower 1916

detail *inan* detail 2309

dětský *adj* children's 1194

dětství *neut* childhood 2421

devadesát *num* ninety 2102

devadesátý *num* ninetieth 3068

devatenáct *num* nineteen 3690

devátý *num* ninth 2248

děvče *neut* girl 2235

devět *num* nine 672

dialog *inan* dialogue 4129

digitální *adj* digital 4272

dík *inan* (word of) thanks 2312

díky *prep* thanks to, due to 487

díl *inan* part, piece 1445

dílčí *adj* partial 4114

dílna *fem* workshop 2825

dílo *neut* work, piece 587

díra *fem* hole 2014

disciplína *fem* discipline 3597

diskuse *fem* discussion 1686

diskutovat *impf* to discuss 2974

disponovat *impf* to have at (one's) disposal 4207

dispozice *fem* disposal, disposition 1119

distribuce *fem* distribution 4697

dít se *impf* to happen, occur 753

dítě *neut* child, kid 163

div *inan* wonder 2543

divadelní *adj* theatre 2443

divadlo *neut* theatre 831

divák *anim* viewer, spectator 1226

dívat se *impf* to look, watch 453

divit se *impf* to wonder, be surprised 1307

divize *fem* division 4307

dívka *fem* girl 944

divně *adv* strangely, oddly 4849

divný *adj* strange 1227

divoký *adj* wild 1978

dlaň *fem* palm 1997

dle *prep* according to, in compliance with 2637

dlouho *adv* long, for a long time 208

dlouhodobě *adv* in the long term 3114

dlouhodobý *adj* long-term 1578

dlouholetý *adj* long-standing, of many years 4177

dlouhý *adj* long 213

dluh *inan* debt 2226

dlužit *impf* to owe 4778

dnes *adv* today 192

dneska *adv* today 338

dnešek *inan* today, nowadays 3154

dnešní *adj* today's 747

dno *neut* bottom 1914

do *prep* to, in 18

doba *fem* time, period, age 98

dobrá *part* all right 2657

dobro *neut* (the) good, welfare 3745

dobrodružství *neut* adventure 4226

dobrovolně *adv* voluntarily, optionally, willingly 3929

dobrovolný *adj* voluntary, optional 4081

dobrý *adj* good 70

dobře *adv* well 108

dobytek *inan* livestock, cattle 4966

docela *part* quite 273

dočasný *adj* temporary 4242

dočkat se *pf* to wait 1951

dodat *pf* to add, supply 500

dodávat *impf* to add, supply 1162

dodavatel *anim* supplier 2998

dodávka *fem* delivery, supply, van 2584

dodělat *pf* to finish off 4428

dodnes *adv* to this day 1662

dodržet *pf* to keep, observe 4250

dodržování *neut* observation, compliance 4393

dodržovat *impf* to keep, observe 3094

dohled *inan* sight, supervision 2821

dohoda *fem* agreement, deal 1393

dohodnout (se) *pf* to arrange, (se) agree 1514

dohromady *adv* together, altogether 1144

docházet *impf* to attend, occur 840

dojem *inan* impression 984

dojet *pf* to reach, catch up 2317

dojít *pf* to arrive, happen 239

dokázat *pf* to manage, prove, can 257

dokazovat *impf* to prove 3075

doklad *inan* certificate, (pl) papers 2164

dokola *adv* around 3248

dokonale *adv* perfectly 2191

dokonalý *adj* perfect, thorough 1507

dokonce *part* even 233

dokončení *neut* completion, finishing 4330

dokončit *pf* to finish, complete 1816

doktor *anim* doctor 1078

doktorka *fem* (woman) doctor 4437

dokud *conj* as long as, while, until 864

dokument *inan* document 1534

dokumentace *fem* documentation 4082

dolar *inan* dollar 1172

dole *adv* down, below, downstairs 1105

dolní *adj* lower 2957

dolů *adv* down(wards) 815

doma *adv* (at) home 314

domácí *adj* domestic, home 607

domácnost *fem* household 2080

domek *inan* house 2224

dominantní *adj* dominant 4564

dominovat *biasp* to dominate 4804

domluvit (se) *pf* to finish (speaking), arrange,
    (se) agree on 1636

domnívat se *impf* to suppose, assume 1199

domov *inan* home 1296

domů *adv* home 400

donést *pf* to bring, fetch 3683

donutit *pf* to force, make 2978

doopravdy *adv* for real, really 3467

dopad *inan* impact 2432

dopadnout *pf* to turn out, work out 992

dopis *inan* letter 970

doplněk *inan* supplement, accessory 4302

doplnit *pf* to fill up, complete, add 1627

doplňovat (se) *impf* to fill up, complement 2530

dopoledne *adv* in the morning 2387

doporučení *neut* recommendation 3316

doporučit *pf* to recommend 2501

doporučovat *impf* to recommend 1866

doposud *adv* so far, to date, (as) yet 3288

doprava *fem* transport, traffic 1143

dopravní *adj* transport, traffic 1404

doprovázet *impf* to accompany, see off 2491

doprovod *inan* company, accompaniment 3576

dopřát (si) *pf* to let have, **(si)** spoil oneself 4690

dopředu *adv* forward 1967

dopustit (se) *pf* to allow, **(se)** commit 2591

dorazit *pf* to arrive, finish off 1674

dort *inan* cake 4810

dosah *inan* reach, range, coverage 3893

dosáhnout *pf* to reach, achieve 479

dosahovat *impf* to reach, achieve, amount to 1813

dosavadní *adj* existing 1535

dosažení *neut* achievement, reaching 2701

doslova *part* literally, verbatim 1939

dospělý *adj* adult 1537

dospět *pf* to come to, arrive at, mature 2016

dost *adv* enough, quite 237

dostat *pf* to get, receive 111

dostatečně *adv* sufficiently, enough 1577

dostatečný *adj* sufficient, adequate 1416

dostatek *inan* sufficiency 2504

dostávat *impf* to get, obtain 734

dostavit se *pf* to arrive, appear 3194

dostupný *adj* available, affordable 2230

dosud *adv* so far, up to now 480

dotace *fem* grant, subsidy 2811

dotáhnout *pf* to tighten, drag 4263

dotaz *inan* query, question 2725

dotknout se *pf* to touch, hint, offend 1522

dotyčný *adj* in question 4292

dotýkat se *impf* to touch, concern 2755

doufat *impf* to hope 693

dovednost *fem* skill 4549

dovést *pf* to guide to, can 869

dovézt *pf* to deliver, import, bring back 4016

dovnitř *adv* in, inside 1470

dovolená *fem* holiday, leave 1703

dovolený *adj* allowed 4751

dovolit *pf* to let, allow 772

dovolovat *impf* to let, allow, permit 3047

dovoz *inan* import 4820

dozadu *adv* back(wards) 3342

dozvědět se *pf* to learn, find out 770

dráha *fem* track, career, railway 1579

drahý *adj* expensive, dear 730

drama *neut* drama 3378

dramatický *adj* dramatic 2625

drát *inan* wire 3145

drobný *adj* tiny, petty 1032

droga *fem* drug, narcotic 2550

drsný *adj* rough, harsh 2410

druh *inan* kind, sort 409

druhý *num* second, the other 91

družstvo *neut* cooperative, team 3265

držet (se) *impf* to hold, keep 393

dřevěný *adj* wooden 1589

dřevo *neut* wood, timber 1742

dříve *adv* sooner, earlier 190

duben *inan* April 1411

duch *anim/inan* ghost (*anim*), spirit (*inan*) 701

důchod *inan* pension, retirement 2533

důchodce *anim* pensioner, senior citizen 3439

duchovní *adj/noun* spiritual (*adj*),
    clergyman (*noun*) 2338

důkaz *inan* proof, evidence 1442

důkladně *adv* properly, thoroughly 3375

důkladný *adj* thorough, massive 4754

důl *inan* mine, pit 2268
důležitost *fem* importance 4515
důležitý *adj* important 264
dům *inan* house 250
důraz *inan* stress, emphasis, accent 2619
důsledek *inan* consequence, result 755
důstojník *anim* officer 2894
důstojný *adj* dignified, respectable 4656
duše *fem* soul, spirit 1138
duševní *adj* mental, intellectual 2999
důvěra *fem* trust 2201
důvěřovat *impf* to trust 4828
důvod *inan* reason 303
dva *num* two 61
dvacátý *num* twentieth 2411
dvacet *num* twenty 392
dvakrát *num* twice 702
dvanáct *num* twelve 963
dvanáctý *num* twelfth 4162
dveře *fem pl* door 343
dvojí *num* dual, double, two 2498
dvojice *fem* pair, couple 2195
dvojitý *adj* double 4860
dvojka *fem* (number) two, second gear 3428
dvojnásobný *adj* double, twofold 4921
dvůr *inan* yard, court 1933
dýchat *impf* to breathe 2666
dynamický *adj* dynamic 4313

Ee

efekt *inan* effect 2086
efektivní *adj* effective 2838
ekologický *adj* ecological 2610
ekonom *anim* economist 4259
ekonomický *adj* economic, economical 959
ekonomika *fem* economy, economics 1788
elegantní *adj* elegant, stylish 4134
elektrárna *fem* power plant 3402
elektrický *adj* electric 1818
elektronický *adj* electronic 2489
elektřina *fem* electricity 3268
e-mail *inan* e-mail 4929
emoce *fem* emotion 4148
energetický *adj* energy, power 3019
energie *fem* energy 1038
éra *fem* era, epoch, period 3766
eso *neut* ace 3987
etapa *fem* period, lap 3125
euro *neut* euro 2326

evropský *adj* European 396
existence *fem* existence 1318
existovat *impf* to be, exist 340
existující *adj* existing 3097
experiment *inan* experiment 4270
expert *anim* expert 2451
expozice *fem* exhibition, exposure 3054
extrémní *adj* extreme 4359

Ff

fajn *adv* fine, nice, great 3018
fakt *inan* fact 685
fakt *part* really 244
faktor *inan* factor, agent 1723
fakulta *fem* faculty 2218
falešný *adj* false 2762
fanoušek *anim* fan 2846
fantastický *adj* fantastic 4417
fantazie *fem* imagination, fantasy 3292
favorit *anim* favourite 4294
fáze *fem* phase, period 1489
federace *fem* federation 4994
fenomén *inan* phenomenon 4661
festival *inan* festival 2349
film *inan* film 575
filmový *adj* film 1856
filozof *anim* philosopher 4858
filozofie *fem* philosophy 2684
finále *neut* finals 3051
finance *fem pl* finance, funds 1804
financování *neut* financing, funding 3333
financovat *impf* to fund, sponsor 4556
finančně *adv* financially 3619
finanční *adj* financial 665
firma *fem* firm, business 297
flaška *fem* bottle 4485
fond *inan* fund, foundation 1558
forma *fem* form 439
formální *adj* formal 3084
formát *inan* format, size, calibre 4392
formulovat *biasp* to word, formulate 4358
fórum *neut* forum 3574
fotbal *inan* football 2159
fotbalista *anim* footballer, soccer player 2788
fotbalový *adj* football 2181
fotit *impf* to take a picture, snap 4581
fotka *fem* photo, picture 1671
fotograf *anim* photographer 3949
fotografie *fem* photograph 1267

francouzský *adj* French 947

frekvence *fem* frequency 4160

fronta *fem* queue, front 1902

fuj *interj* yuck 3816

fungování *neut* operation, functioning 4296

fungovat *impf* to work, function 766

funkce *fem* function, post 542

funkční *adj* functional, functioning 2463

furt *adv* all the time, still 341

fyzicky *adv* physically 4130

fyzický *adj* physical 1769

Gg

galerie *fem* gallery 2390

garáž *fem* garage 3277

generace *fem* generation 1364

generál *anim* general 3088

generální *adj* general 1811

gesto *neut* gesture 2943

globální *adj* global 3545

gól *inan* goal 2984

grafický *adj* graphic 4835

gymnázium *neut* grammar school, high school 3969

Hh

had *anim* snake 4144

hádat (se) *impf* to guess, (se) argue 2706

hájit (se) *impf* to defend, plead 3305

hajzl *anim/inan* bastard (*anim*), shithouse (*inan*) 4370

hala *fem* hall, lounge 2075

hasič *anim* firefighter 3086

havárie *fem* accident, breakdown 4316

házet *impf* to throw, toss 2307

hele *interj* hey, look 226

herec *anim* actor 1833

herečka *fem* actress 3240

heslo *neut* password, slogan, headword 2583

hezky *adv* nicely 1293

hezký *adj* nice, pretty 510

historický *adj* historical 1100

historie *fem* history 858

historik *anim* historian 4069

historka *fem* story 3609

hit *inan* hit 4481

hlad *inan* hunger 2045

hladina *fem* level, surface 1849

hladit *impf* to stroke, pet 4967

hladký *adj* smooth, plain 3077

hlas *inan* voice 403

hlásit (se) *impf* to announce, report 1642

hlasitě *adv* loudly 3356

hlasování *neut* vote, voting 4145

hlasovat *impf* to vote 3851

hlava *fem* head 165

hlavička *fem* header, little head 4057

hlavně *part* most of all, especially 286

hlavní *adj* main, title 221

hledání *neut* searching 2276

hledat *impf* to look for 390

hledět *impf* to look at, stare 1667

hledisko *neut* position, viewpoint 786

hlídat *impf* to watch, guard 2029

hlídka *fem* watch, guard, patrol 4158

hlína *fem* soil 4180

hloubka *fem* depth 2802

hloupost *fem* nonsense, ignorance 4918

hloupý *adj* stupid, dull 2327

hluboce *adv* deeply, profoundly 3204

hluboko *adv* deep 2088

hluboký *adj* deep 854

hluk *inan* noise 3393

hm *interj* uh-huh, hem 36

hmota *fem* matter, material 2055

hmotnost *fem* weight, mass 3263

hmotný *adj* material 4018

hmyz *inan* insect 4862

hnát (se) *impf* to drive, (se) hurry 2853

hned *adv* right now, immediately 240

hnedka *adv* right now, immediately 4240

hnědý *adj* brown 2148

hněv *inan* anger 4915

hnízdo *neut* nest 4688

hnout (se) *pf* to move 3303

hnusný *adj* disgusting, nasty 2492

hnutí *neut* movement, motion 1941

hodina *fem* hour 157

hodinky *fem pl* watch 2813

hodit (se) *pf/impf* to throw, (se) suit 576

hodlat *impf* to intend, be going to 1471

hodně *adv* much, many, a lot 137

hodnocení *neut* evaluation, rating 1919

hodnota *fem* value, cost 442

hodnotit *impf* to evaluate, value 1828

hodný *adj* kind, worthy 1345

hoch *anim* boy, lad 2925

hokej *inan* (ice-)hockey 3449

hokejista *anim* (ice-)hockey player 3812

hokejový *adj* (ice-)hockey 3815

holčička *fem* (little) girl 2969

holka *fem* girl, girlfriend 614

holt *part* simply, well 3508

holý *adj* bare 3179

honem *adv* quick, hurry up 4585

honit (se) *impf* to chase, hunt, **(se)** run about 3343

hora *fem* mountain 793

horečka *fem* fever, temperature 4744

horizont *inan* horizon 4972

horko *neut* heat, hot 4702

horký *adj* hot 1740

horní *adj* upper, top 1649

horský *adj* mountain 2915

hořet *impf* to burn 2939

hospoda *fem* pub 1355

hospodaření *neut* management, economy 4074

hospodářský *adj* economic 1388

hospodářství *neut* economy, farm 2695

host *anim* guest 1086

hotel *inan* hotel 1233

hotový *adj* finished, ready 1007

houba *fem* mushroom 2500

hovno *neut* shit, crap 3399

hovor *inan* talk, call 2780

hovořit *impf* to speak, talk, discuss 818

hra *fem* game, play 486

hrabat *impf* to rake, grub, pile up 4752

hráč *anim* player 1342

hračka *fem* toy, piece of cake 3866

hrad *inan* castle 1969

hrana *fem* edge 4462

hranice *fem* border, borderline, limit 579

hrát (si) *impf* to play 236

hrdina *anim* hero 2202

hrdlo *neut* throat, neck 3698

hrdý *adj* proud 4357

hrnec *inan* pot 4487

hrob *inan* grave 2531

hromada *fem* heap, meeting 2084

hromadný *adj* mass, multiple 3199

hrozba *fem* threat 2840

hrozit *impf* to threaten, be in danger 1005

hrozně *adv* terribly, awfully 464

hrozný *adj* horrible 529

hrubý *adj* coarse, rude, rough 1756

hruď *fem* chest, breast 4806

hrůza *fem* horror, terror 1571

hřbet *inan* back, spine 4470

hřbitov *inan* cemetery 3155

hřích *inan* sin 3792

hřiště *neut* pitch, field, playground 2227

huba *fem* mouth, trap 3444

hubený *adj* skinny, thin 3105

hudba *fem* music 989

hudební *adj* musical, music 1596

hudebník *anim* musician 4273

hůl *fem* cane, stick 3645

humor *inan* humour 3143

hustý *adj* thick, dense, heavy 1925

hvězda *fem* star 1008

hýbat (se) *impf* to move 3445

Chch

chalupa *fem* cottage 2785

chápat *impf* to understand 506

charakter *inan* character, personality 1241

charakteristický *adj* characteristic, typical 2539

charakteristika *fem* characteristic(s) 2954

charakterizovat *biasp* to characterize, describe 2705

chata *fem* cottage, weekend house, lodge 2544

chemický *adj* chemical 2593

chlad *inan* chill, cold 4961

chladný *adj* cool, cold 2207

chlap *anim* man, guy, bloke 1012

chlapec *anim* boy, boyfriend 1117

chlapík *anim* guy, fellow, chap 4219

chléb *inan* bread 1586

chod *inan* course, operation 3454

chodba *fem* corridor 1519

chodec *anim* pedestrian 4983

chodit *impf* to go, walk, attend 191

chodník *inan* pavement, footpath 2880

choroba *fem* disease, illness 2848

chování *neut* behaviour, manner 1014

chovat (se) *impf* to keep, **(se)** behave 865

chrám *inan* temple, church 3200

chráněný *adj* protected, conservation 3389

chránit *impf* to protect 1510

chtít *impf* to want 49

chudák *anim* poor (fellow) 1931

chudý *adj* poor 1963

chuť *fem* flavour, appetite, desire 957

chutnat *impf* to taste 1982

chůze *fem* walking, walk 3981

chválit *impf* to praise 4305

chvíle *fem* while, moment 189

chvilka *fem* a (little) while, moment 940

chyba *fem* mistake, fault 862

chybět *pf* to be absent, lack, miss 586

chystat (se) *impf* to prepare, **(se)** be going to 1001

chytat *impf* to catch, grasp 3244

chytit *pf* to catch, grasp 1559

chytnout *pf* to catch, grasp 2297

chytrý *adj* clever 1975

Ii

i *conj* and, as well, too 21

idea *fem* idea, thought 3956

ideál *inan* ideal 4511

ideální *adj* ideal 1657

identifikovat *biasp* to identify 4269

identita *fem* identity 4906

ignorovat *impf* to ignore 4525

ihned *adv* immediately, at once 1787

iluze *fem* illusion 3828

impuls *inan* impulse, stimulus 4476

index *inan* index, student's record book 4544

indický *adj* Indian 4693

individuální *adj* individual 2109

informace *fem* information 351

informační *adj* information 1707

informovat *biasp* to inform, report 1320

iniciativa *fem* initiative 3102

inspirace *fem* inspiration 4363

inspirovat (se) *biasp* to inspire 3772

instituce *fem* institution 1461

institut *inan* institute 3736

integrace *fem* integration 4040

integrovaný *adj* integrated 4883

inteligence *fem* intelligence 3908

inteligentní *adj* intelligent, bright 3218

intenzita *fem* intensity, rate 3938

intenzivně *adv* intensively 4206

intenzivní *adj* intensive, intense 2798

interiér *inan* interior 4385

internet *inan* the Internet 1302

internetový *adj* Internet 2125

interpretace *fem* interpretation 3811

interval *inan* interval 4435

investice *fem* investment 1736

investiční *adj* investment 2849

investor *anim* investor 2280

investovat *biasp* to invest 2630

inženýr *anim* engineer 3882

italský *adj* Italian 1743

izolace *fem* isolation, insulation 4186

Jj

já *pron* I 11

jablko *neut* apple 2844

jaderný *adj* nuclear 3374

jádro *neut* kernel, core 2240

jak *adv* how 29

jakkoli *adv* however, whatever 3116

jakmile *conj* as soon as 1003

jako *conj* like, as 17

jakoby *part* kind of 583

jakožto *conj* as 4427

jaksi *part* somehow 3255

jaký *pron* what 131

jakýkoli *pron* any, whatever 593

jakýsi *pron* a, a sort of 657

japonský *adj* Japanese 2538

jarní *adj* spring 3506

jaro *neut* spring 1208

jasně *part* sure, clearly 349

jasný *adj* clear, bright 332

játra *neut pl* liver 4722

jazyk *inan* language, tongue 698

jazykový *adj* language 3848

jé *interj* wow, yippee 1130

jed *inan* poison 2430

jeden *num* one 45

jedenáct *num* eleven 1582

jedenáctý *num* eleventh 3522

jedině *adv* only, alone 1601

jedinec *anim* individual 2380

jedinečný *adj* unique 3317

jediný *adj* (the) only, single 206

jednak *conj* for one thing – for another, both 1547

jednání *neut* negotiation, behaviour 679

jednat *impf* to negotiate, act 457

jednička *fem* (number) one 2795

jednoduchý *adj* simple, easy 595

jednoduše *adv* simply, easily 2486

jednota *fem* unity, club 4196

jednotka *fem* unit, troop 1112

jednotlivec *anim* individual 2778

jednotlivý *adj* individual, single 373

jednotný *adj* united, single 2427

jednou *num* once 184

jednoznačně *adv* undoubtedly, unambiguously 2185

jednoznačný *adj* unambiguous 3167

jeho *pron* his 37

jejich *pron* their(s) 92

jelikož *conj* as, since 2739

jemně *adv* gently, slightly 3566

jemný *adj* fine, delicate, gentle 1651

jen *adv* only, just 57

jenom *adv* only, merely 113

jenomže *conj* however, except 1228

jenž *pron* that, which, who 65

jenže *conj* but, except 482

jeskyně *fem* cave 4807

jestli *conj* if, whether 119

jestliže *conj* if 817

ještě *adv* still, more, yet 42

jet *impf* to go, drive 156

jev *inan* phenomenon 1972

jeviště *neut* stage 4099

jevit se *impf* to seem 2077

jezdec *anim* rider 4303

jezdit *impf* to go, drive, commute 421

jezero *neut* lake 2623

ježiš *interj* gee, geez, jeez 860

ježišmarja *interj* gee, geez, jeez 1991

jídelna *fem* dining room, cafeteria 4172

jídlo *neut* food, meal, dish 739

jih *inan* south 2196

jihočeský *adj* South Bohemian 4648

jinak *part* otherwise, differently 222

jinam *adv* somewhere else 2797

jinde *adv* somewhere else 1301

jindy *adv* some other time 2019

jiný *adj* other, else, different 76

jíst *impf* to eat 741

jistě *part* certainly, surely 474

jistota *fem* confidence, certainty, safety 1435

jistý *adj* certain, safe 346

jít *impf* to go, walk 47

jízda *fem* riding, driving 1660

jízdní *adj* on-road, mounted 4329

již *adv* already, before 153

jižní *adj* southern, south 1281

jméno *neut* name 302

jmenovaný *adj* appointed, named, mentioned 3575

jmenovat (se) *biasp* to name, appoint, **(se)** be called 420

jo *interj* yeah 22

Kk

k *prep* to, for 20

kabát *inan* coat 2962

kabel *inan* cable 4949

kabina *fem* cabin, cockpit 4402

kabinet *inan* cabinet, study 3979

kafe *neut* coffee 2189

kalendář *inan* calendar 4382

kalhoty *fem pl* trousers 2005

kam *adv* where (to) 345

kamarád *anim* friend, mate 1009

kamarádka *fem* friend 2648

kámen *inan* stone 1111

kamenný *adj* stone, stiff 2391

kamera *fem* (video) camera 2505

kamión *inan* lorry, truck 4943

kamna *neut pl* stove, fire 4622

kampaň *fem* campaign 2396

kanadský *adj* Canadian 4477

kanál *inan* channel, sewer 2634

kancelář *fem* office, agency 1064

kandidát *anim* candidate 2341

kapacita *fem* capacity 2247

kapela *fem* band 2431

kapitál *inan* capital, funds 3585

kapitán *anim* captain 2724

kapitola *fem* chapter 1496

kapka *fem* drop 3103

kapsa *fem* pocket 1420

kariéra *fem* career 1880

karta *fem* card 1446

katalog *inan* catalogue 4718

katastrofa *fem* disaster 2944

kategorie *fem* category, bracket 1440

katolický *adj* Catholic 4090

kauza *fem* case 3471

káva *fem* coffee 2205

kavárna *fem* café, coffee house 3554

každodenní *adj* everyday 2973

každopádně *part* anyway, in any case 3425

každoročně *adv* every year, yearly 4211

každý *pron* every, everyone 94

kde *adv* where 88

kdekoli *adv* anywhere, everywhere 4432

kdepak *part* no way, not at all 3351

kdesi *adv* somewhere 4165

kdežto *conj* whereas 2859

kdo *pron* who 122

kdokoli *pron* anyone, anybody 2613

kdosi *pron* someone 4015

kdy *adv* when 118

kdyby *conj* if 123

kdykoli *adv* any time, whenever, ever 1724

kdysi *adv* once, sometime 820

když *conj* when 27

kecat *impf* to chat, talk rubbish 2709

keř *inan* bush 4598

kilo *neut* kilo(gram) 2413

kilogram *inan* kilogram 4928

kilometr *inan* kilometre 1155

kino *neut* cinema 1823

kladný *adj* positive 4152

klasický *adj* classical, classic 1030

klást *impf* to put, lay 1275

klášter *inan* monastery 3687

klec *fem* cage 4799

klesat *impf* to fall, drop 2333

klesnout *pf* to fall, drop 2140

klíč *inan* key, clue 1647

klíčový *adj* key 1735

klid *inan* calm, peace 853

klidně *part* safely, calmly 748

klidný *adj* quiet, calm 1486

klient *anim* client, customer 1920

klika *fem* handle, clique 3933

klín *inan* lap, wedge 3521

klobouk *inan* hat 2912

kloub *inan* joint, knuckle 4400

klub *inan* club 721

kluk *anim* boy, lad, boyfriend 555

kmen *inan* trunk, tribe 2898

knedlík *inan* dumpling 4766

kněz *anim* priest 3267

kniha *fem* book 475

knihovna *fem* library, bookcase 1960

knížka *fem* book, booklet 1453

koalice *fem* coalition 3931

koberec *inan* carpet 2800

kočka *fem* cat 2215

kód *inan* code 4913

koláč *inan* cake, pie 4408

kolečko *neut* wheel, slice 3525

kolega *anim* colleague 1073

kolej *fem* rail, track, dormitory 2445

kolektivní *adj* collective, team 4107

kolem *prep* around, about 187

koleno *neut* knee 1448

kolik *num* how, how much 288

kolikrát *num* (how) many times 2668

kolo *neut* round, bike, wheel 590

kombinace *fem* combination 1745

komedie *fem* comedy, play-acting 3339

komentář *inan* comment, commentary 3599

komentovat *biasp* to comment 2520

komerční *adj* commercial 2465

komise *fem* committee, commission 1274

komora *fem* utility room, chamber 2553

kompetence *fem* competence 4882

kompletní *adj* full, complete 3266

komplex *inan* complex 3038

komplexní *adj* thorough, complex 3092

komplikace *fem* complication 4626

komplikovaný *adj* complicated 3652

kompromis *inan* compromise 4587

komunikace *fem* communication 1390

komunikační *adj* communication 4171

komunikovat *biasp* to communicate 3627

komunista *anim* communist 2483

komunistický *adj* communist 2508

komunita *fem* community 4479

konat (se) *impf* to perform, (se) take place 1193

koncentrace *fem* concentration 3548

koncepce *fem* concept 2066

koncept *inan* concept, draft 4976

koncert *inan* concert 1673

končit *impf* to end 846

konec *inan* end, ending 179

koneckonců *part* after all, ultimately 3952

konečně *part* finally 514

konečný *adj* final, end 909

konference *fem* conference 2129

konflikt *inan* conflict 2101

kongres *inan* congress 4685

konkrétně *part* exactly 2874

konkrétní *adj* specific, particular 906

konkurence *fem* competition 2158

konkurenční *adj* competitive, rival 3649

konkurent *anim* competitor, rival 4968

konkurs *inan* competition, bankruptcy, audition 4222

konstatovat *biasp* to state, claim, note 1694

konstrukce *fem* construction, structure 1871

kontakt *inan* contact, touch 1288

kontext *inan* context 3567

kontinent *inan* continent 4033

konto *neut* account 3534

kontrola *fem* control, inspection, examination 926

kontrolní *adj* control, check 3733

kontrolovat *impf* to control, check 2000

konzervativní *adj* conservative 4509

kopat *impf* to dig, kick 3902

kopec *inan* hill 1851

kopie *fem* copy 3881

koruna *fem* crown 238

kořen *inan* root 2273

kost *fem* bone 1795

kostel *inan* church 1501

kostka *fem* cube, dice 4146

kostým *inan* costume 4764

koš *inan* basket 3178

košile *fem* shirt 2133

kotel *inan* boiler 4642

kouč *anim* coach 3863

koukat (se) *impf* to look, watch 425

kouknout (se) *pf* to look, peek 2714

koule *fem* ball, globe 3440

koupat (se) *impf* to bathe, have a bath 4202

koupě *fem* bargain, purchase 3831

koupelna *fem* bathroom 2734

koupit (si) *pf* to buy 275

kouř *inan* smoke 3659

kouřit *impf* to smoke 2350

kousek *inan* bit, piece 690

kout *inan* corner, nook 2564

koutek *inan* corner, spot 4565

kouzelný *adj* magic, charming 4664

kouzlo *neut* magic, spell 3386

kov *inan* metal 3212

kovový *adj* metal 2740

kožený *adj* leather 3688

krabice *fem* box, case 2771

krabička *fem* box, packet 3456

kráčet *impf* to walk, stride 2879

krádež *fem* theft, robbery 3656

kraj *inan* region, edge 729

krajina *fem* landscape, region 1692

krajní *adj* outside, extreme, utmost 4756

krajský *adj* regional 2090

král *anim* king 1421

královna *fem* queen 3041

královský *adj* royal, kingly 2527

království *neut* kingdom 3819

krám *inan* shop, rubbish, junk 2779

krása *fem* beauty 1814

krásně *adv* beautifully 2006

krásný *adj* beautiful 411

krást *impf* to steal, shoplift 3443

krátce *adv* shortly, briefly 1205

krátkodobý *adj* short-term 4429

krátký *adj* short 519

kráva *fem* cow 2537

kresba *fem* drawing 3565

krev *fem* blood 897

krevní *adj* blood 4546

kritérium *neut* criterion 2233

kritický *adj* critical 2061

kritik *anim* critic 3377

kritika *fem* criticism, review 2146

kritizovat *impf* to criticize 2816

krize *fem* crisis 1858

krk *inan* neck, throat 1121

krok *inan* footstep, step, phase 537

kromě *prep* apart from, but 344

kroutit (se) *impf* to shake, turn, twist 4054

kroužek *inan* ring, group 3890

kruh *inan* circle 1528

krutý *adj* cruel, harsh 3157

krvavý *adj* blood, bloody 3802

krýt *impf* to cover, shield 4198

křehký *adj* fragile, frail 3704

křeslo *neut* (arm)chair, seat 1848

křesťanský *adj* Christian 3144

křičet *impf* to shout, scream 1882

křídlo *neut* wing 1998

křik *inan* shouting, screaming 4674

kříž *inan* cross 2722

křižovatka *fem* intersection, crossroads 3480

který *pron* that, which, who 16

kterýkoli *pron* any 2886

kudy *adv* which way, where 3910

kufr *inan* suitcase, boot 3332

kuchyně *fem* kitchen, cuisine 1237

kuchyňský *adj* kitchen 4732

kulatý *adj* round 3011

kultura *fem* culture, civilization 982

kulturní *adj* cultural 1217

kůň *anim* horse 1247

kupodivu *part* surprisingly 4334

kupovat (si) *impf* to buy 1017

kůra *fem* rind, bark 4633

kurs *inan* course, class, rate 1706

kuře *neut* chicken 3806

kus *inan* piece, part 674

kůže *fem* skin, leather 1221

kvalifikace *fem* competence, qualification 3791

kvalifikovaný *adj* qualified, competent 4779

kvalita *fem* quality 819

kvalitní *adj* quality 1348

květ *inan* flower, blossom 3007

květen *inan* May 1190

květina *fem* flower 2964

kvůli *prep* due to, because of 282

kytara *fem* guitar 4709

kytka *fem* flower, plant 3370

kývnout *pf* to nod, beckon 4532

Ll

laboratoř *fem* laboratory 3856

laciný *adj* cheap 4239

láhev *fem* bottle 1679

lákat *impf* to lure, attract 2815

lámat (se) *impf* to break 3759

lampa *fem* lamp 3419

láska *fem* love 692

laskavý *adj* kind 3998

látka *fem* fabric, substance 1090

lavice *fem* desk, bench 3245

lavička *fem* bench 3676

lázně *fem pl* spa 3788

lebka *fem* skull 4841

léčba *fem* treatment, therapy 3168

léčit (se) *impf* to heal, treat 3130

led *inan* ice 2291

leda *part* only, except 4321

leden *inan* January 1099

lednička *fem* fridge, refrigerator 4615

ledový *adj* ice, icy 3192

legální *adj* legal 4846

legenda *fem* legend 3314

legendární *adj* legendary 4254

legislativa *fem* legislation 4676

legrace *fem* fun 2769

lehce *adv* lightly, slightly 1733

lehký *adj* light, easy 1067

lehnout si *pf* to lie down, go to bed 2198

lék *inan* drug, medicine 2156

lékař *anim* doctor 868

lékařský *adj* medical 2282

les *inan* forest, wood 832

lesklý *adj* shiny, glossy 4785

lesní *adj* forest 3211

let *inan* flight, flying 722

letadlo *neut* aircraft, plane 1554

létat *impf* to fly 1704

letecký *adj* air 2720

letět *impf* to fly, hurry 1570

letiště *neut* airport 2329

letní *adj* summer 1727

léto *neut* summer 463

letos *adv* this year 594

letošní *adj* this year's 932

lev *anim* lion 4673

levně *adv* cheaply, cheap 4777

levný *adj* cheap, economical 1473

levý *adj* left 1655

lézt *impf* to crawl, climb 1630

lež *fem* lie 3717

ležet *impf* to lie 445

ležící *adj* lying 4185

lhát *impf* to lie 3005

lhůta *fem* term, period, deadline 3769

-li *conj* if 248

líbat (se) *impf* to kiss 4366

liberecký *adj* Liberec 4665

líbit se *impf* to like 384

libra *fem* pound 4840

licence *fem* licence 4620

líčit (se) *impf* to describe, (se) make up 3256

lid *inan* nation, people 2471

lidový *adj* people's, popular 1906

lídr *anim* leader 4865

lidský *adj* human 455

lidstvo *neut* mankind 3379

liga *fem* league 2135

likvidace *fem* liquidation, clearance 3345

limit *inan* limit 4011

linie *fem* line, outline 2572

linka *fem* line 1977

líný *adj* lazy 4452

list *inan* leaf, sheet 855

lístek *inan* ticket, slip of paper, small leaf 1878

listina *fem* document 4264

listopad *inan* November 1327

lišit se *impf* to differ 1469

lít *impf* to pour 4851

literární *adj* literary 2669

literatura *fem* literature 1648

líto *adv* (to feel) sorry 2355

litovat *impf* to regret, feel sorry 2304

litr *inan* litre 2521

loď *fem* ship, boat 1201

logicky *adv* logically 4169

logický *adj* logical, rational 2604

logika *fem* logic 3710

lokalita *fem* locality, place 3595

lokální *adj* local 4365

loket *inan* elbow 4173

londýnský *adj* London 4060**

loni *adv* last year 857
loňský *adj* last year's 1195
louka *fem* meadow 3236
lovit *impf* to hunt, chase 4844
ložnice *fem* bedroom 2488
luxusní *adj* luxury 3512
lůžko *neut* bed, berth 3336
lyže *fem* ski 4632
lze *impf* to be possible 180
lžíce *fem* spoon, spoonful 4466

Mm

maďarský *adj* Hungarian 4513
magistrát *inan* metropolitan authority 4140
majetek *inan* possession, property 1182
majitel *anim* owner 894
malba *fem* painting 4904
málem *adv* nearly, almost 1942
maličký *adj* tiny 4159
malinký *adj* tiny 3411
malíř *anim* painter, decorator 2685
málo *adv* little, few 162
málokdo *pron* hardly anybody, few people 3967
málokdy *adv* rarely, seldom 4597
malovat (se) *impf* to paint, decorate,
   (se) make up 3322
malý *adj* small, little 107
máma *fem* mum 737
maminka *fem* mum 1023
mámit *impf* to lure, lead on 3035
mamka *fem* mum 1560
management *inan* management 3233
manažer *anim* manager 1926
manipulace *fem* manipulation, handling 4327
manžel *anim* husband 967
manželka *fem* wife 1019
manželský *adj* marital, marriage 4283
manželství *neut* marriage 2579
mapa *fem* map 2138
marně *adv* in vain, vainly 2633
marný *adj* (in) vain, hopeless 3939
maska *fem* mask 3582
máslo *neut* butter 3229
maso *neut* meat, flesh 1063
masový *adj* mass, meat 3196
mastný *adj* greasy, fatty 4773
materiál *inan* material 640
mateřský *adj* mother, maternal 2419
matka *fem* mother 557

maturita *fem* school-leaving examination 4927
mávat *impf* to wave 4117
maximálně *adv* at the most, no more than 2039
maximální *adj* maximum 2352
maximum *neut* maximum 4195
mazat *impf* to butter, spread, wipe 4861
meč *inan* sword 4884
medaile *fem* medal 4019
mediální *adj* media 3604
medicína *fem* medicine 4111
médium *neut* medium 1581
medvěd *anim* bear 4721
mechanický *adj* mechanical, automatic 3918
mechanismus *inan* mechanism 2470
měkký *adj* soft, tender 2179
melodie *fem* melody 4395
měna *fem* currency 4638
měnit (se) *impf* to change 624
menšina *fem* minority 4871
měření *neut* measurement 3390
měřit (se) *impf* to measure 2048
měřítko *neut* scale, standard 2901
měsíc *inan* month, moon 243
měsíčně *adv* monthly, a month 3172
měsíční *adj* monthly, moon, lunar 3123
městečko *neut* small town 2918
město *neut* town, city 195
městský *adj* city, urban 872
metoda *fem* method 891
metr *inan* metre 611
metro *neut* tube, underground 4072
metropole *fem* capital, metropolis 3401
mez *fem* bounds, limit 3220
mezera *fem* space 4203
mezi *prep* among, between 95
mezinárodní *adj* international 659
mezitím *adv* in the meantime, meanwhile 1909
míč *inan* ball 3899
míchat *impf* to mix, stir 4989
míjet (se) *impf* to pass, go past 4838
miláček *anim* sweetheart, honey 4038
milenec *anim* lover, boyfriend 3854
miliarda *num* billion, milliard 1120
milion *num* million 319
milost *fem* mercy, pardon 4278
milostný *adj* love, amorous 3946
milovaný *adj* loved, beloved 4796
milovat (se) *impf* to love, **(se)** make love 1058
milovník *anim* lover, aficionado 4854

milý *adj* kind, nice 1303

mimo *prep* but, except for, besides 469

mimochodem *part* by the way 2743

mimořádně *adv* extraordinarily 2807

mimořádný *adj* extraordinary 1796

mince *fem* coin, small change 4067

mínění *neut* opinion 2977

minimálně *adv* at least, minimum (of) 1886

minimální *adj* minimal 2107

minimum *neut* minimum 3463

ministerstvo *neut* ministry 826

ministr *anim* minister, secretary 782

mínit *impf* to mean 2069

minout (se) *pf* to pass, miss 3441

minule *adv* last time 3447

minulost *fem* past, history 949

minulý *adj* last 477

minus *inan* minus 4939

minuta *fem* minute 413

mír *inan* peace 1746

míra *fem* rate, extent, measure 531

mírně *adv* mildly, moderately 2071

mírný *adj* mild 2047

mírový *adj* peace 4993

mířit *impf* to get at, aim 2375

mísa *fem* bowl 4205

miska *fem* bowl, dish 4017

místní *adj* local 637

místnost *fem* room 907

místo *neut* place, space 126

místo *prep* instead of 522

místopředseda *anim* vice chairman 3427

mistr *anim* master, foreman, champion 1450

mistrovství *neut* championship, mastery 2715

místy *adv* sometimes, here and there 4852

mít *impf* to have (got), ought to 9

mívat *impf* to have 2598

mizet *impf* to disappear, vanish 3080

mládež *fem* youth, the young 2542

mládí *neut* youth 2655

mladík *anim* young man 1846

mladý *adj* young 214

mlčení *neut* silence 4535

mlčet *impf* to be silent 1938

mlčky *adv* silently, in silence 4039

mléko *neut* milk 2136

mlha *fem* mist, fog 3541

mluvčí *anim/fem* spokesperson, speaker 892

mluvit *impf* to speak, talk 198

mlýn *inan* mill 4188

mnohdy *adv* often, frequently 2626

mnohem *adv* much 544

mnoho *adv* many, much 116

mnohokrát *num* many times 4044

mnohý *adj* many, numerous 627

množství *neut* amount 596

mobil *inan* mobile phone, cellphone 2344

mobilní *adj* mobile 2563

moc *adv* much, a lot 104

moc *fem* power, force 1154

mocný *adj* powerful, mighty 2523

moct *impf* to be able to, can 25

móda *fem* fashion 3572

model *inan* model 1107

moderní *adj* modern 667

modlit se *impf* to pray 4100

modlitba *fem* prayer 4827

módní *adj* fashion, fashionable, trendy 3514

modrý *adj* blue 927

mohutný *adj* mighty, massive 2166

mokrý *adj* wet 2696

moment *inan* moment 2013

momentálně *adv* now, at the moment 4080

morálka *fem* morality, morale 4551

morální *adj* moral 3206

moravský *adj* Moravian 3341

moře *neut* sea 1040

mořský *adj* sea 3124

most *inan* bridge 1640

motiv *inan* motive, theme 2289

motivace *fem* motivation 3911

motor *inan* motor, engine 1934

motorový *adj* motor, engine 4905

moudrý *adj* wise 3635

moucha *fem* fly 4495

mouka *fem* flour 4386

mozek *inan* brain 1831

možná *part* maybe, perhaps 168

možno *adv* may, possible 1158

možnost *fem* possibility, chance, option 254

možný *adj* possible 197

mrak *inan* cloud 3219

mráz *inan* frost, shiver 3634

mrtvola *fem* corpse 3618

mrtvý *adj* dead 774

mrzet *impf* to be sorry 2942

mříž *fem* grid, grill, bar 4472

můj *pron* my, mine 117

muset *impf* to have to, must 46

muzeum *neut* museum 1620

muzika *fem* music 4168

muž *anim* man, gentleman, husband 196

mužský *adj* male 2318

mužstvo *neut* team, crew 3053

my *pron* we 55

mýlit se *impf* to be wrong 3544

mysl *fem* mind 1362

myslet (si) *impf* to think 83

myš *fem* mouse 3876

myšlení *neut* thinking, thought 2204

myšlenka *fem* thought, idea 634

mýt (se) *impf* to wash 3868

mýtus *inan* myth 4658

mzda *fem* wages 2911

Nn

na *prep* on, at, for 6

nabídka *fem* offer 902

nabídnout *pf* to offer 852

nabízet *impf* to offer 588

náboženský *adj* religious 2493

náboženství *neut* religion 3408

nabrat *pf* to gather, scoop, catch 3944

nabýt *pf* to gain, acquire 3492

nábytek *inan* furniture 2742

nabývat *impf* to gain, acquire 4092

nacpat (se) *pf* to stuff, cram 4588

nad *prep* over, above 141

nadace *fem* foundation 4584

nadále *adv* still, in future 1509

nadávat *impf* to scold, swear 2683

naděje *fem* hope, chance 1010

nadělat *pf* to make, cause 4574

nádherně *adv* gorgeously, splendidly 4912

nádherný *adj* gorgeous, beautiful, splendid 1633

nadchnout (se) *pf* to enthuse, captivate 4494

nádoba *fem* container, vessel 3972

nádobí *neut* dishes, tableware 3855

nádraží *neut* station 2228

nádrž *fem* tank 4079

nadšení *neut* enthusiasm 2803

nadšený *adj* enthusiastic, excited 3613

nahlas *adv* aloud 2903

náhle *adv* suddenly 1352

nahlédnout *pf* to look (into), examine 4451

náhlý *adj* sudden, abrupt 3149

náhoda *fem* chance, coincidence 2356

náhodný *adj* casual, accidental, random 3442

náhodou *adv* by chance, possibly 1056

nahoru *adv* up(wards) 968

nahoře *adv* up, upstairs, on top 1041

náhrada *fem* compensation 2951

nahradit *pf* to replace, compensate 1329

náhradní *adj* spare, reserve 3350

nahrát *pf* to record, pass (the ball) 4113

nahrávat *impf* to record, pass (the ball) 3320

nahrávka *fem* record(ing), pass 4847

nahrazovat *impf* to replace, substitute 4139

nahý *adj* naked 3078

nacházet (se) *impf* to find,
(se) be situated 1069

naivní *adj* naive 4942

najednou *adv* suddenly 466

nájem *inan* rent, rental 4449

najevo *adv* (to make) obvious,
(to come) to light 2026

najíst se *pf* to eat, have sth to eat 3197

najít *pf* to find 185

náklad *inan* expense, cost, load 704

nakládat *impf* to load 4896

nakladatelství *neut* publishing house,
publishers 3798

nákladní *adj* freight, cargo 3276

nákladný *adj* costly, expensive 4458

naklonit (se) *pf* to bow, bend, lean 3360

nakonec *adv* finally, in the end 256

nakoupit *pf* to buy 2814

nákup *inan* shopping, purchase 1650

nakupovat *impf* to shop, go shopping 2679

nálada *fem* mood, temper 1622

nález *inan* discovery, find 4029

nalézat (se) *impf* to find, (se) be situated 4950

nalézt *pf* to find 1209

náležet *impf* to belong 4486

nalít *pf* to pour 2490

naložit *pf* to load 3159

námaha *fem* effort, labour 3925

náměstek *anim* deputy 2782

náměstí *neut* square, place 1248

námět *inan* suggestion, theme 3624

namísto *prep* instead 4095

námitka *fem* objection 4131

namítnout *pf* to object, protest 4908

nanejvýš *adv* maximum, at the most 4415

naopak *adv* on the contrary, instead 414

nápad *inan* idea, thought 1311

napadat *impf* to attack, think of 2913

nápadně *adv* noticeably, strikingly 3478

napadnout *pf* to attack, occur 578

nápadný *adj* striking, conspicuous 2826

napětí *neut* tension, strain 1728

nápis *inan* inscription, sign, notice 2525

napít se *pf* to have a drink 2975

napjatý *adj* tight, tense 4398

naplánovat (si) *pf* to plan, schedule 4758

náplň *fem* filling, content 4031

naplnit (se) *pf* to fill, **(se)** come true 1984

naplno *adv* fully, plainly 4420

naplňovat *impf* to fill 4856

nápoj *inan* drink, beverage 3536

naposledy *adv* last, the last time 1305

náprava *fem* remedy, axle 4553

napravit *pf* to make up for, make good, retrieve 4872

naprosto *part* totally 843

naprostý *adj* absolute 1936

naproti *prep* opposite, across from 1520

napřed *adv* in front, ahead, first 3100

například *part* for example, for instance 235

napsaný *adj* written 2360

napsat *pf* to write 336

napůl *adv* half 3081

narazit *pf* to hit, crash, meet 1593

narážet *impf* to hit, bump 4410

náročný *adj* demanding, challenging 1230

národ *inan* nation 1477

narodit se *pf* to be born 1278

národní *adj* national 541

nárok *inan* right, claim 1383

narození *neut* birth 2986

narozeniny *fem pl* birthday 2120

náruč *fem* (open) arms, armful 4570

nárůst *inan* growth 3008

narušit *pf* to disturb, disrupt 4112

nařídit *pf* to order, set 3022

nařízení *neut* decree, regulation, order 4276

nasadit (si) *pf* to place, **(si)** put on 2283

nasazení *neut* drive, engagement, application 3813

násilí *neut* violence 2292

násilný *adj* violent 4680

následek *inan* consequence, result 1531

následně *adv* consequently, subsequently 3189

následný *adj* subsequent 2374

následovat *impf* to follow, ensue 1035

následující *adj* following 754

naslouchat *impf* to listen 2907

nastat *pf* to arise, come up 1243

nastávat *impf* to arise, come 4894

nastavit *pf* to set, adjust 3773

nastoupit *pf* to get on/into, enter 1433

nástroj *inan* tool, instrument 1102

nástup *inan* entrance, boarding, start 2662

nástupce *anim* successor 4627

nastupovat *impf* to get on/into, assemble 3768

náš *pron* our(s) 109

naštěstí *part* fortunately, luckily 1525

naštvaný *adj* angry, annoyed 4499

naštvat *pf* to make angry, piss off 4833

natáčet *impf* to record, roll 3917

natáhnout (se) *pf* to stretch, **(se)** lie down 2416

nato *adv* after, afterwards 2870

natočit *pf* to turn, pour 2914

natolik *adv* enough 1705

naučit (se) *pf* to teach, **(se)** learn 830

navázat *pf* to link to, establish 2887

navazovat *impf* to continue, follow 3133

navíc *part* extra, besides 313

návod *inan* manual, instructions 4064

návrat *inan* return, comeback 1240

návrh *inan* proposal, motion 703

navrhnout *pf* to propose, suggest 1428

navrhovat *impf* to propose, suggest 2244

návštěva *fem* visit 834

návštěvník *anim* visitor 1564

navštěvovat *impf* to visit, attend 3150

navštívit *pf* to visit 1319

navzájem *adv* each other, mutually 2063

navzdory *prep* despite, in spite 2670

navždy *adv* forever 4335

název *inan* title, name, term 735

naznačit *pf* to imply, indicate 2447

naznačovat *impf* to imply, indicate 2574

náznak *inan* indication, sign 3808

názor *inan* opinion, view 452

nazvaný *adj* called 3072

nazvat *pf* to call, name 2397

nazývat (se) *impf* to call, **(se)** be called 1697

ne *interj* no 40

nebe *neut* sky 1539

nebezpečí *neut* danger 1238

nebo *conj* or 34

neboli *conj* or 3000

neboť *conj* for, since, as 488

něco *pron* something, anything 73

nečekaně *adv* unexpectedly 4104

nečekaný *adj* unexpected 3638

nedaleko *prep* nearby, near, close 3275

nedávno *adv* recently, lately 1103

neděle *fem* Sunday 694

nedělní *adj* Sunday 3488

nedostatek *inan* lack, deficiency, fault 1080

negativní *adj* negative 2050

nehet *inan* nail 3901

nehoda *fem* accident 2293

nechat *impf* to let, allow 158

nechávat *impf* to let, leave 1637

nějak *adv* somehow 160

nějaký *pron* a, some, any 58

nejen *adv* not only 352

nejenom *adv* not only 3147

nejistota *fem* uncertainty, insecurity 3639

nejprve *adv* (at) first 1137

nejspíš *part* probably, most likely 1475

někam *adv* somewhere, anywhere 652

někde *adv* somewhere 258

někdejší *adj* former 2404

někdo *pron* someone, anyone 148

někdy *adv* sometimes 219

několik *num* a few, several 145

několikrát *num* several times 1270

některý *pron* some, one 133

němčina *fem* German 4338

německy *adv* German 4899

německý *adj* German 567

nemoc *fem* illness, disease 1432

nemocnice *fem* hospital 878

nemocný *adj* ill, sick 1251

nemovitost *fem* real estate 3833

nenávidět *impf* to hate 3082

nenávist *fem* hatred 3777

nepatrný *adj* minute, insignificant, tiny 3632

nepochybně *part* no doubt, undoubtedly 2988

nepříliš *adv* not very 4301

nepřítel *anim* enemy 1954

nerv *inan* nerve 2438

nervový *adj* nervous 4953

nervózní *adj* nervous, restless 3472

neschopnost *fem* incompetence, incapability 4086

nesmírně *adv* extremely, enormously 2472

nesmysl *inan* nonsense 2748

nesmyslný *adj* nonsense, absurd 4419

nést *impf* to carry, bear 711

neštěstí *neut* misfortune, accident 3118

neto *biasp* not 4286

neúspěch *inan* failure 4136

neustále *adv* constantly, permanently 1179

neustálý *adj* constant, continuous 3177

neuvěřitelně *adv* incredibly 4548

neuvěřitelný *adj* incredible, unbelievable 2286

nevinný *adj* innocent 3432

nevýhoda *fem* disadvantage 4166

nezaměstnanost *fem* unemployment 3699

nezávislost *fem* independence 4093

nezbytný *adj* necessary, indispensable 1472

než *conj* than 64

něžný *adj* tender, gentle 4978

nic *pron* nothing 90

nicméně *part* nevertheless, yet 1219

ničit *impf* to destroy, ruin 3661

nijak *adv* in no way, not in the least 1079

nikam *adv* nowhere, anywhere 2258

nikde *adv* nowhere 1396

nikdo *pron* nobody, no one 171

nikdy *adv* never 173

nikoli *part* not, no 784

nízko *adv* low 2756

nízký *adj* low 472

no *part* well 14

noc *fem* night 310

noční *adj* night 1264

noha *fem* leg, foot 355

norma *fem* standard, norm 1566

normálně *adv* normally, usually 368

normální *adj* normal 601

nos *inan* nose 1460

nosit *impf* to carry, wear 849

nositel *anim* winner, holder 4184

nouze *fem* poverty, need 4221

nově *adv* newly, recently 1351

novela *fem* amendment, novella 3807

novinář *anim* journalist 1617

novinka *fem* news 2310

noviny *fem pl* newspaper 874

nový *adj* new 85

nuda *fem* boredom 4867

nudit (se) *impf* to bore, **(se)** be bored 4869

nula *fem* zero, nothing 2267

nutit *impf* to force, make 1417

nutně *adv* necessarily 2745

nutno *adv* must, necessary 1900

nutnost *fem* necessity 2194

nutný *adj* necessary 619

nůž *inan* knife 2128

nýbrž *conj* but 1603

nynější *adj* present, current 3090

nyní *adv* now, at present 316

Oo

o *prep* about 19

ó *interj* oh, aw 3821

oba *num* both 170

obal *inan* cover, packaging 3079

obálka *fem* envelope 3414

obava *fem* concern, worry 1325

obávat se *impf* to be afraid of, worry about 1873

občan *anim* citizen 956

občanský *adj* civil 1688

občas *adv* sometimes, occasionally 626

obdiv *inan* admiration 4540

obdivovat *impf* to admire 2837

období *neut* period, season 485

obdobně *adv* similarly 4866

obdobný *adj* similar 2681

obdržet *pf* to receive 2415

obec *fem* village, community 941

obecně *adv* generally, in general 1413

obecní *adj* municipal, local 3353

obecný *adj* general, common 1371

oběd *inan* lunch, dinner 1197

obejít (se) *pf* to go round, (se) do without 1990

obejmout (se) *pf* to embrace, hug, hold 4274

oběť *fem* victim, sacrifice 1257

obětovat (se) *pf* to sacrifice, give 4545

obcházet *impf* to walk around, evade 4843

obchod *inan* business, trade, shop 655

obchodní *adj* business, trade, commercial 732

obchodník *anim* trader, dealer, businessman 2219

objasnit *pf* to explain, clarify 4907

objednat *pf* to order 2022

objednávka *fem* order, commission 4268

objekt *inan* object, subject, building 1207

objektivní *adj* objective, unbiased 3936

objem *inan* capacity, volume 1884

objev *inan* discovery, finding 3435

objevit (se) *pf* to discover, (se) appear 320

objevovat (se) *impf* to discover, (se) appear 1184

obklopit (se) *pf* to surround 4957

oblak *inan* cloud 4821

oblast *fem* area, field 276

obléct (se) *pf* to dress, (se) get dressed 4027

oblečení *neut* clothes, clothing 2562

oblečený *adj* dressed 3934

oblek *inan* suit 3744

obléknout (se) *pf* to dress, (se) get dressed 4245

obliba *fem* popularity 3550

oblíbený *adj* favourite 1354

obličej *inan* face 945

obloha *fem* sky 2560

oblouk *inan* arc, arch 3950

obnova *fem* restoration, regeneration 3209

obnovit *pf* to restore, renew 2851

obočí *neut* eyebrow 4701

obojí *num* both, either 2680

obor *inan* profession, field 1106

obráceně *adv* conversely, the other way round 4979

obracet (se) *impf* to turn 2455

obrana *fem* defence, apology 1467

obránce *anim* defender, back 3962

obrat *inan* turn, change, phrase 2611

obrátit (se) *pf* to turn 824

obraz *inan* picture, painting, image 563

obrázek *inan* picture, image 1310

obrazovka *fem* screen 3062

obrovský *adj* huge, giant 662

obřad *inan* ceremony 4345

obří *adj* giant, huge 4608

obsadit *pf* to occupy, assign 2444

obsah *inan* content, summary 1002

obsáhnout *pf* to include, embrace, contain 4380

obsahovat *impf* to include, contain 866

obsahující *adj* including, containing 4441

obsluha *fem* service, operation 4589

obtěžovat (se) *impf* to bother 4260

obtíž *fem* trouble, difficulty 3318

obtížně *adv* hard to, with difficulties 4216

obtížný *adj* difficult, troublesome 1741

obvinění *neut* accusation 2924

obvinit *pf* to accuse 2261

obvod *inan* circumference, district, circuit 3046

obvykle *adv* usually 761

obvyklý *adj* usual, common 1142

obyčejně *adv* usually 2958

obyčejný *adj* ordinary, common 1401

obývák *inan* living room 4491

obyvatel *anim* inhabitant 799

obyvatelstvo *neut* population 2876

obzor *inan* horizon 4217

obzvlášť *part* particularly 4775

ocas *inan* tail 4808

oceán *inan* ocean 4094

ocel *fem* steel 4995

ocelový *adj* steel 4266

ocenění *neut* award, evaluation 4006

ocenit *pf* to value, evaluate 2514

ocitnout se *pf* to find oneself 2042

očekávání *neut* expectation 2475

očekávaný *adj* expected, anticipated 2875

očekávat *impf* to await, expect 792

od *prep* from, since 44

odbor *inan* department, union 3027

odborník *anim* expert, professional 993

odborný *adj* professional, technical 1128

odbory *inan pl* trade unions 4694

oddělení *neut* section, department 1376

oddělený *adj* separate 4610

oddělit *pf* to separate 3424

oddíl *inan* section, group, club 3331

odebrat *pf* to take away, confiscate 3842

odehrát se *pf* to occur, happen 2462

odehrávat se *impf* to take place 2660

odejít *pf* to leave, go 467

oděv *inan* clothes, clothing 3903

odevzdat *pf* to hand in 3959

odhad *inan* assessment, estimate 2321

odhadnout *pf* to estimate, assess 2786

odhadovat *impf* to estimate 2643

odhalit *pf* to disclose, reveal 2011

odcházet *impf* to leave, go 1406

odchod *inan* leaving, departure 1629

odjakživa *adv* always 4988

odjet *pf* to leave, depart 1147

odjezd *inan* departure, leaving 4115

odjíždět *impf* to leave, depart 2686

odkaz *inan* reference, legacy 3569

odkud *adv* where from 1308

odlišný *adj* different, distinct 1715

odlišovat (se) *impf* to differ 4794

odložit (si) *pf* to put away, postpone,
   (si) take off 2210

odměna *fem* reward, bonus 2620

odmítat *impf* to refuse, disapprove 1370

odmítnout *pf* to refuse, decline 937

odnést *pf* to take (away), carry 1773

odolat *pf* to resist 4969

odpad *inan* waste, sink 2908

odpočinek *inan* rest, retirement 4175

odpočinout si *pf* to have a rest, relax 3942

odpočívat *impf* to rest 4059

odpoledne *adv* in the afternoon 1215

odpoledne *neut* afternoon 2820

odpolední *adj* afternoon 4339

odpor *inan* aversion, resistance 1678

odporný *adj* disgusting, repulsive 4941

odpověď' *fem* answer, reply 744

odpovědět *pf* to answer 547

odpovědnost *fem* responsibility 1924

odpovědný *adj* responsible 3641

odpovídající *adj* adequate, corresponding 2078

odpovídat *impf* to answer, be responsible,
   correspond 612

odpůrce *anim* opponent 3849

odpustit *pf* to forgive, excuse 2919

odrazit (se) *pf* to bounce, reflect 4228

odrážet (se) *impf* to reflect, mirror, bounce 2585

odsoudit *pf* to condemn, sentence 2395

odstartovat *pf* to start 4786

odstěhovat (se) *pf* to move away 4407

odstín *inan* shade, colour 4705

odstoupit *pf* to resign, step back 4670

odstranění *neut* removal, disposal 3485

odstranit *pf* to remove 1725

odstup *inan* distance 3701

odsud *adv* from here 2594

odtamtud *adv* from there, thence 3667

odtud *adv* from here 1668

odvádět *impf* to pay, return 4367

odvaha *fem* courage 2400

odvážit se *pf* to dare, risk 3474

odvážný *adj* brave, courageous 4218

odvést *pf* to take (away) 2425

odvětví *neut* branch, department, sector 3764

odvézt *pf* to drive, take 1615

odvolání *neut* withdrawal, appeal 3592

odvolat (se) *pf* to withdraw, take back 2698

odvrátit (se) *pf* to divert, (se) turn away 4008

oficiálně *adv* officially 2932

oficiální *adj* official, formal 1669

oheň *inan* fire 1550

ohlásit (se) *pf* to announce, report 3319

ohled *inan* respect, regard, consideration 955

ohledně *prep* regarding 3721

ohlédnout se *pf* to look back 4782

ohromný *adj* huge, great 2980

ohrozit *pf* to endanger 2457

ohrožení *neut* danger, emergency 3251

ohrožený *adj* endangered 4947

ohrožovat *impf* to endanger, pose a threat 3140

ohřát *pf* to heat, warm (up) 4925

ochotně *adv* willingly, gladly 4290

ochotný *adj* willing, ready, obliging 1565

ochrana *fem* protection 873

ochranný *adj* protective, preventive 2772

ochutnat *pf* to taste, try 3048

ojedinělý *adj* isolated, singular, one-off 4208

okamžik *inan* moment 606

okamžitě *adv* immediately 827

okamžitý *adj* immediate 3340

okénko *neut* (small) window 3986

okno *neut* window 478

oko *neut* eye 177

okolí *neut* surroundings, neighbourhood 837

okolní *adj* surrounding, neighbouring 2238

okolnost *fem* circumstance, condition 1249

okolo *prep* about, around 1239

okraj *inan* edge, margin 1392

okres *inan* district 3023

okresní *adj* district 2379

okruh *inan* radius, scope 1921

olej *inan* oil 2067

olomoucký *adj* Olomouc 4789

olympijský *adj* Olympic 4143

omáčka *fem* sauce 4309

omezení *neut* limitation, restriction 1959

omezený *adj* limited, restricted 1670

omezit (se) *pf* to limit, reduce 1714

omezovat (se) *impf* to limit, reduce, cut down 2592

omlouvat (se) *impf* to apologize, excuse 2935

omluvit (se) *pf* to apologize, excuse 3529

omyl *inan* mistake 2070

on *pron* he 8

onemocnění *neut* disease 3307

onen *pron* that 354

oni *pron* they 28

opačný *adj* opposite 2024

opak *inan* reverse, contrary, opposite 3980

opakovaně *adv* repeatedly 3937

opakovaný *adj* repeated, recurring 3983

opakovat (se) *impf* to repeat, revise,
  (se) happen again 1031

opatrně *adv* carefully 2054

opatrný *adj* careful 3421

opatření *neut* measure, precaution 1255

opatřit (si) *pf* to get, provide 3685

opera *fem* opera 3584

operace *fem* operation, surgery 1343

operační *adj* operation, operating 3538

operovat *impf* to operate 4910

opět *adv* again 378

opilý *adj* drunk 3494

opírat se *impf* to lean, be based on 2854

opora *fem* pillar, support 3845

opouštět *impf* to leave, abandon 2881

opozice *fem* opposition 3928

opoziční *adj* opposition, opposing 4776

oprava *fem* reconstruction, correction 2012

opravdový *adj* real, true, genuine 2398

opravdu *part* really, genuinely 265

opravit *pf* to repair, correct 2731

oprávněný *adj* justified, authorized 3183

opravovat *impf* to repair, correct 3964

oproti *prep* compared with, against 1927

opřít (se) *pf* to lean 2607

optimální *adj* optimum, optimal 3315

opustit *pf* to leave, abandon 934

opuštěný *adj* desolate, abandoned 3127

oranžový *adj* orange 4506

orgán *inan* organ, authority, body 1204

organismus *inan* organism 2936

organizace *fem* organization 668

organizační *adj* organizational 3601

organizátor *anim* organizer 3185

organizovaný *adj* organized 3809

organizovat *biasp* to organize 2884

orchestr *inan* orchestra 4609

orientace *fem* orientation, inclination 2603

orientovaný *adj* oriented, facing 4455

orientovat (se) *biasp* to orientate,
  find position 3433

originál *inan* original 4457

originální *adj* original 3355

osa *fem* axis 3637

osamělý *adj* lonely, solitary 3920

oslava *fem* celebration 2134

oslavit *pf* to celebrate 4325

oslovit *pf* to address 2697

osm *num* eight 443

osmdesát *num* eighty 1987

osmdesátý *num* eightieth 3832

osmnáct *num* eighteen 2245

osmý *num* eighth 2059

osoba *fem* person 468

osobně *adv* personally, in person 1665

osobní *adj* personal, subjective 584

osobnost *fem* personality, figure 1159

ostatně *part* after all 1480

ostatní *adj* (the) other(s), remaining 242

ostravský *adj* Ostrava 4077

ostrov *inan* island 1653

ostrý *adj* sharp, hot 1455

ostře *adv* sharply 3091

ostuda *fem* scandal, shame 4734

osud *inan* fate, destiny 1068

osvědčit (se) *pf* to prove useful, certify 4963

osvětlení *neut* lighting 4502

osvobodit (se) *pf* to free, acquit, **(se)** break free 4356

ošklivý *adj* ugly, mean, bad 3039

otáčet (se) *impf* to turn, **(se)** rotate 3647

otázka *fem* question 261

otcův *adj* father's 4788

otec *anim* father 471

otevírat (se) *impf* to open 2692

otevřeně *adv* openly, frankly 4468

otevření *neut* opening 3365

otevřený *adj* open 675

otevřít (se) *pf* to open 367

otočit (se) *pf* to turn, turn round, reverse 1070

otravovat *impf* to bother, annoy 4020

otřást (se) *pf* to shake, **(se)** shudder 4315

otvírat (se) *impf* to open 3213

otvor *inan* hole, slot 3349

ověřit (si) *pf* to check, verify 3371

ovládat (se) *impf* to control, **(se)** control oneself 1948

ovládnout (se) *pf* to control, dominate, **(se)** control oneself 3260

ovlivnit *pf* to influence 1321

ovlivňovat *impf* to influence 1820

ovoce *neut* fruit 2757

ovšem *part* of course, nevertheless 285

ovzduší *neut* air, atmosphere, climate 4736

ozbrojený *adj* armed 3961

označení *neut* mark, label 2265

označit *pf* to indicate, declare 1414

označovat *impf* to indicate, denote 1845

oznámení *neut* announcement, notice 3300

oznámit *pf* to announce, report 1183

ozvat se *pf* to sound, be heard 1163

ozývat se *impf* to sound, be heard 3489

oženit (se) *pf* to marry, get married 3891

Pp

pacient *anim* patient 1976

pád *inan* drop, fall 1431

padat *impf* to fall 1513

padesát *num* fifty 617

padesátý *num* fiftieth 3774

padnout *pf* to fall, fit 1093

pach *inan* stench, smell, odour 4706

pachatel *anim* offender, culprit 3085

pak *adv* then 54

palác *inan* palace 2300

palec *inan* thumb, inch 3406

pálit *impf* to burn, be hot 3111

palivo *neut* fuel 4157

paluba *fem* deck, board 4507

památka *fem* memory, sight 2155

pamatovat si *impf* to remember 513

paměť *fem* memory 1405

pan *anim* sir, Mr, (gentle)man 199

pánbůh *anim* God 4747

paní *fem* Mrs, lady 447

panna *fem* virgin 3943

panovat *impf* to prevail, rule, reign 3258

papír *inan* paper 713

papírový *adj* paper, cardboard 3776

paprsek *inan* beam, ray 3285

pár *inan* couple, pair 2220

pár *num* pair, couple 388

pára *fem* steam, vapour 4391

paráda *fem* pomp, splendour, show 4981

paradoxně *adv* ironically, paradoxically 4887

parametr *inan* parameter 3468

park *inan* park 1484

parkoviště *neut* car park, parking lot 3775

parlament *inan* parliament 1943

parlamentní *adj* parliamentary 4318

parta *fem* gang, group, crowd 3746

partner *anim* partner, associate 1244

party *fem* party 4176

pařížský *adj* Paris 4517

pas *inan* passport, waistline 2197

pás *inan* strip, belt 2833

pasáž *fem* passage, arcade 4594

páska *fem* tape, slip, strip 4980

pásmo *neut* zone 3497

past *fem* trap, plot 4954

pata *fem* heel, foot 3148

pátek *inan* Friday 808

páteř *fem* backbone, spine 4522

patnáct *num* fifteen 867

pátrat *impf* to search for, investigate 3523

patrně *part* probably 2170

patrný *adj* visible, evident 2627

patro *neut* floor, storey, palate 1885

patřičný *adj* proper, due, right 4423

patřit *impf* to belong 234

pátý *num* fifth 1346

pauza *fem* break, pause 3875

paže *fem* arm 2331

péct *impf* to bake, roast 3760

péče *fem* aid, care 1232

pečlivě *adv* carefully 1794

pečovat *impf* to take care, look after 4493

peklo *neut* hell 2638

pěkně *adv* nicely, fairly 933

pěkný *adj* pretty, nice 572

peněženka *fem* wallet 4362

peníze *inan pl* money 252

perfektní *adj* perfect, flawless 4097

pero *neut* feather, pen, spring 3175

personál *inan* staff, personnel 3820

personální *adj* personnel 4874

perspektiva *fem* prospect, perspective 3670

pes *anim* dog 764

pěst *fem* fist 3170

pěstovat *impf* to grow, breed, cultivate 3186

pestrý *adj* colourful, varied 3870

pěšky *adv* on foot 3302

pět *num* five 186

pětadvacet *num* twenty-five 2862

pětatřicet *num* thirty-five 4892

pětka *fem* (number) five, (grade) F 4964

pětkrát *num* five times 4965

pevně *adv* firmly, fast 1726

pevnost *fem* fortress, solidness 3682

pevný *adj* firm, solid, sturdy 1060

pilot *anim* pilot 3814

písek *inan* sand 2484

písemný *adj* written 3740

píseň *fem* song 1913

písmeno *neut* letter 3160

písmo *neut* handwriting, script 3838

písnička *fem* song 2459

pistole *fem* gun, pistol 3720

pít *impf* to drink 964

pití *neut* drinking, drink 2909

pitomý *adj* stupid, dumb 4559

pivo *neut* beer 1076

placený *adj* paid 4013

pláč *inan* crying, weeping 4277

plakat *impf* to cry, weep 2652

plakát *inan* poster 4399

plamen *inan* flame 3201

plán *inan* plan 682

planeta *fem* planet 3363

plánování *neut* planning 4563

plánovaný *adj* planned 2905

plánovat *impf* to plan, design 1772

plášť *inan* coat, cloak, casing 3059

plat *inan* pay, salary 2060

platba *fem* payment 4641

platit *impf* to pay 312

plátno *neut* cloth, linen, projection screen 3329

platnost *fem* validity, effect 2409

platný *adj* valid 1701

plavat *impf* to swim 3110

pláž *fem* beach 3707

plech *inan* baking tray, sheet metal 3996

plést (se, si) *impf* to knit, **(se)** interfere, **(si)** mistake 2787

pleť *fem* complexion 4416

plíce *fem* lung 3648

plně *adv* fully, completely 1385

plnění *neut* performance, fulfilment 3589

plnit *impf* to fill, perform 1713

plno *adv* plenty 3327

plný *adj* full 328

plod *inan* fruit, foetus 3368

plocha *fem* surface, area 1210

plochý *adj* flat 4187

plot *inan* fence, fencing 2589

plus *inan* pro, plus 2783

plyn *inan* gas 1953

plynout *impf* to pass, flow, imply 3224

plynový *adj* gas 4848

plzeňský *adj* Pilsen 3395

po *prep* after 35

pobavit (se) *pf* to amuse, **(se)** have fun 4123

poblíž *prep* near, close 2892

pobočka *fem* branch 3215

pobřeží *neut* coast 2941

pobyt *inan* stay, residence 1687

pocit *inan* feeling 394

pocítit *pf* to feel, experience 3049

pociťovat *impf* to feel, experience 3784

poctivý *adj* honest, fair 4182

počasí *neut* weather 1597

počáteční *adj* initial 3862

počátek *inan* beginning, threshold 664

počet *inan* number, quantity 380

početný *adj* numerous, large 4032

počínat (si) *impf* to rise, **(si)** behave 2855

počít *pf* to conceive, begin 4760

počítač *inan* computer 1081

počítačový *adj* computer 2674

počítat *impf* to count, reckon, expect 552

počkat *pf* to wait 347

pod *prep* under 128

podání *neut* submission, presentation 2921

podařit se *pf* to manage, succeed 417

podat *pf* to hand, pass, hold out 825

podávat *impf* to hand, give, serve 1521

poděkovat *pf* to thank 3712

podél *prep* along 2392

podepsat *pf* to sign 1463

podezřelý *adj/noun* suspicious (*adj*), suspect (*noun*) 2477

podezření *neut* suspicion 2319

podíl *inan* share 1125

podílet se *impf* to participate 1297

pódium *neut* stage, platform, podium 4583

podívat se *pf* to look 245

podivný *adj* strange 1807

podklad *inan* basis, foundation, documents 2654

podlaha *fem* floor 1605

podle *prep* according to 82

podléhat *impf* to succumb, be subject to 3381

podlehnout *pf* to succumb, be defeated 3126

podmínka *fem* condition, circumstance 361

podnět *inan* impulse, stimulus 2606

podnik *inan* enterprise, business 642

podnikání *neut* enterprise, business 2726

podnikat *impf* to be in trade, make 3729

podnikatel *anim* businessman 1677

podnikatelský *adj* business 3152

podniknout *pf* to (under)take, make 3930

podnikový *adj* business, company 4975

podoba *fem* form, appearance 598

podobat se *impf* to be similar, look like 2507

podobně *adv* similarly, likewise 648

podobný *adj* similar, alike 327

podotknout *pf* to remark, add 3040

podpis *inan* signature 2773

podpora *fem* support 719

podporovat *impf* to support, encourage 1291

podpořit *pf* to support 1930

podrobit (se) *pf* to subject, submit, **(se)** undergo 3991

podrobně *adv* in detail 3089

podrobnost *fem* detail 2865

podrobný *adj* detailed, elaborate 2651

podruhé *num* for the second time 2122

podržet *pf* to hold, back up 4671

podstata *fem* essence, foundation, root 649

podstatně *adv* essentially, considerably 1896

podstatný *adj* substantial, significant 1286

podvod *inan* fraud, deception 3578

podzemní *adj* underground 4267

podzim *inan* autumn 1441

podzimní *adj* autumn 4191

poezie *fem* poetry 3990

pohádka *fem* fairy tale 2707

pohár *inan* cup 3299

pohlaví *neut* sex 3922

pohled *inan* look, view, postcard 325

pohlédnout *pf* to look 2449

pohnout (se) *pf* to move, **(se)** make a move 2522

pohoda *fem* contentment, ease 1091

pohodlný *adj* comfortable, easy, lazy 2733

pohotovost *fem* emergency, readiness, alert 4798

pohřeb *inan* funeral 3747

pohyb *inan* movement, motion 683

pohybovat (se) *impf* to move, **(se)** range, oscillate 871

pocházet *impf* to come from, originate 1314

pochod *inan* march, procession 3726

pochopení *neut* understanding 3136

pochopit *pf* to understand, grasp 644

pochopitelně *part* naturally 1865

pochopitelný *adj* understandable, comprehensible 3044

pochyba *fem* doubt 3703

pochybnost *fem* doubt 3045

pochybovat *impf* to doubt 2192

pojem *inan* notion, concept, term 1339

pojetí *neut* concept 2306

pojištění *neut* insurance 3274

pojišťovna *fem* insurance company 2831

pojmenovat *pf* to name, call 4223

pojmout *pf* to hold, seat, conceive 4484

pokaždé *adv* every time 1993

poklad *inan* treasure 4383

pokládat *impf* to put, lay, assume 1932

pokladna *fem* cash desk, box office, treasury 3298

pokles *inan* drop, decrease 2424

poklesnout *pf* to drop, decrease, fall 4541

pokoj *inan* room, peace 550

pokoušet (se) *impf* to tempt, **(se)** try 1206

pokračování *neut* continuation, sequel 3115

pokračovat *impf* to continue, go on 428

pokrčit *pf* to bend, shrug 4350

pokrok *inan* progress, improvement 3087

pokrýt *pf* to cover 3628

pokrývat *impf* to cover 4792

pokud *conj* if, as long as 151

pokus *inan* attempt, experiment 887

pokusit se *pf* to try, attempt 911

pokuta *fem* penalty, fine 2580

pokyn *inan* instruction 2992

pole *neut* field 816

poledne *neut* noon 2417

polévka *fem* soup 2394

políbit (se) *pf* to kiss 3835

policajt *anim* cop 4030

policejní *adj* police 1402

policie *fem* police 639

policista *anim* policeman 1218

politický *adj* political 570

politik *anim* politician 1502

politika *fem* politics 750

polní *adj* field 4902

poloha *fem* position, situation 1843

poloviční *adj* half 4695

polovina *fem* half 450

položený *adj* set, situated 4600

položit *pf* to put, lay, place 880

položka *fem* item 4002

polský *adj* Polish 2830

polštář *inan* pillow, cushion 3966

pomáhat *impf* to help 765

pomalu *adv* slowly 676

pomalý *adj* slow 2571

poměr *inan* ratio, relationship 1057

poměrně *adv* rather, relatively 900

pominout (se) *pf* to pass off, **(se)** go mad 4611

pomoc *fem* help 534

pomocí *prep* by means of, using 983

pomocný *adj* auxiliary, helping 4174

pomoct *pf* to help 382

pomůcka *fem* aid, tool 4653

pomyslet si *pf* to think (of) 1750

pondělí *neut* Monday 1029

ponechat (si) *pf* to leave, **(si)** keep 2368

poněkud *adv* somewhat, rather 1167

poněvadž *conj* because 2982

ponožka *fem* sock 4970

popadnout *pf* to seize, grab 3871

popel *inan* ash 4687

popírat *impf* to deny 4575

popis *inan* description 2335

popisovat *impf* to describe 1994

poplatek *inan* charge, fee 2370

poprosit *pf* to ask 4956

poprvé *num* for the first time 499

popsaný *adj* described, covered with writing 4257

popsat *pf* to describe 1517

poptávka *fem* demand 3301

populace *fem* population 3337

popularita *fem* popularity 4727

populární *adj* popular 2142

poradce *anim* adviser, consultant 3131

poradit (se) *pf* to advise, **(se)** consult 1785

porazit *pf* to beat, defeat 2365

porážka *fem* defeat, slaughter 3163

porovnání *neut* comparison 3259

porozumění *neut* understanding 4855

porozumět *pf* to understand 4672

portrét *inan* portrait, profile 3892

porucha *fem* breakdown, malfunction, failure 2602

porušení *neut* breach, infringement 3758

porušit *pf* to break, infringe 3403

pořad *inan* programme, agenda 2074

pořád *adv* all the time, still 293

pořádat *impf* to organize, host 2168

pořadatel *anim* organizer 3915

pořádek *inan* order 821

pořadí *neut* order, sequence 2712

pořádně *adv* properly, thoroughly 1447

pořádný *adj* proper, substantial 2359

pořídit (si) *pf* to get, buy 2169

posadit (se) *pf* to sit, seat, **(se)** sit down 1710

posádka *fem* crew 3696

posílat *impf* to send 1607

posílení *neut* strengthening, consolidation 4644

posílit *pf* to strengthen, boost 2624

posilovat *impf* to strengthen, encourage 4035

poskytnout *pf* to provide 1118

poskytovat *impf* to provide 1098

poslanec *anim* deputy 1809

poslanecký *adj* parliamentary 3951

poslání *neut* mission, role 3695

poslat *pf* to send 530

posledně *adv* last time 4890

poslední *adj* last, final 146

poslechnout *pf* to listen to, obey 3422

posléze *adv* finally 2934

poslouchat *impf* to listen to, obey 781

posloužit (si) *pf* to serve, help, **(si)** help oneself 3675

posluchač *anim* listener, trainee 3405

posoudit *pf* to judge, review 3231

post *fem* post, position 3230

postarat se *pf* to take care 2175

postava *fem* figure, character 972

postavení *neut* status, position 1136

postavený *adj* built, based 2346

postavit (se) *pf* to put up, build, **(se)** stand up 462

postel *fem* bed 899

postihnout *pf* to affect, strike 2656

postižený *adj* afflicted, disabled 2193

postoj *inan* posture, attitude, stance 1443

postoupit *pf* to advance, step forward 3347

postrádat *impf* to lack, miss 3392

postup *inan* procedure, progress 569

postupně *adv* gradually, step by step 669

postupný *adj* gradual 3096

postupovat *impf* to advance, move ahead, proceed 1815

posun *inan* shift 4089

posunout (se) *pf* to move, advance 2713

posuzovat *impf* to judge, assess 3400

posvátný *adj* sacrosanct, holy, sacred 4955

poškodit *pf* to damage, harm 2663

poškození *neut* damage, injury 3524

poškozený *adj* damaged, injured 3724

pošta *fem* post office, mail 2043

poštovní *adj* post, postal, mail 4179

pot *inan* sweat 4046

poté *adv* after, later 559

potenciál *inan* potential, capacity 3654

potenciální *adj* potential 3119

potěšení *neut* pleasure 3780

potěšit *pf* to please, cheer up 2458

potíž *fem* trouble, difficulty 1211

potkat (se) *pf* to meet, run into 997

potkávat (se) *impf* to meet 4741

potlačit *pf* to suppress, hold back 4919

potok *inan* stream, brook 3869

potom *adv* then, afterwards 175

potomek *anim* descendant, offspring 3234

potrava *fem* food 4043

potravina *fem* food(stuff) 2363

potrestat *pf* to punish 4071

potřeba *adv* necessary 1806

potřeba *fem* need 556

potřebný *adj* necessary, needed 1027

potřebovat *impf* to need 232

potřetí *num* for the third time 4343

potvrdit *pf* to confirm 810

potvrzení *neut* confirmation, certificate 4061

potvrzovat *impf* to certify, prove 2367

poučit (se) *pf* to instruct, **(se)** learn from 4284

pouhý *adj* mere 881

poukazovat *impf* to point out 4243

poušť *fem* desert 4624

pouštět *impf* to let go, set about 2079

pouť *fem* funfair, pilgrimage 4377

pouto *neut* bond, (*pl*) handcuffs 4716

pouze *adv* only, solely 194

použít *pf* to use 580

použití *neut* use, application 1300

použitý *adj* used 3546

používání *neut* use, utilization 3029

používaný *adj* used 2997

používat *impf* to use 427

povaha *fem* character, nature 1638

považovat *impf* to consider 375

povědět *pf* to tell 1910

pověřit *pf* to authorize, charge 4645

pověsit *pf* to hang 4337

povést se *pf* to succeed in, turn out well 1387

pověst *fem* legend, reputation 2353

povídat (si) *impf* to chat, talk 589

povídka *fem* (short) story, tale 4868

povinnost *fem* duty, obligation 1033

povinný *adj* compulsory, obligatory 1853

povodeň *fem* flood 3836

povolání *neut* profession 2948

povolení *neut* permission, permit 2600

povolený *adj* permitted, allowed 4948

povolit *pf* to permit, allow, loose 2316

povrch *inan* surface 1449

pozadí *neut* background, setting 2420

pozdě *adv* late 247

pozdější *adj* later 2214

pozdní *adj* late 3464

pozdrav *inan* greeting, regard 4498

pozdravit (se) *pf* to greet 3564

pozemek *inan* plot, lands 2114

pozice *fem* position, location 1115

pozitivní *adj* positive 1834

poznamenat *pf* to remark, note, affect 1430

poznámka *fem* note, remark 1676

poznání *neut* knowledge, understanding 2266

poznat *pf* to (get to) know, find out 494

poznatek *inan* (piece of) knowledge, finding 2513

poznávat *impf* to (get to) know, find out 3623

pozor *inan* attention, care 1573

pozor *part* beware 3732

pozorně *adv* closely, carefully 4066

pozornost *fem* attention, favour 742

pozorování *neut* observation, surveillance 4352

pozorovat *impf* to watch, observe 1087

pozorovatel *anim* observer 4898

pozoruhodný *adj* remarkable 2839

pozvání *neut* invitation 4836

pozvat *pf* to invite 1545

požádat *pf* to ask, apply, request 1059

požadavek *inan* demand, requirement 776

požadovaný *adj* required, desired, requisite 3295

požadovat *impf* to demand, claim, require 1755

požár *inan* fire 2940

práce *fem* job, work 130

pracovat *impf* to work 298

pracoviště *neut* workplace, department 2928

pracovní *adj* working 609

pracovník *anim* worker, staff member 998

pracující *adj* working 3673

prádlo *neut* underwear, laundry 2860

práh *inan* threshold 3581

prach *inan* dust, powder 2187

prachy *inan pl* money, cash 2621

prakticky *part* practically, virtually 1096

praktický *adj* practical 1454

pramen *inan* source, spring 2406

prase *neut* pig 3021

prasknout *pf* to break, burst, come out 4742

prášek *inan* powder, pill 2897

praštit *pf* to hit, bang 4625

prát (se) *impf* to do the laundry, **(se)** fight 3306

pravda *fem* truth 266

pravděpodobně *part* probably, most likely 1198

pravděpodobnost *fem* probability 2804

pravděpodobný *adj* probable, likely 2087

pravdivý *adj* true 3657

právě *part* just, right 101

právem *adv* rightly 4304

pravidelně *adv* regularly, periodically 1508

pravidelný *adj* regular 1588

pravidlo *neut* rule 896

pravit *pf* to say 2076

právní *adj* legal 1333

právnický *adj* legal, juridical 4510

právník *anim* lawyer 2847

právo *neut* right, law 387

pravomoc *fem* authority 3397

pravý *adj* right, true, real 566

praxe *fem* practice, training 976

prázdniny *fem pl* holidays, vacation 2229

prázdný *adj* empty 1122

pražský *adj* Prague 605

prdel *fem* arse, ass, fun 2231

premiér *anim* premier 2027

premiéra *fem* premiere 2566

prestižní *adj* prestigious 3677

prevence *fem* prevention 4560

prezentace *fem* presentation 3801

prezentovat *biasp* to present 3166

prezident *anim* president 749

prezidentský *adj* presidential 4390

primární *adj* primary 4448

primátor *anim* mayor 3843

primitivní *adj* primitive 4985

princ *anim* prince 4446

princezna *fem* princess 4886

princip *inan* principle 1075

priorita *fem* priority 3846

privatizace *fem* privatization 3787

prkno *neut* board 4248

pro *prep* for 32

proběhnout (se) *pf* to take place, pass, **(se)** go for a run 1719

probíhat *impf* to be in progress, be underway 1037

probírat *impf* to talk over, look through 3897

problém *inan* issue, problem, trouble 176

problematický *adj* problematic, questionable 4258

problematika *fem* issues 2099

proboha *interj* oh my goodness 4201

probrat (se) *pf* to discuss, **(se)** awake 3296

probudit (se) *pf* to wake (up) 1683

procento *neut* per cent, portion 489

proces *inan* process 517

proč *adv* why 159

prodat *pf* to sell 1054

prodávat *impf* to sell 978

prodej *inan* sale 1123

prodejce *anim* salesperson, seller 4935

prodejna *fem* shop, store 3232

prodejní *adj* sale, selling 4667

prodloužení *neut* extra time, prolongation 4992

prodloužit (si) *pf* to extend, lengthen 3557

producent *anim* producer 3984

produkce *fem* production, performance 1812

produkovat *impf* to produce, make 4425

produkt *inan* product, result 1466

profese *fem* profession, career 3515

profesionální *adj* professional 2123

profesor *anim* professor 1827

profil *inan* profile 4042

program *inan* programme, plan, agenda 431

prohlásit *pf* to declare, allege 681

prohlášení *neut* statement, declaration 2348

prohlašovat *impf* to declare, claim 3914

prohlédnout (si) *pf* to examine,
(si) have a look at 1835

prohlídka *fem* examination, inspection, tour 2923

prohlížet (si) *impf* to examine, (si) browse 2105

prohra *fem* loss, defeat 4795

prohrát *pf* to lose 2254

procházet (se) *impf* to walk, browse, (se) stroll 1438

procházka *fem* walk 2503

projekt *inan* project 696

projet (se) *pf* to drive through, (se) go for a ride 2632

projev *inan* expression, speech 1152

projevit (se) *pf* to express, show 1265

projevovat (se) *impf* to express, show 1538

projít (se) *pf* to go through, pass,
(se) go for a walk 673

projíždět (se) *impf* to go through, (se) drive 4034

prokázat *pf* to prove 1553

proměna *fem* transformation, change 3496

proměnit (se) *pf* to change, transform 2216

prominout *pf* to forgive, excuse 2436

promítat (se) *impf* to project, (se) be
reflected 4161

promluvit *pf* to speak, talk 1641

pronásledovat *impf* to chase, pursue,
prosecute 4438

pronést *pf* to utter, deliver (in secret) 3138

pronikat *impf* to penetrate, infiltrate 3793

proniknout *pf* to penetrate, infiltrate 2512

propadnout *pf* to fall through, become
addicted to 2834

propast *fem* gap, abyss 4819

propojení *neut* connection, linkage 4684

propojit *pf* to interconnect, link up 4999

propustit *pf* to dismiss, discharge 2959

prosadit (se) *pf* to push through,
(se) assert 1937

prosazovat (se) *impf* to push through,
(se) assert 2639

prosinec *inan* December 1549

prosit *impf* please, to ask, beg 357

proslulý *adj* famous 2996

prospěch *inan* benefit, welfare 1824

prostě *part* simply, just 71

prostor *inan* space, room, area 438

prostředek *inan* means, device, resource 518

prostředí *neut* environment, surroundings 454

prostřednictvím *prep* by means of, by, through 1191

prostý *adj* simple, plain 1800

protáhnout (se) *pf* to extend, stretch 3563

protest *inan* protest 3188

protestovat *impf* to protest, object 3586

proti *prep* against 167

protivník *anim* opponent 4351

proto *conj* therefore 125

protokol *inan* protocol, proceedings 4586

protože *conj* because 63

proud *inan* stream, flow 1156

provádět *impf* to carry out, guide 1052

provázet *impf* to escort, accompany 2519

provedení *neut* version, execution 2259

provedený *adj* carried out, executed 3988

provést *pf* to carry out, do, guide 794

provoz *inan* operation, traffic 991

provozní *adj* operating, service 3532

provozovat *impf* to practise 2885

provozovatel *anim* operator, provider 4475

prozatím *adv* for now, for the time being 4601

prozradit (se) *pf* to reveal, (se) give oneself
away 1985

prožít *pf* to spend, experience 2364

prožívat *impf* to go through, experience 2440

prsa *neut pl* chest, breast 2260

prst *inan* finger, toe 804

prsten *inan* ring 4679

pršet *impf* to rain 2435

průběh *inan* course, run 715

prudce *adv* sharply, rapidly 2313

prudký *adj* sharp, intense 2275

pruh *inan* stripe, lane 3481

průhledný *adj* transparent, see-through 4341

průkaz *inan* card, ID 4005

průměr *inan* average, diameter 1504

průměrný *adj* average 1775

průmysl *inan* industry 1652

průmyslový *adj* industrial 1734

průvod *inan* parade, procession 4748

průvodce *anim* guide 3611

průzkum *inan* survey, poll 2264

pružný *adj* flexible, elastic 4738

prvek *inan* element, component 1074

prvně *adv* at first, for the first time 4900

první *num* first 93

prvý *num* first 2369

prý *part* supposedly, allegedly 291

pryč *adv* away, off, gone 839

přání *neut* wish, request 1826

přát (si) *impf* to wish 706

přátelský *adj* friendly 2089

přátelství *neut* friendship 3723

přebírat *impf* to take over, adopt 4666

přece *part* surely, yet 228

přečíst *pf* to read 1224

před *prep* ago, before, in front of 74

předat *pf* to hand (over), transfer 1802

předávat *impf* to hand (over), present 3778

předběžný *adj* preliminary, provisional 4000

předčasný *adj* premature, early 4200

předek *anim/inan* ancestor (*anim*), front part (*inan*) 3629

předem *adv* in advance 1340

především *part* first of all 255

předcházející *adj* previous, preceding 4478

předcházet *impf* to precede, prevent 3205

předchozí *adj* previous 1114

předchůdce *anim* predecessor, ancestor 3978

předkládat *impf* to present, submit 4444

předložit *pf* to present, submit 2308

předmět *inan* subject, object 760

přednášet *impf* to lecture, recite 4750

přednáška *fem* lecture 2342

přední *adj* front, prominent 1272

přednost *fem* advantage, preference 1358

předpis *inan* regulation, prescription 1764

předpoklad *inan* condition, assumption 1283

předpokládaný *adj* expected, assumed 4298

předpokládat *impf* to assume, suppose 806

předseda *anim* chairman 929

představa *fem* idea, vision 549

představení *neut* performance, introduction 2093

představenstvo *neut* board of directors 4348

představit (se, si) *pf* to introduce, (si) imagine 509

představitel *anim* representative 1465

představovat (se, si) *impf* to introduce, (si) imagine 423

předstírat *impf* to pretend 3817

předtím *adv* before 551

předvádět *impf* to demonstrate, perform 3153

předvést *pf* to demonstrate, show 2237

přehled *inan* survey, summary 2041

přehlédnout *pf* to overlook, miss, view 4634

přehlídka *fem* show, parade 3382

přecházet *impf* to cross, convert 2378

přechod *inan* crossing, passage 1757

přechodný *adj* temporary, transitional 4536

přejet *pf* to cross, run over 3169

přejít *pf* to cross, go over 1011

překážka *fem* obstacle 2330

překlad *inan* translation 3262

překonat (se) *pf* to overcome 2049

překročit *pf* to overstep, cross 2388

překvapení *neut* surprise 2004

překvapit *pf* to surprise 1284

překvapivě *adv* surprisingly 3865

překvapivý *adj* surprising 4232

přelom *inan* turn, turning point 3631

přeložit *pf* to transfer, translate, fold over 3191

přemýšlet *impf* to think, meditate 796

přenášet *impf* to transfer, conduct 3202

přenést (se) *pf* to carry, transfer, (se) get over 2596

přenos *inan* broadcast, transmission, transfer 2622

přepadnout *pf* to attack 4471

přeprava *fem* transport 4668

přerušit *pf* to cut (off), interrupt 2038

přes *prep* over, across 143

přesáhnout *pf* to exceed 4735

přesahovat *impf* to exceed 3727

přesně *adv* exactly 300

přesnost *fem* accuracy, precision 4539

přesný *adj* exact, precise 1173

přestat *pf* to stop, end 645

přestávat *impf* to stop, cease 2947

přestávka *fem* break, interval 2434

přestěhovat (se) *pf* to move 2857

přesto *adv* in spite of, yet 444

přestože *conj* even though 987

přesun *inan* transfer, transport 4692

přesunout (se) *pf* to move, shift 3010

přesvědčení *neut* conviction, belief 2661

přesvědčit *pf* to convince, persuade 762

převaha *fem* superiority, advantage, upper hand 4088

převážně *adv* mainly, predominantly 1888

převést *pf* to take across, transfer 3055

převézt *pf* to transfer, transport 4822

převod *inan* transfer, transmission 4229

převzít *pf* to take over, assume 1512

přežít *pf* to survive, outlive **1515**

při *prep* by, at **69**

příběh *inan* story, tale **1062**

přiblížit (se) *pf* to approach, move closer **1850**

přibližně *adv* approximately **1511**

přibližovat (se) *impf* to approach, move closer **3913**

příbuzný *adj/noun* related (*adj*), relative (*noun*) **1777**

přibýt *pf* to increase **3246**

přibývat *impf* to increase **3671**

přičemž *conj* whereas, while **1464**

příčina *fem* cause, reason **966**

příčka *fem* rung, partition **4342**

přidat (se) *pf* to add, speed up, **(se)** join **908**

přidávat (se) *impf* to add, **(se)** join **3282**

přihlásit (se) *pf* to apply, report **2085**

přihlížet *impf* to stand by, take into
    consideration **4712**

příhoda *fem* event, episode **4791**

přihodit se *pf* to happen, occur **4682**

přicházet *impf* to come **771**

příchod *inan* arrival, coming **2295**

přijatelný *adj* acceptable **2524**

přijatý *adj* received, admitted **4368**

příjem *inan* reception, income **1399**

příjemně *adv* pleasantly **3334**

příjemný *adj* pleasant **670**

přijet *pf* to come, arrive **337**

přijetí *neut* acceptance, welcome **2476**

příjezd *inan* arrival **4225**

přijímat *impf* to accept, receive **1616**

přijít *pf* to come **99**

přijíždět *impf* to come, arrive **4004**

přijmout *pf* to accept **646**

příkaz *inan* order, command **2664**

příklad *inan* example **678**

přikývnout *pf* to nod **3324**

příležitost *fem* opportunity, chance **758**

příliš *adv* too **301**

příloha *fem* supplement, attachment **3500**

přiložit *pf* to attach, enclose **4761**

přiměřený *adj* appropriate, adequate **3883**

přimět *pf* to make, force **2970**

přímo *part* right, directly **311**

přímý *adj* straight, direct **797**

přinášet *impf* to bring **1231**

přinejmenším *part* at least **2866**

přinést *pf* to bring, fetch **426**

přínos *inan* contribution, merit **3134**

přinutit (se) *pf* to compel, force **3761**

případ *inan* case **149**

připadat (si) *impf* to seem, appear, **(si)** feel **597**

případně *part* possibly **1292**

připadnout *pf* to fall **4873**

případný *adj* possible, potential, apt **1567**

připojení *neut* connection **4759**

připojit (se) *pf* to attach, **(se)** join **1780**

připomenout (si) *pf* to remind, **(si)** recall **1235**

připomínat (si) *impf* to remind,
    (si) commemorate **863**

připomínka *fem* remark, reminder **4285**

připouštět *impf* to admit **3001**

příprava *fem* preparation, training **893**

připravený *adj* ready, prepared **1491**

připravit (se) *pf* to prepare, get ready **436**

připravovat (se) *impf* to prepare, get ready **953**

připsat *pf* to add, credit, ascribe **4480**

připustit (si) *pf* to admit **2121**

příroda *fem* nature, country(side) **1135**

přírodní *adj* natural **1618**

přirozeně *adv* naturally, of course **2689**

přirozený *adj* natural, normal **1234**

příslušník *anim* member **2236**

příslušný *adj* relevant, authorized, competent **1134**

přísně *adv* severely, strictly **3122**

přísný *adj* strict **1875**

přispět *pf* to contribute, help **1604**

příspěvek *inan* contribution, benefit **1968**

přispívat *impf* to contribute **2559**

přistát *pf* to land **4698**

přístav *inan* harbour, port **3607**

přistoupit *pf* to approach, come nearer, accept **1956**

přístroj *inan* apparatus, instrument **2010**

přístup *inan* approach, access **700**

přístupný *adj* accessible **2750**

přistupovat *impf* to approach **3771**

příšerný *adj* horrible, terrible **4504**

příště *adv* next time **2718**

příští *adj* next, following **502**

přitáhnout *pf* to draw, attract **3651**

přitahovat *impf* to attract **3193**

přitažlivý *adj* attractive **4946**

přítel *anim* friend, boyfriend **548**

přítelkyně *fem* girlfriend **2753**

přitom *part* yet, at the same time **290**

přítomnost *fem* presence, the present **1457**

přítomný *adj* present **1767**

přivádět *impf* to bring, drive **4984**

přivést *pf* to bring, fetch **1439**

přivézt *pf* to bring, deliver 1313

přivítat *pf* to welcome 3860

příznak *inan* symptom, indication 4251

přiznat (se) *pf* to admit, **(se)** confess 950

přiznávat (se) *impf* to admit, **(se)** confess 2877

příznivec *anim* fan 3552

příznivý *adj* favourable 1859

přizpůsobit (se) *pf* to adapt, **(se)** conform 2899

psací *adj* writing 4376

psaní *neut* writing, letter 3156

psaný *adj* written 3755

psát *impf* to write 324

psí *adj* dog 4496

psychický *adj* psychic(al), mental 3410

psycholog *anim* psychologist 4552

psychologický *adj* psychological 3580

psychologie *fem* psychology 4613

pták *anim* bird 1879

ptát se *impf* to ask 460

publikace *fem* publication 3137

publikovat *biasp* to publish 4488

publikum *neut* audience 2871

půda *fem* land, soil, ground 1139

půjčit (si) *pf* to lend, **(si)** borrow 1765

půjčka *fem* loan 4183

půjčovat (si) *impf* to lend, **(si)** borrow 4573

půl *fem* half 281

půle *fem* half, middle 4805

půlka *fem* half 1654

půlnoc *fem* midnight 2690

pult *inan* bar, counter 3752

pusa *fem* mouth, kiss 2861

působení *neut* impact, effect, influence 1717

působící *adj* working, causing 3692

působit *impf* to affect, work, look 476

působnost *fem* activity, effect 4877

pustit *pf* to turn on, drop, release 558

putovat *impf* to wander, travel around 4023

půvabný *adj* lovely, charming 4923

původ *inan* origin 1594

původně *adv* originally, initially 1140

původní *adj* original, authentic 689

pytel *inan* bag, sack 2729

Rr

racionální *adj* rational 4710

rád *adj* glad, pleased 183

rada *fem* advice, council 592

raději *adv* rather, better, preferably 404

radikální *adj* radical 3588

rádio *neut* radio 2095

radit (se) *impf* to advise, **(se)** consult 2693

radní *anim/fem* councillor 3587

radnice *fem* town hall 1819

radost *fem* joy, delight 717

radostný *adj* joyous, happy, cheerful 4889

radovat se *impf* to enjoy, rejoice, exult 3748

ráj *inan* paradise, Eden 3423

rakouský *adj* Austrian 2278

rakovina *fem* cancer 4815

rám *inan* frame 4647

rámec *inan* framework, scope 562

rameno *neut* shoulder 802

rána *fem* wound, blow 1116

ranní *adj* morning 2732

ráno *adv* in the morning 434

ráno *neut* morning 1145

raný *adj* early 3861

ráz *inan* character, nature, impact 4454

reagovat *impf* to react, respond 1149

reakce *fem* response, reaction 1186

realita *fem* reality 2001

realizace *fem* implementation, realization 2167

realizovat *biasp* to implement, carry out 2239

reálný *adj* real 1619

recept *inan* recipe, prescription 3252

redakce *fem* editorial office, edition 3426

redaktor *anim* editor 4436

reforma *fem* reform 2509

region *inan* region 1877

regionální *adj* regional 2588

regulace *fem* regulation 4235

reklama *fem* advertisement, commercial, publicity 1881

reklamní *adj* advertising 3271

rekonstrukce *fem* reconstruction, renovation 2302

rekord *inan* record 3680

relativně *part* relatively 2057

relativní *adj* relative 4500

reprezentace *fem* representation, national team 3646

reprezentant *anim* representative, (national team) player 4028

reprezentovat *biasp* to represent 3924

republika *fem* republic 451

respekt *inan* respect 4593

respektive *part* or (rather) 3573

respektovat *impf* to respect, abide, comply 2614

restaurace *fem* restaurant 1591

ret *inan* lip 1805

revoluce *fem* revolution 2466

revoluční *adj* revolutionary 4699

rezerva *fem* reserve 3957

režie *fem* directing, direction 4009

režim *inan* regime 1572

režisér *anim* director 2161

riskovat *impf* to risk, take a risk 3369

riziko *neut* risk, danger 1336

ročně *adv* annually, a year 1860

roční *adj* annual 1876

ročník *inan* year, volume, class 1533

rod *inan* genus, race 2784

rodič *anim* parent 691

rodina *fem* family 362

rodinný *adj* family 1160

rodit (se) *impf* to give birth, bear, yield 3394

rodný *adj* native 3095

roh *inan* corner 1365

rok *inan* year 41

role *fem* role 524

román *inan* novel 2590

romantický *adj* romantic 3504

ropa *fem* oil 4703

rostlina *fem* plant 2499

rostoucí *adj* growing, increasing 2372

rovina *fem* plain, level 2263

rovnat (se) *impf* to arrange, sort, **(se)** equal 4474

rovněž *part* as well, likewise 533

rovnou *adv* directly, straight away 1353

rovnováha *fem* balance 3070

rovný *adj* straight, flat, equal 1758

rozběhnout (se) *pf* to start up,
    (se) start running 3916

rozbít (se) *pf* to break, smash 2460

rozbitý *adj* broken 3754

rozbor *inan* analysis 4084

rozčilovat (se) *impf* to annoy, bother 4047

rozdávat *impf* to distribute, hand out 4683

rozdělení *neut* division, distribution 3064

rozdělit (se) *pf* to divide, **(se)** share 1280

rozdělovat *impf* to divide, distribute, allocate 4783

rozdíl *inan* difference 429

rozdílný *adj* different, dissimilar 2694

rozebírat *impf* to analyse, talk 4652

rozejít se *pf* to split up, part 3674

rozeznat *pf* to distinguish, make out 4772

rozhlas *inan* radio, broadcasting 3734

rozhlasový *adj* radio, broadcast 4514

rozhlédnout se *pf* to look around 3912

rozhlížet se *impf* to look around 4938

rozhodčí *anim/fem* referee, umpire 4561

rozhodně *part* definitely, resolutely 777

rozhodnout (se) *pf* to decide 299

rozhodnutí *neut* decision 686

rozhodování *neut* decision-making 2595

rozhodovat (se) *impf* to decide, make decisions 1427

rozhodující *adj* decisive, crucial 1790

rozhovor *inan* conversation, interview 962

rozjet (se) *pf* to set in motion, **(se)** pull away 3289

rozkaz *inan* command, order 3977

rozlišovat *impf* to distinguish 3498

rozloučit se *pf* to say goodbye 3249

rozložit *pf* to unfold, spread out, distribute 4098

rozměr *inan* dimension, size 1844

rozmyslet (se) *pf* to make up one's mind,
    think over 3650

rozpadnout se *pf* to fall apart, break up 4542

rozpaky *inan pl* embarrassment 3941

rozpočet *inan* budget 1595

rozpor *inan* contradiction 2354

rozpoznat *pf* to recognize, identify 4527

rozsah *inan* extent, range 1412

rozsáhlý *adj* extensive, wide 1437

rozsudek *inan* judgment, sentence 3786

rozsvítit (se) *pf* to switch on 3608

rozšíření *neut* expansion, extension 2150

rozšířený *adj* widespread, extended 2601

rozšířit (se) *pf* to extend, widen, **(se)** spread 1419

rozšiřovat (se) *impf* to extend, widen,
    (se) spread 3015

rozum *inan* reason, sense 2033

rozumět *impf* to understand 520

rozumný *adj* reasonable, sensible 2256

rozvíjet (se) *impf* to develop 2429

rozvinout (se) *pf* to develop 4124

rozvod *inan* divorce 3603

rozvoj *inan* development, progress 919

ruční *adj* hand(made), manual 4579

rudý *adj* red, crimson 2243

ruch *inan* activity, movement 4557

ruka *fem* hand 138

rukáv *inan* sleeve 3679

rukavice *fem* glove 4372

rukopis *inan* handwriting, manuscript 4617

ruský *adj* Russian 1389

růst *impf* to grow, increase 935

růst *inan* growth, increase 1253

rušit *impf* to disturb, cancel 2675

různě *adv* differently 2896

různý *adj* different, various 205

růže *fem* rose 3655

růžový *adj* pink 2303

ryba *fem* fish 1759

rybník *inan* pond, pool 3662

rychle *adv* fast, quick(ly) 295

rychlost *fem* speed, rate, pace 1180

rychlý *adj* fast, quick 666

rys *anim/inan* lynx (*anim*), feature,
  drawing (*inan*) 1869

rytmus *inan* rhythm 3180

Řř

řád *inan* order, system, schedule 1168

řada *fem* turn, row, line 210

řádek *inan* line 3165

řadit (se) *impf* to arrange, rank 3617

řádně *adv* properly 4299

řádný *adj* regular, proper 4108

řecký *adj* Greek 3511

řeč *fem* speech, talk 767

ředitel *anim* director, manager, headmaster 545

ředitelka *fem* (woman) director, headmistress 3509

řeka *fem* river 1200

řemeslo *neut* profession, craft 4153

řešení *neut* solution 568

řešit *impf* to solve 723

řetěz *inan* chain 3804

řetězec *inan* chain, string 3789

říct *pf* to say, tell 48

řídící *adj* control, operative, driving 4381

řidič *anim* driver 1415

řídit *impf* to drive, direct, operate 809

říjen *inan* October 1330

říkat *impf* to say, tell 51

římský *adj* Roman 3900

říše *fem* empire, kingdom 2893

řízek *inan* schnitzel, cutlet 4931

řízení *neut* proceeding, control 718

řízený *adj* controlled, managed 3837

řvát *impf* to yell, roar 2371

Ss

s *prep* with 10

sad *inan* orchard 4151

sahat *impf* to touch, reach for 2956

sáhnout *pf* to touch, reach for 2315

sako *neut* jacket 4881

sakra *interj* hell, damn (it) 3473

sál *inan* hall, room 1903

salát *inan* salad, lettuce 3665

salon *inan* salon, parlour 4876

sám *pron* alone, (by) oneself 110

samostatně *adv* independently, solo 4056

samostatný *adj* independent, separate 1541

samota *fem* solitude, lonely place 3338

samotný *adj* oneself, very, alone 728

samozřejmě *part* of course 329

samozřejmý *adj* self-evident, apparent 4717

samý *pron* the same 483

sazba *fem* rate, tariff, charge 3420

sázet (se) *impf* to plant, (se) wager 4193

sbírat *impf* to collect, gather 2453

sbírka *fem* collection 1964

sbor *inan* board, choir 2414

scéna *fem* scene, stage 1150

scénář *inan* scenario, screenplay 3042

sdělení *neut* message, notification 4210

sdělit *pf* to tell, inform 1277

sdělovat *impf* to tell, inform 4863

sdílet *impf* to share 3668

sdružení *neut* association 1928

se *pron* self, each other 4

sebevědomí *neut* self-confidence 4508

sebevražda *fem* suicide 3460

sebrat *pf* to collect, pick up, pinch 1803

sedadlo *neut* seat 3407

sedět *impf* to sit 283

sedm *num* seven 459

sedmdesát *num* seventy 1887

sedmdesátý *num* seventieth 4369

sedmnáct *num* seventeen 2979

sedmý *num* seventh 2017

sednout (si) *pf* to sit down 943

ségra *fem* sister 3867

sehnat *pf* to get (hold of), procure 1337

sehrát *pf* to play, act 3626

sejít (se) *pf* to descend, (se) meet, gather 1110

sektor *inan* sector 3309

sekunda *fem* second 4657

sem *adv* here 89

seminář *inan* seminar 3579

sen *inan* dream, ambition 1043

senát *inan* Senate 3146

senátor *anim* senator 4106

seriál *inan* series 2747

série *fem* series 2083

server *inan* server 4739

servis *inan* service 3757

sestava *fem* composition, line-up 3503

sestavit *pf* to put together, assemble, compile 3238

sestra *fem* sister, nurse 1148

setkání *neut* meeting, get-together 1424

setkat se *pf* to meet, come together 1072

setkávat se *impf* to meet, encounter 2650

sever *inan* north 2151

severní *adj* northern, north 1495

sevřít *pf* to clench, grip, clasp 4599

sex *inan* sex 3330

sexuální *adj* sexual 3028

seznam *inan* list, schedule 1499

seznámit (se) *pf* to acquaint, introduce 1639

sezóna *fem* season 1452

sežrat *pf* to devour, eat 2906

sféra *fem* sphere, area 2829

shánět *impf* to look for, seek 2407

shoda *fem* agreement, correspondence 2581

shodit *pf* to throw (down), knock down 4354

shodnout se *pf* to agree 3457

shodný *adj* identical, same 4189

shodovat se *impf* to agree, match 3697

show *fem* show 4463

shrnout *pf* to sum up 3593

shromáždění *neut* assembly, gathering 3547

shromáždit (se) *pf* to gather 4333

scházet (se) *impf* to be missing, **(se)** meet 2279

schéma *neut* scheme, diagram 3940

schod *inan* step, stair 1614

schodiště *neut* staircase 3689

schopnost *fem* ability, capacity 726

schopný *adj* able, capable 461

schovat (se) *pf* to hide 2565

schovávat (se) *impf* to hide 4282

schránka *fem* box, case 4050

schůze *fem* meeting 4324

schůzka *fem* date, meeting 2174

schválit *pf* to approve 2064

schválně *adv* on purpose, deliberately 3535

sice *adv* admittedly, true 278

sídliště *neut* housing estate, settlement 3765

sídlit *impf* to reside, have a seat 3999

sídlo *neut* residence, seat 1961

signál *inan* signal 2242

síla *fem* force, strength 306

silně *adv* strongly, hard 1530

silnice *fem* road 1000

silniční *adj* road 4063

silný *adj* strong, powerful 363

síň *fem* hall 2995

síť *fem* network, web 848

situace *fem* situation 279

sjet (se) *pf* to go down, **(se)** come together 3280

sjezd *inan* meeting, congress 4926

skákat *impf* to jump, bounce 3228

skála *fem* rock 2719

skandál *inan* scandal 4150

sklad *inan* stock, warehouse 2976

skládat *impf* to fold, compose 1988

skladatel *anim* composer 4719

skladba *fem* composition, structure 2704

skleněný *adj* glass 2917

sklenice *fem* glass, jar 3222

sklenička *fem* glass 3241

sklep *inan* cellar 2819

sklo *neut* glass, glassware 1799

sklon *inan* disposition, slope 2955

sklonit (se) *pf* to bend, bow, incline 4482

skočit *pf* to jump, spring, dive 1893

skok *inan* jump, leap 3225

skončení *neut* termination, end 3640

skončit *pf* to end 391

skoro *adv* almost 441

skromný *adj* modest, plain 3880

skrýt (se) *pf* to hide 4411

skrytý *adj* hidden, secret 2823

skrývat (se) *impf* to hide 1889

skrz *prep* through 2665

skříň *fem* wardrobe, cupboard, cabinet 2487

skříňka *fem* box 4891

skupina *fem* group, band 263

skupinka *fem* group 4364

skutečně *part* really, indeed, actually 503

skutečnost *fem* reality 395

skutečný *adj* real, actual 650

skvěle *adv* great, splendidly 3681

skvělý *adj* excellent 1252

skvrna *fem* stain, smudge 3923

slabost *fem* weakness 4426

slabý *adj* weak, thin 1104

sladký *adj* sweet 2031

slaný *adj* salty 4686

sláva *fem* fame, glory 2345

slavit *impf* to celebrate 2673

slavnost *fem* celebration 3684

slavnostní *adj* festive 2805

slavný *adj* famous 1026

slečna *fem* miss, young lady 2154

sledování *neut* watching, monitoring, observation 3663

sledovaný *adj* watched, observed 4543

sledovat *impf* to watch, follow 540

slepice *fem* hen, chicken 4505

slepý *adj* blind 2916

sleva *fem* discount, reduction 3968

slib *inan* promise 3065

slíbit *pf* to promise 1680

slibovat *impf* to promise 1950

sloup *inan* pole, column 3121

sloužit *impf* to serve 736

slovenský *adj* Slovak 1801

slovní *adj* oral, verbal 4308

slovník *inan* dictionary, lexicon 4147

slovo *neut* word 202

složení *neut* composition, structure 2900

složený *adj* folded (up), compound 3162

složit *pf* to fold up, compose, pass 1958

složitý *adj* complex, complicated 1045

složka *fem* component, ingredient, folder 1766

sluchátko *neut* earphone, receiver, headphone 4765

slunce *neut* sun 910

sluneční *adj* sun, solar 2910

sluníčko *neut* sun, ladybird 3257

slušet *impf* to become, fit, suit 3430

slušně *adv* decently, generously 3844

slušný *adj* decent, fair 1778

služba *fem* service 365

služební *adj* service, company, business 4388

slyšet *impf* to hear 262

slza *fem* tear, teardrop 2200

smát se *impf* to laugh 1049

směr *inan* direction, specialization 401

směrnice *fem* directive 4951

směřovat *impf* to head (for), aim 2199

směs *fem* mixture 2777

směšný *adj* ridiculous, ludicrous 4116

smět *impf* to be allowed 456

smích *inan* laughter 1663

smířit se *pf* to reconcile, come to terms with 3800

smíšený *adj* mixed 4526

smlouva *fem* contract, agreement 680

smrdět *impf* to stink, reek 4431

smrt *fem* death 446

smrtelný *adj* mortal, fatal 3235

smůla *fem* bad luck, pitch 3036

smutek *inan* sadness, sorrow 3644

smutný *adj* sad 1841

smysl *inan* sense 424

snad *part* perhaps 193

snadno *adv* easily 918

snadný *adj* easy 1298

snaha *fem* effort 803

snášet (se) *impf* to bear, lay, (se) come down 1789

snažit se *impf* to try, make an effort 267

sněmovna *fem* chamber (of parliament) 2536

snesitelný *adj* tolerable, bearable 4818

snést (se) *pf* to bear, pile up, (se) come down 2791

snídaně *fem* breakfast 2667

sníh *inan* snow 1699

snímek *inan* photo, picture, snapshot 1626

sníst *pf* to eat (up) 1479

snít *impf* to dream 3818

snížení *neut* reduction, cut 2020

snížit (se) *pf* to reduce, lower 1368

snižovat (se) *impf* to reduce, decrease 2246

sobota *fem* Saturday 751

sobotní *adj* Saturday 3829

socialistický *adj* socialist, socialistic 3963

sociálně *adv* socially 4740

sociální *adj* social 613

socha *fem* statue, sculpture 2708

solidní *adj* good, sound 4605

sotva *part* hardly, scarcely 1245

souboj *inan* fight, duel 2994

soubor *inan* set, ensemble, file 1410

současně *adv* simultaneously, at the same time 921

současnost *fem* today, nowadays, present 1867

současný *adj* current, contemporary 381

součást *fem* part, component 565

soud *inan* court 647

soudce *anim* judge, referee 2556

soudit *impf* to judge, think 1751

soudní *adj* court, judicial, legal 2021

souhlas *inan* consent, approval 2182

souhlasit *impf* to agree, correspond 979

soukromí *neut* privacy 4247

soukromý *adj* private, personal 974

soulad *inan* accordance, harmony 2065

soupeř *anim* opponent, rival 2386

soused *anim* neighbour 1712

sousední *adj* neighbouring, adjacent 2552

soustava *fem* system 2730

soustředění *neut* concentration 4163

soustředit (se) *pf* to concentrate 1731

soustřeďovat (se) *impf* to concentrate 4704

soutěž *fem* contest, competition 879

související *adj* related 3505

souviset *impf* to be related, be connected 1600

souvislost *fem* connection, link, relation 752

sovětský *adj* Soviet 2575

spadat *impf* to come under, incline 3906

spadnout *pf* to fall, drop 1271

spáchat *pf* to commit 3885

spálit (se) *pf* to burn, **(se)** get burnt 3895

spánek *inan* sleep 2118

spaní *neut* sleep(ing) 4797

spát *impf* to sleep 543

spatřit *pf* to see, spot, behold 1557

specialista *anim* specialist 3878

specializovaný *adj* specialized 3158

speciálně *adv* specially 4340

speciální *adj* special, particular 1077

specifický *adj* specific 1971

spěchat *impf* to hurry 2790

spektrum *neut* spectrum 3993

spekulace *fem* speculation 4830

spis *inan* file, document, publication 3750

spisovatel *anim* writer 2320

spíš *part* rather 220

spjatý *adj* bound, linked 4654

splést (se) *pf* to confuse, mistake 4312

splnění *neut* accomplishment, fulfilment 4651

splnit (se) *pf* to fulfil, keep, **(se)** come true 1474

splňovat *impf* to meet, fulfil 3725

spočítat (si) *pf* to count, **(si)** reckon up 3207

spočívat *impf* to lie, consist of 1372

spodní *adj* bottom 2328

spoj *inan* connection, link 4051

spojenec *anim* ally 4197

spojení *neut* conjunction, connection, link 1071

spojený *adj* connected, united, joined 623

spojit (se) *pf* to connect, link, **(se)** merge 977

spojovat *impf* to connect, link, join 1720

spokojeně *adv* contentedly, happily 4405

spokojenost *fem* satisfaction 4897

spokojený *adj* satisfied, content(ed) 1214

spokojit se *pf* to make do with, content oneself with 4026

společenský *adj* social 1109

společenství *neut* community, association 2631

společně *adv* together 958

společník *anim* partner, companion 4295

společnost *fem* company, society 207

společný *adj* common, collective 484

spoléhat *impf* to rely 3112

spolehlivý *adj* reliable 2688

spolek *inan* club, association 3630

spolu *adv* together 322

spolupráce *fem* cooperation 986

spolupracovat *impf* to cooperate 1996

spolupracovník *anim* colleague, collaborator, associate 3409

spolužák *anim* classmate, schoolmate 3796

sponzor *anim* sponsor 4655

spor *inan* dispute, argument 1456

sporný *adj* controversial 3387

sport *inan* sport 1923

sportovec *anim* sportsman, athlete 4378

sportovní *adj* sport 1634

spořitelna *fem* savings bank 4465

spotřeba *fem* consumption 2373

spotřebitel *anim* consumer 4824

spousta *fem* plenty 629

správa *fem* management, administration 1164

správce *anim* manager, administrator 3083

spravedlivý *adj* just 3014

spravedlnost *fem* justice 2746

spravit *pf* to fix, repair 4566

správně *adv* right, correctly 1369

správní *adj* administrative 3006

správný *adj* right, correct 638

spravovat *impf* to administer, repair 4319

sprcha *fem* shower 4997

spustit *pf* to launch 2096

sranda *fem* fun, kidding 2212

srát *impf* to piss off, shit, crap 3886

sraz *inan* reunion 4534

srazit (se) *pf* to knock down, **(se)** collide 2993

srážka *fem* crash, reduction 4461

srdce *neut* heart 622

srovnání *neut* comparison 1584

srovnat *pf* to arrange, compare 2469

srovnatelný *adj* comparable 3459

srovnávat *impf* to compare 3539

srozumitelný *adj* comprehensible, intelligible 4618

srpen *inan* August 1434

stabilita *fem* stability 3495

stabilní *adj* stable, fixed 3542

stačit *impf* to do, suffice 294

stadión *inan* stadium 3239

stadium *neut* stage, phase 4576

stáhnout *pf* to pull down, withdraw, download 1646

stahovat *impf* to pull down, withdraw, gather 4297

stále *adv* all the time, permanently, still 209

stálý *adj* constant, permanent, steady 1540

stan *inan* tent 3359

standard *inan* standard 3270

standardní *adj* standard 2518

stánek *inan* stall, kiosk 3636

stanice *fem* station, channel 1196

stanovení *neut* determination, fixing 3602

stanovený *adj* set, fixed, stipulated 2546

stanovisko *neut* standpoint 2736

stanovit *pf* to determine, set 1258

starat se *impf* to take care, be concerned 1259

starost *fem* worry, responsibility 1039

starosta *anim* mayor 1864

start *inan* take-off, start 2985

starý *adj* old 132

stařec *anim* old man 4826

stáří *neut* age, old age 3739

stát (se) *impf/pf* to stand, cost, **(se)** happen, become 75

stát *inan* state, country 260

statek *inan* estate, farm 3491

statistický *adj* statistical 4389

statistika *fem* statistics 3293

státní *adj* state, national 435

stav *inan* condition, state 358

stávající *adj* current, existing 3135

stávat (se) *impf* to stand, cost, **(se)** happen, become 724

stavba *fem* construction, building 790

stavební *adj* construction, architectural 1332

stavět *impf* to build, construct 1344

stavit se *pf* to drop in 1748

stehno *neut* thigh 4606

stěhovat (se) *impf* to move, migrate 3151

stejně *part* equally, anyway 150

stejný *adj* the same 211

stěna *fem* wall 996

stezka *fem* path 4418

stěží *adv* hardly, scarcely 3953

stěžovat si *impf* to complain 1782

stíhat *impf* to prosecute, manage 2991

stihnout *pf* to manage, catch 1361

stín *inan* shadow, shade 1429

stisknout *pf* to press, squeeze 4279

stížnost *fem* complaint 3907

sto *num* hundred 270

stojící *adj* standing, stationary 3919

stolek *inan* table 3198

století *neut* century 470

stopa *fem* trace, footprint 1289

stoprocentně *adv* totally, absolutely, for sure 4769

stoupat *impf* to rise, climb 1957

stoupnout (si) *pf* to rise, step, **(si)** stand up 2612

stovka *fem* hundred, 100-crown note 727

strach *inan* fear 712

strana *fem* side, page, party 140

stranický *adj* party 4623

stránka *fem* side, page, aspect 602

stranou *adv* aside, aloof 2287

strašlivý *adj* terrible, horrific 4572

strašně *adv* terribly, awfully 407

strašný *adj* terrible, dreadful 931

strategický *adj* strategic 3297

strategie *fem* strategy 2241

strava *fem* food, diet 4519

strávit *pf* to spend, digest 1487

stráž *fem* guard 4813

strčit *pf* to push 2497

strejda *anim* uncle 3709

stres *inan* stress 4293

strhnout *pf* to tear down, yank 3013

strkat (se) *impf* to push 3982

stroj *inan* machine 1212

strom *inan* tree 841

strop *inan* ceiling 2376

stručně *adv* briefly, concisely 4649

stručný *adj* brief, concise 4660

struktura *fem* structure 1021

strýc *anim* uncle 4708

střed *inan* centre 1689

středa *fem* Wednesday 1268

středisko *neut* centre 1999

střední *adj* central, middle 616

středověký *adj* medieval 4397

střecha *fem* roof 1341

střela *fem* bullet, missile 4246

střelec *anim* shooter, sniper 4280

střet *inan* conflict, clash 3658

stříbrný *adj* silver 2361

stříbro *neut* silver 4800

střídat (se) *impf* to change, (se) take turns 2561

střílet *impf* to shoot, fire 2794

student *anim* student 1175

studený *adj* cold, chilly 1666

studie *fem* study 1897

studijní *adj* study 4958

studium *neut* studies, research 948

studovat *impf* to study, research 1260

stůl *inan* table, desk 498

stupeň *inan* level, stage, degree 890

stydět se *impf* to be ashamed, be shy 2526

styk *inan* contact, intercourse 1829

styl *inan* style, manner 1108

subjekt *inan* subject, theme 2393

sucho *neut* drought, dryness 4973

suchý *adj* dry 1763

sukně *fem* skirt 3594

sůl *fem* salt 2727

suma *fem* sum 3190

sundat (si) *pf* to take off, remove, (si) put off 2895

super *adv* super 2056

surovina *fem* ingredient, raw material 3728

svah *inan* slope 3694

sval *inan* muscle 3098

svatba *fem* wedding 2208

svatební *adj* wedding, marriage 4537

svátek *inan* holiday, name day 1917

svatý *adj* saint, holy 1357

svaz *inan* union, federation 1621

svazek *inan* bunch, volume 2412

svědčit *impf* to testify, show 1901

svědectví *neut* testimony 4068

svědek *anim* witness 1832

svědomí *neut* conscience 2478

svěřit (se) *pf* to confide 2130

svést *pf* to seduce, be able to do 4281

svět *inan* world 154

světelný *adj* light 4445

světlo *neut* light 539

světlý *adj* light 2452

světový *adj* world 515

svíčka *fem* candle 3864

svírat *impf* to hold, clutch 4567

svítit *impf* to shine, be alight 1872

svléknout (se) *pf* to take off, (se) get undressed 4636

svoboda *fem* freedom 1034

svobodný *adj* free, single, unmarried 1690

svůj *pron* one's 31

symbol *inan* symbol 2110

symbolický *adj* symbolic 4473

sympatický *adj* nice, pleasant 3770

syn *anim* son 654

sýr *inan* cheese 3284

systém *inan* system 274

Šš

šampionát *inan* championship 4753

šance *fem* chance 882

šaty *inan pl* clothes, dress 1481

šedesát *num* sixty 1295

šedesátý *num* sixtieth 3482

šedivý *adj* grey 3348

šedý *adj* grey 2534

šéf *anim* boss, head 738

šeptat *impf* to whisper 4331

šest *num* six 323

šestnáct *num* sixteen 2211

šestý *num* sixth 1870

šetřit *impf* to save, protect 2426

šikovný *adj* skilful, handy 2882

šílený *adj* mad, insane, terrible 1983

široký *adj* wide, broad 553

šíření *neut* spread, dissemination 4384

šířit (se) *impf* to spread, distribute 2822

šířka *fem* width, breadth 4450

škála *fem* scale, range 4569

škoda *fem* damage, pity 658

škola *fem* school 259

školka *fem* nursery school 4323

školní *adj* school 2106

školství *neut* education 3242

šlapat *impf* to step, walk 4374

šňůra *fem* cord, line, string 4745

šok *inan* shock 3120

španělský *adj* Spanish 3030

špatně *adv* sick, wrong, incorrectly 581

špatný *adj* bad, wrong 271

šperk *inan* jewel 4859

špička *fem* tip, peak 1770

špičkový *adj* top, peak 3438

špinavý *adj* dirty, filthy 2298

štáb *inan* headquarters, staff, crew 4265

šťastně *adv* happily, cheerfully 4262

šťastný *adj* happy 757

šťáva *fem* juice 3693

štědrý *adj* generous, open-handed 4982

štěstí *neut* happiness, (good) luck 924

štíhlý *adj* slender, slim **3429**

štít *inan* shield, peak **4103**

štvát *impf* to bother, chase **3873**

švédský *adj* Swedish **3905**

švýcarský *adj* Swiss **3970**

Tt

tábor *inan* camp **1836**

tabule *fem* board, blackboard **4192**

tabulka *fem* table, bar, schedule **1808**

tady *adv* here **77**

tadyhle *adv* (over) here **1610**

tadyten *pron* this (one) **1980**

tah *inan* pull, thrust, move **3269**

tahat *impf* to pull, force, drag **2549**

táhnout (se) *impf* to draw, pull,
   (se) stretch **1349**

tajemník *anim* secretary **4003**

tajemný *adj* mysterious, enigmatic **3935**

tajemství *neut* secret, mystery **1895**

tajit *impf* to hide, keep back **3553**

tajně *adv* secretly, covertly **4944**

tajný *adj* secret, hidden **1830**

tak *adv* so, like that **12**

také *part* too, also **86**

takhle *adv* like this, this way **112**

takový *pron* such, so **50**

takovýhle *pron* such, like this **591**

takovýto *pron* such, as follows **2710**

takřka *part* practically **2889**

takto *adv* like this, this way **914**

taky *part* too, also, as well **66**

takzvaný *adj* so-called **2046**

takže *conj* so **100**

talent *inan* talent, gift **3344**

talíř *inan* plate **2843**

tam *adv* there **23**

tamhle *adv* (over) there **1188**

tamhleten *pron* that (one) **4987**

tamní *adj* local **2793**

tamten *pron* that (one) **1730**

tancovat *impf* to dance **4879**

tančit *impf* to dance **3642**

tanec *inan* dance **2842**

taneční *adj* dance, dancing **3217**

taška *fem* bag **2127**

táta *anim* dad **671**

tatínek *anim* daddy **2115**

taťka *anim* daddy **2636**

téct *impf* to flow **2464**

tečka *fem* dot, full stop **4261**

teď *adv* now **78**

teda *part* wow, well **102**

teďka *adv* now, these days **241**

tedy *part* (and) so, therefore **152**

tehdejší *adj* of the period **1907**

tehdy *adv* then **372**

technický *adj* technical **805**

technika *fem* technology, method **961**

technologický *adj* technological **3304**

technologie *fem* technology **1378**

tekutina *fem* liquid, fluid **4663**

telefon *inan* phone, telephone **847**

telefonní *adj* telephone **2529**

telefonovat *impf* to (tele)phone, call **3859**

tělesný *adj* physical, bodily, corporal **2678**

těleso *neut* body, solid (ensemble) **4678**

televize *fem* television, TV **633**

televizní *adj* television **1374**

tělo *neut* body **422**

téma *neut* theme, topic **787**

téměř *adv* almost **307**

temný *adj* dark **2119**

tempo *neut* pace, rate **2768**

ten *pron* the, that **3**

tendence *fem* tendency **2340**

tenhle *pron* this **115**

tenhleten *pron* this (one) **331**

tenis *inan* tennis **4591**

tenkrát *adv* in those days, (back) then **928**

tenký *adj* thin **2599**

tento *pron* this **39**

tentokrát *adv* this time **960**

tentýž *pron* the same **1276**

teoreticky *adv* theoretically **3743**

teoretický *adj* theoretical **3716**

teorie *fem* theory **1498**

tepelný *adj* heat, thermal **4637**

teplo *neut* heat, warmth **1516**

teplota *fem* temperature **1623**

teplý *adj* warm **1526**

teprve *part* only **402**

terén *inan* terrain, ground, landscape **3210**

termín *inan* deadline, term **1299**

teroristický *adj* terrorist **4909**

těsně *adv* just, close(ly) **1312**

těsný *adj* close, tight **2968**

test *inan* test **2028**

těsto *neut* dough, batter 4812

těšit (se) *impf* to please, comfort,
  (se) look forward to 856

teta *fem* aunt 2358

text *inan* text, lyrics, script 939

též *part* too, also 1380

těžce *adv* heavily, seriously 2299

těžko *adv* heavily, with difficulty 936

těžký *adj* heavy, hard, difficult 370

ticho *neut* silence 1656

tichý *adj* silent, quiet 1810

tisíc *num* thousand 217

tisícovka *fem* thousand, grand, 1000-crown
  note 4022

tisk *inan* press, print 1868

tisknout (se) *impf* to print, **(se)** press 3691

tiskový *adj* press 2173

tiše *adv* quietly, silently 1761

titul *inan* title, degree 1328

tlačit (se) *impf* to push, press,
  (se) be crowded 2615

tlak *inan* pressure, stress 994

tlustý *adj* fat, thick 1774

tma *fem* dark(ness) 1335

tmavý *adj* dark 1821

točit (se) *impf* to turn, shoot 2281

tok *inan* stream, flow 2888

tolik *num* so many/much 379

tón *inan* tone 1947

topit (se) *impf* to heat, **(se)** drown 4125

totiž *part* that is, namely 178

touha *fem* longing, desire 1702

toužit *impf* to long 2018

továrna *fem* factory, plant 2872

tradice *fem* tradition 1373

tradičně *adv* traditionally 2966

tradiční *adj* traditional, conventional 1046

tragedie *fem* tragedy 2845

tragický *adj* tragic 3499

tramvaj *fem* tram 3237

transakce *fem* transaction 4878

trápit (se) *impf* to trouble, worry 2040

trapný *adj* embarrassing, awkward 3779

trasa *fem* route, trail, itinerary 2647

trať *fem* railway, track 2586

tráva *fem* grass 1786

trávit *impf* to spend, poison 2441

trávník *inan* lawn 4190

trefit *pf* to hit, find one's way 2869

trend *inan* trend 2062

trenér *anim* trainer, coach 1945

trénink *inan* training 3479

trénovat *impf* to train, drill, practise 3385

trest *inan* punishment 1569

trestní *adj* penal, criminal 2963

trestný *adj* criminal 2305

trh *inan* market 505

trhat *impf* to tear, pick 4412

tričko *neut* T-shirt 3453

trik *inan* trick, gimmick 4932

trocha *fem* a bit, a little 3477

trochu *adv* a little, a bit 289

trojice *fem* threesome 4379

trojka *fem* (number) three 4469

trošku *adv* a little, a bit 608

trouba *fem* oven, pipe 3434

trpělivě *adv* patiently 4014

trpělivost *fem* patience 3995

trpět *impf* to suffer, tolerate 1518

trubka *fem* trumpet, pipe 4857

trvale *adv* constantly, permanently 3058

trvalý *adj* lasting, permanent 1781

trvání *neut* duration 4394

trvat *impf* to last, take, insist 430

tržba *fem* receipts, takings 4578

tržní *adj* market 3384

třást se *impf* to shiver, shake 3346

třeba *part* perhaps, maybe 87

třebaže *conj* although, even though 3795

třetí *num* third 359

třetina *num* third, period 1632

tři *num* three 103

třicátý *num* thirtieth 4141

třicet *num* thirty 615

třída *fem* class, classroom, boulevard 811

třikrát *num* three times 1529

třináct *num* thirteen 2116

tu *adv* here 121

tudíž *conj* therefore 2160

tudy *adv* this way 4105

tuhle *adv* this, here, the other day 4085

tuhý *adj* stiff, tough, hard 3388

tuk *inan* fat 3852

tuna *fem* ton, tonne 3367

tunel *inan* tunnel 4360

turista *anim* tourist 2357

turistický *adj* tourist, touristy 3672

turnaj *inan* tournament 3254

tušení *neut* feeling, idea, hunch 4790

tušit *impf* to suspect, anticipate 1161

tuzemský *adj* domestic, home 3057

tužka *fem* pencil 3927

tvar *inan* shape, form 1131

tvář *fem* face 385

tvářit se *impf* to look, pretend 2863

tvor *anim* creature 4801

tvorba *fem* production, works 1256

tvořit *impf* to create, make, be 532

tvrdě *adv* hard 3031

tvrdit *impf* to claim, assert 410

tvrdý *adj* hard, tough 922

tvrzení *neut* statement, hardening 2428

tvůj *pron* your(s) 491

tvůrce *anim* creator, maker 2716

tvůrčí *adj* creative 3958

ty *pron* you 52

tyč *fem* post, rod 3446

týden *inan* week 216

týdně *adv* weekly, a week 3398

týkající se *adj* concerning, related to 2545

týkat se *impf* to concern, relate 746

tým *inan* team 889

typ *inan* type 397

typický *adj* typical, characteristic 1338

týž *pron* the same 1304

Uu

u *prep* at, near 53

ublížit (si) *pf* to hurt, injure 3858

ubohý *adj* poor, miserable 3989

ubytování *neut* accommodation 4164

ucítit *pf* to feel, smell 4731

úcta *fem* respect 2965

účast *fem* involvement, participation 1263

účastník *anim* participant 1590

účastnit se *impf* to participate, take part 2439

učebnice *fem* textbook 4580

účel *inan* purpose, aim 1129

učení *neut* doctrine, learning, teaching 2616

účet *inan* account, bill 1716

účetní *adj/noun* accounting (*adj*),
    accountant (*noun*) 4483

účinek *inan* effect 1722

učinit *pf* to make, render 1261

účinnost *fem* efficiency, validity 2949

účinný *adj* effective, efficient 1890

učit (se) *impf* to teach, (**se**) learn 697

učitel *anim* teacher 1422

učitelka *fem* (female) teacher 3034

údaj *inan* (a piece of) information, datum 1124

údajně *adv* allegedly, reputedly 1791

údajný *adj* alleged 4880

událost *fem* event 829

udávat *impf* to state, set 4986

udělaný *adj* made 3487

udělat *pf* to do, make 124

udělit *pf* to award, grant 2967

úder *inan* hit, blow, strike 3290

udeřit *pf* to hit, strike 4314

údolí *neut* valley 2754

údržba *fem* maintenance 3960

udržení *neut* preservation, maintenance 4533

udržet (se) *pf* to keep, preserve, (**se**) remain 1126

udržovat (se) *impf* to keep, maintain,
    (**se**) remain 1631

úhel *inan* angle 3139

uhlí *neut* coal, charcoal 3664

uchazeč *anim* applicant 4998

ucho *neut* ear 1146

uchopit *pf* to grasp, seize, take 4430

uchovat (se, si) *pf* to preserve, (**se**) remain,
    (**si**) retain 4529

ujet *pf* to miss, drive away 4091

ujistit (se) *pf* to assure, (**se**) make sure 3502

ujít (si) *pf* to be fairly good, (**si**) miss 3884

ujmout se *pf* to take charge, adopt 3174

ukázat (se) *pf* to show (up), point 309

ukazatel *inan* indicator, signpost 4058

ukázka *fem* demonstration, example 3227

ukazovat (se) *impf* to show 585

ukládat *impf* to put, save up 2761

uklidit *pf* to tidy up, clean 3247

uklidnit (se) *pf* to calm down 2858

uklízet *impf* to tidy up, clean 3830

úkol *inan* task, mission 661

ukončení *neut* termination, ending 3203

ukončit *pf* to finish 1797

úkor *inan* (at the) expense 4945

ukrást *pf* to steal 2053

úleva *fem* relief 3560

ulevit (si) *pf* to relieve 4538

ulice *fem* street 433

ulička *fem* lane, alley 2960

úloha *fem* role, task, duty 1792

uložený *adj* deposited, imposed 3985

uložit *pf* to place, lay, put 1505

umělec *anim* artist 1955
umělecký *adj* artistic 1613
umělý *adj* artificial 1918
umění *neut* art, skill 916
umět *impf* to be able to, can 376
umírat *impf* to die 2737
umístění *neut* position, placement 3283
umístěný *adj* placed, situated 4256
umístit (se) *pf* to place, situate, **(se)** be placed 1681
umožnit *pf* to enable, allow 1089
umožňovat *impf* to enable, allow 877
umřít *pf* to die 1899
úmysl *inan* intention, plan 2285
umýt *pf* to wash, clean 3063
únava *fem* weariness, fatigue 3719
unavený *adj* tired 2540
unést *pf* to be able to carry, kidnap 3326
unie *fem* union 1324
uniforma *fem* uniform 3713
únik *inan* escape, leak 3783
unikat *impf* to escape, leak 4845
unikátní *adj* unique 4311
uniknout *pf* to escape, leak 2381
univerzální *adj* universal 4010
univerzita *fem* university, college 1306
únor *inan* February 1497
upadnout *pf* to fall (down), drop 2717
upéct *pf* to bake 5000
uplatnění *neut* use, assertion 3067
uplatnit (se) *pf* to apply, assert, make use of 2442
uplatňovat *impf* to apply, assert 2473
úplně *adv* completely, entirely 135
úplný *adj* complete, total, utter 1165
uplynout *pf* to pass, expire 3653
uplynulý *adj* past 3037
upozornit *pf* to warn, alert 1451
upozorňovat *impf* to warn, point out 2251
úprava *fem* adjustment, modification 1178
upravený *adj* tidy, modified 3223
upravit (se) *pf* to adjust, edit, **(se)** tidy up 2176
upravovat (se) *impf* to arrange, adjust,
   (se) tidy up 3493
uprostřed *prep* in the middle 1088
upřesnit *pf* to specify, particularize 4322
upřímně *adv* sincerely, frankly 3214
upřímný *adj* frank, sincere 3797
úraz *inan* injury 4249
urazit (se) *pf* to offend, knock off,
   (se) be offended 3591

určení *neut* purpose, determining 3610
určený *adj* intended, assigned 1536
určit *pf* to determine, intend 875
určitě *part* definitely, certainly 284
určitý *adj* certain, given 330
určovat *impf* to determine, choose 2274
úroveň *fem* level, standard 521
úřad *inan* authority 508
úřední *adj* office, administrative 3889
úředník *anim* clerk, officer 1760
usadit (se) *pf* to seat, **(se)** settle 2399
usednout *pf* to sit down 4349
úsek *inan* section 2112
úsilí *neut* effort 1839
usilovat *impf* to strive, endeavour 2296
uskutečnit (se) *pf* to realize, **(se)** take place 1527
uslyšet *pf* to hear 2649
usmát se *pf* to smile 1576
úsměv *inan* smile 1279
usmívat se *impf* to smile 2171
usnout *pf* to fall asleep 2232
usoudit *pf* to conclude 3749
úspěch *inan* success 643
úspěšně *adv* successfully 2034
úspěšný *adj* successful 775
uspět *pf* to succeed 2494
uspokojení *neut* satisfaction 4521
uspokojit *pf* to satisfy, accommodate 4291
úspora *fem* saving 3412
uspořádání *neut* organization, structure 2551
uspořádat *pf* to organize, arrange 2403
ústa *neut pl* mouth 1094
ustanovení *neut* regulation, designation 3606
ústav *inan* institute, institution 1493
ústava *fem* constitution 3669
ústavní *adj* constitutional, institutional 3722
ustoupit *pf* to step back, yield, retreat 2987
ústřední *adj* central, main 2577
ušetřit *pf* to save 2157
utéct *pf* to run away, escape 1391
útěk *inan* escape, flight 3391
úterý *neut* Tuesday 1523
utíkat *impf* to run 2277
utkání *neut* match, game 2347
útočit *impf* to attack 4714
útočník *anim* attacker, striker 2658
útok *inan* attack 1082
utratit *pf* to spend, destroy 3822
utrhnout *pf* to tear off, pick 4962

utrpení *neut* suffering 3555

utrpět *pf* to suffer, sustain 3176

útvar *inan* formation 2952

uvádět *impf* to say, state, present 838

úvaha *fem* consideration, contemplation 1048

uvařit *pf* to boil, cook 2765

uvažovat *impf* to think, consider 938

uvedení *neut* introduction, launch, release 4443

uvedený *adj* stated, mentioned 870

uvědomit si *pf* to realize 814

uvědomovat si *impf* to realize 1574

úvěr *inan* loan, credit 3020

uvěřit *pf* to believe 2972

uvést *pf* to say, state, introduce 292

uvidět *pf* to see 512

uvítat *pf* to welcome 4404

uvnitř *adv* inside, indoors 1169

úvod *inan* introduction, preface 2752

úvodní *adj* opening, introductory 3069

uvolnění *neut* loosening, release, relaxation 4592

uvolněný *adj* relaxed, loose 4643

uvolnit (se) *pf* to loosen, release, **(se)** relax 1912

uzavírat (se) *impf* to close, conclude 3060

uzavření *neut* closing, closure 4037

uzavřený *adj* closed, withdrawn 1979

uzavřít (se) *pf* to close, conclude 1042

úzce *adv* closely, narrowly 4406

území *neut* area, territory 1053

územní *adj* territorial 4409

úzkost *fem* anxiety 4253

úzký *adj* narrow 1202

uznání *neut* praise, recognition, credit 3730

uznat *pf* to acknowledge, recognize 2036

uznávaný *adj* respected, renowned 4076

uznávat *impf* to acknowledge, recognize 3142

už *adv* already, any more 30

úžasný *adj* amazing 2051

užít (si) *pf* to use, **(si)** enjoy 2092

užitečný *adj* useful 2314

užívání *neut* use, usage 3533

užívat (si) *impf* to use, take, **(si)** have a good time 1462

uživatel *anim* user 2763

Vv

v *prep* in, at 5

vada *fem* defect, flaw 4490

vadit *impf* to mind, bother 620

váha *fem* weight, importance, scales 1685

váhat *impf* to hesitate 3026

vajíčko *neut* egg 3109

válečný *adj* war 2209

válet (se) *impf* to roll, lounge 4007

válka *fem* war 473

valný *adj* overwhelming, general, good 3621

vana *fem* bath 4126

vánoční *adj* Christmas 3362

varianta *fem* variant, variation 1776

varování *neut* warning 4447

varovat *impf* to warn 2111

vařit *impf* to cook, boil 1542

váš *pron* your(s) 377

vášeň *fem* passion 3383

vázat (se) *impf* to bind, **(se)** bond 2728

vazba *fem* relationship, tie, binding 1476

vážený *adj* respected, dear 4413

vážit (si) *impf* to weigh, **(si)** esteem 1894

vážně *adv* seriously, truly 975

vážný *adj* serious, grave 1036

vcelku *part* on the whole, altogether 3965

včas *adv* on time, in time 2225

včera *adv* yesterday 315

včerejší *adj* yesterday's 2640

včetně *prep* including 554

vděčný *adj* grateful 3376

věc *fem* thing, stuff 142

věcný *adj* factual, matter-of-fact 4602

večer *adv* in the evening 490

večer *inan* evening, night 684

večerní *adj* evening 2938

večeře *fem* dinner, supper 1426

večírek *inan* party 4492

věčně *adv* forever, eternally 3571

věčný *adj* eternal, everlasting, never-ending 2554

věda *fem* science 1611

vědec *anim* scholar 2515

vědecký *adj* scientific, scholarly 1935

vedení *neut* management, leadership 636

vedený *adj* led by, guided, maintained 3436

vědět *impf* to know 33

vedle *prep* beside, next to 334

vedlejší *adj* adjoining, side 2104

vědomí *neut* awareness, consciousness 1350

vědomý *adj* aware, conscious 2351

vedoucí *adj/noun* leading (*adj*), head, chief (*noun*) 788

vedro *neut* heat, hot 3827

vejce *neut* egg 3004

vejít (se) *pf* to enter, walk in, (se) fit 1061

věk *inan* age 663

veletrh *inan* (trade) fair 4456

velice *adv* very 625

velikost *fem* size, extent 1097

veliký *adj* big, great, large 705

velitel *anim* commander 2873

velký *adj* big, great, large 62

velmi *adv* very 166

ven *adv* out 813

venkov *inan* country 3483

venkovský *adj* country, rural 3826

venku *adv* outside, outdoors 1092

věnovaný *adj* devoted 4628

věnovat (se) *impf* to give, devote, (se) go in 527

věrný *adj* loyal, faithful 2609

verš *inan* verse 4464

verze *fem* version 1711

veřejně *adv* publicly 2836

veřejnost *fem* public 965

veřejný *adj* public 621

věřící *adj/noun* faithful (*adj*), believer (*noun*) 4387

věřit *impf* to believe 364

ves *fem* village 4524

vesele *adv* cheerfully, merrily 4952

veselý *adj* cheerful, merry 2423

vesměs *adv* mostly 4241

vesmír *inan* universe 3738

vesnice *fem* village 1381

vést *impf* to lead, guide 231

veškerý *pron* whole, entire, every 768

věta *fem* sentence 1482

větev *fem* branch 2448

většina *fem* majority 287

většinou *adv* mostly 432

vevnitř *adv* inside 4167

vězeň *anim* prisoner 3735

vězení *neut* prison, jail, imprisonment 1798

věznice *fem* prison 4659

vézt *impf* to drive, carry 2401

věž *fem* tower 2073

vhodný *adj* suitable, appropriate 528

vchod *inan* entrance 2446

víceméně *part* more or less 3461

vid' *part* right 229

vídat (se) *impf* to see 4558

vidění *neut* seeing, vision 2930

video *neut* video 4133

vidět *impf* to see 80

viditelný *adj* visible 2177

víkend *inan* weekend 1113

vila *fem* villa 3561

vina *fem* guilt, fault, blame 1700

vinný *adj* guilty, wine 4194

víno *neut* wine, grape 1065

víra *fem* belief, faith 1754

viset *impf* to hang 1635

vítat *impf* to greet, welcome 2832

vítěz *anim* winner 2172

vítězný *adj* victorious, winning 3243

vítězství *neut* victory 1546

vítr *inan* wind 1223

viz *impf* see 1323

vize *fem* vision 3600

vkládat *impf* to insert, put 4612

vkus *inan* taste, style 4631

vláda *fem* government 412

vládní *adj* government 1752

vládnout *impf* to govern 2124

vlak *inan* train 1394

vlákno *neut* fibre 4802

vlas *inan* hair 709

vlast *fem* homeland 3620

vlastně *part* actually, as a matter of fact 164

vlastní *adj* own, actual 169

vlastnictví *neut* ownership, property 3313

vlastník *anim* owner 2511

vlastnit *impf* to own 3025

vlastnost *fem* quality, feature 1285

vlevo *adv* left, on/to the left 3850

vlézt *pf* to get into, go into 2569

vlhký *adj* wet, damp 3466

vliv *inan* influence 525

vlna *fem* wave, wool 1250

vloni *adv* last year 4199

vložit *pf* to insert, put, place 2223

vnější *adj* outside, external 1506

vnímání *neut* perception 4520

vnímat *impf* to perceive 1485

vnitro *neut* interior (ministry) 3101

vnitřní *adj* inner, internal 710

voda *fem* water 218

vodní *adj* water 1793

voják *anim* soldier 1246

vojenský *adj* military 1166

vojsko *neut* army, troops 3527

volání *neut* call, cry out 4501

volant *inan* steering wheel 4403

volat *impf* to call 561

volba *fem* election, choice 716

vole *interj* man, (you) idiot 1050

volební *adj* election, electoral 2676

volič *anim* voter 3310

volit *impf* to choose, elect 1847

volně *adv* freely, loose 2422

volno *neut* leisure, day off 3074

volný *adj* free, vacant 656

vonět *impf* to smell nice 3161

vozidlo *neut* vehicle 2288

vozík *inan* handcart, trolley 4110

vozit (se) *impf* to transport, drive, **(se)** ride 2628

vpravo *adv* right, on/to the right 3926

vracet (se) *impf* to return, **(se)** come back 688

vrah *anim* murderer 2971

vrata *neut pl* gate, door 4336

vrátit (se) *pf* to return, **(se)** come back 224

vrazit *pf* to thrust, bump 3945

vražda *fem* murder 2222

vrhat (se) *impf* to throw, cast, **(se)** jump into 4453

vrhnout (se) *pf* to throw, **(se)** start 1995

vrch *inan* hill, top 4669

vrchní *adj/noun* top, chief (*adj*),
head waiter (*noun*) 2796

vrchol *inan* top, peak 1747

vrcholný *adj* top, supreme 4531

vrstva *fem* layer, (social) class 1203

vsadit (se) *pf* to put money on, embed,
(se) bet 3272

vskutku *part* indeed 4528

vstát *pf* to get up, stand up 1409

vstávat *impf* to get up, stand up 2339

vstoupit *pf* to enter 930

vstříc *prep* towards 3839

vstup *inan* entrance, entering 981

vstupní *adj* entrance, input 3184

vstupovat *impf* to enter 2532

však *part* however 81

všední *adj* ordinary, week(day) 3543

všechen *pron* all, everything 38

všelijaký *pron* various 4361

všeobecně *adv* generally, in general 3141

všeobecný *adj* general, common 2147

všímat si *impf* to notice 3033

všimnout si *pf* to notice 779

všude *adv* everywhere 630

vteřina *fem* second 2037

vtip *inan* joke 2850

vtipný *adj* funny, witty, smart 3050

vtom *adv* suddenly 4689

vůbec *part* at all 120

vůči *prep* towards, to 835

vůdce *anim* leader, guide 2760

vůle *fem* will 1395

vůně *fem* scent, fragrance 2389

vůz *inan* vehicle 833

vy *pron* you 105

vybavení *neut* equipment 2137

vybavený *adj* equipped 4236

vybavit (se, si) *pf* to equip, **(si)** recall 2044

vyběhnout *pf* to run out, run up 3366

výběr *inan* selection, choice, withdrawal 1157

výběrový *adj* selection, choice 3790

vybírat *impf* to choose, select, collect 1436

výbor *inan* committee, anthology 1784

výborně *adv* very well 2983

výborný *adj* excellent 1458

vybraný *adj* selected, exquisite 1709

vybrat *pf* to choose, select, collect 538

vybudovat *pf* to build (up) 2334

výbuch *inan* explosion, outburst 3287

vyčerpat (se) *pf* to exhaust 4733

vyčistit *pf* to clean 4577

vyčítat (si) *impf* to blame, reproach 3847

výdaj *inan* expense 2764

vydání *neut* expenses, publication, edition 1825

vydaný *adj* published, released 4045

vydat (se) *pf* to publish, **(se)** set out 523

vydávat (se) *impf* to publish, **(se)** set out 1492

vydělat (si) *pf* to earn, make (money) 1908

vydělávat (si) *impf* to earn, make (money) 3003

vydržet *pf* to stand, last, hold on 783

vyhlásit *pf* to declare, announce 2203

vyhlášení *neut* announcement, declaration 4639

vyhláška *fem* (public) notice, regulation 4562

výhled *inan* view, outlook 3195

vyhledat *pf* to look up 4138

vyhledávat *impf* to search 4001

vyhlídka *fem* view, prospect 4275

vyhnat *pf* to expel, throw out 3751

vyhnout se *pf* to avoid, evade 1749

výhoda *fem* advantage, privilege 1066

vyhodit *pf* to throw (away) 1294

výhodný *adj* advantageous 1659

vyhovět *pf* to oblige, satisfy 3932

vyhovovat *impf* to suit 2149

výhra *fem* victory, prize 3484

výhrada *fem* reservation 4571

výhradně *adv* exclusively 2723

vyhrát *pf* to win, gain 954

vyhrožovat *impf* to threaten 4743

vyhýbat se *impf* to keep away, avoid 2828

vycházející *adj* rising, based on 4850

vycházet *impf* to go out, get on 610

východ *inan* exit, east, sunrise 1563

východisko *neut* basis, solution, way out 4310

východní *adj* eastern, east 1645

výchova *fem* education, training 2332

výchozí *adj* starting 4781

vyjádření *neut* expression, statement 2382

vyjádřit (se) *pf* to express 1141

vyjadřovat (se) *impf* to express 1771

vyjet (si) *pf* to drive out, (si) go 1949

výjimečně *adv* exceptionally 4055

výjimečný *adj* exceptional, extraordinary 2567

výjimka *fem* exception 1084

vyjít *pf* to go out, come out 374

vyjíždět *impf* to leave, drive out, set off 4675

vykašlat (se) *pf* to cough up, (se) pack in 4715

vykazovat *impf* to show, show out 3452

výklad *inan* explication, presentation, shop window 2343

vykládat *impf* to explain, unload 2117

výkon *inan* performance, output 708

vykonat *pf* to perform, do 4214

vykonávat *impf* to perform, exercise 2989

výkonnost *fem* performance, productivity 4344

výkonný *adj* executive, efficient 2516

výkřik *inan* scream 3702

vykřiknout *pf* to cry (out), scream 2776

výlet *inan* trip 2032

vylézt *pf* to climb, creep out 1915

vyloučit *pf* to exclude, expel, rule out 1658

vyloženě *part* downright, absolutely 2953

vyložit *pf* to explain, unload 4119

vylučovat *impf* to exclude, eliminate, secrete 3321

výměna *fem* exchange, change 1861

vyměnit (si) *pf* to exchange, swap 1817

vymyslet *pf* to think up, devise 1379

vymýšlet (si) *impf* to devise, (si) fabricate 3308

vyndat *pf* to take out, pull out, remove 2635

vynechat *pf* to skip, omit 4238

vynést *pf* to take out 2810

vynikající *adj* excellent, outstanding 1965

vynořit se *pf* to emerge, come up 4025

výnos *inan* decree, profit, revenue 3633

vypadat *impf* to look, seem 225

vypadnout *pf* to fall out, slip away 1837

vypálit *pf* to burn (down), fire 4914

vypít *pf* to drink, drink up 2272

vyplácet (se) *impf* to pay, (se) pay off 4784

výplata *fem* payment, pay, salary 4837

vyplatit (se) *pf* to pay, (se) pay off 2007

vyplnit *pf* to fill (in), fulfil 3660

vyplývat *impf* to result, follow, imply 1562

vypnout *pf* to switch off, turn off 2890

výpočet *inan* calculation 3888

výpověď' *fem* testimony, statement, dismissal 2711

vypovídat (se) *biasp* to talk, testify, (se) have a good chat 3513

vypracovat *pf* to develop, devise 2548

výprava *fem* excursion, expedition 3415

vyprávění *neut* tale, narration 3562

vyprávět *impf* to tell, narrate 842

vypravit (se) *pf* to dispatch, (se) set out 3737

vypuknout *pf* to break out 4888

vypustit *pf* to release, let out, skip 4178

vyrábět *impf* to produce, make 1643

výraz *inan* expression 1055

vyrazit *pf* to set out, knock out, smash 1287

výrazně *adv* markedly, considerably 988

výrazný *adj* noticeable, considerable 1016

výroba *fem* production 778

výrobce *anim* manufacturer, producer 1609

výrobek *inan* product 1322

vyrobený *adj* made 4677

vyrobit *pf* to produce, make 2496

výrobní *adj* production 2322

výročí *neut* anniversary 3286

výrok *inan* statement 2792

vyrovnání *neut* compensation, settlement 4903

vyrovnaný *adj* calm, stable, balanced 3462

vyrovnat (se) *pf* to settle, level, (se) cope with 1905

vyrůst *pf* to grow up 2108

vyrůstat *impf* to grow (up) 3706

vyřadit *pf* to eliminate, reject 4726

vyřešit *pf* to solve, sort out 1488

vyřídit *pf* to tell, carry out 2961

vysílání *neut* broadcast, programme 4120

vysílat *impf* to transmit, broadcast 3226

vyskočit *pf* to jump out of, jump up 2485

výskyt *inan* occurrence 3887

vyskytnout se *pf* to occur 4730

vyskytovat se *impf* to occur, be located 2188

vyslat *pf* to send out, delegate 3622

výsledek *inan* result, outcome 317

výsledný *adj* resulting, final 4640

výslech *inan* interrogation 4614

vyslechnout *pf* to listen to, hear 3372

vyslovit (se) *pf* to express, (se) speak up 2184

vysoce *adv* highly 2190

vysoko *adv* high 812

vysoký *adj* tall, high 136

vyspat se *pf* to have a sleep, sleep off 4036

vyspělý *adj* mature, advanced 3413

výstava *fem* exhibition 1377

výstavba *fem* building, construction 1842

vystavit *pf* to display, expose 2271

vystavovat *impf* to exhibit, expose 3556

vystoupení *neut* performance 2294

vystoupit *pf* to get out, appear 1242

vystřelit (si) *pf* to shoot, fire, (si) play a joke 4433

vystřídat (se) *pf* to replace, (se) take turns 2744

vystudovat *pf* to graduate, qualify as 4937

výstup *inan* climb, output, scene 3113

vystupovat *impf* to get off, perform, behave 1598

vysvětlení *neut* explanation 2337

vysvětlit *pf* to explain 641

vysvětlovat *impf* to explain 905

výše *fem* height, level 1044

vyšetření *neut* examination 3437

vyšetřování *neut* investigation, enquiry 2699

vyšetřovat *impf* to investigate 4052

vyšetřovatel *anim* investigator 3711

výška *fem* height 1356

vyšplhat (se) *pf* to climb (up) 4922

výtah *inan* lift 4155

vytáhnout *pf* to pull out, pull up 952

vytahovat (se) *impf* to pull out, (se) boast, brag 4231

vytrhnout *pf* to pull out, extract, snatch away 3469

výtvarný *adj* art, fine (art) 2841

vytváření *neut* creation 3187

vytvářet *impf* to create, make 800

vytvoření *neut* creation, formation 2145

vytvořený *adj* created, formed 3396

vytvořit *pf* to create, make 481

výuka *fem* teaching, lesson 3874

využít *pf* to use, make use 660

využití *neut* use, utilization 1425

využívání *neut* utilization, exploitation 3824

využívat *impf* to use, make use 807

vyvést *pf* to lead out 3418

vyvíjet (se) *impf* to develop 2217

vyvinout (se) *pf* to develop, evolve 2461

vývoj *inan* development, progress 516

vývojový *adj* development(al), evolutionary 4289

vyvolat *pf* to cause, provoke, call (out) 1331

vyvolávat *impf* to cause, call out 1970

vyzkoušet (si) *pf* to try, (si) try on 2103

výzkum *inan* research, exploration 1407

výzkumný *adj* research, explorative 3947

vyznačovat (se) *impf* to mark, (se) distinguish 3451

význam *inan* importance, meaning 653

významně *adv* knowingly, significantly 3666

významný *adj* outstanding, important 507

vyznat se *pf* to be good at, know sth about 3558

výzva *fem* challenge 2366

vyzvat *pf* to invite, ask 2597

vyzvednout (si) *pf* to withdraw, collect 4287

vyžádat si *pf* to request, seek 2990

vyžadovat *impf* to demand, require 946

vzácný *adj* scarce, rare 2009

vzadu *adv* at/in the back 2234

vzájemně *adv* mutually, one another 2450

vzájemný *adj* mutual 1334

vzápětí *adv* immediately, speedily 2408

vzbudit (se) *pf* to wake (up), arouse 1989

vzbuzovat *impf* to inspire, cause 4550

vzdálenost *fem* distance 1974

vzdálený *adj* distant, remote 1568

vzdálit (se) *pf* to distance, (se) leave 4075

vzdát (se) *pf* to surrender, give up 1732

vzdělání *neut* education 2082

vzdělaný *adj* (well-)educated 4121

vzdělávání *neut* education, training 3872

vzduch *inan* air 795

vzdušný *adj* air, airy 4974

vzestup *inan* increase, rise, growth 4646

vzhled *inan* looks, appearance 3009

vzhledem *prep* considering, regarding 773

vzhůru *adv* up(wards) 1962

vzít *pf* to take 134

vzkaz *inan* message 4440

vznášet se *impf* to hover, float 4346

vznik *inan* origin, rise 1025

vznikající *adj* emergent 4934

vznikat *impf* to arise, originate, be formed 1018

vzniklý *adj* incurred, established 2528

vzniknout *pf* to emerge, originate 536

vzor *inan* example, model 1929

vzorek *inan* sample, pattern 3173

vzpamatovat se *pf* to recover 4234

vzpomenout (si) *pf* to remember, recall 845

vzpomínat (si) *impf* to remember, recall 969

vzpomínka *fem* remembrance, memory 1606

vzrůst *pf* to rise, increase, grow (up) 2758

vzrušení *neut* excitement 4621

vztah *inan* relation, relationship 339

vztahovat (se) *impf* to refer, **(se)** apply 2774

vztek *inan* rage, fury, anger 3520

vždy *adv* always 356

vždycky *adv* always 155

vždyť' *part* after all 172

Zz

z *prep* from, out of 13

za *prep* in, behind, for 26

zabalit *pf* to wrap up, pack up 3714

zábava *fem* fun, entertainment 2163

zábavný *adj* entertaining, funny 3805

záběr *inan* stroke, gear, shot 3335

zabezpečení *neut* security 3625

zabíjet *impf* to kill 3763

zabírat *impf* to occupy, take (up) 4355

zabít *pf* to kill 1015

zábradlí *neut* railing, handrail 4503

zabránit *pf* to prevent 1548

zabrat *pf* to occupy, take (up) 2767

zabývat se *impf* to deal with, work at 859

začátek *inan* beginning 389

začínat *impf* to start, begin 366

začít *pf* to start, begin 106

záda *neut pl* back 876

zadarmo *adv* (for) free 2582

zadat (si) *pf* to assign, **(si)** lose face 4401

zadek *inan* back, rear, bottom 3128

zadívat se *pf* to fix eyes 4960

zadní *adj* back, rear 1625

zadržet *pf* to stop, detain 2812

záhada *fem* mystery 4755

záhadný *adj* mysterious, unexplainable 4803

zahájení *neut* opening, beginning, launch 2558

zahájit *pf* to start, launch 1317

zahlédnout *pf* to catch a glimpse 2480

zahrada *fem* garden 912

zahrádka *fem* (small) garden 3718

zahraničí *neut* foreign countries, abroad 1176

zahraniční *adj* foreign 844

zahrát *pf* to play 2250

zahrnout *pf* to include, cover 3373

zahrnovat *impf* to include, cover 1708

záhy *adv* soon 3799

zahynout *pf* to die, perish 2920

zacházet *impf* to treat, handle, use 3311

záchod *inan* toilet 2165

zachování *neut* conservation, preservation 3612

zachovat (se) *pf* to maintain, preserve, **(se)** act 1367

záchrana *fem* rescue, preservation 3475

zachránit *pf* to rescue, save 1503

záchranný *adj* rescue, emergency 4142

záchvat *inan* attack, spasm 4252

zachytit *pf* to record, catch 2094

zájem *inan* interest 335

zájemce *anim* interested person 2052

zajet *pf* to drive up, run over 2735

zájezd *inan* trip, excursion 4603

zajímat (se) *impf* to interest, **(se)** be interested 582

zajímavost *fem* interesting point, sight 4977

zajímavý *adj* interesting 504

zajistit *pf* to ensure, provide 822

zajištění *neut* security, provision 2383

zajišťovat *impf* to ensure, secure 1883

zajít *pf* to go, visit, disappear 1661

zákaz *inan* prohibition, restriction 2510

zakázaný *adj* forbidden, banned 4996

zakázat *pf* to forbid, ban 2162

zakázka *fem* order 2922

zákazník *anim* client, customer 1171

základ *inan* foundation, base 360

zakládat (se) *impf* to establish, **(se)** be based on 3279

zakladatel *anim* founder 3756

základna *fem* base, outpost 2645

základní *adj* elementary, basic 321

zákon *inan* law, act 369

zákonný *adj* legal, statutory 3643

zákrok *inan* intervention, operation 4725

zakrýt *pf* to hide, cover 3955

záležet *impf* to depend, care 942

záležitost *fem* concern, matter, business 917

zalít *pf* to water, flood 4271

záloha *fem* deposit, advance, reserve 3879

založení *neut* founding, nature 3281

založený *adj* based on, founded by 1863

založit *pf* to establish, found 901

zámek *inan* lock, castle 1602

záměr *inan* intention, aim, design 1587

záměrně *adv* deliberately, on purpose 4853

zaměření *neut* specialization 3516

zaměřený *adj* oriented, directed, aimed 2653

zaměřit (se) *pf* to direct, aim, **(se)** focus 1891

zaměřovat (se) *impf* to direct, locate,
(se) focus 4224

zaměstnanec *anim* employee 980

zaměstnání *neut* job, occupation 2072

zaměstnaný *adj* busy, employed 4780

zaměstnat *pf* to employ, keep busy 4467

zaměstnávat *impf* to employ 4122

zaměstnavatel *anim* employer 3278

zamilovat se *pf* to fall in love 3877

zamířit *pf* to head for, aim, direct 2629

zamknout (se) *pf* to lock (up) 4829

zamyslet se *pf* to think about, consider 3598

zanechat *pf* to leave, give up, quit 2677

zánik *inan* termination, decline, fall 4604

zaniknout *pf* to decline, expire, fade (out) 4787

západ *inan* west, sunset 1599

západní *adj* western, west 1132

zapadnout *pf* to set, fit, sink into 4595

zapálit (si) *pf* to light, set on fire 2817

zápas *inan* fight, struggle, match 1181

zápis *inan* minutes, entry, record 3841

zaplatit *pf* to pay 632

záplava *fem* flood 4070

zaplnit (se) *pf* to fill 4991

zapnout *pf* to button up, fasten, switch on 3551

zapojit (se) *pf* to connect, (se) become
involved 2474

zapomenout *pf* to forget 493

zapomínat *impf* to forget 2646

zapotřebí *adv* necessary 2856

zapsat (se) *pf* to record, write down, (se) enrol 2479

zarazit (se) *pf* to stop, (se) pause 2809

zároveň *adv* at the same time 458

zaručit (se) *pf* to guarantee 4213

zaručovat *impf* to guarantee, ensure 4809

záruka *fem* guarantee 2937

zařadit (se) *pf* to classify, put, (se) line up 1783

září *neut* September 904

zařídit (si) *pf* to arrange 2058

zářit *impf* to shine, glow 4118

zařízení *neut* facility 725

zařvat *pf* to yell, roar 4971

zásada *fem* principle, rule 1254

zasadit (se) *pf* to plant, (se) put through 4102

zásadně *adv* on principle 2852

zásadní *adj* fundamental, crucial, cardinal 1544

zásah *inan* hit, intervention 1874

zasáhnout *pf* to hit, intervene, interfere 1672

zasahovat *impf* to intervene, violate 3071

zase *adv* again 97

zasedání *neut* session, meeting 3107

zaskočit (si) *pf* to take by surprise, stand in,
(si) drop by 3781

zaslechnout *pf* to hear, overhear 2818

zasloužit (si) *pf* to deserve 2035

zásluha *fem* credit, contribution 3106

zasmát se *pf* to laugh 2557

zásoba *fem* supply 2113

zastávat (se) *impf* to hold (an office),
(se) support 3486

zastavení *neut* stop(ping), halt, hold-up 4700

zastavit (se) *pf* to stop 511

zastávka *fem* stop, station 3465

zastavovat (se) *impf* to stop 4650

zastoupení *neut* representation 4332

zastoupit *pf* to block way, fill in 4662

zastřelit *pf* to shoot (dead) 3537

zástupce *anim* deputy, representative 888

zastupitel *anim* council member 4371

zastupitelstvo *neut* council 4212

zastupovat *impf* to represent, substitute 3767

zašeptat *pf* to whisper 4353

zatáčka *fem* turn 4839

zatáhnout *pf* to pull (in), draw, drag 4422

zátěž *fem* burden, load 4128

zatím *adv* so far, for now, yet 277

zatímco *conj* while 408

zatknout *pf* to arrest 3782

zato *conj* but, yet 2015

zaujímat *impf* to adopt, take 4244

zaujmout *pf* to occupy, take, fascinate 1698

zaútočit *pf* to strike, attack 4048

zavádět *impf* to introduce 4439

zavázat (se) *pf* to tie, bind, (se) commit 4156

závazek *inan* commitment 2878

závazný *adj* obligatory 4181

závažný *adj* serious 2091

zavedení *neut* launching, implementation 2642

zavedený *adj* established, well-established 4707

závěr *inan* conclusion, end 714

závěrečný *adj* final 2262

zavěsit *pf* to hang up 4762

zavést *pf* to lead, introduce 1444

závidět *impf* to envy 4024

zavírat *impf* to close 3416

záviset *impf* to depend 2100

závislost *fem* addiction, dependence 2143

závislý *adj* dependent, addicted 971

závod *inan* race, factory 1400

zavolat *pf* to call 759

zavrtět (se) *pf* to shake, **(se)** stir 3708

zavřený *adj* closed 2270

zavřít *pf* to close, shut 903

zázemí *neut* background 3825

záznam *inan* entry, record 2252

zaznamenat *pf* to write down, note, record 1612

zaznamenávat *impf* to notice, record, achieve 4555

zaznít *pf* to sound, be heard 3056

zázrak *inan* miracle, wonder 2570

zazvonit *pf* to ring 4065

zažít *pf* to experience 1585

zážitek *inan* experience 1944

zbavit (se) *pf* to free, **(se)** get rid of 1229

zbláznit se *pf* to go mad, be crazy 3803

zboží *neut* goods, commodity 1273

zbraň *fem* weapon 1269

zbylý *adj* remaining 3705

zbýt *pf* to remain, be left 1213

zbytečně *adv* in vain, needlessly 2323

zbytečný *adj* unnecessary, useless 1675

zbytek *inan* rest 756

zbývající *adj* remaining 3043

zbývat *impf* to remain, have left 1290

zcela *adv* completely, absolutely, fully 318

zčásti *adv* partly 4049

zda *conj* if, whether 399

zdaleka *part* by far, from afar 2023

zdánlivě *adv* apparently, seemingly 3294

zdarma *adv* free (of charge) 3364

zdát se *impf* to seem, dream 304

zde *adv* here 326

zdejší *adj* local 2025

zdobit *impf* to decorate, grace 4823

zdraví *neut* health 1170

zdravotní *adj* medical, health 1403

zdravotnický *adj* medical, health 4135

zdravotnictví *neut* health care 3501

zdravý *adj* healthy 1127

zdroj *inan* source 564

zdržet (se) *pf* to keep, delay, **(se)** stay 4012

zdržovat (se) *impf* to keep, delay, **(se)** stay 3531

zdůraznit *pf* to emphasize, stress 2269

zdůrazňovat *impf* to emphasize, point out 2573

zeď' *fem* wall 999

zejména *part* particularly 371

zeleň *fem* verdure, green(ery) 4831

zelenina *fem* vegetable(s) 2644

zelený *adj* green 798

země *fem* country, land 144

zemědělský *adj* farming, agricultural 2759

zemědělství *neut* agriculture, farming 3354

zemřít *pf* to die 886

zemský *adj* (of the) earth, earth's 4320

zeptat se *pf* to ask 353

zevnitř *adv* from inside 4924

zezadu *adv* from behind 4255

zhasnout *pf* to go out, switch off 4442

zhodnotit *pf* to evaluate, assess 4530

zhroutit se *pf* to collapse, fall apart 4917

zhruba *adv* approximately, roughly 695

zima *fem* winter, cold 745

zimní *adj* winter 2131

zírat *impf* to stare 3510

zisk *inan* profit, gain 1552

získání *neut* acquisition, obtaining 2946

získaný *adj* acquired 2682

získat *pf* to gain, obtain 268

získávat *impf* to gain, obtain 1940

zítra *adv* tomorrow 720

zjevně *adv* apparently, clearly 3823

zjevný *adj* obvious, apparent 4834

zjistit *pf* to find out, learn 342

zjištění *neut* discovery, ascertainment 2868

zjišťovat *impf* to find out, determine 2751

zkazit (se) *pf* to spoil, **(se)** go bad, deteriorate 3741

zklamání *neut* disappointment, disillusion 3853

zklamat *pf* to disappoint 3182

zkontrolovat *pf* to check 4518

zkoumání *neut* investigation, study(ing), research 4434

zkoumat *impf* to examine 2180

zkoušet *impf* to try, test, examine 1386

zkouška *fem* test, exam 1085

zkrátit (se) *pf* to shorten, cut short, reduce 4109

zkratka *fem* abbreviation, shortcut 4619

zkrátka *part* in short 2132

zkusit *pf* to try 791

zkušební *adj* trial, test 4832

zkušenost *fem* experience 546

zkušený *adj* experienced 2324

zlato *neut* gold 2325

zlatý *adj* golden 801

zle *adv* badly 4083

zlepšení *neut* improvement 2824

zlepšit (se) *pf* to improve 2253

zlepšovat (se) *impf* to improve 4936

zlikvidovat *pf* to destroy, liquidate 4132

zlo *neut* evil 3568

zlobit (se) *impf* to annoy, **(se)** be angry 2098

zločin *inan* crime 2578

zloděj *anim* thief 2495

zlomit (si) *pf* to break, fracture 2902

zlý *adj* bad, evil 1382

zmáčknout *pf* to squeeze, push 4424

zmatek *inan* confusion, mess, chaos 3208

zmatený *adj* confused, chaotic 4817

změna *fem* change 305

změnit *pf* to change 406

zmíněný *adj* mentioned, in question 1468

zmínit (se) *pf* to mention 2002

zmínka *fem* mention, reference 3715

zmiňovat (se) *impf* to mention 3973

zmizet *pf* to disappear, vanish 836

zmocnit (se) *pf* to authorize, **(se)** seize 3605

značka *fem* sign, mark, brand 1478

značně *adv* considerably, substantially 1664

značný *adj* significant, substantial 1006

znak *inan* sign, mark 1762

znalec *anim* expert 3700

znalost *fem* knowledge, familiarity 1555

znamenat *impf* to mean, stand for 246

znamení *neut* sign 2255

známka *fem* sign, mark, stamp 2008

známý *adj* well-known, popular 230

znát (se) *impf* to know, be familiar 201

znění *neut* wording 4288

zničený *adj* destroyed, broken 4582

zničit *pf* to destroy, ruin 1628

znít *impf* to sound, say 823

znova *adv* again 1966

znovu *adv* again 296

zodpovědnost *fem* responsibility 4396

zodpovědný *adj* responsible 3616

zóna *fem* zone, area 2605

zopakovat (si) *pf* to repeat, **(si)** revise 3250

zoufale *adv* desperately 4237

zoufalství *neut* despair 4489

zoufalý *adj* desperate 3291

zpátky *adv* back 600

zpět *adv* back(wards) 1266

zpětný *adj* reverse, return 3686

zpěv *inan* singing 3017

zpěvačka *fem* (female) singer 4078

zpěvák *anim* singer 2981

zpívat *impf* to sing 1397

zpočátku *adv* at first, originally 2301

zpoždění *neut* delay 4629

zpracování *neut* processing 1973

zpracovat *pf* to process 2808

zpracovávat *impf* to process, compile 4021

zpráva *fem* news, information, message 465

zpravidla *adv* usually 1855

zprvu *adv* at first 4893

způsob *inan* way, method 200

způsobený *adj* caused 3108

způsobit *pf* to cause 851

způsobovat *impf* to cause 2933

zrak *inan* sight 3171

zralý *adj* ripe, mature 4421

zranění *neut* injury 2144

zraněný *adj* injured, wounded 3476

zranit (se) *pf* to injure, wound 2904

zrcadlo *neut* mirror 2547

zrodit (se) *pf* to originate, be born 4895

zrovna *adv* just now 416

zrušení *neut* cancellation, abolition, dissolution 3323

zrušit *pf* to cancel, abolish 1524

zřejmě *part* probably, obviously 415

zřejmý *adj* obvious, evident 1721

zřetelně *adv* distinctly, clearly 3380

zřetelný *adj* obvious, distinct 4149

zřídit *pf* to set up, establish 3431

zřídka *adv* rarely 3540

zřízení *neut* establishment, system of government 4816

ztracený *adj* lost, wasted 2827

ztrácet (se) *impf* to lose, **(se)** fade away 1418

ztráta *fem* loss, casualties 915

ztratit (se) *pf* to lose, **(se)** get lost 571

zub *inan* tooth 1192

zúčastnit se *pf* to participate, take part 1838

zůstat *pf* to stay, remain 223

zůstávat *impf* to stay, remain 618

zvaný *adj* called, invited 2454

zvát *impf* to invite 2741

zvážit *pf* to weigh, consider 4768

zvažovat *impf* to consider 4137

zvedat (se) *impf* to pick up, lift, **(se)** rise 2671

zvědavý *adj* curious 1992

zvednout (se) *pf* to raise, pick up, **(se)** rise 789

zveřejnit *pf* to publish, release 2700

zvíře *neut* animal, beast 1013

zvítězit *pf* to win 2405

zvládat *impf* to manage, control 4062

zvládnout *pf* to manage, control 1133

zvlášť *part* separately, particularly 1151

zvláště *part* in particular, especially 1174

zvláštní *adj* special, strange 449

zvolat *pf* to exclaim 4300

zvolený *adj* elected, selected, chosen 3614

zvolit (si) *pf* to select, choose, elect 1187

zvolna *adv* slowly 4170

zvonit *impf* to ring, clink 3762

zvuk *inan* sound, noise 1309

zvukový *adj* acoustic, sound 4870

zvyk *inan* habit, custom 1862

zvyklý *adj* used to, accustomed to 1753

zvyknout si *pf* to get used to 2284

zvýšení *neut* increase 1580

zvýšený *adj* increased 1981

zvýšit (se) *pf* to increase, **(se)** rise 1047

zvyšování *neut* increase 4328

zvyšovat (se) *impf* to increase, **(se)** grow 1592

Žž

žádat *impf* to ask, demand 1153

žádný *pron* no, none 127

žádost *fem* request, application 1682

žádoucí *adj* desirable, attractive 2691

žák *anim* pupil, schoolboy 1852

žaloba *fem* (legal) action, (law)suit 3896

žaludek *inan* stomach 2775

že *conj* that 7

žebříček *inan* scale, chart, ladder 4460

železniční *adj* railway 3358

železný *adj* iron 2384

železo *neut* iron 4723

žena *fem* woman, wife 204

ženská *fem* woman 1624

ženský *adj* female, feminine 1216

židle *fem* chair 1684

židovský *adj* Jewish 3066

žijící *adj* living 2945

žíla *fem* vein 4757

žít *impf* to live 280

živit (se) *impf* to support, **(se)** make (one's) living 2482

živočich *anim* animal 4842

život *inan* life 129

životní *adj* life, living 574

živý *adj* alive, living, lively 785

žlutý *adj* yellow 1532

žrát *impf* to devour, eat 3104

Part-of-speech index

rank, **headword**, English equivalent(s)

Nouns

41	**rok** year	260	**stát** state, country	419	**cíl** goal, aim
56	**člověk** man	261	**otázka** question	422	**tělo** body
96	**den** day	263	**skupina** group, band	424	**smysl** sense
98	**doba** time, period, age	266	**pravda** truth	429	**rozdíl** difference
126	**místo** place, space	269	**cena** price, prize	431	**program** programme, plan, agenda
129	**život** life	274	**systém** system	433	**ulice** street
130	**práce** job, work	276	**oblast** area, field	437	**člen** member
138	**ruka** hand	279	**situace** situation	438	**prostor** space, room, area
140	**strana** side, page, party	281	**půl** half	439	**forma** form
142	**věc** thing, stuff	287	**většina** majority	440	**činnost** activity
144	**země** country, land	297	**firma** firm, business	442	**hodnota** value, cost
147	**čas** time	302	**jméno** name	446	**smrt** death
149	**případ** case	303	**důvod** reason	447	**paní** Mrs, lady
154	**svět** world	305	**změna** change	450	**polovina** half
157	**hodina** hour	306	**síla** force, strength	451	**republika** republic
161	**cesta** way, journey, road	310	**noc** night	452	**názor** opinion, view
163	**dítě** child, kid	317	**výsledek** result, outcome	454	**prostředí** environment, surroundings
165	**hlava** head	325	**pohled** look, view, postcard	463	**léto** summer
174	**část** part, piece	335	**zájem** interest	465	**zpráva** news, information, message
176	**problém** issue, problem, trouble	339	**vztah** relation, relationship	468	**osoba** person
177	**oko** eye	343	**dveře** door	470	**století** century
179	**konec** end, ending	348	**auto** car	471	**otec** father
189	**chvíle** while, moment	351	**informace** information	473	**válka** war
195	**město** town, city	355	**noha** leg, foot	475	**kniha** book
196	**muž** man, gentleman, husband	358	**stav** condition, state	478	**okno** window
199	**pan** sir, Mr, (gentle)man	360	**základ** foundation, base	485	**období** period, season
200	**způsob** way, method	361	**podmínka** condition, circumstance	486	**hra** game, play
202	**slovo** word	362	**rodina** family	489	**procento** per cent, portion
204	**žena** woman, wife	365	**služba** service	497	**číslo** number, size
207	**společnost** company, society	369	**zákon** law, act	498	**stůl** table, desk
210	**řada** turn, row, line	380	**počet** number, quantity	505	**trh** market
216	**týden** week	385	**tvář** face	508	**úřad** authority
218	**voda** water	387	**právo** right, law	516	**vývoj** development, progress
238	**koruna** crown	389	**začátek** beginning	517	**proces** process
243	**měsíc** month, moon	394	**pocit** feeling	518	**prostředek** means, device, resource
250	**dům** house	395	**skutečnost** reality	521	**úroveň** level, standard
252	**peníze** money	397	**typ** type	524	**role** role
254	**možnost** possibility, chance, option	401	**směr** direction, specialization	525	**vliv** influence
259	**škola** school	403	**hlas** voice	526	**akce** action, event
		409	**druh** kind, sort		
		412	**vláda** government		
		413	**minuta** minute		

833   **vůz** vehicle

834   **návštěva** visit

837   **okolí** surroundings, neighbourhood

841   **strom** tree

847   **telefon** phone, telephone

848   **síť** network, web

850   **budova** building

853   **klid** calm, peace

855   **list** leaf, sheet

858   **historie** history

862   **chyba** mistake, fault

868   **lékař** doctor

873   **ochrana** protection

874   **noviny** newspaper

876   **záda** back

878   **nemocnice** hospital

879   **soutěž** contest, competition

882   **šance** chance

885   **čelo** forehead

887   **pokus** attempt, experiment

888   **zástupce** deputy, representative

889   **tým** team

890   **stupeň** level, stage, degree

891   **metoda** method

892   **mluvčí** spokesperson, speaker

893   **příprava** preparation, training

894   **majitel** owner

896   **pravidlo** rule

897   **krev** blood

898   **desítka** ten

899   **postel** bed

902   **nabídka** offer

904   **září** September

907   **místnost** room

910   **slunce** sun

912   **zahrada** garden

913   **bratr** brother

915   **ztráta** loss, casualties

916   **umění** art, skill

917   **záležitost** concern, matter, business

919   **rozvoj** development, progress

923   **babička** grandmother, old woman

924   **štěstí** happiness, (good) luck

926   **kontrola** control, inspection, examination

929   **předseda** chairman

939   **text** text, lyrics, script

940   **chvilka** a (little) while, moment

941   **obec** village, community

944   **dívka** girl

945   **obličej** face

948   **studium** studies, research

949   **minulost** past, history

955   **ohled** respect, regard, consideration

956   **občan** citizen

957   **chuť** flavour, appetite, desire

961   **technika** technology, method

962   **rozhovor** conversation, interview

965   **veřejnost** public

966   **příčina** cause, reason

967   **manžel** husband

970   **dopis** letter

972   **postava** figure, character

976   **praxe** practice, training

980   **zaměstnanec** employee

981   **vstup** entrance, entering

982   **kultura** culture, civilization

984   **dojem** impression

985   **aktivita** activity

986   **spolupráce** cooperation

989   **hudba** music

990   **banka** bank

991   **provoz** operation, traffic

993   **odborník** expert, professional

994   **tlak** pressure, stress

995   **dcera** daughter

996   **stěna** wall

998   **pracovník** worker, staff member

999   **zeď** wall

1000   **silnice** road

1002   **obsah** content, summary

1008   **hvězda** star

1009   **kamarád** friend, mate

1010   **naděje** hope, chance

1012   **chlap** man, guy, bloke

1013   **zvíře** animal, beast

1014   **chování** behaviour, manner

1019   **manželka** wife

1021   **struktura** structure

1023   **maminka** mum

1025   **vznik** origin, rise

1028   **článek** article, segment, component

1029   **pondělí** Monday

1033   **povinnost** duty, obligation

1034   **svoboda** freedom

1038   **energie** energy

1039   **starost** worry, responsibility

1040   **moře** sea

1043   **sen** dream, ambition

1044   **výše** height, level

1048   **úvaha** consideration, contemplation

1053   **území** area, territory

1055   **výraz** expression

1057   **poměr** ratio, relationship

1062   **příběh** story, tale

1063   **maso** meat, flesh

1064   **kancelář** office, agency

1065   **víno** wine, grape

1066   **výhoda** advantage, privilege

1068   **osud** fate, destiny

1071   **spojení** conjunction, connection, link

1073   **kolega** colleague

1074   **prvek** element, component

1075   **princip** principle

1076   **pivo** beer

1078   **doktor** doctor

1080   **nedostatek** lack, deficiency, fault

1081   **počítač** computer

1082   **útok** attack

1084   **výjimka** exception

1085   **zkouška** test, exam

1086   **host** guest

1090   **látka** fabric, substance

1091   **pohoda** contentment, ease

1094   **ústa** mouth

1095   **budoucnost** future

1097   **velikost** size, extent

1099   **leden** January

1102   **nástroj** tool, instrument

1106   **obor** profession, field

1377	**výstava** exhibition	1459 **délka** length, longitude	1572 **režim** regime
1378	**technologie** technology	1460 **nos** nose	1573 **pozor** attention, care
1381	**vesnice** village	1461 **instituce** institution	1575 **analýza** analysis
1383	**nárok** right, claim	1465 **představitel** representative	1579 **dráha** track, career, railway
1384	**bolest** pain	1466 **produkt** product, result	1580 **zvýšení** increase
1390	**komunikace** communication	1467 **obrana** defence, apology	1581 **médium** medium
1392	**okraj** edge, margin	1476 **vazba** relationship, tie,	1584 **srovnání** comparison
1393	**dohoda** agreement, deal	binding	1586 **chléb** bread
1394	**vlak** train	1477 **národ** nation	1587 **záměr** intention, aim, design
1395	**vůle** will	1478 **značka** sign, mark, brand	1590 **účastník** participant
1398	**armáda** army	1481 **šaty** clothes, dress	1591 **restaurace** restaurant
1399	**příjem** reception, income	1482 **věta** sentence	1594 **původ** origin
1400	**závod** race, factory	1483 **částka** amount, sum	1595 **rozpočet** budget
1405	**paměť** memory	1484 **park** park	1597 **počasí** weather
1407	**výzkum** research, exploration	1489 **fáze** phase, period	1599 **západ** west, sunset
1410	**soubor** set, ensemble, file	1490 **dějiny** history	1602 **zámek** lock, castle
1411	**duben** April	1493 **ústav** institute, institution	1605 **podlaha** floor
1412	**rozsah** extent, range	1496 **kapitola** chapter	1606 **vzpomínka** remembrance,
1415	**řidič** driver	1497 **únor** February	memory
1420	**kapsa** pocket	1498 **teorie** theory	1609 **výrobce** manufacturer,
1421	**král** king	1499 **seznam** list, schedule	producer
1422	**učitel** teacher	1501 **kostel** church	1611 **věda** science
1423	**adresa** address	1502 **politik** politician	1614 **schod** step, stair
1424	**setkání** meeting, get-	1504 **průměr** average, diameter	1617 **novinář** journalist
	together	1516 **teplo** heat, warmth	1620 **muzeum** museum
1425	**využití** use, utilization	1519 **chodba** corridor	1621 **svaz** union, federation
1426	**večeře** dinner, supper	1523 **úterý** Tuesday	1622 **nálada** mood, temper
1429	**stín** shadow, shade	1528 **kruh** circle	1623 **teplota** temperature
1431	**pád** drop, fall	1531 **následek** consequence,	1624 **ženská** woman
1432	**nemoc** illness, disease	result	1626 **snímek** photo, picture,
1434	**srpen** August	1533 **ročník** year, volume, class	snapshot
1435	**jistota** confidence, certainty,	1534 **dokument** document	1629 **odchod** leaving, departure
	safety	1539 **nebe** sky	1638 **povaha** character, nature
1440	**kategorie** category, bracket	1546 **vítězství** victory	1640 **most** bridge
1441	**podzim** autumn	1549 **prosinec** December	1644 **bok** hip, side, flank
1442	**důkaz** proof, evidence	1550 **oheň** fire	1647 **klíč** key, clue
1443	**postoj** posture, attitude,	1551 **červenec** July	1648 **literatura** literature
	stance	1552 **zisk** profit, gain	1650 **nákup** shopping, purchase
1445	**díl** part, piece	1554 **letadlo** aircraft, plane	1652 **průmysl** industry
1446	**karta** card	1555 **znalost** knowledge,	1653 **ostrov** island
1448	**koleno** knee	familiarity	1654 **půlka** half
1449	**povrch** surface	1558 **fond** fund, foundation	1656 **ticho** silence
1450	**mistr** master, foreman,	1560 **mamka** mum	1660 **jízda** riding, driving
	champion	1561 **daň** tax	1663 **smích** laughter
1452	**sezóna** season	1563 **východ** exit, east, sunrise	1671 **fotka** photo, picture
1453	**knížka** book, booklet	1564 **návštěvník** visitor	1673 **koncert** concert
1456	**spor** dispute, argument	1566 **norma** standard, norm	1676 **poznámka** note, remark
1457	**přítomnost** presence, the	1569 **trest** punishment	1677 **podnikatel** businessman
	present	1571 **hrůza** horror, terror	1678 **odpor** aversion, resistance

1976 **pacient** patient	2101 **konflikt** conflict	2196 **jih** south
1977 **linka** line	2110 **symbol** symbol	2197 **pas** passport, waistline
1986 **deník** daily, diary	2112 **úsek** section	2200 **slza** tear, teardrop
1997 **dlaň** palm	2113 **zásoba** supply	2201 **důvěra** trust
1998 **křídlo** wing	2114 **pozemek** plot, lands	2202 **hrdina** hero
1999 **středisko** centre	2115 **tatínek** daddy	2204 **myšlení** thinking, thought
2001 **realita** reality	2118 **spánek** sleep	2205 **káva** coffee
2004 **překvapení** surprise	2120 **narozeniny** birthday	2206 **blízkost** vicinity, closeness
2005 **kalhoty** trousers	2127 **taška** bag	2208 **svatba** wedding
2008 **známka** sign, mark, stamp	2128 **nůž** knife	2212 **sranda** fun, kidding
2010 **přístroj** apparatus, instrument	2129 **konference** conference	2213 **cit** emotion, feeling
	2133 **košile** shirt	2215 **kočka** cat
2012 **oprava** reconstruction, correction	2134 **oslava** celebration	2218 **fakulta** faculty
	2135 **liga** league	2219 **obchodník** trader, dealer, businessman
2013 **moment** moment	2136 **mléko** milk	
2014 **díra** hole	2137 **vybavení** equipment	2220 **pár** couple, pair
2020 **snížení** reduction, cut	2138 **mapa** map	2221 **blok** block, writing pad
2027 **premiér** premier	2143 **závislost** addiction, dependence	2222 **vražda** murder
2028 **test** test		2224 **domek** house
2030 **dáma** lady	2144 **zranění** injury	2226 **dluh** debt
2032 **výlet** trip	2145 **vytvoření** creation, formation	2227 **hřiště** pitch, field, playground
2033 **rozum** reason, sense		
2037 **vteřina** second	2146 **kritika** criticism, review	2228 **nádraží** station
2041 **přehled** survey, summary	2150 **rozšíření** expansion, extension	2229 **prázdniny** holidays, vacation
2043 **pošta** post office, mail		2231 **prdel** arse, ass, fun
2045 **hlad** hunger	2151 **sever** north	2233 **kritérium** criterion
2052 **zájemce** interested person	2152 **břicho** stomach, abdomen	2235 **děvče** girl
2055 **hmota** matter, material	2153 **cizinec** foreigner, stranger	2236 **příslušník** member
2060 **plat** pay, salary	2154 **slečna** miss, young lady	2240 **jádro** kernel, core
2062 **trend** trend	2155 **památka** memory, sight	2241 **strategie** strategy
2065 **soulad** accordance, harmony	2156 **lék** drug, medicine	2242 **signál** signal
2066 **koncepce** concept	2158 **konkurence** competition	2247 **kapacita** capacity
2067 **olej** oil	2159 **fotbal** football	2252 **záznam** entry, record
2068 **cigareta** cigarette	2161 **režisér** director	2255 **znamení** sign
2070 **omyl** mistake	2163 **zábava** fun, entertainment	2259 **provedení** version, execution
2072 **zaměstnání** job, occupation	2164 **doklad** certificate, (pl) papers	2260 **prsa** chest, breast
2073 **věž** tower	2165 **záchod** toilet	2263 **rovina** plain, level
2074 **pořad** programme, agenda	2167 **realizace** implementation, realization	2264 **průzkum** survey, poll
2075 **hala** hall, lounge		2265 **označení** mark, label
2080 **domácnost** household	2172 **vítěz** winner	2266 **poznání** knowledge, understanding
2081 **dálka** distance	2174 **schůzka** date, meeting	
2082 **vzdělání** education	2178 **brýle** glasses	2267 **nula** zero, nothing
2083 **série** series	2182 **souhlas** consent, approval	2268 **důl** mine, pit
2084 **hromada** heap, meeting	2183 **budoucno** future	2273 **kořen** root
2086 **efekt** effect	2186 **aplikace** application	2276 **hledání** searching
2093 **představení** performance, introduction	2187 **prach** dust, powder	2280 **investor** investor
	2189 **kafe** coffee	2285 **úmysl** intention, plan
2095 **rádio** radio	2194 **nutnost** necessity	2288 **vozidlo** vehicle
2099 **problematika** issues	2195 **dvojice** pair, couple	2289 **motiv** motive, theme

2290 **dar** gift
2291 **led** ice
2292 **násilí** violence
2293 **nehoda** accident
2294 **vystoupení** performance
2295 **příchod** arrival, coming
2300 **palác** palace
2302 **rekonstrukce** reconstruction, renovation
2306 **pojetí** concept
2309 **detail** detail
2310 **novinka** news
2312 **dík** (word of) thanks
2319 **podezření** suspicion
2320 **spisovatel** writer
2321 **odhad** assessment, estimate
2325 **zlato** gold
2326 **euro** euro
2329 **letiště** airport
2330 **překážka** obstacle
2331 **paže** arm
2332 **výchova** education, training
2335 **popis** description
2336 **areál** premise, precinct
2337 **vysvětlení** explanation
2340 **tendence** tendency
2341 **kandidát** candidate
2342 **přednáška** lecture
2343 **výklad** explication, presentation, shop window
2344 **mobil** mobile phone, cellphone
2345 **sláva** fame, glory
2347 **utkání** match, game
2348 **prohlášení** statement, declaration
2349 **festival** festival
2353 **pověst** legend, reputation
2354 **rozpor** contradiction
2356 **náhoda** chance, coincidence
2357 **turista** tourist
2358 **teta** aunt
2362 **blázen** fool, madman
2363 **potravina** food(stuff)
2366 **výzva** challenge
2370 **poplatek** charge, fee
2373 **spotřeba** consumption
2376 **strop** ceiling
2377 **dárek** present

2380 **jedinec** individual
2382 **vyjádření** expression, statement
2383 **zajištění** security, provision
2385 **angličtina** English
2386 **soupeř** opponent, rival
2389 **vůně** scent, fragrance
2390 **galerie** gallery
2393 **subjekt** subject, theme
2394 **polévka** soup
2396 **kampaň** campaign
2400 **odvaha** courage
2406 **pramen** source, spring
2409 **platnost** validity, effect
2412 **svazek** bunch, volume
2413 **kilo** kilo(gram)
2414 **sbor** board, choir
2417 **poledne** noon
2420 **pozadí** background, setting
2421 **dětství** childhood
2424 **pokles** drop, decrease
2428 **tvrzení** statement, hardening
2430 **jed** poison
2431 **kapela** band
2432 **dopad** impact
2434 **přestávka** break, interval
2437 **centimetr** centimetre
2438 **nerv** nerve
2445 **kolej** rail, track, dormitory
2446 **vchod** entrance
2448 **větev** branch
2451 **expert** expert
2456 **argument** argument
2459 **písnička** song
2466 **revoluce** revolution
2467 **církev** church
2468 **demokracie** democracy
2470 **mechanismus** mechanism
2471 **lid** nation, people
2475 **očekávání** expectation
2476 **přijetí** acceptance, welcome
2478 **svědomí** conscience
2481 **brambor** potato
2483 **komunista** communist
2484 **písek** sand
2487 **skříň** wardrobe, cupboard, cabinet
2488 **ložnice** bedroom
2495 **zloděj** thief

2499 **rostlina** plant
2500 **houba** mushroom
2503 **procházka** walk
2504 **dostatek** sufficiency
2505 **kamera** (video) camera
2509 **reforma** reform
2510 **zákaz** prohibition, restriction
2511 **vlastník** owner
2513 **poznatek** (piece of) knowledge, finding
2515 **vědec** scholar
2521 **litr** litre
2525 **nápis** inscription, sign, notice
2531 **hrob** grave
2533 **důchod** pension, retirement
2536 **sněmovna** chamber (of parliament)
2537 **kráva** cow
2541 **bitva** battle
2542 **mládež** youth, the young
2543 **div** wonder
2544 **chata** cottage, weekend house, lodge
2547 **zrcadlo** mirror
2550 **droga** drug, narcotic
2551 **uspořádání** organization, structure
2553 **komora** utility room, chamber
2555 **dav** crowd
2556 **soudce** judge, referee
2558 **zahájení** opening, beginning, launch
2560 **obloha** sky
2562 **oblečení** clothes, clothing
2564 **kout** corner, nook
2566 **premiéra** premiere
2570 **zázrak** miracle, wonder
2572 **linie** line, outline
2576 **básník** poet
2578 **zločin** crime
2579 **manželství** marriage
2580 **pokuta** penalty, fine
2581 **shoda** agreement, correspondence
2583 **heslo** password, slogan, headword
2584 **dodávka** delivery, supply, van

2586 **trať** railway, track

2587 **cyklus** cycle, series

2589 **plot** fence, fencing

2590 **román** novel

2595 **rozhodování** decision-making

2600 **povolení** permission, permit

2602 **porucha** breakdown, malfunction, failure

2603 **orientace** orientation, inclination

2605 **zóna** zone, area

2606 **podnět** impulse, stimulus

2608 **desetiletí** decade

2611 **obrat** turn, change, phrase

2616 **učení** doctrine, learning, teaching

2618 **blbost** crap, nonsense

2619 **důraz** stress, emphasis, accent

2620 **odměna** reward, bonus

2621 **prachy** money, cash

2622 **přenos** broadcast, transmission, transfer

2623 **jezero** lake

2631 **společenství** community, association

2634 **kanál** channel, sewer

2636 **taťka** daddy

2638 **peklo** hell

2642 **zavedení** launching, implementation

2644 **zelenina** vegetable(s)

2645 **základna** base, outpost

2647 **trasa** route, trail, itinerary

2648 **kamarádka** friend

2654 **podklad** basis, foundation, documents

2655 **mládí** youth

2658 **útočník** attacker, striker

2661 **přesvědčení** conviction, belief

2662 **nástup** entrance, boarding, start

2664 **příkaz** order, command

2667 **snídaně** breakfast

2684 **filozofie** philosophy

2685 **malíř** painter, decorator

2687 **cukr** sugar

2690 **půlnoc** midnight

2695 **hospodářství** economy, farm

2699 **vyšetřování** investigation, enquiry

2701 **dosažení** achievement, reaching

2702 **brácha** brother, buddy

2703 **bytost** being, creature

2704 **skladba** composition, structure

2707 **pohádka** fairy tale

2708 **socha** statue, sculpture

2711 **výpověď** testimony, statement, dismissal

2712 **pořadí** order, sequence

2715 **mistrovství** championship, mastery

2716 **tvůrce** creator, maker

2719 **skála** rock

2721 **aspekt** aspect

2722 **kříž** cross

2724 **kapitán** captain

2725 **dotaz** query, question

2726 **podnikání** enterprise, business

2727 **sůl** salt

2729 **pytel** bag, sack

2730 **soustava** system

2734 **koupelna** bathroom

2736 **stanovisko** standpoint

2742 **nábytek** furniture

2746 **spravedlnost** justice

2747 **seriál** series

2748 **nesmysl** nonsense

2752 **úvod** introduction, preface

2753 **přítelkyně** girlfriend

2754 **údolí** valley

2757 **ovoce** fruit

2760 **vůdce** leader, guide

2763 **uživatel** user

2764 **výdaj** expense

2766 **bar** bar

2768 **tempo** pace, rate

2769 **legrace** fun

2771 **krabice** box, case

2773 **podpis** signature

2775 **žaludek** stomach

2777 **směs** mixture

2778 **jednotlivec** individual

2779 **krám** shop, rubbish, junk

2780 **hovor** talk, call

2781 **dělník** worker

2782 **náměstek** deputy

2783 **plus** pro, plus

2784 **rod** genus, race

2785 **chalupa** cottage

2788 **fotbalista** footballer, soccer player

2789 **dálnice** motorway

2792 **výrok** statement

2795 **jednička** (number) one

2800 **koberec** carpet

2802 **hloubka** depth

2803 **nadšení** enthusiasm

2804 **pravděpodobnost** probability

2811 **dotace** grant, subsidy

2813 **hodinky** watch

2819 **sklep** cellar

2820 **odpoledne** afternoon

2821 **dohled** sight, supervision

2824 **zlepšení** improvement

2825 **dílna** workshop

2829 **sféra** sphere, area

2831 **pojišťovna** insurance company

2833 **pás** strip, belt

2840 **hrozba** threat

2842 **tanec** dance

2843 **talíř** plate

2844 **jablko** apple

2845 **tragedie** tragedy

2846 **fanoušek** fan

2847 **právník** lawyer

2848 **choroba** disease, illness

2850 **vtip** joke

2860 **prádlo** underwear, laundry

2861 **pusa** mouth, kiss

2864 **čeština** Czech

2865 **podrobnost** detail

2867 **debata** discussion, argument

2868 **zjištění** discovery, ascertainment

2871 **publikum** audience

2872 **továrna** factory, plant

2873 **velitel** commander

2876 **obyvatelstvo** population

2878 **závazek** commitment

2880 **chodník** pavement,
footpath

2888 **tok** stream, flow

2891 **buňka** cell

2893 **říše** empire, kingdom

2894 **důstojník** officer

2897 **prášek** powder, pill

2898 **kmen** trunk, tribe

2900 **složení** composition,
structure

2901 **měřítko** scale, standard

2908 **odpad** waste, sink

2909 **pití** drinking, drink

2911 **mzda** wages

2912 **klobouk** hat

2918 **městečko** small town

2921 **podání** submission,
presentation

2922 **zakázka** order

2923 **prohlídka** examination,
inspection, tour

2924 **obvinění** accusation

2925 **hoch** boy, lad

2928 **pracoviště** workplace,
department

2930 **vidění** seeing, vision

2931 **branka** gate, goal

2936 **organismus** organism

2937 **záruka** guarantee

2940 **požár** fire

2941 **pobřeží** coast

2943 **gesto** gesture

2944 **katastrofa** disaster

2946 **získání** acquisition,
obtaining

2948 **povolání** profession

2949 **účinnost** efficiency, validity

2951 **náhrada** compensation

2952 **útvar** formation

2954 **charakteristika**
characteristic(s)

2955 **sklon** disposition, slope

2960 **ulička** lane, alley

2962 **kabát** coat

2964 **květina** flower

2965 **úcta** respect

2969 **holčička** (little) girl

2971 **vrah** murderer

2976 **sklad** stock, warehouse

2977 **mínění** opinion

2981 **zpěvák** singer

2984 **gól** goal

2985 **start** take-off, start

2986 **narození** birth

2992 **pokyn** instruction

2994 **souboj** fight, duel

2995 **síň** hall

2998 **dodavatel** supplier

3004 **vejce** egg

3007 **květ** flower, blossom

3008 **nárůst** growth

3009 **vzhled** looks, appearance

3012 **čára** line

3016 **akademie** academy

3017 **zpěv** singing

3020 **úvěr** loan, credit

3021 **prase** pig

3023 **okres** district

3024 **akcie** share, stock

3027 **odbor** department, union

3029 **používání** use, utilization

3034 **učitelka** (female) teacher

3036 **smůla** bad luck, pitch

3038 **komplex** complex

3041 **královna** queen

3042 **scénář** scenario, screenplay

3045 **pochybnost** doubt

3046 **obvod** circumference,
district, circuit

3051 **finále** finals

3053 **mužstvo** team, crew

3054 **expozice** exhibition,
exposure

3059 **plášť** coat, cloak, casing

3061 **cvičení** exercise, practice

3062 **obrazovka** screen

3064 **rozdělení** division,
distribution

3065 **slib** promise

3067 **uplatnění** use, assertion

3070 **rovnováha** balance

3073 **čtení** reading

3074 **volno** leisure, day off

3079 **obal** cover, packaging

3083 **správce** manager,
administrator

3085 **pachatel** offender, culprit

3086 **hasič** firefighter

3087 **pokrok** progress,
improvement

3088 **generál** general

3093 **čest** honour, credit

3098 **sval** muscle

3099 **báseň** poem

3101 **vnitro** interior (ministry)

3102 **iniciativa** initiative

3103 **kapka** drop

3106 **zásluha** credit, contribution

3107 **zasedání** session, meeting

3109 **vajíčko** egg

3113 **výstup** climb, output, scene

3115 **pokračování** continuation,
sequel

3117 **bomba** bomb

3118 **neštěstí** misfortune,
accident

3120 **šok** shock

3121 **sloup** pole, column

3125 **etapa** period, lap

3128 **zadek** back, rear, bottom

3129 **běh** run(ning), course

3131 **poradce** adviser, consultant

3134 **přínos** contribution, merit

3136 **pochopení** understanding

3137 **publikace** publication

3139 **úhel** angle

3143 **humor** humour

3145 **drát** wire

3146 **senát** Senate

3148 **pata** heel, foot

3154 **dnešek** today, nowadays

3155 **hřbitov** cemetery

3156 **psaní** writing, letter

3160 **písmeno** letter

3163 **porážka** defeat, slaughter

3165 **řádek** line

3168 **léčba** treatment, therapy

3170 **pěst** fist

3171 **zrak** sight

3173 **vzorek** sample, pattern

3175 **pero** feather, pen, spring

3178 **koš** basket

3180 **rytmus** rhythm

3181 **anděl** angel

3185 **organizátor** organizer

3187 **vytváření** creation

3188 **protest** protest

3190 **suma** sum

3195 **výhled** view, outlook

3198 **stolek** table

3200 **chrám** temple, church

3201 **plamen** flame

3203 **ukončení** termination, ending

3208 **zmatek** confusion, mess, chaos

3209 **obnova** restoration, regeneration

3210 **terén** terrain, ground, landscape

3212 **kov** metal

3215 **pobočka** branch

3216 **architektura** architecture

3219 **mrak** cloud

3220 **mez** bounds, limit

3221 **bydlení** living, housing

3222 **sklenice** glass, jar

3225 **skok** jump, leap

3227 **ukázka** demonstration, example

3229 **máslo** butter

3230 **post** post, position

3232 **prodejna** shop, store

3233 **management** management

3234 **potomek** descendant, offspring

3236 **louka** meadow

3237 **tramvaj** tram

3239 **stadión** stadium

3240 **herečka** actress

3241 **sklenička** glass

3242 **školství** education

3245 **lavice** desk, bench

3251 **ohrožení** danger, emergency

3252 **recept** recipe, prescription

3253 **dědeček** grandfather

3254 **turnaj** tournament

3257 **sluníčko** sun, ladybird

3259 **porovnání** comparison

3261 **babi** granny

3262 **překlad** translation

3263 **hmotnost** weight, mass

3265 **družstvo** cooperative, team

3267 **kněz** priest

3268 **elektřina** electricity

3269 **tah** pull, thrust, move

3270 **standard** standard

3273 **asociace** association, connotation

3274 **pojištění** insurance

3277 **garáž** garage

3278 **zaměstnavatel** employer

3281 **založení** founding, nature

3283 **umístění** position, placement

3284 **sýr** cheese

3285 **paprsek** beam, ray

3286 **výročí** anniversary

3287 **výbuch** explosion, outburst

3290 **úder** hit, blow, strike

3292 **fantazie** imagination, fantasy

3293 **statistika** statistics

3298 **pokladna** cash desk, box office, treasury

3299 **pohár** cup

3300 **oznámení** announcement, notice

3301 **poptávka** demand

3307 **onemocnění** disease

3309 **sektor** sector

3310 **volič** voter

3313 **vlastnictví** ownership, property

3314 **legenda** legend

3316 **doporučení** recommendation

3318 **obtíž** trouble, difficulty

3323 **zrušení** cancellation, abolition, dissolution

3329 **plátno** cloth, linen, projection screen

3330 **sex** sex

3331 **oddíl** section, group, club

3332 **kufr** suitcase, boot

3333 **financování** financing, funding

3335 **záběr** stroke, gear, shot

3336 **lůžko** bed, berth

3337 **populace** population

3338 **samota** solitude, lonely place

3339 **komedie** comedy, play-acting

3344 **talent** talent, gift

3345 **likvidace** liquidation, clearance

3349 **otvor** hole, slot

3352 **demokrat** democrat

3354 **zemědělství** agriculture, farming

3357 **bohatství** wealth, fortune, richness

3359 **stan** tent

3361 **architekt** architect

3363 **planeta** planet

3365 **otevření** opening

3367 **tuna** ton

3368 **plod** fruit, foetus

3370 **kytka** flower, plant

3377 **kritik** critic

3378 **drama** drama

3379 **lidstvo** mankind

3382 **přehlídka** show, parade

3383 **vášeň** passion

3386 **kouzlo** magic, spell

3390 **měření** measurement

3391 **útěk** escape, flight

3393 **hluk** noise

3397 **pravomoc** authority

3399 **hovno** shit, crap

3401 **metropole** capital, metropolis

3402 **elektrárna** power plant

3404 **agent** agent

3405 **posluchač** listener, trainee

3406 **palec** thumb, inch

3407 **sedadlo** seat

3408 **náboženství** religion

3409 **spolupracovník** colleague, collaborator, associate

3412 **úspora** saving

3414 **obálka** envelope

3415 **výprava** excursion, expedition

3417 **dění** events, developments

3419 **lampa** lamp

3420 **sazba** rate, tariff, charge

3423 **ráj** paradise, Eden

3426 **redakce** editorial office, edition

3427 **místopředseda** vice chairman

3428 **dvojka** (number) two, second gear

3434 **trouba** oven, pipe

3435 **objev** discovery, finding

3437 **vyšetření** examination

3439 **důchodce** pensioner, senior citizen

3440 **koule** ball, globe

3444 **huba** mouth, trap

3446 **tyč** post, rod

3449 **hokej** (ice-)hockey

3453 **tričko** T-shirt

3454 **chod** course, operation

3455 **album** album

3456 **krabička** box, packet

3458 **blbec** moron, nitwit

3460 **sebevražda** suicide

3463 **minimum** minimum

3465 **zastávka** stop, station

3468 **parametr** parameter

3470 **bouře** storm

3471 **kauza** case

3475 **záchrana** rescue, preservation

3477 **trocha** a bit, a little

3479 **trénink** training

3480 **křižovatka** intersection, crossroads

3481 **pruh** stripe, lane

3483 **venkov** country

3484 **výhra** victory, prize

3485 **odstranění** removal, disposal

3490 **autorita** authority

3491 **statek** estate, farm

3495 **stabilita** stability

3496 **proměna** transformation, change

3497 **pásmo** zone

3500 **příloha** supplement, attachment

3501 **zdravotnictví** health care

3503 **sestava** composition, line-up

3507 **cizina** foreign country

3509 **ředitelka** (woman) director, headmistress

3515 **profese** profession, career

3516 **zaměření** specialization

3518 **děj** plot, action, story

3519 **bazén** swimming pool

3520 **vztek** rage, fury, anger

3521 **klín** lap, wedge

3524 **poškození** damage, injury

3525 **kolečko** wheel, slice

3527 **vojsko** army, troops

3530 **balík** parcel, package

3533 **užívání** use, usage

3534 **konto** account

3536 **nápoj** drink, beverage

3541 **mlha** mist, fog

3547 **shromáždění** assembly, gathering

3548 **koncentrace** concentration

3549 **čert** devil

3550 **obliba** popularity

3552 **příznivec** fan

3554 **kavárna** café, coffee house

3555 **utrpení** suffering

3559 **činitel** figure (*anim*), factor, agent (*inan*)

3560 **úleva** relief

3561 **vila** villa

3562 **vyprávění** tale, narration

3565 **kresba** drawing

3567 **kontext** context

3568 **zlo** evil

3569 **odkaz** reference, legacy

3570 **brada** chin

3572 **móda** fashion

3574 **fórum** forum

3576 **doprovod** company, accompaniment

3577 **balíček** packet, parcel

3578 **podvod** fraud, deception

3579 **seminář** seminar

3581 **práh** threshold

3582 **maska** mask

3584 **opera** opera

3585 **kapitál** capital, funds

3587 **radní** councillor

3589 **plnění** performance, fulfilment

3590 **blesk** lightning

3592 **odvolání** withdrawal, appeal

3594 **sukně** skirt

3595 **lokalita** locality, place

3596 **akt** act

3597 **disciplína** discipline

3599 **komentář** comment, commentary

3600 **vize** vision

3602 **stanovení** determination, fixing

3603 **rozvod** divorce

3606 **ustanovení** regulation, designation

3607 **přístav** harbour, port

3609 **historka** story

3610 **určení** purpose, determining

3611 **průvodce** guide

3612 **zachování** conservation, preservation

3615 **civilizace** civilization

3618 **mrtvola** corpse

3620 **vlast** homeland

3624 **námět** suggestion, theme

3625 **zabezpečení** security

3629 **předek** ancestor (*anim*), front part (*inan*)

3630 **spolek** club, association

3631 **přelom** turn, turning point

3633 **výnos** decree, profit, revenue

3634 **mráz** frost, shiver

3636 **stánek** stall, kiosk

3637 **osa** axis

3639 **nejistota** uncertainty, insecurity

3640 **skončení** termination, end

3644 **smutek** sadness, sorrow

3645 **hůl** cane, stick

3646 **reprezentace** representation, national team

3648 **plíce** lung

3654 **potenciál** potential, capacity

3655 **růže** rose

3656 **krádež** theft, robbery

3658 **střet** conflict, clash

3659 **kouř** smoke

3662 **rybník** pond, pool

3663 **sledování** watching, monitoring, observation

3664 **uhlí** coal, charcoal

3665 **salát** salad, lettuce

3669 **ústava** constitution

3670 **perspektiva** prospect, perspective

3676 **lavička** bench

3678 **definice** definition

3679 **rukáv** sleeve

3680 **rekord** record

3682 **pevnost** fortress, solidness

3684 **slavnost** celebration

3687 **klášter** monastery

3689 **schodiště** staircase

3693 **šťáva** juice

3694 **svah** slope

3695 **poslání** mission, role

3696 **posádka** crew

3698 **hrdlo** throat, neck

3699 **nezaměstnanost** unemployment

3700 **znalec** expert

3701 **odstup** distance

3702 **výkřik** scream

3703 **pochyba** doubt

3707 **pláž** beach

3709 **strejda** uncle

3710 **logika** logic

3711 **vyšetřovatel** investigator

3713 **uniforma** uniform

3715 **zmínka** mention, reference

3717 **lež** lie

3718 **zahrádka** (small) garden

3719 **únava** weariness, fatigue

3720 **pistole** gun, pistol

3723 **přátelství** friendship

3726 **pochod** march, procession

3728 **surovina** ingredient, raw material

3730 **uznání** praise, recognition, credit

3734 **rozhlas** radio, broadcasting

3735 **vězeň** prisoner

3736 **institut** institute

3738 **vesmír** universe

3739 **stáří** age, old age

3744 **oblek** suit

3745 **dobro** (the) good, welfare

3746 **parta** gang, group, crowd

3747 **pohřeb** funeral

3750 **spis** file, document, publication

3752 **pult** bar, counter

3753 **alternativa** alternative

3756 **zakladatel** founder

3757 **servis** service

3758 **porušení** breach, infringement

3764 **odvětví** branch, department, sector

3765 **sídliště** housing estate, settlement

3766 **éra** era, epoch, period

3769 **lhůta** term, period, deadline

3775 **parkoviště** car park, parking lot

3777 **nenávist** hatred

3780 **potěšení** pleasure

3783 **únik** escape, leak

3786 **rozsudek** judgment, sentence

3787 **privatizace** privatization

3788 **lázně** spa

3789 **řetězec** chain, string

3791 **kvalifikace** competence, qualification

3792 **hřích** sin

3796 **spolužák** classmate, schoolmate

3798 **nakladatelství** publishing house, publishers

3801 **prezentace** presentation

3804 **řetěz** chain

3806 **kuře** chicken

3807 **novela** amendment, novella

3808 **náznak** indication, sign

3811 **interpretace** interpretation

3812 **hokejista** (ice-)hockey player

3813 **nasazení** drive, engagement, application

3814 **pilot** pilot

3819 **království** kingdom

3820 **personál** staff, personnel

3824 **využívání** utilization, exploitation

3825 **zázemí** background

3827 **vedro** heat, hot

3828 **iluze** illusion

3831 **koupě** bargain, purchase

3833 **nemovitost** real estate

3834 **bunda** jacket

3836 **povodeň** flood

3838 **písmo** handwriting, script

3841 **zápis** minutes, entry, record

3843 **primátor** mayor

3845 **opora** pillar, support

3846 **priorita** priority

3849 **odpůrce** opponent

3852 **tuk** fat

3853 **zklamání** disappointment, disillusion

3854 **milenec** lover, boyfriend

3855 **nádobí** dishes, tableware

3856 **laboratoř** laboratory

3857 **bezpečí** safety, security

3863 **kouč** coach

3864 **svíčka** candle

3866 **hračka** toy, piece of cake

3867 **ségra** sister

3869 **potok** stream, brook

3872 **vzdělávání** education, training

3874 **výuka** teaching, lesson

3875 **pauza** break, pause

3876 **myš** mouse

3878 **specialista** specialist

3879 **záloha** deposit, advance, reserve

3881 **kopie** copy

3882 **inženýr** engineer

3887 **výskyt** occurrence

3888 **výpočet** calculation

3890 **kroužek** ring, group

3892 **portrét** portrait, profile

3893 **dosah** reach, range, coverage

3894 **císař** emperor

3896 **žaloba** (legal) action, (law)suit

3899 **míč** ball

3901 **nehet** nail

3903 **oděv** clothes, clothing

3904 **asistent** assistant

3907 **stížnost** complaint

3908 **inteligence** intelligence

3911 **motivace** motivation

3915 **pořadatel** organizer

3922 **pohlaví** sex

3923 **skvrna** stain, smudge

3925 **námaha** effort, labour

3927 **tužka** pencil

3928 **opozice** opposition

3931 **koalice** coalition

3933 **klika** handle, clique

3938 **intenzita** intensity, rate

4225 **příjezd** arrival

4226 **dobrodružství** adventure

4229 **převod** transfer, transmission

4230 **čtvrt'** quarter, area

4233 **benzín** petrol

4235 **regulace** regulation

4246 **střela** bullet, missile

4247 **soukromí** privacy

4248 **prkno** board

4249 **úraz** injury

4251 **příznak** symptom, indication

4252 **záchvat** attack, spasm

4253 **úzkost** anxiety

4259 **ekonom** economist

4261 **tečka** dot, full stop

4264 **listina** document

4265 **štáb** headquarters, staff, crew

4268 **objednávka** order, commission

4270 **experiment** experiment

4273 **hudebník** musician

4275 **vyhlídka** view, prospect

4276 **nařízení** decree, regulation, order

4277 **pláč** crying, weeping

4278 **milost** mercy, pardon

4280 **střelec** shooter, sniper

4285 **připomínka** remark, reminder

4288 **znění** wording

4293 **stres** stress

4294 **favorit** favourite

4295 **společník** partner, companion

4296 **fungování** operation, functioning

4302 **doplněk** supplement, accessory

4303 **jezdec** rider

4306 **budování** building

4307 **divize** division

4309 **omáčka** sauce

4310 **východisko** basis, solution, way out

4316 **havárie** accident, breakdown

4323 **školka** nursery school

4324 **schůze** meeting

4326 **bilance** balance, review

4327 **manipulace** manipulation, handling

4328 **zvyšování** increase

4330 **dokončení** completion, finishing

4332 **zastoupení** representation

4336 **vrata** gate, door

4338 **němčina** German

4342 **příčka** rung, partition

4344 **výkonnost** performance, productivity

4345 **obřad** ceremony

4348 **představenstvo** board of directors

4351 **protivník** opponent

4352 **pozorování** observation, surveillance

4360 **tunel** tunnel

4362 **peněženka** wallet

4363 **inspirace** inspiration

4364 **skupinka** group

4370 **hajzl** bastard (*anim*), shithouse (*inan*)

4371 **zastupitel** council member

4372 **rukavice** glove

4373 **čepice** cap, hat

4375 **čistota** cleanliness, purity

4377 **pout'** funfair, pilgrimage

4378 **sportovec** sportsman, athlete

4379 **trojice** threesome

4382 **kalendář** calendar

4383 **poklad** treasure

4384 **šíření** spread, dissemination

4385 **interiér** interior

4386 **mouka** flour

4391 **pára** steam, vapour

4392 **formát** format, size, calibre

4393 **dodržování** observation, compliance

4394 **trvání** duration

4395 **melodie** melody

4396 **zodpovědnost** responsibility

4399 **plakát** poster

4400 **kloub** joint, knuckle

4402 **kabina** cabin, cockpit

4403 **volant** steering wheel

4408 **koláč** cake, pie

4414 **ambice** ambition

4416 **plet'** complexion

4418 **stezka** path

4426 **slabost** weakness

4434 **zkoumání** investigation, study(ing), research

4435 **interval** interval

4436 **redaktor** editor

4437 **doktorka** (woman) doctor

4440 **vzkaz** message

4443 **uvedení** introduction, launch, release

4446 **princ** prince

4447 **varování** warning

4449 **nájem** rent, rental

4450 **šířka** width, breadth

4454 **ráz** character, nature, impact

4456 **veletrh** (trade) fair

4457 **originál** original

4460 **žebříček** scale, chart, ladder

4461 **srážka** crash, reduction

4462 **hrana** edge

4463 **show** show

4464 **verš** verse

4465 **spořitelna** savings bank

4466 **lžíce** spoon, spoonful

4469 **trojka** (number) three

4470 **hřbet** back, spine

4472 **mříž** grid, grill, bar

4475 **provozovatel** operator, provider

4476 **impuls** impulse, stimulus

4479 **komunita** community

4481 **hit** hit

4485 **flaška** bottle

4487 **hrnec** pot

4489 **zoufalství** despair

4490 **vada** defect, flaw

4491 **obývák** living room

4492 **večírek** party

4495 **moucha** fly

4497 **anketa** survey, poll

4498 **pozdrav** greeting, regard

4501 **volání** call, cry out

4502 **osvětlení** lighting

4503 **zábradlí** railing, handrail

4505 **slepice** hen, chicken

4507 **paluba** deck, board

4508 **sebevědomí** self-confidence

4511 **ideál** ideal

4765 **sluchátko** earphone, receiver, headphone
4766 **knedlík** dumpling
4767 **buchta** cake, chick
4771 **analytik** analyst
4774 **člun** boat
4790 **tušení** feeling, idea, hunch
4791 **příhoda** event, episode
4793 **automat** machine
4795 **prohra** loss, defeat
4797 **spaní** sleep(ing)
4798 **pohotovost** emergency, readiness, alert
4799 **klec** cage
4800 **stříbro** silver
4801 **tvor** creature
4802 **vlákno** fibre
4805 **půle** half, middle
4806 **hruď** chest, breast
4807 **jeskyně** cave
4808 **ocas** tail
4810 **dort** cake
4811 **burza** stock market
4812 **těsto** dough, batter
4813 **stráž** guard
4814 **absence** absence
4815 **rakovina** cancer
4816 **zřízení** establishment, system of government
4819 **propast** gap, abyss
4820 **dovoz** import
4821 **oblak** cloud
4824 **spotřebitel** consumer
4826 **stařec** old man
4827 **modlitba** prayer
4830 **spekulace** speculation
4831 **zeleň** verdure, green(ery)
4836 **pozvání** invitation
4837 **výplata** payment, pay, salary
4839 **zatáčka** turn
4840 **libra** pound
4841 **lebka** skull
4842 **živočich** animal
4847 **nahrávka** record(ing), pass
4854 **milovník** lover, aficionado
4855 **porozumění** understanding
4857 **trubka** trumpet, pipe
4858 **filozof** philosopher
4859 **šperk** jewel

4862 **hmyz** insect
4864 **členství** membership
4865 **lídr** leader
4867 **nuda** boredom
4868 **povídka** (short) story, tale
4871 **menšina** minority
4875 **autorka** (female) author
4876 **salon** salon, parlour
4877 **působnost** activity, effect
4878 **transakce** transaction
4881 **sako** jacket
4882 **kompetence** competence
4884 **meč** sword
4886 **princezna** princess
4891 **skříňka** box
4897 **spokojenost** satisfaction
4898 **pozorovatel** observer
4903 **vyrovnání** compensation, settlement
4904 **malba** painting
4906 **identita** identity
4911 **cédéčko** CD
4913 **kód** code
4915 **hněv** anger
4916 **ďábel** devil
4918 **hloupost** nonsense, ignorance
4920 **cela** cell
4926 **sjezd** meeting, congress
4927 **maturita** school-leaving examination
4928 **kilogram** kilogram
4929 **e-mail** e-mail
4931 **řízek** schnitzel, cutlet
4932 **trik** trick, gimmick
4935 **prodejce** salesperson, seller
4939 **minus** minus
4940 **baterka** battery, torch
4943 **kamión** lorry, truck
4945 **úkor** (at the) expense
4949 **kabel** cable
4951 **směrnice** directive
4954 **past** trap, plot
4961 **chlad** chill, cold
4964 **pětka** (number) five, (grade) F
4966 **dobytek** livestock, cattle
4968 **konkurent** competitor, rival
4970 **ponožka** sock

4972 **horizont** horizon
4973 **sucho** drought, dryness
4976 **koncept** concept, draft
4977 **zajímavost** interesting point, sight
4980 **páska** tape, slip, strip
4981 **paráda** pomp, splendour, show
4983 **chodec** pedestrian
4992 **prodloužení** extra time, prolongation
4994 **federace** federation
4995 **ocel** steel
4997 **sprcha** shower
4998 **uchazeč** applicant

Adjectives

62 **velký** big, great, large
70 **dobrý** good
72 **celý** whole, complete
76 **jiný** other, else, different
79 **další** next, further, another
85 **nový** new
107 **malý** small, little
132 **starý** old
136 **vysoký** tall, high
146 **poslední** last, final
169 **vlastní** own, actual
181 **český** Czech
183 **rád** glad, pleased
197 **možný** possible
205 **různý** different, various
206 **jediný** (the) only, single
211 **stejný** the same
213 **dlouhý** long
214 **mladý** young
221 **hlavní** main, title
230 **známý** well-known, popular
242 **ostatní** (the) other(s), remaining
264 **důležitý** important
271 **špatný** bad, wrong
321 **základní** elementary, basic
327 **podobný** similar, alike
328 **plný** full
330 **určitý** certain, given
332 **jasný** clear, bright
346 **jistý** certain, safe
363 **silný** strong, powerful

370 **těžký** heavy, hard, difficult

373 **jednotlivý** individual, single

381 **současný** current, contemporary

383 **bílý** white

396 **evropský** European

398 **černý** black

411 **krásný** beautiful

418 **americký** American

435 **státní** state, national

449 **zvláštní** special, strange

455 **lidský** human

461 **schopný** able, capable

472 **nízký** low

477 **minulý** last

484 **společný** common, collective

501 **bývalý** former, ex

502 **příští** next, following

504 **zajímavý** interesting

507 **významný** outstanding, important

510 **hezký** nice, pretty

515 **světový** world

519 **krátký** short

528 **vhodný** suitable, appropriate

529 **hrozný** horrible

541 **národní** national

553 **široký** wide, broad

566 **pravý** right, true, real

567 **německý** German

570 **politický** political

572 **pěkný** pretty, nice

573 **blízký** near, close

574 **životní** life, living

584 **osobní** personal, subjective

595 **jednoduchý** simple, easy

601 **normální** normal

605 **pražský** Prague

607 **domácí** domestic, home

609 **pracovní** working

613 **sociální** social

616 **střední** central, middle

619 **nutný** necessary

621 **veřejný** public

623 **spojený** connected, united, joined

627 **mnohý** many, numerous

635 **celkový** total, overall

637 **místní** local

638 **správný** right, correct

650 **skutečný** real, actual

656 **volný** free, vacant

659 **mezinárodní** international

662 **obrovský** huge, giant

665 **finanční** financial

666 **rychlý** fast, quick

667 **moderní** modern

670 **příjemný** pleasant

675 **otevřený** open

687 **červený** red

689 **původní** original, authentic

699 **běžný** common, ordinary

705 **veliký** big, great, large

707 **čistý** clear, clean

710 **vnitřní** inner, internal

728 **samotný** oneself, very, alone

730 **drahý** expensive, dear

731 **bezpečný** safe

732 **obchodní** business, trade, commercial

747 **dnešní** today's

754 **následující** following

757 **šťastný** happy

774 **mrtvý** dead

775 **úspěšný** successful

780 **blbý** bad, stupid

785 **živý** alive, living, lively

788 **vedoucí** leading (*adj*), head, chief (*noun*)

797 **přímý** straight, direct

798 **zelený** green

801 **zlatý** golden

805 **technický** technical

828 **daný** given

844 **zahraniční** foreign

854 **hluboký** deep

870 **uvedený** stated, mentioned

872 **městský** city, urban

881 **pouhý** mere

895 **cizí** foreign, strange

906 **konkrétní** specific, particular

909 **konečný** final, end

920 **bohatý** rich, wealthy

922 **tvrdý** hard, tough

927 **modrý** blue

931 **strašný** terrible, dreadful

932 **letošní** this year's

947 **francouzský** French

959 **ekonomický** economic, economical

971 **závislý** dependent, addicted

974 **soukromý** private, personal

1006 **značný** significant, substantial

1007 **hotový** finished, ready

1016 **výrazný** noticeable, considerable

1026 **slavný** famous

1027 **potřebný** necessary, needed

1030 **klasický** classical, classic

1032 **drobný** tiny, petty

1036 **vážný** serious, grave

1045 **složitý** complex, complicated

1046 **tradiční** traditional, conventional

1060 **pevný** firm, solid, sturdy

1067 **lehký** light, easy

1077 **speciální** special, particular

1100 **historický** historical

1104 **slabý** weak, thin

1109 **společenský** social

1114 **předchozí** previous

1122 **prázdný** empty

1127 **zdravý** healthy

1128 **odborný** professional, technical

1132 **západní** western, west

1134 **příslušný** relevant, authorized, competent

1142 **obvyklý** usual, common

1160 **rodinný** family

1165 **úplný** complete, total, utter

1166 **vojenský** military

1173 **přesný** exact, precise

1194 **dětský** children's

1195 **loňský** last year's

1202 **úzký** narrow

1214 **spokojený** satisfied, content(ed)

1216 **ženský** female, feminine

1217 **kulturní** cultural

1227 **divný** strange

1230 **náročný** demanding, challenging

1234 **přirozený** natural, normal

1236 **britský** British

1251 **nemocný** ill, sick

1252 **skvělý** excellent	1540 **stálý** constant, permanent,	1740 **horký** hot
1264 **noční** night	steady	1741 **obtížný** difficult,
1272 **přední** front, prominent	1541 **samostatný** independent,	troublesome
1281 **jižní** southern, south	separate	1743 **italský** Italian
1282 **budoucí** future, coming	1544 **zásadní** fundamental,	1744 **časový** time, temporal
1286 **podstatný** substantial,	crucial, cardinal	1752 **vládní** government
significant	1556 **častý** frequent	1753 **zvyklý** used to,
1298 **snadný** easy	1565 **ochotný** willing, ready,	accustomed to
1303 **milý** kind, nice	obliging	1756 **hrubý** coarse, rude, rough
1332 **stavební** construction,	1567 **případný** possible, potential,	1758 **rovný** straight, flat, equal
architectural	apt	1763 **suchý** dry
1333 **právní** legal	1568 **vzdálený** distant, remote	1767 **přítomný** present
1334 **vzájemný** mutual	1578 **dlouhodobý** long-term	1769 **fyzický** physical
1338 **typický** typical, characteristic	1583 **aktivní** active	1774 **tlustý** fat, thick
1345 **hodný** kind, worthy	1588 **pravidelný** regular	1775 **průměrný** average
1348 **kvalitní** quality	1589 **dřevěný** wooden	1777 **příbuzný** related (adj),
1354 **oblíbený** favourite	1596 **hudební** musical, music	relative (noun)
1357 **svatý** saint, holy	1608 **dávný** ancient, old	1778 **slušný** decent, fair
1371 **obecný** general, common	1613 **umělecký** artistic	1779 **barevný** colour, coloured
1374 **televizní** television	1618 **přírodní** natural	1781 **trvalý** lasting, permanent
1382 **zlý** bad, evil	1619 **reálný** real	1790 **rozhodující** decisive, crucial
1388 **hospodářský** economic	1625 **zadní** back, rear	1793 **vodní** water
1389 **ruský** Russian	1633 **nádherný** gorgeous,	1796 **mimořádný** extraordinary
1401 **obyčejný** ordinary, common	beautiful, splendid	1800 **prostý** simple, plain
1402 **policejní** police	1634 **sportovní** sport	1801 **slovenský** Slovak
1403 **zdravotní** medical, health	1645 **východní** eastern, east	1807 **podivný** strange
1404 **dopravní** transport, traffic	1649 **horní** upper, top	1810 **tichý** silent, quiet
1416 **dostatečný** sufficient,	1651 **jemný** fine, delicate, gentle	1811 **generální** general
adequate	1655 **levý** left	1818 **elektrický** electric
1437 **rozsáhlý** extensive, wide	1657 **ideální** ideal	1821 **tmavý** dark
1454 **praktický** practical	1659 **výhodný** advantageous	1830 **tajný** secret, hidden
1455 **ostrý** sharp, hot	1666 **studený** cold, chilly	1834 **pozitivní** positive
1458 **výborný** excellent	1669 **oficiální** official, formal	1841 **smutný** sad
1468 **zmíněný** mentioned, in	1670 **omezený** limited, restricted	1853 **povinný** compulsory,
question	1675 **zbytečný** unnecessary,	obligatory
1472 **nezbytný** necessary,	useless	1856 **filmový** film
indispensable	1688 **občanský** civil	1859 **příznivý** favourable
1473 **levný** cheap, economical	1690 **svobodný** free, single,	1863 **založený** based on,
1486 **klidný** quiet, calm	unmarried	founded by
1491 **připravený** ready, prepared	1695 **čerstvý** fresh, new	1875 **přísný** strict
1495 **severní** northern, north	1701 **platný** valid	1876 **roční** annual
1500 **anglický** English	1707 **informační** information	1890 **účinný** effective, efficient
1506 **vnější** outside, external	1709 **vybraný** selected, exquisite	1898 **bezpečnostní** safety
1507 **dokonalý** perfect, thorough	1715 **odlišný** different, distinct	1906 **lidový** people's, popular
1526 **teplý** warm	1721 **zřejmý** obvious, evident	1907 **tehdejší** of the period
1532 **žlutý** yellow	1727 **letní** summer	1918 **umělý** artificial
1535 **dosavadní** existing	1734 **průmyslový** industrial	1925 **hustý** thick, dense, heavy
1536 **určený** intended, assigned	1735 **klíčový** key	1935 **vědecký** scientific, scholarly
1537 **dospělý** adult	1737 **cenný** valuable, worthy	1936 **naprostý** absolute

1963 **chudý** poor

1965 **vynikající** excellent, outstanding

1971 **specifický** specific

1975 **chytrý** clever

1978 **divoký** wild

1979 **uzavřený** closed, withdrawn

1981 **zvýšený** increased

1983 **šílený** mad, insane, terrible

1992 **zvědavý** curious

2003 **denní** daily

2009 **vzácný** scarce, rare

2021 **soudní** court, judicial, legal

2024 **opačný** opposite

2025 **zdejší** local

2031 **sladký** sweet

2046 **takzvaný** so-called

2047 **mírný** mild

2050 **negativní** negative

2051 **úžasný** amazing

2061 **kritický** critical

2078 **odpovídající** adequate, corresponding

2087 **pravděpodobný** probable, likely

2089 **přátelský** friendly

2090 **krajský** regional

2091 **závažný** serious

2104 **vedlejší** adjoining, side

2106 **školní** school

2107 **minimální** minimal

2109 **individuální** individual

2119 **temný** dark

2123 **profesionální** professional

2125 **internetový** internet

2126 **centrální** central

2131 **zimní** winter

2139 **aktuální** topical, up-to-date

2141 **citlivý** sensitive

2142 **populární** popular

2147 **všeobecný** general, common

2148 **hnědý** brown

2166 **mohutný** mighty, massive

2173 **tiskový** press

2177 **viditelný** visible

2179 **měkký** soft, tender

2181 **fotbalový** football

2193 **postižený** afflicted, disabled

2207 **chladný** cool, cold

2209 **válečný** war

2214 **pozdější** later

2230 **dostupný** available, affordable

2238 **okolní** surrounding, neighbouring

2243 **rudý** red, crimson

2256 **rozumný** reasonable, sensible

2257 **boží** of God, cool

2262 **závěrečný** final

2270 **zavřený** closed

2275 **prudký** sharp, intense

2278 **rakouský** Austrian

2282 **lékařský** medical

2286 **neuvěřitelný** incredible, unbelievable

2298 **špinavý** dirty, filthy

2303 **růžový** pink

2305 **trestný** criminal

2314 **užitečný** useful

2318 **mužský** male

2322 **výrobní** production

2324 **zkušený** experienced

2327 **hloupý** stupid, dull

2328 **spodní** bottom

2338 **duchovní** spiritual (*adj*), clergyman (*noun*)

2346 **postavený** built, based

2351 **vědomý** aware, conscious

2352 **maximální** maximum

2359 **pořádný** proper, substantial

2360 **napsaný** written

2361 **stříbrný** silver

2372 **rostoucí** growing, increasing

2374 **následný** subsequent

2379 **okresní** district

2384 **železný** iron

2391 **kamenný** stone, stiff

2398 **opravdový** real, true, genuine

2402 **brzký** rapid, early

2404 **někdejší** former

2410 **drsný** rough, harsh

2419 **mateřský** mother, maternal

2423 **veselý** cheerful, merry

2427 **jednotný** united, single

2433 **daňový** tax

2443 **divadelní** theatre

2452 **světlý** light

2454 **zvaný** called, invited

2463 **funkční** functional, functioning

2465 **komerční** commercial

2477 **podezřelý** suspicious (*adj*), suspect (*noun*)

2489 **elektronický** electronic

2492 **hnusný** disgusting, nasty

2493 **náboženský** religious

2508 **komunistický** communist

2516 **výkonný** executive, efficient

2517 **absolutní** absolute, total

2518 **standardní** standard

2523 **mocný** powerful, mighty

2524 **přijatelný** acceptable

2527 **královský** royal, kingly

2528 **vzniklý** incurred, established

2529 **telefonní** telephone

2534 **šedý** grey

2535 **brněnský** Brno

2538 **japonský** Japanese

2539 **charakteristický** characteristic, typical

2540 **unavený** tired

2545 **týkající se** concerning, related to

2546 **stanovený** set, fixed, stipulated

2552 **sousední** neighbouring, adjacent

2554 **věčný** eternal, everlasting, never-ending

2563 **mobilní** mobile

2567 **výjimečný** exceptional, extraordinary

2571 **pomalý** slow

2575 **sovětský** Soviet

2577 **ústřední** central, main

2588 **regionální** regional

2593 **chemický** chemical

2599 **tenký** thin

2601 **rozšířený** widespread, extended

2604 **logický** logical, rational

2609 **věrný** loyal, faithful

2610 **ekologický** ecological

2625 **dramatický** dramatic

2627 **patrný** visible, evident

2640	**včerejší** yesterday's	2910	**sluneční** sun, solar	3123	**měsíční** monthly, moon, lunar
2641	**demokratický** democratic	2915	**horský** mountain		
2651	**podrobný** detailed, elaborate	2916	**slepý** blind	3124	**mořský** sea
2653	**zaměřený** oriented, directed, aimed	2917	**skleněný** glass	3127	**opuštěný** desolate, abandoned
		2927	**československý** Czechoslovak		
2669	**literární** literary			3132	**členský** member, membership
2674	**počítačový** computer	2938	**večerní** evening		
2676	**volební** election, electoral	2945	**žijící** living	3135	**stávající** current, existing
2678	**tělesný** physical, bodily, corporal	2950	**cestovní** travel	3144	**křesťanský** Christian
		2957	**dolní** lower	3149	**náhlý** sudden, abrupt
2681	**obdobný** similar	2963	**trestní** penal, criminal	3152	**podnikatelský** business
2682	**získaný** acquired	2968	**těsný** close, tight	3157	**krutý** cruel, harsh
2688	**spolehlivý** reliable	2973	**každodenní** everyday	3158	**specializovaný** specialized
2691	**žádoucí** desirable, attractive	2980	**ohromný** huge, great	3162	**složený** folded (up), compound
2694	**rozdílný** different, dissimilar	2996	**proslulý** famous		
2696	**mokrý** wet	2997	**používaný** used	3164	**bankovní** bank
2720	**letecký** air	2999	**duševní** mental, intellectual	3167	**jednoznačný** unambiguous
2732	**ranní** morning	3006	**správní** administrative	3177	**neustálý** constant, continuous
2733	**pohodlný** comfortable, easy, lazy	3011	**kulatý** round		
		3014	**spravedlivý** just	3179	**holý** bare
2740	**kovový** metal	3019	**energetický** energy, power	3183	**oprávněný** justified, authorized
2750	**přístupný** accessible	3028	**sexuální** sexual		
2759	**zemědělský** farming, agricultural	3030	**španělský** Spanish	3184	**vstupní** entrance, input
		3037	**uplynulý** past	3192	**ledový** ice, icy
2762	**falešný** false	3039	**ošklivý** ugly, mean, bad	3196	**masový** mass, meat
2770	**čínský** Chinese	3043	**zbývající** remaining	3199	**hromadný** mass, multiple
2772	**ochranný** protective, preventive	3044	**pochopitelný** understandable, comprehensible	3206	**morální** moral
				3211	**lesní** forest
2793	**tamní** local			3217	**taneční** dance, dancing
2796	**vrchní** top, chief (*adj*), head waiter (*noun*)	3050	**vtipný** funny, witty, smart	3218	**inteligentní** intelligent, bright
		3052	**cestující** travelling (*adj*), passenger (*noun*)		
2798	**intenzivní** intensive, intense			3223	**upravený** tidy, modified
		3057	**tuzemský** domestic, home	3235	**smrtelný** mortal, fatal
2799	**četný** numerous	3066	**židovský** Jewish	3243	**vítězný** victorious, winning
2801	**daleký** distant, far(away)	3069	**úvodní** opening, introductory	3266	**kompletní** full, complete
2805	**slavnostní** festive			3271	**reklamní** advertising
2823	**skrytý** hidden, secret	3072	**nazvaný** called	3276	**nákladní** freight, cargo
2826	**nápadný** striking, conspicuous	3077	**hladký** smooth, plain	3291	**zoufalý** desperate
		3078	**nahý** naked	3295	**požadovaný** required, desired, requisite
2827	**ztracený** lost, wasted	3084	**formální** formal		
2830	**polský** Polish	3090	**nynější** present, current	3297	**strategický** strategic
2838	**efektivní** effective	3092	**komplexní** thorough, complex	3304	**technologický** technological
2839	**pozoruhodný** remarkable			3315	**optimální** optimum, optimal
2841	**výtvarný** art, fine (art)	3095	**rodný** native	3317	**jedinečný** unique
2849	**investiční** investment	3096	**postupný** gradual	3325	**čestný** honest, fair
2875	**očekávaný** expected, anticipated	3097	**existující** existing	3328	**bezprostřední** immediate, direct
		3105	**hubený** skinny, thin		
2882	**šikovný** skilful, handy	3108	**způsobený** caused	3340	**okamžitý** immediate
2905	**plánovaný** planned	3119	**potenciální** potential	3341	**moravský** Moravian

3348 **šedivý** grey

3350 **náhradní** spare, reserve

3353 **obecní** municipal, local

3355 **originální** original

3358 **železniční** railway

3362 **vánoční** Christmas

3374 **jaderný** nuclear

3376 **vděčný** grateful

3384 **tržní** market

3387 **sporný** controversial

3388 **tuhý** stiff, tough, hard

3389 **chráněný** protected,
      conservation

3395 **plzeňský** Pilsen

3396 **vytvořený** created, formed

3410 **psychický** psychic(al),
      mental

3411 **malinký** tiny

3413 **vyspělý** mature, advanced

3421 **opatrný** careful

3429 **štíhlý** slender, slim

3432 **nevinný** innocent

3436 **vedený** led by, guided,
      maintained

3438 **špičkový** top, peak

3442 **náhodný** casual, accidental,
      random

3459 **srovnatelný** comparable

3462 **vyrovnaný** calm, stable,
      balanced

3464 **pozdní** late

3466 **vlhký** wet, damp

3472 **nervózní** nervous, restless

3476 **zraněný** injured, wounded

3487 **udělaný** made

3488 **nedělní** Sunday

3494 **opilý** drunk

3499 **tragický** tragic

3504 **romantický** romantic

3505 **související** related

3506 **jarní** spring

3511 **řecký** Greek

3512 **luxusní** luxury

3514 **módní** fashion, fashionable,
      trendy

3532 **provozní** operating, service

3538 **operační** operation,
      operating

3542 **stabilní** stable, fixed

3543 **všední** ordinary, week(day)

3545 **globální** global

3546 **použitý** used

3575 **jmenovaný** appointed,
      named, mentioned

3580 **psychologický** psychological

3583 **atraktivní** attractive

3588 **radikální** radical

3601 **organizační** organizational

3604 **mediální** media

3613 **nadšený** enthusiastic,
      excited

3614 **zvolený** elected, selected,
      chosen

3616 **zodpovědný** responsible

3621 **valný** overwhelming,
      general, good

3632 **nepatrný** minute,
      insignificant, tiny

3635 **moudrý** wise

3638 **nečekaný** unexpected

3641 **odpovědný** responsible

3643 **zákonný** legal, statutory

3649 **konkurenční** competitive,
      rival

3652 **komplikovaný** complicated

3657 **pravdivý** true

3672 **turistický** tourist, touristy

3673 **pracující** working

3677 **prestižní** prestigious

3686 **zpětný** reverse, return

3688 **kožený** leather

3692 **působící** working, causing

3704 **křehký** fragile, frail

3705 **zbylý** remaining

3716 **teoretický** theoretical

3722 **ústavní** constitutional,
      institutional

3724 **poškozený** damaged, injured

3733 **kontrolní** control, check

3740 **písemný** written

3742 **bledý** pale

3754 **rozbitý** broken

3755 **psaný** written

3770 **sympatický** nice, pleasant

3776 **papírový** paper, cardboard

3779 **trapný** embarrassing,
      awkward

3785 **bytový** housing, residential

3790 **výběrový** selection, choice

3797 **upřímný** frank, sincere

3802 **krvavý** blood, bloody

3805 **zábavný** entertaining, funny

3809 **organizovaný** organized

3815 **hokejový** (ice-)hockey

3826 **venkovský** country, rural

3829 **sobotní** Saturday

3837 **řízený** controlled, managed

3848 **jazykový** language

3861 **raný** early

3862 **počáteční** initial

3870 **pestrý** colourful, varied

3880 **skromný** modest, plain

3883 **přiměřený** appropriate,
      adequate

3889 **úřední** office, administrative

3900 **římský** Roman

3905 **švédský** Swedish

3909 **alternativní** alternative

3918 **mechanický** mechanical,
      automatic

3919 **stojící** standing, stationary

3920 **osamělý** lonely, solitary

3934 **oblečený** dressed

3935 **tajemný** mysterious,
      enigmatic

3936 **objektivní** objective,
      unbiased

3939 **marný** (in) vain, hopeless

3946 **milostný** love, amorous

3947 **výzkumný** research,
      explorative

3951 **poslanecký** parliamentary

3958 **tvůrčí** creative

3961 **ozbrojený** armed

3963 **socialistický** socialist,
      socialistic

3970 **švýcarský** Swiss

3976 **automatický** automatic,
      mechanical

3983 **opakovaný** repeated,
      recurring

3985 **uložený** deposited, imposed

3988 **provedený** carried out,
      executed

3989 **ubohý** poor, miserable

3992 **automobilový** automotive,
      automobile

3994 **biologický** biological

3998 **laskavý** kind

4000 **předběžný** preliminary, provisional

4010 **univerzální** universal

4013 **placený** paid

4018 **hmotný** material

4032 **početný** numerous, large

4045 **vydaný** published, released

4053 **definitivní** final, definite

4060 **londýnský** London

4063 **silniční** road

4073 **civilní** civil, civic

4076 **uznávaný** respected, renowned

4077 **ostravský** Ostrava

4081 **dobrovolný** voluntary, optional

4090 **katolický** Catholic

4097 **perfektní** perfect, flawless

4107 **kolektivní** collective, team

4108 **řádný** regular, proper

4114 **dílčí** partial

4116 **směšný** ridiculous, ludicrous

4121 **vzdělaný** (well-)educated

4134 **elegantní** elegant, stylish

4135 **zdravotnický** medical, health

4142 **záchranný** rescue, emergency

4143 **olympijský** Olympic

4149 **zřetelný** obvious, distinct

4152 **kladný** positive

4154 **cenový** price

4159 **maličký** tiny

4171 **komunikační** communication

4174 **pomocný** auxiliary, helping

4177 **dlouholetý** long-standing, of many years

4179 **poštovní** post, postal, mail

4181 **závazný** obligatory

4182 **poctivý** honest, fair

4185 **ležící** lying

4187 **plochý** flat

4189 **shodný** identical, same

4191 **podzimní** autumn

4194 **vinný** guilty, wine

4200 **předčasný** premature, early

4208 **ojedinělý** isolated, singular, one-off

4218 **odvážný** brave, courageous

4227 **částečný** partial

4232 **překvapivý** surprising

4236 **vybavený** equipped

4239 **laciný** cheap

4242 **dočasný** temporary

4254 **legendární** legendary

4256 **umístěný** placed, situated

4257 **popsaný** described, covered with writing

4258 **problematický** problematic, questionable

4266 **ocelový** steel

4267 **podzemní** underground

4272 **digitální** digital

4283 **manželský** marital, marriage

4289 **vývojový** development(al), evolutionary

4292 **dotyčný** in question

4298 **předpokládaný** expected, assumed

4308 **slovní** oral, verbal

4311 **unikátní** unique

4313 **dynamický** dynamic

4318 **parlamentní** parliamentary

4320 **zemský** (of the) earth, earth's

4329 **jízdní** on-road, mounted

4339 **odpolední** afternoon

4341 **průhledný** transparent, see-through

4347 **církevní** church

4357 **hrdý** proud

4359 **extrémní** extreme

4365 **lokální** local

4368 **přijatý** received, admitted

4376 **psací** writing

4381 **řídící** control, operative, driving

4387 **věřící** faithful (adj), believer (noun)

4388 **služební** service, company, business

4389 **statistický** statistical

4390 **prezidentský** presidential

4397 **středověký** medieval

4398 **napjatý** tight, tense

4409 **územní** territorial

4413 **vážený** respected, dear

4417 **fantastický** fantastic

4419 **nesmyslný** nonsense, absurd

4421 **zralý** ripe, mature

4423 **patřičný** proper, due, right

4429 **krátkodobý** short-term

4441 **obsahující** including, containing

4445 **světelný** light

4448 **primární** primary

4452 **líný** lazy

4455 **orientovaný** oriented, facing

4458 **nákladný** costly, expensive

4473 **symbolický** symbolic

4477 **kanadský** Canadian

4478 **předcházející** previous, preceding

4483 **účetní** accounting (adj), accountant (noun)

4496 **psí** dog

4499 **naštvaný** angry, annoyed

4500 **relativní** relative

4504 **příšerný** horrible, terrible

4506 **oranžový** orange

4509 **konzervativní** conservative

4510 **právnický** legal, juridical

4513 **maďarský** Hungarian

4514 **rozhlasový** radio, broadcast

4516 **betonový** concrete

4517 **pařížský** Paris

4526 **smíšený** mixed

4531 **vrcholný** top, supreme

4536 **přechodný** temporary, transitional

4537 **svatební** wedding, marriage

4543 **sledovaný** watched, observed

4546 **krevní** blood

4559 **pitomý** stupid, dumb

4564 **dominantní** dominant

4572 **strašlivý** terrible, horrific

4579 **ruční** hand(made), manual

4582 **zničený** destroyed, broken

4600 **položený** set, situated

4602 **věcný** factual, matter-of-fact

4605 **solidní** good, sound

4608 **obří** giant, huge

4610 **oddělený** separate

4618 **srozumitelný** comprehensible, intelligible

4623 **stranický** party

4628 **věnovaný** devoted

4630 **báječný** splendid, terrific

4635 **administrativní** administrative

4637 **tepelný** heat, thermal

4640 **výsledný** resulting, final

4643 **uvolněný** relaxed, loose

4648 **jihočeský** South Bohemian

4654 **spjatý** bound, linked

4656 **důstojný** dignified, respectable

4660 **stručný** brief, concise

4664 **kouzelný** magic, charming

4665 **liberecký** Liberec

4667 **prodejní** sale, selling

4677 **vyrobený** made

4680 **násilný** violent

4686 **slaný** salty

4693 **indický** Indian

4695 **poloviční** half

4696 **akciový** stock, share

4699 **revoluční** revolutionary

4707 **zavedený** established, well-established

4710 **racionální** rational

4711 **bezvadný** perfect, wonderful

4713 **arabský** Arabian

4717 **samozřejmý** self-evident, apparent

4720 **bouřlivý** stormy, rapid, rapturous

4732 **kuchyňský** kitchen

4738 **pružný** flexible, elastic

4746 **bojový** martial, combat

4751 **dovolený** allowed

4754 **důkladný** thorough, massive

4756 **krajní** outside, extreme, utmost

4770 **akademický** academic

4773 **mastný** greasy, fatty

4776 **opoziční** opposition, opposing

4779 **kvalifikovaný** qualified, competent

4780 **zaměstnaný** busy, employed

4781 **výchozí** starting

4785 **lesklý** shiny, glossy

4788 **otcův** father's

4789 **olomoucký** Olomouc

4796 **milovaný** loved, beloved

4803 **záhadný** mysterious, unexplainable

4817 **zmatený** confused, chaotic

4818 **snesitelný** tolerable, bearable

4832 **zkušební** trial, test

4834 **zjevný** obvious, apparent

4835 **grafický** graphic

4846 **legální** legal

4848 **plynový** gas

4850 **vycházející** rising, based on

4860 **dvojitý** double

4870 **zvukový** acoustic, sound

4874 **personální** personnel

4880 **údajný** alleged

4883 **integrovaný** integrated

4889 **radostný** joyous, happy, cheerful

4902 **polní** field

4905 **motorový** motor, engine

4909 **teroristický** terrorist

4921 **dvojnásobný** double, twofold

4923 **původní** lovely, charming

4930 **celosvětový** global, worldwide

4933 **agresivní** aggressive

4934 **vznikající** emergent

4941 **odporný** disgusting, repulsive

4942 **naivní** naive

4946 **přitažlivý** attractive

4947 **ohrožený** endangered

4948 **povolený** permitted, allowed

4953 **nervový** nervous

4955 **posvátný** sacrosanct, holy, sacred

4958 **studijní** study

4959 **akční** action

4974 **vzdušný** air, airy

4975 **podnikový** business, company

4978 **něžný** tender, gentle

4982 **štědrý** generous, open-handed

4985 **primitivní** primitive

4993 **mírový** peace

4996 **zakázaný** forbidden, banned

Pronouns

3 **ten** the, that

4 **se** self, each other

8 **on** he

11 **já** I

16 **který** that, which, who

24 **co** what

28 **oni** they

31 **svůj** one's

37 **jeho** his

38 **všechen** all, everything

39 **tento** this

50 **takový** such, so

52 **ty** you

55 **my** we

58 **nějaký** a, some, any

65 **jenž** that, which, who

73 **něco** something, anything

90 **nic** nothing

92 **jejich** their(s)

94 **každý** every, everyone

105 **vy** you

109 **náš** our(s)

110 **sám** alone, (by) oneself

115 **tenhle** this

117 **můj** my, mine

122 **kdo** who

127 **žádný** no, none

131 **jaký** what

133 **některý** some, one

148 **někdo** someone, anyone

171 **nikdo** nobody, no one

188 **což** which

331 **tenhleten** this (one)

354 **onen** that

377 **váš** your(s)

483 **samý** the same

491 **tvůj** your(s)

591 **takovýhle** such, like this

593 **jakýkoli** any, whatever

657 **jakýsi** a, a sort of

768 **veškerý** whole, entire, every

1276 **tentýž** the same

1304 **týž** the same

1408 **cokoli** anything

1730   **tamten** that (one)

1739   **cosi** something

1980   **tadyten** this (one)

2613   **kdokoli** anyone, anybody

2710   **takovýto** such, as follows

2886   **kterýkoli** any

3967   **málokdo** hardly anybody, few people

4015   **kdosi** someone

4361   **všelijaký** various

4987   **tamhleten** that (one)

Numerals

45   **jeden** one

61   **dva** two

91   **druhý** second, the other

93   **první** first

103   **tři** three

145   **několik** a few, several

170   **oba** both

182   **čtyři** four

184   **jednou** once

186   **pět** five

217   **tisíc** thousand

249   **deset** ten

270   **sto** hundred

288   **kolik** how, how much

319   **milion** million

323   **šest** six

359   **třetí** third

379   **tolik** so many/much

388   **pár** pair, couple

392   **dvacet** twenty

443   **osm** eight

459   **sedm** seven

499   **poprvé** for the first time

615   **třicet** thirty

617   **padesát** fifty

672   **devět** nine

702   **dvakrát** twice

867   **patnáct** fifteen

963   **dvanáct** twelve

973   **čtyřicet** forty

1051   **čtvrtý** fourth

1101   **čtrnáct** fourteen

1120   **miliarda** billion, milliard

1270   **několikrát** several times

1295   **šedesát** sixty

1346   **pátý** fifth

1529   **třikrát** three times

1582   **jedenáct** eleven

1632   **třetina** third, period

1870   **šestý** sixth

1887   **sedmdesát** seventy

1987   **osmdesát** eighty

2017   **sedmý** seventh

2059   **osmý** eighth

2102   **devadesát** ninety

2116   **třináct** thirteen

2122   **podruhé** for the second time

2211   **šestnáct** sixteen

2245   **osmnáct** eighteen

2248   **devátý** ninth

2311   **desátý** tenth

2369   **prvý** first

2411   **dvacátý** twentieth

2498   **dvojí** dual, double, two

2668   **kolikrát** (how) many times

2680   **obojí** both, either

2862   **pětadvacet** twenty-five

2979   **sedmnáct** seventeen

3068   **devadesátý** ninetieth

3312   **čtvrtina** quarter

3482   **šedesátý** sixtieth

3522   **jedenáctý** eleventh

3690   **devatenáct** nineteen

3774   **padesátý** fiftieth

3832   **osmdesátý** eightieth

3948   **čtyřikrát** four times

4044   **mnohokrát** many times

4141   **třicátý** thirtieth

4162   **dvanáctý** twelfth

4343   **potřetí** for the third time

4369   **sedmdesátý** seventieth

4892   **pětatřicet** thirty-five

4965   **pětkrát** five times

Verbs

1   **být** to be

9   **mít** to have (got), ought to

25   **moct** to be able to, can

33   **vědět** to know

46   **muset** to have to, must

47   **jít** to go, walk

48   **říct** to say, tell

49   **chtít** to want

51   **říkat** to say, tell

60   **dát** to give, put

75   **stát (se)** to stand, cost, (se) happen, become

80   **vidět** to see

83   **myslet (si)** to think

84   **dělat** to do, make

99   **přijít** to come

106   **začít** to start, begin

111   **dostat** to get, receive

124   **udělat** to do, make

134   **vzít** to take

156   **jet** to go, drive

158   **nechat** to let, allow

180   **lze** to be possible

185   **najít** to find

191   **chodit** to go, walk, attend

198   **mluvit** to speak, talk

201   **znát (se)** to know, be familiar

215   **čekat** to wait

223   **zůstat** to stay, remain

224   **vrátit (se)** to return, (se) come back

225   **vypadat** to look, seem

227   **dávat** to give, put

231   **vést** to lead, guide

232   **potřebovat** to need

234   **patřit** to belong

236   **hrát (si)** to play

239   **dojít** to arrive, happen

245   **podívat se** to look

246   **znamenat** to mean, stand for

257   **dokázat** to manage, prove, can

262   **slyšet** to hear

267   **snažit se** to try, make an effort

268   **získat** to gain, obtain

275   **koupit (si)** to buy

280   **žít** to live

283   **sedět** to sit

292   **uvést** to say, state, introduce

294   **stačit** to do, suffice

298   **pracovat** to work

299   **rozhodnout (se)** to decide

304   **zdát se** to seem, dream

308   **brát** to take

789 **zvednout (se)** to raise, pick up, **(se)** rise

791 **zkusit** to try

792 **očekávat** to await, expect

794 **provést** to carry out, do, guide

796 **přemýšlet** to think, meditate

800 **vytvářet** to create, make

806 **předpokládat** to assume, suppose

807 **využívat** to use, make use

809 **řídit** to drive, direct, operate

810 **potvrdit** to confirm

814 **uvědomit si** to realize

818 **hovořit** to speak, talk, discuss

822 **zajistit** to ensure, provide

823 **znít** to sound, say

824 **obrátit (se)** to turn

825 **podat** to hand, pass, hold out

830 **naučit (se)** to teach, **(se)** learn

836 **zmizet** to disappear, vanish

838 **uvádět** to say, state, present

840 **docházet** to attend, occur

842 **vyprávět** to tell, narrate

845 **vzpomenout (si)** to remember, recall

846 **končit** to end

849 **nosit** to carry, wear

851 **způsobit** to cause

852 **nabídnout** to offer

856 **těšit (se)** to please, comfort, **(se)** look forward to

859 **zabývat se** to deal with, work at

863 **připomínat (si)** to remind, **(si)** commemorate

865 **chovat (se)** to keep, **(se)** behave

866 **obsahovat** to include, contain

869 **dovést** to guide to, can

871 **pohybovat (se)** to move, **(se)** range, oscillate

875 **určit** to determine, intend

877 **umožňovat** to enable, allow

880 **položit** to put, lay, place

884 **bránit (se)** to defend

886 **zemřít** to die

901 **založit** to establish, found

903 **zavřít** to close, shut

905 **vysvětlovat** to explain

908 **přidat (se)** to add, speed up, **(se)** join

911 **pokusit se** to try, attempt

925 **běžet** to run

930 **vstoupit** to enter

934 **opustit** to leave, abandon

935 **růst** to grow, increase

937 **odmítnout** to refuse, decline

938 **uvažovat** to think, consider

942 **záležet** to depend, care

943 **sednout (si)** to sit down

946 **vyžadovat** to demand, require

950 **přiznat (se)** to admit, **(se)** confess

952 **vytáhnout** to pull out, pull up

953 **připravovat (se)** to prepare, get ready

954 **vyhrát** to win, gain

964 **pít** to drink

969 **vzpomínat (si)** to remember, recall

977 **spojit (se)** to connect, link, **(se)** merge

978 **prodávat** to sell

979 **souhlasit** to agree, correspond

992 **dopadnout** to turn out, work out

997 **potkat (se)** to meet, run into

1001 **chystat (se)** to prepare, **(se)** be going to

1004 **děkovat** to thank

1005 **hrozit** to threaten, be in danger

1011 **přejít** to cross, go over

1015 **zabít** to kill

1017 **kupovat (si)** to buy

1018 **vznikat** to arise, originate, be formed

1020 **činit (se)** to do, make, **(se)** try hard

1031 **opakovat (se)** to repeat, revise, **(se)** happen again

1035 **následovat** to follow, ensue

1037 **probíhat** to be in progress, be underway

1042 **uzavřít (se)** to close, conclude

1047 **zvýšit (se)** to increase, **(se)** rise

1049 **smát se** to laugh

1052 **provádět** to carry out, guide

1054 **prodat** to sell

1058 **milovat (se)** to love, **(se)** make love

1059 **požádat** to ask, apply, request

1061 **vejít (se)** to enter, walk in, **(se)** fit

1069 **nacházet (se)** to find, **(se)** be situated

1070 **otočit (se)** to turn, turn round, reverse

1072 **setkat se** to meet, come together

1087 **pozorovat** to watch, observe

1089 **umožnit** to enable, allow

1093 **padnout** to fall, fit

1098 **poskytovat** to provide

1110 **sejít (se)** to descend, **(se)** meet, gather

1118 **poskytnout** to provide

1126 **udržet (se)** to keep, preserve, **(se)** remain

1133 **zvládnout** to manage, control

1141 **vyjádřit (se)** to express

1147 **odjet** to leave, depart

1149 **reagovat** to react, respond

1153 **žádat** to ask, demand

1161 **tušit** to suspect, anticipate

1162 **dodávat** to add, supply

1163 **ozvat se** to sound, be heard

1183 **oznámit** to announce, report

1184 **objevovat (se)** to discover, **(se)** appear

1187 **zvolit (si)** to select, choose, elect

1193 **konat (se)** to perform, **(se)** take place

1199 **domnívat se** to suppose, assume

1206 **pokoušet (se)** to tempt, **(se)** try

1209 **nalézt** to find

1213 **zbýt** to remain, be left

1224 **přečíst** to read

1229 **zbavit (se)** to free, **(se)** get rid of

1231 **přinášet** to bring

1235 **připomenout (si)** to remind, **(si)** recall

1242 **vystoupit** to get out, appear

1243 **nastat** to arise, come up

1258 **stanovit** to determine, set

1259 **starat se** to take care, be concerned

1260 **studovat** to study, research

1261 **učinit** to make, render

1265 **projevit (se)** to express, show

1271 **spadnout** to fall, drop

1275 **klást** to put, lay

1277 **sdělit** to tell, inform

1278 **narodit se** to be born

1280 **rozdělit (se)** to divide, **(se)** share

1284 **překvapit** to surprise

1287 **vyrazit** to set out, knock out, smash

1290 **zbývat** to remain, have left

1291 **podporovat** to support, encourage

1294 **vyhodit** to throw (away)

1297 **podílet se** to participate

1307 **divit se** to wonder, be surprised

1313 **přivézt** to bring, deliver

1314 **pocházet** to come from, originate

1317 **zahájit** to start, launch

1319 **navštívit** to visit

1320 **informovat** to inform, report

1321 **ovlivnit** to influence

1323 **viz** see

1326 **bojovat** to fight, struggle

1329 **nahradit** to replace, compensate

1331 **vyvolat** to cause, provoke, call (out)

1337 **sehnat** to get (hold of), procure

1344 **stavět** to build, construct

1349 **táhnout (se)** to draw, pull, **(se)** stretch

1360 **bolet** to ache

1361 **stihnout** to manage, catch

1367 **zachovat (se)** to maintain, preserve, **(se)** act

1368 **snížit (se)** to reduce, lower

1370 **odmítat** to refuse, disapprove

1372 **spočívat** to lie, consist of

1379 **vymyslet** to think up, devise

1386 **zkoušet** to try, test, examine

1387 **povést se** to succeed in, turn out well

1391 **utéct** to run away, escape

1397 **zpívat** to sing

1406 **odcházet** to leave, go

1409 **vstát** to get up, stand up

1414 **označit** to indicate, declare

1417 **nutit** to force, make

1418 **ztrácet (se)** to lose, **(se)** fade away

1419 **rozšířit (se)** to extend, widen, **(se)** spread

1427 **rozhodovat (se)** to decide, make decisions

1428 **navrhnout** to propose, suggest

1430 **poznamenat** to remark, note, affect

1433 **nastoupit** to get on/into, enter

1436 **vybírat** to choose, select, collect

1438 **procházet (se)** to walk, browse, **(se)** stroll

1439 **přivést** to bring, fetch

1444 **zavést** to lead, introduce

1451 **upozornit** to warn, alert

1462 **užívat (si)** to use, take, **(si)** have a good time

1463 **podepsat** to sign

1469 **lišit se** to differ

1471 **hodlat** to intend, be going to

1474 **splnit (se)** to fulfil, keep, **(se)** come true

1479 **sníst** to eat (up)

1485 **vnímat** to perceive

1487 **strávit** to spend, digest

1488 **vyřešit** to solve, sort out

1492 **vydávat (se)** to publish, **(se)** set out

1503 **zachránit** to rescue, save

1505 **uložit** to place, lay, put

1510 **chránit** to protect

1512 **převzít** to take over, assume

1513 **padat** to fall

1514 **dohodnout (se)** to arrange, **(se)** agree

1515 **přežít** to survive, outlive

1517 **popsat** to describe

1518 **trpět** to suffer, tolerate

1521 **podávat** to hand, give, serve

1522 **dotknout se** to touch, hint, offend

1524 **zrušit** to cancel, abolish

1527 **uskutečnit (se)** to realize, **(se)** take place

1538 **projevovat (se)** to express, show

1542 **vařit** to cook, boil

1543 **dařit se** to be successful, get on, thrive

1545 **pozvat** to invite

1548 **zabránit** to prevent

1553 **prokázat** to prove

1557 **spatřit** to see, spot, behold

1559 **chytit** to catch, grasp

1562 **vyplývat** to result, follow, imply

1570 **letět** to fly, hurry

1574 **uvědomovat si** to realize

1576 **usmát se** to smile

1585 **zažít** to experience

1592 **zvyšovat (se)** to increase, **(se)** grow

1593 **narazit** to hit, crash, meet

1598 **vystupovat** to get off, perform, behave

1600 **souviset** to be related, be connected

1604 **přispět** to contribute, help

1607 **posílat** to send

1612 **zaznamenat** to write down, note, record

1615 **odvézt** to drive, take

1616 **přijímat** to accept, receive

1627 **doplnit** to fill up, complete, add

1628 **zničit** to destroy, ruin

1630 **lézt** to crawl, climb

1631 **udržovat (se)** to keep, maintain, **(se)** remain

1635 **viset** to hang

1636 **domluvit (se)** to finish (speaking), arrange, **(se)** agree on

1637 **nechávat** to let, leave

1639 **seznámit (se)** to acquaint, introduce

1641 **promluvit** to speak, talk

1642 **hlásit (se)** to announce, report

1643 **vyrábět** to produce, make

1646 **stáhnout** to pull down, withdraw, download

1658 **vyloučit** to exclude, expel, rule out

1661 **zajít** to go, visit, disappear

1667 **hledět** to look at, stare

1672 **zasáhnout** to hit, intervene, interfere

1674 **dorazit** to arrive, finish off

1680 **slíbit** to promise

1681 **umístit (se)** to place, situate, **(se)** be placed

1683 **probudit (se)** to wake (up)

1694 **konstatovat** to state, claim, note

1697 **nazývat (se)** to call, **(se)** be called

1698 **zaujmout** to occupy, take, fascinate

1704 **létat** to fly

1708 **zahrnovat** to include, cover

1710 **posadit (se)** to sit, seat, **(se)** sit down

1713 **plnit** to fill, perform

1714 **omezit (se)** to limit, reduce

1718 **blížit se** to approach, draw near

1719 **proběhnout (se)** to take place, pass, **(se)** go for a run

1720 **spojovat** to connect, link, join

1725 **odstranit** to remove

1731 **soustředit (se)** to concentrate

1732 **vzdát (se)** to surrender, give up

1748 **stavit se** to drop in

1749 **vyhnout se** to avoid, evade

1750 **pomyslet si** to think (of)

1751 **soudit** to judge, think

1755 **požadovat** to demand, claim, require

1765 **půjčit (si)** to lend, **(si)** borrow

1771 **vyjadřovat (se)** to express

1772 **plánovat** to plan, design

1773 **odnést** to take (away), carry

1780 **připojit (se)** to attach, **(se)** join

1782 **stěžovat si** to complain

1783 **zařadit (se)** to classify, put, **(se)** line up

1785 **poradit (se)** to advise, **(se)** consult

1789 **snášet (se)** to bear, lay, **(se)** come down

1797 **ukončit** to finish

1802 **předat** to hand (over), transfer

1803 **sebrat** to collect, pick up, pinch

1813 **dosahovat** to reach, achieve, amount to

1815 **postupovat** to advance, move ahead, proceed

1816 **dokončit** to finish, complete

1817 **vyměnit (si)** to exchange, swap

1820 **ovlivňovat** to influence

1828 **hodnotit** to evaluate, value

1835 **prohlédnout (si)** to examine, **(si)** have a look at

1837 **vypadnout** to fall out, slip away

1838 **zúčastnit se** to participate, take part

1845 **označovat** to indicate, denote

1847 **volit** to choose, elect

1850 **přiblížit (se)** to approach, move closer

1866 **doporučovat** to recommend

1872 **svítit** to shine, be alight

1873 **obávat se** to be afraid of, worry about

1882 **křičet** to shout, scream

1883 **zajišťovat** to ensure, secure

1889 **skrývat (se)** to hide

1891 **zaměřit (se)** to direct, aim, **(se)** focus

1893 **skočit** to jump, spring, dive

1894 **vážit (si)** to weigh, **(si)** esteem

1899 **umřít** to die

1901 **svědčit** to testify, show

1905 **vyrovnat (se)** to settle, level, **(se)** cope with

1908 **vydělat (si)** to earn, make (money)

1910 **povědět** to tell

1912 **uvolnit (se)** to loosen, release, **(se)** relax

1915 **vylézt** to climb, creep out

1930 **podpořit** to support

1932 **pokládat** to put, lay, assume

1937 **prosadit (se)** to push through, **(se)** assert

1938 **mlčet** to be silent

1940 **získávat** to gain, obtain

1946 **dělit (se)** to divide, **(se)** share

1948 **ovládat (se)** to control, **(se)** control oneself

1949 **vyjet (si)** to drive out, **(si)** go

1950 **slibovat** to promise

1951 **dočkat se** to wait

1956 **přistoupit** to approach, come nearer, accept

1957 **stoupat** to rise, climb

1958 **složit** to fold up, compose, pass

1970 **vyvolávat** to cause, call out

1982 **chutnat** to taste

1984 **naplnit (se)** to fill, **(se)** come true

1985 **prozradit (se)** to reveal, **(se)** give oneself away

2426 **šetřit** to save, protect

2429 **rozvíjet (se)** to develop

2435 **pršet** to rain

2436 **prominout** to forgive, excuse

2439 **účastnit se** to participate, take part

2440 **prožívat** to go through, experience

2441 **trávit** to spend, poison

2442 **uplatnit (se)** to apply, assert, make use of

2444 **obsadit** to occupy, assign

2447 **naznačit** to imply, indicate

2449 **pohlédnout** to look

2453 **sbírat** to collect, gather

2455 **obracet (se)** to turn

2457 **ohrozit** to endanger

2458 **potěšit** to please, cheer up

2460 **rozbít (se)** to break, smash

2461 **vyvinout (se)** to develop, evolve

2462 **odehrát se** to occur, happen

2464 **téct** to flow

2469 **srovnat** to arrange, compare

2473 **uplatňovat** to apply, assert

2474 **zapojit (se)** to connect, **(se)** become involved

2479 **zapsat (se)** to record, write down, **(se)** enrol

2480 **zahlédnout** to catch a glimpse

2482 **živit (se)** to support, **(se)** make (one's) living

2485 **vyskočit** to jump out of, jump up

2490 **nalít** to pour

2491 **doprovázet** to accompany, see off

2494 **uspět** to succeed

2496 **vyrobit** to produce, make

2497 **strčit** to push

2501 **doporučit** to recommend

2507 **podobat se** to be similar, look like

2512 **proniknout** to penetrate, infiltrate

2514 **ocenit** to value, evaluate

2519 **provázet** to escort, accompany

2520 **komentovat** to comment

2522 **pohnout (se)** to move, **(se)** make a move

2526 **stydět se** to be ashamed, be shy

2530 **doplňovat (se)** to fill up, complement

2532 **vstupovat** to enter

2548 **vypracovat** to develop, devise

2549 **tahat** to pull, force, drag

2557 **zasmát se** to laugh

2559 **přispívat** to contribute

2561 **střídat (se)** to change, **(se)** take turns

2565 **schovat (se)** to hide

2569 **vlézt** to get into, go into

2573 **zdůrazňovat** to emphasize, point out

2574 **naznačovat** to imply, indicate

2585 **odrážet (se)** to reflect, mirror, bounce

2591 **dopustit (se)** to allow, **(se)** commit

2592 **omezovat (se)** to limit, reduce, cut down

2596 **přenést (se)** to carry, transfer, **(se)** get over

2597 **vyzvat** to invite, ask

2598 **mívat** to have

2607 **opřít (se)** to lean

2612 **stoupnout (si)** to rise, step, **(si)** stand up

2614 **respektovat** to respect, abide, comply

2615 **tlačit (se)** to push, press, **(se)** be crowded

2617 **definovat** to define, specify

2624 **posílit** to strengthen, boost

2628 **vozit (se)** to transport, drive, **(se)** ride

2629 **zamířit** to head for, aim, direct

2630 **investovat** to invest

2632 **projet (se)** to drive through, **(se)** go for a ride

2635 **vyndat** to take out, pull out, remove

2639 **prosazovat (se)** to push through, **(se)** assert

2643 **odhadovat** to estimate

2646 **zapomínat** to forget

2649 **uslyšet** to hear

2650 **setkávat se** to meet, encounter

2652 **plakat** to cry, weep

2656 **postihnout** to affect, strike

2660 **odehrávat se** to take place

2663 **poškodit** to damage, harm

2666 **dýchat** to breathe

2671 **zvedat (se)** to pick up, lift, **(se)** rise

2673 **slavit** to celebrate

2675 **rušit** to disturb, cancel

2677 **zanechat** to leave, give up, quit

2679 **nakupovat** to shop, go shopping

2683 **nadávat** to scold, swear

2686 **odjíždět** to leave, depart

2692 **otevírat (se)** to open

2693 **radit (se)** to advise, **(se)** consult

2697 **oslovit** to address

2698 **odvolat (se)** to withdraw, take back

2700 **zveřejnit** to publish, release

2705 **charakterizovat** to characterize, describe

2706 **hádat (se)** to guess, **(se)** argue

2709 **kecat** to chat, talk rubbish

2713 **posunout (se)** to move, advance

2714 **kouknout (se)** to look, peek

2717 **upadnout** to fall (down), drop

2728 **vázat (se)** to bind, **(se)** bond

2731 **opravit** to repair, correct

2735 **zajet** to drive up, run over

2737 **umírat** to die

2741 **zvát** to invite

2744 **vystřídat (se)** to replace, **(se)** take turns

2751 **zjišťovat** to find out, determine

3150 **navštěvovat** to visit, attend

3151 **stěhovat (se)** to move, migrate

3153 **předvádět** to demonstrate, perform

3159 **naložit** to load

3161 **vonět** to smell nice

3166 **prezentovat** to present

3169 **přejet** to cross, run over

3174 **ujmout se** to take charge, adopt

3176 **utrpět** to suffer, sustain

3182 **zklamat** to disappoint

3186 **pěstovat** to grow, breed, cultivate

3191 **přeložit** to transfer, translate, fold over

3193 **přitahovat** to attract

3194 **dostavit se** to arrive, appear

3197 **najíst se** to eat, have sth to eat

3202 **přenášet** to transfer, conduct

3205 **předcházet** to precede, prevent

3207 **spočítat (si)** to count, **(si)** reckon up

3213 **otvírat (se)** to open

3224 **plynout** to pass, flow, imply

3226 **vysílat** to transmit, broadcast

3228 **skákat** to jump, bounce

3231 **posoudit** to judge, review

3238 **sestavit** to put together, assemble, compile

3244 **chytat** to catch, grasp

3246 **přibýt** to increase

3247 **uklidit** to tidy up, clean

3249 **rozloučit se** to say goodbye

3250 **zopakovat (si)** to repeat, **(si)** revise

3256 **líčit (se)** to describe, **(se)** make up

3258 **panovat** to prevail, rule, reign

3260 **ovládnout (se)** to control, dominate, **(se)** control oneself

3272 **vsadit (se)** to put money on, embed, **(se)** bet

3279 **zakládat (se)** to establish, **(se)** be based on

3280 **sjet (se)** to go down, **(se)** come together

3282 **přidávat (se)** to add, **(se)** join

3289 **rozjet (se)** to set in motion, **(se)** pull away

3296 **probrat (se)** to discuss, **(se)** awake

3303 **hnout (se)** to move

3305 **hájit (se)** to defend, plead

3306 **prát (se)** to do the laundry, **(se)** fight

3308 **vymýšlet (si)** to devise, **(si)** fabricate

3311 **zacházet** to treat, handle, use

3319 **ohlásit (se)** to announce, report

3320 **nahrávat** to record, pass (the ball)

3321 **vylučovat** to exclude, eliminate, secrete

3322 **malovat (se)** to paint, decorate, **(se)** make up

3324 **přikývnout** to nod

3326 **unést** to be able to carry, kidnap

3343 **honit (se)** to chase, hunt, **(se)** run about

3346 **třást se** to shiver, shake

3347 **postoupit** to advance, step forward

3360 **naklonit (se)** to bow, bend, lean

3366 **vyběhnout** to run out, run up

3369 **riskovat** to risk, take a risk

3371 **ověřit (si)** to check, verify

3372 **vyslechnout** to listen to, hear

3373 **zahrnout** to include, cover

3381 **podléhat** to succumb, be subject to

3385 **trénovat** to train, drill, practise

3392 **postrádat** to lack, miss

3394 **rodit (se)** to give birth, bear, yield

3400 **posuzovat** to judge, assess

3403 **porušit** to break, infringe

3416 **zavírat** to close

3418 **vyvést** to lead out

3422 **poslechnout** to listen to, obey

3424 **oddělit** to separate

3430 **slušet** to become, fit, suit

3431 **zřídit** to set up, establish

3433 **orientovat (se)** to orientate, find position

3441 **minout (se)** to pass, miss

3443 **krást** to steal, shoplift

3445 **hýbat (se)** to move

3448 **budit (se)** to wake (up), raise

3450 **cvičit** to train, practise, exercise

3451 **vyznačovat (se)** to mark, **(se)** distinguish

3452 **vykazovat** to show, show out

3457 **shodnout se** to agree

3469 **vytrhnout** to pull out, extract, snatch away

3474 **odvážit se** to dare, risk

3486 **zastávat (se)** to hold (an office), **(se)** support

3489 **ozývat se** to sound, be heard

3492 **nabýt** to gain, acquire

3493 **upravovat (se)** to arrange, adjust, **(se)** tidy up

3498 **rozlišovat** to distinguish

3502 **ujistit (se)** to assure, **(se)** make sure

3510 **zírat** to stare

3513 **vypovídat (se)** to talk, testify, **(se)** have a good chat

3517 **bít** to beat, strike

3523 **pátrat** to search for, investigate

3529 **omluvit (se)** to apologize, excuse

3531 **zdržovat (se)** to keep, delay, **(se)** stay

3537 **zastřelit** to shoot (dead)

3945 **vrazit** to thrust, bump

3955 **zakrýt** to hide, cover

3959 **odevzdat** to hand in

3964 **opravovat** to repair, correct

3973 **zmiňovat (se)** to mention

3974 **aplikovat** to apply, use

3982 **strkat (se)** to push

3991 **podrobit (se)** to subject,
       submit, **(se)** undergo

3999 **sídlit** to reside, have a seat

4001 **vyhledávat** to search

4004 **přijíždět** to come, arrive

4007 **válet (se)** to roll, lounge

4008 **odvrátit (se)** to divert,
       (se) turn away

4012 **zdržet (se)** to keep, delay,
       (se) stay

4016 **dovézt** to deliver, import,
       bring back

4020 **otravovat** to bother, annoy

4021 **zpracovávat** to process,
       compile

4023 **putovat** to wander, travel
       around

4024 **závidět** to envy

4025 **vynořit se** to emerge,
       come up

4026 **spokojit se** to make do
       with, content oneself with

4027 **obléct (se)** to dress,
       (se) get dressed

4034 **projíždět (se)** to go through,
       (se) drive

4035 **posilovat** to strengthen,
       encourage

4036 **vyspat se** to have a sleep,
       sleep off

4047 **rozčilovat (se)** to annoy,
       bother

4048 **zaútočit** to strike, attack

4052 **vyšetřovat** to investigate

4054 **kroutit (se)** to shake, turn,
       twist

4059 **odpočívat** to rest

4062 **zvládat** to manage, control

4065 **zazvonit** to ring

4071 **potrestat** to punish

4075 **vzdálit (se)** to distance,
       (se) leave

4091 **ujet** to miss, drive away

4092 **nabývat** to gain, acquire

4098 **rozložit** to unfold, spread
       out, distribute

4100 **modlit se** to pray

4102 **zasadit (se)** to plant,
       (se) put through

4109 **zkrátit (se)** to shorten, cut
       short, reduce

4112 **narušit** to disturb, disrupt

4113 **nahrát** to record,
       pass (the ball)

4117 **mávat** to wave

4118 **zářit** to shine, glow

4119 **vyložit** to explain, unload

4122 **zaměstnávat** to employ

4123 **pobavit (se)** to amuse,
       (se) have fun

4124 **rozvinout (se)** to develop

4125 **topit (se)** to heat,
       (se) drown

4132 **zlikvidovat** to destroy,
       liquidate

4137 **zvažovat** to consider

4138 **vyhledat** to look up

4139 **nahrazovat** to replace,
       substitute

4156 **zavázat (se)** to tie, bind,
       (se) commit

4161 **promítat (se)** to project,
       (se) be reflected

4178 **vypustit** to release, let out,
       skip

4193 **sázet (se)** to plant,
       (se) wager

4198 **krýt** to cover, shield

4202 **koupat (se)** to bathe,
       have a bath

4207 **disponovat** to have
       at (one's) disposal

4213 **zaručit (se)** to guarantee

4214 **vykonat** to perform, do

4223 **pojmenovat** to name, call

4224 **zaměřovat (se)** to direct,
       locate, **(se)** focus

4228 **odrazit (se)** to bounce,
       reflect

4231 **vytahovat (se)** to pull out,
       (se) boast, brag

4234 **vzpamatovat se** to recover

4238 **vynechat** to skip, omit

4243 **poukazovat** to point out

4244 **zaujímat** to adopt, take

4245 **obléknout (se)** to dress,
       (se) get dressed

4250 **dodržet** to keep, observe

4260 **obtěžovat (se)** to bother

4263 **dotáhnout** to tighten, drag

4269 **identifikovat** to identify

4271 **zalít** to water, flood

4274 **obejmout (se)** to embrace,
       hug, hold

4279 **stisknout** to press, squeeze

4281 **svést** to seduce,
       be able to do

4282 **schovávat (se)** to hide

4284 **poučit (se)** to instruct,
       (se) learn from

4286 **neto** not

4287 **vyzvednout (si)** to withdraw,
       collect

4291 **uspokojit** to satisfy,
       accommodate

4297 **stahovat** to pull down,
       withdraw, gather

4300 **zvolat** to exclaim

4305 **chválit** to praise

4312 **splést (se)** to confuse,
       mistake

4314 **udeřit** to hit, strike

4315 **otřást (se)** to shake,
       (se) shudder

4317 **brečet** to cry, weep

4319 **spravovat** to administer,
       repair

4322 **upřesnit** to specify,
       particularize

4325 **oslavit** to celebrate

4331 **šeptat** to whisper

4333 **shromáždit (se)** to gather

4337 **pověsit** to hang

4346 **vznášet se** to hover, float

4349 **usednout** to sit down

4350 **pokrčit** to bend, shrug

4353 **zašeptat** to whisper

4354 **shodit** to throw (down),
       knock down

4355 **zabírat** to occupy, take (up)

4786 **odstartovat** to start	4938 **rozhlížet se** to look around	175 **potom** then, afterwards
4787 **zaniknout** to decline, expire, fade (out)	4950 **nalézat (se)** to find, (se) be situated	190 **dříve** sooner, earlier
4792 **pokrývat** to cover	4956 **poprosit** to ask	192 **dnes** today
4794 **odlišovat (se)** to differ	4957 **obklopit (se)** to surround	194 **pouze** only, solely
4804 **dominovat** to dominate	4960 **zadívat se** to fix eyes	203 **často** often
4809 **zaručovat** to guarantee, ensure	4962 **utrhnout** to tear off, pick	208 **dlouho** long, for a long time
4822 **převézt** to transfer, transport	4963 **osvědčit (se)** to prove useful, certify	209 **stále** all the time, permanently, still
4823 **zdobit** to decorate, grace	4967 **hladit** to stroke, pet	212 **dále** further, next
4825 **cpát (se)** to stuff, fill up	4969 **odolat** to resist	219 **někdy** sometimes
4828 **důvěřovat** to trust	4971 **zařvat** to yell, roar	237 **dost** enough, quite
4829 **zamknout (se)** to lock (up)	4984 **přivádět** to bring, drive	240 **hned** right now, immediately
4833 **naštvat** to make angry, piss off	4986 **udávat** to state, set	241 **ted'ka** now, these days
4838 **míjet (se)** to pass, go past	4989 **míchat** to mix, stir	247 **pozdě** late
4843 **obcházet** to walk around, evade	4991 **zaplnit (se)** to fill	251 **daleko** far (away)
4844 **lovit** to hunt, chase	4999 **propojit** to interconnect, link up	256 **nakonec** finally, in the end
4845 **unikat** to escape, leak	5000 **upéct** to bake	258 **někde** somewhere
4851 **lít** to pour		277 **zatím** so far, for now, yet
4856 **naplňovat** to fill	## Adverbs	278 **sice** admittedly, true
4861 **mazat** to butter, spread, wipe	12 **tak** so, like that	289 **trochu** a little, a bit
4863 **sdělovat** to tell, inform	23 **tam** there	293 **pořád** all the time, still
4869 **nudit (se)** to bore, (se) be bored	29 **jak** how	295 **rychle** fast, quick(ly)
4872 **napravit** to make up for, make good, retrieve	30 **už** already, any more	296 **znovu** again
4873 **připadnout** to fall	42 **ještě** still, more, yet	300 **přesně** exactly
4879 **tancovat** to dance	54 **pak** then	301 **příliš** too
4885 **cenit si** to appreciate, value	57 **jen** only, just	307 **téměř** almost
4888 **vypuknout** to break out	77 **tady** here	314 **doma** (at) home
4894 **nastávat** to arise, come	78 **ted'** now	315 **včera** yesterday
4895 **zrodit (se)** to originate, be born	88 **kde** where	316 **nyní** now, at present
4896 **nakládat** to load	89 **sem** here	318 **zcela** completely, absolutely, fully
4907 **objasnit** to explain, clarify	97 **zase** again	322 **spolu** together
4908 **namítnout** to object, protest	104 **moc** much, a lot	326 **zde** here
4910 **operovat** to operate	108 **dobře** well	338 **dneska** today
4914 **vypálit** to burn (down), fire	112 **takhle** like this, this way	341 **furt** all the time, still
4917 **zhroutit se** to collapse, fall apart	113 **jenom** only, merely	345 **kam** where (to)
4919 **potlačit** to suppress, hold back	116 **mnoho** many, much	352 **nejen** not only
4922 **vyšplhat (se)** to climb (up)	118 **kdy** when	356 **vždy** always
4925 **ohřát** to heat, warm (up)	121 **tu** here	368 **normálně** normally, usually
4936 **zlepšovat (se)** to improve	135 **úplně** completely, entirely	372 **tehdy** then
4937 **vystudovat** to graduate, qualify as	137 **hodně** much, many, a lot	378 **opět** again
	153 **již** already, before	400 **domů** home
	155 **vždycky** always	404 **raději** rather, better, preferably
	159 **proč** why	407 **strašně** terribly, awfully
	160 **nějak** somehow	414 **naopak** on the contrary, instead
	162 **málo** little, few	416 **zrovna** just now
	166 **velmi** very	432 **většinou** mostly
	173 **nikdy** never	

2088 **hluboko** deep

2185 **jednoznačně** undoubtedly, unambiguously

2190 **vysoce** highly

2191 **dokonale** perfectly

2225 **včas** on time, in time

2234 **vzadu** at/in the back

2249 **brzo** soon, early

2258 **nikam** nowhere, anywhere

2287 **stranou** aside, aloof

2299 **těžce** heavily, seriously

2301 **zpočátku** at first, originally

2313 **prudce** sharply, rapidly

2323 **zbytečně** in vain, needlessly

2355 **líto** (to feel) sorry

2387 **dopoledne** in the morning

2408 **vzápětí** immediately, speedily

2422 **volně** freely, loose

2450 **vzájemně** mutually, one another

2472 **nesmírně** extremely, enormously

2486 **jednoduše** simply, easily

2506 **běžně** commonly, frequently

2568 **automaticky** automatically

2582 **zadarmo** (for) free

2594 **odsud** from here

2626 **mnohdy** often, frequently

2633 **marně** in vain, vainly

2689 **přirozeně** naturally, of course

2718 **příště** next time

2723 **výhradně** exclusively

2738 **definitivně** definitely, finally

2745 **nutně** necessarily

2756 **nízko** low

2797 **jinam** somewhere else

2806 **celkově** generally, in total

2807 **mimořádně** extraordinarily

2836 **veřejně** publicly

2852 **zásadně** on principle

2856 **zapotřebí** necessary

2870 **nato** after, afterwards

2896 **různě** differently

2903 **nahlas** aloud

2932 **oficiálně** officially

2934 **posléze** finally

2958 **obyčejně** usually

2966 **tradičně** traditionally

2983 **výborně** very well

3018 **fajn** fine, nice, great

3031 **tvrdě** hard

3032 **bezpečně** safely, surely

3058 **trvale** constantly, permanently

3081 **napůl** half

3089 **podrobně** in detail

3091 **ostře** sharply

3100 **napřed** in front, ahead, first

3114 **dlouhodobě** in the long term

3116 **jakkoli** however, whatever

3122 **přísně** severely, strictly

3141 **všeobecně** generally, in general

3147 **nejenom** not only

3172 **měsíčně** monthly, a month

3189 **následně** consequently, subsequently

3204 **hluboce** deeply, profoundly

3214 **upřímně** sincerely, frankly

3248 **dokola** around

3264 **bezprostředně** immediately

3288 **doposud** so far, to date, (as) yet

3294 **zdánlivě** apparently, seemingly

3302 **pěšky** on foot

3327 **plno** plenty

3334 **příjemně** pleasantly

3342 **dozadu** back(wards)

3356 **hlasitě** loudly

3364 **zdarma** free (of charge)

3375 **důkladně** properly, thoroughly

3380 **zřetelně** distinctly, clearly

3398 **týdně** weekly, a week

3447 **minule** last time

3467 **doopravdy** for real, really

3478 **nápadně** noticeably, strikingly

3528 **anglicky** English, in English

3535 **schválně** on purpose, deliberately

3540 **zřídka** rarely

3566 **jemně** gently, slightly

3571 **věčně** forever, eternally

3619 **finančně** financially

3666 **významně** knowingly, significantly

3667 **odtamtud** from there, thence

3681 **skvěle** great, splendidly

3743 **teoreticky** theoretically

3799 **záhy** soon

3810 **česky** Czech

3823 **zjevně** apparently, clearly

3844 **slušně** decently, generously

3850 **vlevo** left, on/to the left

3865 **překvapivě** surprisingly

3910 **kudy** which way, where

3926 **vpravo** right, on/to the right

3929 **dobrovolně** voluntarily, optionally, willingly

3937 **opakovaně** repeatedly

3953 **stěží** hardly, scarcely

3975 **aktivně** actively

4014 **trpělivě** patiently

4039 **mlčky** silently, in silence

4049 **zčásti** partly

4055 **výjimečně** exceptionally

4056 **samostatně** independently, solo

4066 **pozorně** closely, carefully

4080 **momentálně** now, at the moment

4083 **zle** badly

4085 **tuhle** this, here, the other day

4104 **nečekaně** unexpectedly

4105 **tudy** this way

4130 **fyzicky** physically

4165 **kdesi** somewhere

4167 **vevnitř** inside

4169 **logicky** logically

4170 **zvolna** slowly

4199 **vloni** last year

4206 **intenzivně** intensively

4211 **každoročně** every year, yearly

4216 **obtížně** hard to, with difficulties

4237 **zoufale** desperately

4240 **hnedka** right now, immediately

4241 **vesměs** mostly

4255 **zezadu** from behind

4262 **šťastně** happily, cheerfully

4290 **ochotně** willingly, gladly

4299 **řádně** properly

4301 **nepříliš** not very

4304 **právem** rightly

4335 **navždy** forever

4340 **speciálně** specially

4405 **spokojeně** contentedly, happily

4406 **úzce** closely, narrowly

4415 **nanejvýš** maximum, at the most

4420 **naplno** fully, plainly

4432 **kdekoli** anywhere, everywhere

4468 **otevřeně** openly, frankly

4548 **neuvěřitelně** incredibly

4585 **honem** quick, hurry up

4597 **málokdy** rarely, seldom

4601 **prozatím** for now, for the time being

4649 **stručně** briefly, concisely

4689 **vtom** suddenly

4737 **čerstvě** freshly, newly

4740 **sociálně** socially

4769 **stoprocentně** totally, absolutely, for sure

4777 **levně** cheaply, cheap

4849 **divně** strangely, oddly

4852 **místy** sometimes, here and there

4853 **záměrně** deliberately, on purpose

4866 **obdobně** similarly

4887 **paradoxně** ironically, paradoxically

4890 **posledně** last time

4893 **zprvu** at first

4899 **německy** German

4900 **prvně** at first, for the first time

4901 **bezmála** almost, nearly

4912 **nádherně** gorgeously, splendidly

4924 **zevnitř** from inside

4944 **tajně** secretly, covertly

4952 **vesele** cheerfully, merrily

4979 **obráceně** conversely, the other way round

4988 **odjakživa** always

4990 **časově** time

Prepositions

5 **v** in, at

6 **na** on, at, for

10 **s** with

13 **z** from, out of

18 **do** to, in

19 **o** about

20 **k** to, for

26 **za** in, behind, for

32 **pro** for

35 **po** after

44 **od** from, since

53 **u** at, near

69 **při** by, at

74 **před** ago, before, in front of

82 **podle** according to

95 **mezi** among, between

114 **bez** without, less

128 **pod** under

141 **nad** over, above

143 **přes** over, across

167 **proti** against

187 **kolem** around, about

282 **kvůli** due to, because of

333 **během** during, within

334 **vedle** beside, next to

344 **kromě** apart from, but

469 **mimo** but, except for, besides

487 **díky** thanks to, due to

522 **místo** instead of

554 **včetně** including

773 **vzhledem** considering, regarding

835 **vůči** towards, to

983 **pomocí** by means of, using

1088 **uprostřed** in the middle

1191 **prostřednictvím** by means of, by, through

1239 **okolo** about, around

1520 **naproti** opposite, across from

1927 **oproti** compared with, against

2392 **podél** along

2637 **dle** according to, in compliance with

2665 **skrz** through

2670 **navzdory** despite, in spite

2892 **poblíž** near, close

3275 **nedaleko** nearby, near, close

3721 **ohledně** regarding

3839 **vstříc** towards

4095 **namísto** instead

Conjunctions

2 **a** and

7 **že** that

15 **ale** but

17 **jako** like, as

21 **i** and, as well, too

27 **když** when

34 **nebo** or

43 **aby** (in order) to

63 **protože** because

64 **než** than

100 **takže** so

119 **jestli** if, whether

123 **kdyby** if

125 **proto** therefore

139 **či** or

151 **pokud** if, as long as

248 **-li** if

253 **ať** let

399 **zda** if, whether

408 **zatímco** while

482 **jenže** but, except

488 **neboť** for, since, as

560 **buď** either

743 **anebo** or

817 **jestliže** if

864 **dokud** as long as, while, until

883 **avšak** but, however

951 **aniž** without

987 **přestože** even though

1003 **jakmile** as soon as

1022 **ačkoli** although

1228 **jenomže** however, except

1464 **přičemž** whereas, while

1547 **jednak** for one thing – for another, both

1603 **nýbrž** but

1904 **byť** though, even if

2015 **zato** but, yet

2097 **čili** so, or

2160	**tudíž** therefore	290	**přitom** yet, at the same time	2657	**dobrá** all right
2739	**jelikož** as, since			2743	**mimochodem** by the way
2859	**kdežto** whereas	291	**prý** supposedly, allegedly	2749	**ba** even
2982	**poněvadž** because	311	**přímo** right, directly	2866	**přinejmenším** at least
3000	**neboli** or	313	**navíc** extra, besides	2874	**konkrétně** exactly
3526	**ač** although	329	**samozřejmě** of course	2889	**takřka** practically
3731	**coby** as	349	**jasně** sure, clearly	2953	**vyloženě** downright, absolutely
3795	**třebaže** although, even though	371	**zejména** particularly		
		402	**teprve** only	2988	**nepochybně** no doubt, undoubtedly
4087	**buď'to** either	405	**aspoň** at least		
4427	**jakožto** as	415	**zřejmě** probably, obviously	3002	**absolutně** absolutely
		474	**jistě** certainly, surely	3255	**jaksi** somehow

Particles

14	**no** well	495	**akorát** only, just right	3351	**kdepak** no way, not at all
59	**až** until, only, to	503	**skutečně** really, indeed, actually	3425	**každopádně** anyway, in any case
66	**taky** too, also, as well	514	**konečně** finally	3461	**vícemeéně** more or less
67	**asi** about, approximately	533	**rovněž** as well, likewise	3508	**holt** simply, well
68	**ani** not even, neither	577	**alespoň** at least	3573	**respektive** or (rather)
71	**prostě** simply, just	583	**jakoby** kind of	3732	**pozor** beware
81	**však** however	740	**celkem** quite, on the whole	3952	**koneckonců** after all, ultimately
86	**také** too, also	748	**klidně** safely, calmly		
87	**třeba** perhaps, maybe	777	**rozhodně** definitely, resolutely	3965	**vcelku** on the whole, altogether
101	**právě** just, right				
102	**teda** wow, well	784	**nikoli** not, no	4321	**leda** only, except
120	**vůbec** at all	843	**naprosto** totally	4334	**kupodivu** surprisingly
150	**stejně** equally, anyway	1024	**bohužel** unfortunately	4528	**vskutku** indeed
152	**tedy** (and) so, therefore	1096	**prakticky** practically, virtually	4775	**obzvlášť'** particularly
164	**vlastně** actually, as a matter of fact	1151	**zvlášť'** separately, particularly		

Interjections

168	**možná** maybe, perhaps	1174	**zvláště** in particular, especially	22	**jo** yeah
172	**vždyt'** after all			40	**ne** no
178	**totiž** that is, namely	1198	**pravděpodobně** probably, most likely	272	**ano** yes
193	**snad** perhaps			36	**hm** uh-huh, hem
220	**spíš** rather	1219	**nicméně** nevertheless, yet	226	**hele** hey, look
222	**jinak** otherwise, differently	1245	**sotva** hardly, scarcely	386	**aha** I see
228	**přece** surely, yet	1292	**případně** possibly	860	**ježiš** gee, geez, jeez
229	**vid'** right	1359	**copak** what	1050	**vole** man, (you) idiot
233	**dokonce** even	1380	**též** too, also	1130	**jé** wow, yippee
235	**například** for example, for instance	1475	**nejspíš** probably, most likely	1494	**cože** what
		1480	**ostatně** after all	1840	**ach** ah, oh
244	**fakt** really	1525	**naštěstí** fortunately, luckily	1991	**ježišmarja** gee, geez, jeez
255	**především** first of all	1865	**pochopitelně** naturally	2659	**á** ah, oh
265	**opravdu** really, genuinely	1939	**doslova** literally, verbatim	2672	**ahoj** hi, hello, bye
273	**docela** quite	2023	**zdaleka** by far, from afar	3473	**sakra** hell, damn (it)
284	**určitě** definitely, certainly	2057	**relativně** relatively	3816	**fuj** yuck
285	**ovšem** of course, nevertheless	2132	**zkrátka** in short	3821	**ó** oh, aw
		2170	**patrně** probably	3921	**čau** hi, bye
286	**hlavně** most of all, especially	2502	**čistě** solely	4201	**proboha** oh my goodness

Czech: An Essential Grammar

James Naughton

Czech: An Essential Grammar is a practical reference guide to the core structures and features of modern Czech. Presenting a fresh and accessible description of the language, this engaging grammar uses clear, jargon-free explanations and sets out the complexities of Czech in short, readable sections.

Suitable for either independent study or for students in schools, colleges, universities and adult classes of all types, key features include:

- focus on the morphology and syntax of the language

- clear explanations of grammatical terms

- full use of authentic examples

- detailed contents list and index for easy access to information.

With an emphasis on the Czech that native speakers use today, *Czech: An Essential Grammar* will help students to read, speak and write the language with greater confidence.

ISBN: 978-0-415-28784-5 (hbk)
ISBN: 978-0-415-28785-2 (pbk)
ISBN: 978-0-203-56703-6 (ebk)